Collection **marabout service**

Du même auteur :

— *Le Dictionnaire Marabout des Symboles* (MS 1429).

Nadia JULIEN

Le Dictionnaire des Mythes

MARABOUT

INTRODUCTION

Si, dans le langage courant, un mythe désigne une chose incroyable ou irréelle, pour les Anciens, ce terme avait une signification objective, dynamique, conceptuelle, en rapport direct avec la réalité. A l'origine, toutes les mythologies, égyptienne, crétoise, grecque, romaine, indienne, mésoaméricaine, nordique... avaient pour objet de fournir une explication plausible aux phénomènes naturels et cosmiques : cycle des saisons, du jour et de la nuit, de la végétation, de la vie et de la mort... aux événements historiques... Mais elles ont également rempli une fonction morale, didactique et initiatique pendant des millénaires.

A travers les récits mythologiques se dégagent la philosophie et les conceptions particulières à une civilisation, un peuple, une époque, traduites en images, figures, situations, récits, aventures, lieux ou en abstractions... En outre, de ces figures sorties de l'imagination des mythographes anciens, se dégagent les exigences profondes de l'âme humaine, les sentiments, les aspirations, les rêves des hommes qui nous ont précédés. Les récits mythologiques décrivent des comportements sur lesquels le temps n'a aucun effet et, en les relisant des siècles après leur conception, nous nous apercevons qu'en fin de compte, l'homme n'a guère changé, qu'il est animé des mêmes motivations : amour, amitié, haine, vengeance, ambition, jalousie...

Les mythes sont toujours parmi nous

Capables de frapper l'imagination de l'homme, les héros et héroïnes mythiques ont inspiré les doctrines religieuses, les légendes, le folklore, les superstitions, les contes de fées, la poésie, les tragédies classiques et d'innombrables œuvres d'art. Ils sont devenus des symboles qui, transmis de génération en génération, demeurent à jamais figés dans la mémoire de l'humanité. En effet, profondément enracinés dans l'imaginaire humain, les mythes sont doués d'une vitalité extraordinaire; ils naissent, vivent, évoluent avec les époques, les pays, survivent sous des noms ou des aspects différents. Mais ils reparaissent toujours, entourés de leur aura de légende, suscitant notre émerveillement, hantant nos rêves. Ils survivent dans la racine de la plupart des mots que nous utilisons quotidiennement ! Les récits rocambolesques ou fantastiques de la mythologie font vibrer une corde sensible au plus profond du psychisme humain. Ils réveillent ou entretiennent le besoin de dépassement qui distingue l'être humain de l'animal et satisfont l'intense besoin de merveilleux dont les racines remontent à l'aube de l'humanité, ce petit « grain de folie » qui persistera toujours au fond de l'âme humaine. En outre, ils sont toujours d'actualité et l'homme moderne se reconnaît dans ces personnages de légende.

Voilà pourquoi le thème du héros mythologique et de ses exploits se répète constamment : pour ne citer qu'un exemple, personnage de légende, Héraklès vous est peut-être inconnu, mais il se réincarne dans le nombre incalculable de héros dotés d'un courage surhumain et d'une folle intrépidité des feuilletons de télévision de tous les pays, capables d'exécuter brillamment des missions impossibles... Les chars tirés par des animaux fabuleux sont remplacés par des voitures, hélicoptères etc. équipés des perfectionnements ultra-sophistiqués de l'électronique, des navettes spatiales qui font des randonnées fantastiques ou invraisemblables à travers les espaces sidéraux. Appareils intelligents, parfois même dotés de la parole et susceptibles d'éprouver des émotions quasi humaines. Les déesses grecques, descendantes des grandes déesses crétoises, adorées à Délos, Delphes, Eleusis, qu'elles soient spécifiquement féminines, tendres ou férocement jalouses, habituées des alcôves divines, aimantes ou indifférentes, soumises ou insurgées, mégères ou jeteuses de sorts... ne décrivent-elles pas la femme de toutes les époques, l'éternel féminin, sous toutes ses facettes ? Elles ont exercé sur les dieux la même influence bénéfique ou néfaste que la femme moderne sur l'homme du XXe siècle et continuent à nous fasciner sous les traits de l'héroïne « bionique », amazone des temps modernes ou autres créatures de rêve généreusement offertes par le petit écran. Un grand nombre de héros mythologiques sont dotés de traits de caractère spécifiques aux tempéraments décrits par les typologies modernes ou pouvant se rattacher à un comportement névrotique ou psychotique décrit par la psychanalyse !

Ce *Dictionnaire des Mythes* est un complément au *Dictionnaire Marabout des Symboles,* car mythes et symboles sont indissociables et constituent un lien similaire entre le monde invisible et le monde visible appréhendé quotidiennement par nos sens. Ils parlent un langage ésotérique, celui de nos lointains ancêtres dont les sédiments se sont déposés lentement dans un réservoir de souvenirs que Jung appelle l'inconscient collectif, mémoire commune à toute l'humanité, héritage riche et précieux d'où celui qui sait puiser peut extraire la connaissance, celle qui fit la sagesse des anciens ainsi mise à la portée de chacun de nous.

Les **chiffres** entre parenthèses renvoient à la bibliographie en fin de volume. Le deuxième chiffre renvoie à la page du livre cité.

A

AAU

Dans la mythologie égyptienne, gardien de la cinquième section du Thuat (royaume des morts), assisté par Teka-Hra qui gardait la section opposée (50).

ABAS
le lézard

Fils aîné de Méganire et d'Hippotoon qui donnèrent l'hospitalité à Déméter. Pendant son séjour en Attique, la déesse des moissons fut la nourrice de Démophon, leur fils cadet qui venait de naître. Un jour, Abas s'étant moqué de Déméter parce qu'elle avalait goulûment un pichet d'eau d'orge à la menthe, fut métamorphosé en lézard. (Ce récit, raconté aux enfants, leur apprenait à respecter les dieux et leurs aînés) (1-82).
• Fils du dieu des mers Poséidon et d'Aréthuse, qui participa à la guerre de Troie et donna son nom aux Abantes, ancien peuple de l'Eubée (*île de la mer Egée, par la suite appelée Nègrepont)*.
• Compagnon de Diomède qui fut changé en cygne par Aphrodite.

• Un autre personnage de ce nom était le fils de Lyncée et d'Hypermnestre, l'aïeul de Persée, le fondateur d'Abae en Phocide, le douzième roi d'Argos, ville de l'Argolide (contrée du Péloponnèse comprise entre le golfe Saronique, le mont d'Arcadie, les hauteurs de Corinthe et de Phlionte).
• Nom d'un des compagnons d'Enée et d'un devin dont la statue se trouvait dans le temple de Delphes.

Abatos

Ile d'Egypte située près de Philae, où se trouvaient les tombeaux d'Isis et d'Osiris que seuls les prêtres avaient le droit de visiter.

ABDÉROS ou ABDÈRE
fils de bataille

Compagnon et ami d'Héraklès qui fut dévoré par des juments sauvages dérobées à Diomède, roi de Thrace, par Héraklès (huitième mission). Ce dernier, en souvenir de son ami, aurait bâti la ville d'Abdère (aujourd'hui *Bouloustra*).

ABEONA et ADEONA
l'aller et le retour

Déesses romaines qui présidaient aux voyages; la première était invoquée à l'aller *(abire)* et la seconde au retour *(adire)*. Elles veillaient également sur les premiers pas des enfants.

ABSHE

Chez les Egyptiens, crocodile monstrueux qui gardait la septième section du royaume des morts.

ABSYRTOS ou ABSYRTE

Fils d'Aiétès, roi de Colchide (ancien pays d'Asie, aujourd'hui partie de l'actuelle Géorgie, qui fut un centre commercial important dont la richesse aurait donné naissance à la légende de la *Toison d'Or*), qui accompagna sa sœur Médée dans sa fuite avec Jason. Afin d'arrêter Aiétès qui les poursuivait, Médée tua Absyrtos, le mit en pièces et dispersa les lambeaux de son corps sur la route.

◆ Le mythe du ***démembrement*** est commun à la plupart des traditions (Osiris mis en pièces par son frère Seth... Dionysos...). Associé par certains mythographes aux phases lunaires, il correspondrait à la disparition de l'astre (à la fin du dernier quartier).

AB-TA

Serpent monstrueux de la mythologie égyptienne, qui gardait l'entrée de la neuvième section du royaume des morts.

ACACALLIS
qui n'a pas de murs

Fille de Minos qui, séduite par Apollon, fut bannie en Libye par son père. On dit qu'elle donna naissance à Garamas.

ACADEMOS
celui qui vient d'une région silencieuse

Arcadien qui possédait un petit Etat au nord-ouest d'Athènes appelé *Académie* et qui devint plus tard un gymnase. Platon, qui possédait une maison de campagne dans les environs, avait l'habitude de réunir ses disciples dans les bois de platanes qui s'y trouvaient. D'où le nom d'académie donné à sa doctrine et à son école et par la suite, à toute assemblée de savants, artistes et poètes.

Acadine

Fontaine de Sicile consacrée aux frères Paliques, transposition latine des Dioscures et servant aux présages. On y jetait des tablettes sur lesquelles étaient inscrits les serments. Si elles tombaient au fond, ces derniers étaient mensongers.

ACAMAS
l'infatigable

Nom de trois héros grecs qui participèrent à la guerre de Troie.
• Fils de Thésée et de Phèdre, frère de Démophon. Chargé de réclamer aux Troyens Hélène enlevée par Pâris, il séduisit Laodicé, une des filles de Priam. Il fut l'un des huit soldats qui s'introduisirent dans la ville de Troie dans le ventre du célèbre cheval, avec Ménélas, Odysseus, Diomède, Sthénélos, Thoes et Néoptolème. Il donna son nom au cap Acamas situé au nord-ouest de l'île de Chypre et à la tribu *Acamantide* d'Athènes.
• Troyen, fils d'Anténor et de Théano, tué à la guerre de Troie.
• Chef thrace allié des Troyens qui fut tué par Ajax.

ACARNAN ou ACARNAS

Fils d'Alcméon et de la nymphe Callirhoé, fille du fleuve Achéloüs, petit-fils du célèbre devin thébain Amphiaros. Son père ayant été tué par Phégée lorsqu'il n'était qu'un enfant, Zeus le fit grandir et devenir adulte en quelques mois et, pour venger ce meurtre, Acarnan immola les fils de Phégée puis se réfugia en Epire et fonda l'Acarnanie, confédération de peuplades dont la capitale était Stratos, située sur l'Achéloüs.

ACASTE
l'instable

Ayant succédé à son père Pélias, le roi d'Iolcos, assassiné par ses filles sur le conseil de la perfide Médée qui avait promis de le ressusciter, Acaste voulut venger son père en immolant l'une des parricides. Mais Héraklès enleva la coupable. Plus tard, Pélée, roi des Myrmidons (peuple de la Thrace gouverné par Achille), ayant transpercé accidentellement Eurytion, fils adoptif d'Actor, roi de Phrygie, vint se faire purifier par Acaste (le *rite de **purification*** était couramment pratiqué dans l'Antiquité).

Pélée inspira à la reine Créthéis (ou Astydamie) une violente passion qui ne fut pas partagée. Pour venger sa vanité blessée, la reine annonça à Polymela, l'épouse de Pélée, que son époux avait l'intention de la quitter, poussant Polymela au suicide. Puis elle accusa Pélée d'avoir tenté de la séduire. Mais Acaste, voulant respecter les lois sacrées de l'hospitalité, refusa de tuer Pélée, se contentant de l'abandonner dans une forêt, endormi et désarmé, pensant qu'il serait dévoré par les bêtes féroces. Le centaure Chiron réveilla le dormeur et l'avertit du piège. Furieux, Pélée revint à Iolcos, tua Acaste et son épouse.

ACCA LARENTIA
qui invente (1-431)

Divinité populaire romaine, épouse du berger de Numitor, Faustulus, qui éleva les jumeaux Romulus et Rémus recueillis par son mari. Elle passait pour la mère des dieux Lares et des douze frères Arvales.

• Selon une autre tradition, Acca Larentia était une courtisane surnommée *Lupa* (la Louve) qu'un gardien du temple d'Hercule livra à ce dieu comme enjeu d'une partie de dés. Hercule lui prédit qu'elle épouserait le premier homme qu'elle rencontrerait en sortant du temple et qu'il la rendrait heureuse. Ce fut Tarrutius, un riche propriétaire terrien qui fit d'elle son héritière. A sa mort, Acca légua toutes ses richesses au peuple romain qui célébrait en son honneur, le 23 décembre, la fête funèbre annuelle des *Accalia* parfois appelée *Larentalia* ou *Larentinalia*.

ACHAEOS
l'affligé

Fils de Xouthos et de Créüse, frère de Doros, neveu d'Hellen, demi-frère d'Ion, Achaeos est le fondateur de la nation achéenne.

ACHATE
agate

Personnage de l'*Enéide,* ami et compagnon dévoué d'Enée qu'il accompagna dans sa fuite sur le mont Ida puis dans ses périlleux voyages en Italie, Achate est le symbole de la ***fidélité :*** l'expression *Fidus Achates* désignait autrefois un ami très intime.
• Rivière de Sicile où, pour la première fois, fut trouvée l'*agate* (pierre précieuse).

ACHÉLOOS ou ACHÉLOÜS
celui qui chasse le chagrin

Fleuve de l'Epire divinisé qui séparait l'Acarnanie de l'Etolie, appelé par Homère le roi des fleuves aux eaux purificatrices. C'est l'*Aspro-Potamo (rivière blanche)* qui se jette dans la mer Ionienne.
• Dieu-fleuve, fils d'Océan et de Téthys, père des Sirènes, qui régnait sur plus de trois mille fleuves. Il disputa Déjanire à Héraklès et fut vaincu plusieurs fois, même lorsqu'il se transforma en énorme serpent, puis en taureau furieux. Hercule lui arracha une de ses cornes que les nymphes remplirent de fleurs et de fruits et qui devint la *corne d'abondance.* Les colères de ce dieu étaient redoutables : ainsi quatre nymphes qui avaient négligé de l'invoquer dans leurs prières furent emportées dans ses eaux en crue et transformées en îles, les îles de Nasia ou les *Echinades* (qui tiraient leur nom des oursins qu'on trouvait sur leurs plages), situées dans la mer Ionienne à l'entrée du golfe de Corinthe.

Achéloüs est représenté symboliquement par un *serpent* (symbole des sinuosités de son cours) ou un *taureau* (les eaux furieuses), souvent avec une tête humaine armée de cornes. Il tient en main un roseau et une patère.

◆ Les fleuves ont joué un rôle important dans les civilisations orientales de l'Antiquité. Ils assuraient la prospérité des pays qui bénéficiaient de leurs eaux. Aussi ont-ils été associés à des symboles de ***fertilité :*** *serpent, taureau...* animaux sacrés qui de tout temps ont fait l'objet d'un culte particulier lié à l'idée de ***traversée, passage, purification.***

Achéron
akos = douleur, roos = fleuve

Selon les géographes de l'Antiquité, quatre fleuves portaient ce nom; le plus important était le *Macropotamo,* provenant du marais d'Achéruse et débouchant dans la mer Ionienne après avoir traversé la Thesprotie. En raison de ses eaux noires et saumâtres, de son cours en grande partie souterrain, les Anciens le considéraient comme le fleuve des Enfers que les âmes des défunts traversaient sur la barque de Charon pour atteindre leur séjour définitif.
• La mythologie grecque lui attribue le nom d'un des fils du Soleil (Helios) et de la Terre (Gaïa) qui, ayant fourni de l'eau aux Titans lors de leur révolte contre les dieux de l'Olympe, fut précipité en enfer par Zeus. On appelait *acherontia* des marais situés dans différents pays, dont les ouvertures menaient aux enfers.

ACHILLE
sans lèvres, expression consacrée aux héros oraculaires

Le plus vaillant héros grec à la chevelure d'or, fils de Pélée et de Thétis. Pour le rendre immortel, sa mère commença à brûler ses parties mortelles avant de l'enduire d'ambroisie (ce qui était pratique courante), le préparant ainsi à son séjour dans l'Olympe, lorsque Pélée le lui arracha des mains. L'osselet avait échappé au traitement, mais il était presque carbonisé. Pélée le remplaça par un osselet provenant du squelette du géant Damysos, réputé pour sa rapidité à la course. (Certains disent que Thétis le plongea dans le Styx, le rendant **invulnérable** excepté au *talon* par lequel elle le tenait.) Sa mère le prénomma Achille *(sans lèvres)* «parce qu'il n'avait pas encore posé ses lèvres sur sa poitrine» (1-221).

L'enfant fut confié au Centaure Chiron qui le nourrit de sangliers sauvages, d'entrailles de lions et de moelle d'ours pour renforcer son courage. Son précepteur lui enseigna le tir à l'arc, l'art de l'éloquence et la manière de guérir les blessures. La muse Calliope lui apprit à chanter et le prophète Calchas prédit qu'il aurait le choix entre une vie glorieuse et courte et une vie longue et ennuyeuse. Ce fut la première qui prévalut et le héros devint célèbre pour ses actes de bravoure et ses aventures glorieuses.

Afin de protéger son fils, Thétis l'envoya sous un déguisement féminin et sous le nom de Pyrrha dans l'île de Scyros, à la cour de Lycomède. Il s'éprit de la fille du roi, Déidamie, qui lui donna un fils, Néoptolème ou Pyrrhus (ou Pyrrhos). Mais Calchas ayant prédit que Troie ne serait pas prise sans l'aide du jeune Achille, Odysseus fut chargé de l'amener devant Troie. Il y parvint grâce à un subterfuge : il offrit aux dames de la cour des objets précieux : bijoux, robes brodées etc., parmi lesquels il avait glissé des armes (symbole de la ***tentation***). Sans hésiter, Pyrrha choisit celles-ci. S'étant trahi, il ne put refuser de se joindre aux soldats (on peut supposer qu'il était las de remplir le rôle de Pyrrha et mourait d'envie de pourfendre les ennemis de sa patrie !)

Accompagné de son inséparable cousin Patrocle, notre héros se fit remarquer par sa bravoure et sa connaissance de la médecine. Ainsi, après une bataille, il guérit la blessure de Télèphe en l'enduisant du suc d'une plante vulnéraire qu'il avait découverte, appelée depuis *achillée* (principe actif : l'*achilléine*).

Lors de la prise de Lyrnessos, la fille de Brisès, Briséis, réduite en esclavage, lui fut donnée; mais Agamemnon lui enleva la belle captive dont il était tombé amoureux. Furieux, Achille se retira dans sa tente, abandonnant le combat (symbole de l'***abandon de la lutte***). Dès lors, les défaites se succédèrent, Patrocle, qui avait pourtant revêtu l'armure magique d'Achille (forgée par Héphaïstos), fut tué par Hector. A cette nouvelle, Achille courut venger son ami, tua l'assassin, l'attacha à son char par les pieds et le traîna autour de la tombe de Patrocle. Il accepta cependant de restituer la dépouille d'Hector à son père Priam contre une rançon en or d'un poids égal à celui d'Hector.

Mais, quelque temps après, Poséidon et Apollon, agacés par l'attitude d'Achille envers Hector, chargèrent Pâris de décocher une flèche au talon droit du héros, unique endroit vulnérable de son corps (plusieurs héros des mythologies égyptiennes, lydienne, celtique, hindoue, scandinave meurent d'une blessure au talon). Une lutte acharnée se déroula autour de son cadavre, jusqu'à ce qu'un orage envoyé par Zeus mît fin au combat et à la vie du héros.

Achille fut pleuré pendant dix-sept jours et dix-sept nuits par les Néréides et par les neuf Muses qui chantaient des hymnes funèbres. Le dix-huitième jour, on brûla son corps sur un bûcher et ses cendres mêlées à celles de Patrocle furent enterrées au cap Sigée qui domine l'Hellespont (le détroit des Dardanelles). On dressa, dans le village voisin d'Achilleon, un temple où il était représenté par une statue portant une boucle d'oreille de femme (1-527).

— Le héros préféré des Grecs, dont les aventures sont racontées dans l'*Odyssée* et qui joue également un rôle important dans l'*Iliade,* poème attribué à Homère, fut considéré comme un demi-dieu et vénéré dans tout le pays lors des *Achillées.*

On appela *Achilleos Dromos* (plus tard Tendra), la presqu'île étroite de la mer Noire située à l'embouchure du Borysthène (le Dnieper) où il aborda et institua des jeux.

Dans le langage courant, on désigne par son nom un homme invulnérable ou courageux, voire intrépide. Ses exploits ont inspiré d'innombrables artistes de l'Antiquité et des temps modernes, peintres (Regnault, Delacroix, Rubens, Ingres, Gérard)... tragédiens : *Achille et Déidamie,* tragédie lyrique présentée à l'Opéra en 1735; *Achille et Polyxène* en 1687.

◆ Sur le plan *social,* certains auteurs voient dans la mort d'Achille (comme celle de tous les héros mythologiques) la fin d'une époque.

◆ Sur le plan *psychologique,* le *pied* est un symbole ambivalent : selon Jung, il est en rapport direct avec la réalité (le sol, la terre); mais on le considère souvent comme un symbole *phallique.* Il comporte un **point faible** *que le doigt de la vie maternelle a touché et où la possibilité d'une connaissance parfaite a été affaiblie.* C'est ce point qu'il faut *transpercer... (et par là-même transpercer son univers) pour détruire le point clef de son existence limitée* (15-122).

Le déguisement du héros en femme pourrait représenter la nécessité de développer l'Anima, parcelle de féminité présente en chaque homme. Il pourrait également indiquer une dualité sexuelle.

Autre sujet d'ambivalence : le capricieux Achille passe pour un héros mais il fait souvent preuve de pusillanimité, de manque de persévérance, d'impulsivité.

ACHIRRHOÉ

Petite-fille de Mars qui eut deux filles du roi de Thrace Sithon : Pallène, dont le nom fut donné à la presqu'île Phlegra située au sud de la Cappadoce, et Rhoetée, qui baptisa le cap Rhoetium sur l'Hellespont (les Dardanelles).

ACHLYS
aklus = obscurité

Déesse de l'obscurité et des ténèbres qui a précédé le chaos initial, considérée par Hésiode comme la divinité du malheur et du désespoir. De son nom dérive une maladie provoquant l'obscurcissement de la cornée, l'*achlys.*

Acidalie

Fontaine de Béotie dans l'ancienne Grèce, consacrée à Aphrodite.

ACIS

Fils de Faunus et de la nymphe Symethys, berger sicilien aimé de Galatée désirée par le cyclope Polyphème. Surpris un jour par ce dernier en compagnie de sa bien-aimée, il fut écrasé sous un rocher de l'Etna. Eplorée, Galatée demanda justice à Poséidon qui changea le cyclope en une rivière qui coule au pied du volcan.

◆ Ce mythe tente d'expliquer un *phénomène volcanique* qui provoqua la chute d'énormes blocs de pierre... On ne peut s'empêcher de le relier à la ville d'Aci-Reale, située au pied de l'Etna à l'embouchure d'un fleuve, l'*Aci,* qui aurait été originellement *Xiphonia.*

ACMON

enclume ou *marteau*

Fils de Manès qui dirigeait une colonie de Scythes en Phénicie et en Syrie et fut mis au rang des dieux. Vénéré en Crète, il fut, avec Damnaménée et Celmis, l'un des premiers Dactyles.

ACONTIOS

akontias = serpent,
ou de *akontistès = qui lance un javelot*

Acontius ou Aconce était un jeune habitant de l'île de Céos sans fortune mais réputé pour sa beauté. Un jour, il tomba amoureux d'une riche Athénienne, Cydippe, qui priait dans le temple d'Artémis. L'astucieux Aconce grava sur une pomme la phrase suivante : « Je jure par Artemis de n'être jamais qu'à vous » et fit tomber la pomme aux pieds de Cydippe. Celle-ci la ramassa et lut distraitement la phrase à haute voix, sans se rendre compte qu'elle prononçait un serment la liant à jamais, car la loi exigeait que soit respectée toute promesse faite dans le temple de la déesse. Or, la jeune femme était déjà fiancée ! Vint le jour du mariage... La mariée fut prise d'un violent accès de fièvre et, pour éviter le pire, ses parents durent la donner à Aconce.

◆ Ce mythe « éducatif » prône le **respect des *promesses.***

ACRAEPHEUS

Fils d'Apollon qui donna son nom à la ville d'Acraephia en Béotie (selon Strabon).

ACRAGAS

Acra =élevé. On donnait ce nom aux villes et citadelles érigées sur des lieux élevés

Fils de Jupiter et d'Astéropé (l'une des filles de l'Océan), Acragas fonda Agrigente (ou Akragas), très importante ville sicilienne où se trouvaient les célèbres temples de la Concorde, d'Héra Lacinienne, d'Héraklès, de Castor et Pollux, de Zeus Olympien et le « Palais des géants » qui demeura inachevé.

ACRATOS ou ACRATOPOTES

Akratos, le vin pur, ou *Acratopotes,* le *Buveur de vin pur,* était un compagnon de Bacchus honoré dans l'Attique.

ACRISIOS

l'imprudent

Fils d'Abas, arrière-petit-fils de Danaos, frère jumeau de Proetos, père de Danaé et roi d'Argos. Il disputa à son frère le royaume laissé par leur père et dut accepter le partage : il reçut Argos tandis que Tirynthe allait à Proetos. Un oracle ayant prédit qu'il mourrait de la main de son petit-fils, il enferma sa fille Danaé dans une tour. Obstacle que Zeus surmonta sans peine et Danaé mit au monde Persée. Acrisios fit jeter la mère et le fils à la mer, mais ils furent sauvés. Plus tard, lors des jeux funèbres célébrés par Teutamios, le roi de Larissa, en l'honneur de son père, Persée, qui était l'un des concurrents au lancer du disque, atteignit son grand-père et le tua sur le coup.

◆ Cette mort figure « la fin du règne d'un roi-dauphin » mis à mort pour laisser la place à son successeur — « le disque dans les airs figure le disque solaire » (1-223).

◆ Certains voient en lui le symbole de la ***fatalité***.

ACRON

Héros étrusque, compagnon d'Enée, qui fut tué à Mézence.

Acropole
akron = sommet; polis = ville

Partie haute de la cité antique par opposition à la ville basse. A la fois forteresse et enceinte sacrée, elle servait de citadelle, de refuge contre les invasions des ennemis, et renfermait les temples.

Les plus connues du monde grec ancien sont celles de Mycènes, de Tirynthe, d'Argos, de Corinthe... La plus célèbre était l'acropole d'Athènes, rocher ovale isolé auquel on accédait autrefois par un sentier escarpé et très sinueux. On y vénérait l'excavation faite par Poséidon, d'un coup de trident... d'où sortit l'olivier d'Athéna. C'est là qu'au premier signal d'alarme, les habitants se réfugiaient pendant les invasions, se serrant autour du sanctuaire des dieux.

En Asie, on peut citer celles de Pergame et de Troie. En Italie, celle de Rome où l'on interrogeait le vol des oiseaux.

ACTÉ
les dons de Déméter

Dans la Grèce ancienne, l'expression **Acté et Cypris** désignait la table et les moments de plaisir qui y sont liés.

ACTÉA
akté = rivage

Néréide personnifiant la côte escarpée qui donna son nom à la presqu'île de l'Attique.

ACTÉON
qui habite le rivage

Fils d'Autonoé et du pasteur Aristée, petit-fils de Cadmos, Actéon fut élevé par le centaure Chiron et devint un chasseur renommé. Accompagné de cinquante chiens, il battait la campagne et les bois en quête de gibier. C'est ainsi qu'il surprit un jour Artémis se baignant dans une rivière et, au lieu de s'éloigner, la contempla à loisir, irritant la vindicative déesse qui, après l'avoir métamorphosé en cerf, le fit dévorer par sa propre meute.

◆ Ce mythe de l'***éternel retour*** tend à expliquer le *phénomène de l'hiver,* les cinquante chiens figurant les cinquante jours pendant lesquels la végétation, dont Actéon était le symbole, semble complètement morte.

◆ A un niveau supérieur, la nudité d'Artémis, déesse de la forêt, des lieux sauvages, figure la « vérité toute nue » pouvant consumer ceux qui sont incapables d'assumer cette vision. Cette vérité est en rapport avec les ***forces féminines négatives*** (Anima noire) qui absorbent, consument, détruisent la vitalité. Ce mythe rappelle celui d'Eve dans le mythe du Paradis terrestre, où la conscience de la nudité précède la chute.

ACTOR
le chef

Epoux de Molioné, fille de Molos, Actor eut des jumeaux siamois, nés d'un œuf d'argent et réunis à la taille depuis leur naissance, les Molionides. Ceux-ci épousèrent les filles jumelles du Centaure Dexamenos et leurs fils régnèrent en Elide avec le petit-fils d'Augis et le fils d'Amaricée.
• Aïeul de Patrocle, qui fut roi d'Aulide.
• Fils de Poséidon et d'Agamède.
• Compagnon d'Hercule, qu'il soutint dans sa lutte contre les Amazones.
• Fils d'Acaste, tué par Pélée lors d'une partie de chasse.
• L'un des Argonautes.

ACUS

Fils d'Héphaïstos et d'Aglaé, la plus jeune des Grâces.

ADAM

L'*androgyne* primordial, avant que l'aspect féminin, Eve, n'ait pris forme. Il est l'*Hermaphrodite* grec, l'Eros, le dieu de l'amour considéré comme le premier des dieux par Platon.

◆ Les récits mythologiques utilisent ce symbole pour expliquer le ***mystère de la création:*** le tout, « l'éclatement de l'un en deux, puis en multitudes et par cela même, la génération d'une vie nouvelle dans la reconjonction des deux ».

ADAPA
le sage

Héros civilisateur akkadien, créé à Eridu par Ea pour régner sur les hommes, célèbre pour sa sagesse et sa prudence. Un jour qu'il pêchait, son embarcation fut renversée par Shutu, le Vent du Sud. Furieux, Adapa lui coupa les ailes, le condamnant au silence pendant sept jours. Convoqué devant le tribunal des dieux et reçu à la table du dieu du ciel Anu, Adapa suivit les conseils d'Ea et refusa les aliments et la boisson de l'immortalité, n'acceptant que les vêtements et l'huile présentés par les portiers du ciel, Tamuz et Ningishzida. C'est ainsi qu'il ne devint jamais immortel et fut chassé du pays des dieux.

ADITI

Déesse-mère de la mythologie védique qui, suivant le Rig-Veda, symbolise la **force génératrice de la nature,** la vie latente prête à naître comme ce qui est né, *l'indivisé et indivisible par opposition au divisé, à la division.* Elle est la mère des douze Adityas, dieux supérieurs représentant les douze formes solaires auxquels ils ont donné leur nom. Parmi eux, Varuna le tout-puissant, Bhaga, Mitra et Aryaman. On la représente par *la Vache mystique qui ne peut pas être tuée, Vache laitière (dhénu) dont le lait est les sept rivières ou Vache de lumière (go) dont les enfants sont les Aurores... qui l'ont amenée pour manifester les mondes* (56-68). Déesse bienfaisante, elle procure la santé, délivre des contraintes et de la souffrance. Dans le bouddhisme, elle assiste Bouddha dans son combat contre le tentateur Mara, obstacle à la méditation et par conséquent à l'illumination.

• Plus tard, on lui donna pour rivale sa sœur **Diti** ou Dânu, symbole de la ***séparation,*** de la ***dualité***, de l'***Ignorance*** par opposition à la Connaissance. *Diti est la mère des puissances des ténèbres... qui se manifeste dans le principe Terre et domine les plans inférieurs de l'existence... Mais Aditi... la contrôle et l'inonde et les deux sont nécessaires* (56-68).

ADMÉTOS
l'indompté

Roi de Phères, en Thessalie, l'un des Argonautes, symbole de ***l'esprit d'abnégation***, du dévouement. Lorsqu'ayant tué les Cyclopes, Apollon fut chassé de l'Olympe, Admète lui donna asile et lui confia la garde de ses troupeaux. Or, Admète était amoureux d'Alceste et, pour devenir son époux, devait atteler son char à un sanglier et un lion, animaux difficiles à dompter ! En témoignage de sa gratitude, le jeune dieu l'aida à réaliser cet exploit et à obtenir la main de sa bien-aimée. Le jour de son mariage, le fougueux mari omit de sacrifier à Artémis, sœur jumelle du dieu, ce qui déplut au plus haut point à la déesse des bois. Lorsque le marié, « le visage empourpré par le vin, le corps frotté d'essences de plantes et paré de guirlandes de fleurs, pénétra dans la chambre nuptiale, il recula d'horreur » (1-183). La mariée était remplacée par un amas de vipères sifflantes prêtes à l'attaquer. Là encore, Apollon obtint des dieux (des Parques ?) sa survie, à condition qu'un membre de sa famille descendît aux Enfers à sa place. Ses parents ayant refusé catégoriquement de se sacrifier, ce fut sa femme, Alceste, qui se dévoua; ce sacrifice fut récompensé car les dieux la réunirent à son époux. Ils coulèrent de nombreux jours heureux ensemble.

• Un second personnage porte ce nom : roi des Molosses, le second Admète est un symbole de **loyauté**. Il recueillit Thémistocle, l'ennemi du peuple grec, poursuivi comme traître, et refusa de le livrer.

◆ Le *sacrifice* symbolise l'***abandon du moi infantile*** (refus des parents), des liens émotionnels qui rattachent l'individu au giron protecteur de la famille. Les *vipères* figurent l'événement providentiel révélateur qui suscite la ***prise de conscience***. La récompense, car le mythe n'est jamais dépourvu d'une morale, c'est la sérénité de l'âme libérée (ils vécurent heureux très longtemps, comme dans les contes de fées).

ADONAÏ

hébreu : Adon : mon Seigneur, Maître suprême, précède souvent les noms de divinités sur les monuments phéniciens, désignant une divinité particulière

---

Nom de Dieu dans l'Ancien Testament. Le tétragramme YHWH, prononcé Adonaï par les Juifs, est l'origine du nom Jéhovah

ADONIS

le Seigneur

Fils incestueux de Myrrha (ou Smyrna) et de son père Cinyre, roi de Paphos et de Chypre avec lequel elle coucha (il avait été enivré par sa bonne nourrice) dans l'obscurité, en se faisant passer pour la reine. Adonis vit le jour en Syrie.

Devenu grand, il se rendit à Byblos, en Phénicie, où il se livrait à la chasse. Aphrodite l'entrevit et conçut une violente passion pour le bel adolescent. Le jaloux amant de la belle déesse, Arès, envoya un sanglier attaquer Adonis et le blesser mortellement. Aphrodite changea son sang en anémone, fleur printanière aussi éphémère que la vie du jeune dieu.

Arrivé aux Enfers, Adonis inspira un puissant amour à Perséphone, l'épouse d'Hadès, pendant que sur terre, Aphrodite suppliait Zeus de rendre à la vie son amant. Soucieux d'équité, le roi des dieux décida qu'Adonis passerait six mois de l'année dans le monde souterrain en compagnie de Perséphone et six mois sur terre avec Aphrodite (il existe différentes versions de la légende d'Adonis).
— Les Grecs célébraient les *Adonies* en l'honneur d'Adonis, pendant huit jours. Les femmes exposaient les images du dieu dans les rues et accomplissaient les rites funéraires en chantant des hymnes de deuil ou *Adonides,* accompagnées par la flûte phénicienne. A Alexandrie, on déposait son image sur une couche d'argent parmi des fleurs éphémères placées dans des vases précieux, disposition qu'on appelait «jardins d'Adonis». Sa légende est tellement associée à la végétation qu'un botaniste spécialisé dans les plantes cultivées dans un jardin fut appelé un *adoniste* et qu'une plante cardiotonique utilisée dans l'athéromatose et l'hypertension artérielle fut appelée l'*herbe d'Adonis (adonis vernalis).*

◆ La légende d'Adonis est le mythe de ***la mort*** et de ***la résurrection***, celui du mystère de l'alternance des saisons: Perséphone dans sa demeure souterraine, figurant le sommeil hivernal et Aphrodite, le triomphe de l'amour, de la vie qui reprend sur terre au printemps.

ADRASTOS
celui qui ne recule pas

Roi d'Argos qui donna asile à Polynice banni de Thèbes par son frère Etéocle et qui, pour le rétablir sur son trône, engagea la guerre *des Sept Chefs.* Ceux-ci périrent tous à l'exception d'Adraste. Plus tard, leurs fils, les *Epigones,* les vengèrent en conquérant et dévastant la ville de Thèbes.
• Fils de Midas, roi de Phrygie. Ayant causé involontairement la mort de son frère, cet Adraste dut se réfugier à la cour de Crésus, roi de Lydie, où il devint le précepteur du jeune prince Atys. Un jour qu'il participait à une battue pour chasser un sanglier qui ravageait le pays, la flèche destinée à l'animal frappa malencontreusement le prince. Désespéré,

Adraste se donna la mort sur le tombeau d'Atys, malgré le pardon du roi.

◆ Périr à la guerre ou sous les dents d'un fauve, n'est-ce pas la mort symbolique à soi-même, à ses erreurs?

Aea

Cette île, située vers le détroit de Sicile, était la résidence de la magicienne Circé. Depuis ces temps reculés, elle s'est jointe au continent et forme le promontoire de Circello *(Circaeum Promontorium)* sur la mer Tyrrhénienne.

AEDON
le rossignol

Symbole de ***la jalousie maladive***. Fille de Pandaréos et épouse de Zéthos, roi de Thèbes, Aedon fut prise d'une crise de jalousie irrépressible envers sa belle-sœur Niobé qui avait donné le jour à six fils et six filles, alors qu'elle-même n'avait qu'un fils. Elle décida d'égorger Amanée, le fils aîné de sa rivale, mais tua par méprise son propre fils unique Ityle. Devant sa douleur, les dieux compatissants la métamorphosèrent en rossignol. C'est pourquoi, l'été, cet oiseau pleure le fils d'Aedon assassiné (1-310).

AEGIPAN
aix, aigos = chèvre et *Pan, dieu des bergers*

Surnom de Pan, divinité aux pieds de chèvre, également donné aux Satyres représentés avec des pieds de chèvre, des cornes et une queue.

AEOLE : voir EOLE.

AEON

Nom donné par les Phéniciens à la première femme, qui apprit aux hommes à consommer les fruits des arbres.

Aéromancie

Méthode divinatoire employée dans la Grèce ancienne, consistant à observer les rides formées par le vent à la surface de l'eau contenue dans une coupe.

AEROPÉ ou EUROPE

celle qui a un visage céleste

Mère d'Agamemnon et de Ménélas, fille de Catrée, roi de Crète, et sœur de Clyméné et de la rapide Apémosyné. Elle avait pour frère Althaéménès.

Un oracle ayant prédit qu'il serait tué par un de ses enfants, Catrée les bannit tous. Son fils et Apémosyné aboutirent à l'île de Rhodes où ils fondèrent la ville de Crécénia. Quant à Aéropé, il la surprit un jour en compagnie d'un amant et la vendit, ainsi que Clyméné, comme esclave à Nauplios. Celui-ci épousa Clyméné; Aeropé épousa Plisthène et lui donna deux fils, Agamemnon et Ménélas, et une fille, Anaxibie.

AESON

Aesymnaon : celui qui gouverne

Fils de Crétée et de Tyro, père de Jason, qui devint roi d'Iolcos à la mort de son père mais fut détrôné par son frère Pélias qui l'obligea à s'empoisonner en buvant du sang de taureau. Le croyant mort, sa femme Alcimédé se suicida. Mais une tradition affirme qu'Aeson fut ressuscité par Médée, qui lui rendit aussi la jeunesse et qu'il vécut encore très longtemps.

◆ Ce mythe est une illustration du ***complexe de Faust***, de la recherche de l'éternelle jeunesse.

AETHRA

le ciel clair

Fille de Pitthée qui, la même nuit, s'unit à Egée, roi d'Athènes, et à Poséidon. S'étant rendue dans l'île de Sphaéra à la suite d'un rêve envoyé par Athéna, elle changea le nom de l'île en Hiéra, y fonda un temple à la déesse et décréta que les jeunes filles devaient dédier leur ceinture de chasteté à Athéna avant de se marier.

Aethra mit au monde un fils : Thésée. Plus tard, elle fut enlevée par les Dioscures et emmenée en esclavage au service d'Hélène. A la fin de la guerre de Troie, elle fut délivrée par ses petits-fils Démophon et Acamas.

AGAMÈDE
le très intelligent

Et son frère jumeau Trophiomos : ils furent les plus grands architectes légendaires de la Grèce, à qui l'on doit les plans de temples célèbres. Ils construisirent un trépied en pierre avec les fondations prévues par Apollon pour son temple de Delphes, et l'oracle leur conseilla de goûter à tous les plaisirs de la vie pendant six jours, car le septième jour leur plus cher désir serait exaucé. Ce qu'ils firent sans attendre. Le septième jour, on les trouva morts dans leur lit ! Ce qui donna lieu au dicton : « Ceux qui sont aimés des dieux meurent jeunes » (1-231).

◆ Ce mythe se réfère au sacrifice rituel offert au temple de la déesse-Lune. On choisissait des jumeaux comme substituts aux rois conjoints et on les attelait à un char lunaire au lieu des taureaux blancs habituellement sacrifiés. Ils étaient ensuite enterrés au seuil du temple pour éloigner les influences néfastes. Le septième jour, dédié au Titan Cronos, était consacré au repos; ici le repos était la mort en l'honneur de la déesse (1-231).

AGAMEMNON et MÉNÉLAS
l'homme décidé et *la puissance du peuple*

Fils d'Atrée et petit-fils de Pélops. Après le meurtre de leur père par Egisthe et Thyeste qui s'emparèrent du trône d'Argos, les deux frères se rendirent chez Oenée l'Etolien, roi de Sparte, y levèrent une armée et contraignirent les usurpateurs à rendre le trône à Agamemnon et à quitter le pays. Devenu roi d'Argos, Agamemnon combattit et tua Tantale, le roi de Pise et obligea sa veuve, Clytemnestre (fille de Tyndare) à l'épouser, s'assurant le concours de ses beaux-frères, les Dioscures, pour attaquer Mycènes. Après la mort de ces derniers, Ménélas épousa leur sœur Hélène et leur père, Tyndare, abdiqua en faveur d'Agamemnon. De Clytemnestre, il eut un fils, Oreste, et trois filles : Electre (ou Laodicé), Iphigénie et Chrysothémis.

Agamemnon était si puissant que les rois de Mycènes, de Corinthe, de Cléonac, d'Ornées, d'Erithyrée, de Sicyone, d'Hypérésié, de Gonessa, de Pellène, d'Aegion, d'Aegialie et d'Hélicé devaient lui payer tribut sur terre et sur mer. Quant à Ménélas, il vécut heureux avec Hélène qui lui donna plusieurs enfants jusqu'à l'arrivée de Pâris qui, pendant une courte absence de son hôte, séduisit Hélène et l'emmena à Troie. Ménélas tenta d'obtenir pacifiquement son retour, mais essuya le refus catégorique de ses ravisseurs.

L'enlèvement d'Hélène (sœur de Clytemnestre) par ce prince troyen donna le signal de la guerre. Les préparatifs de l'expédition durèrent deux ans puis, au moment de lever l'ancre, Agamemnon irrita la déesse Artémis en se prétendant meilleur chasseur qu'elle. Les vents cessèrent de souffler aussitôt et le devin Calchas déclara que, pour apaiser la colère de la déesse, il fallait sacrifier Iphigénie, la plus belle des filles du roi, qui était promise à Achille, roi de Thessalie.

Agamemnon, dont l'ambition était plus forte que l'amour paternel, accepta et l'infortunée princesse fut amenée sur l'autel d'Artémis; le bourreau s'apprêtait à l'égorger lorsqu'elle fut enlevée par la déesse et remplacée par une biche.

Les vents se levèrent et la flotte se dirigea vers la Troade. Mais pendant la guerre, une querelle opposa Agamemnon à Achille au sujet de la possession d'une jeune esclave, Briséis, qui finalement revint au héros. Mécontent, Achille refusa de continuer la lutte et se retira sous sa tente. Mais la victoire étant impossible sans son concours, Agamemnon dut lui donner l'esclave.

Ménélas eut l'occasion d'occire de nombreux Troyens et Pâris aurait subi le même sort si Aphrodite ne l'avait dissimulé dans un nuage. Ce ne fut qu'un court sursis car il succomba peu après à la blessure faite par une flèche de Philoctète. Pâris disparu, Hélène épousa Déiphobos.

Après le siège et le pillage de Troie, la fille de Priam, Cassandre, fut donnée à Agamemnon qui la rendit mère de deux fils, Télédamos et Pélops. Ménélas tua Déiphobos et retrouva avec joie sa jeune femme toujours aussi belle, et ils se réconcilièrent.

Au bout de quelque temps, Agamemnon décida de rentrer dans sa patrie; Cassandre qui possédait un remarquable don de prophétie, le supplia de rester, prévoyant un malheur. Mais comme ses prédictions n'étaient jamais prises au sérieux (ainsi l'avait décidé Apollon), Agamemnon, Cassandre et Ménélas s'embarquèrent pour Mycènes. Mais le navire de Ménélas fut poussé vers l'Egypte par une violente tempête et ne rentra à Sparte que huit ans plus tard.

Pendant l'absence d'Agamemnon, Egisthe avait préparé sa vengeance et persuadé Clytemnestre de tuer ce mari épousé sous la contrainte, et aussi sa concubine Cassandre. Rentré au palais, le roi s'apprêtait à participer au somptueux festin préparé pour fêter son retour, lorsque son épouse lui lança un filet qui l'emprisonna et Egisthe le frappa avec une épée à double tranchant. Clytemnestre termina la besogne en lui coupant la tête avec une hache, puis tua Cassandre et ses deux nouveau-nés. Oreste eut la vie sauve et plus tard, vengea la mort de son père.

Ménélas vécut heureux en compagnie de sa femme et, à sa mort, les dieux le transportèrent aux Champs Elysées.

◆ Agamemnon est le symbole de la **bravoure** et de la **dignité**, mais surtout de l'**ambition démesurée**.

Aganippé

aganos : agréable

Fontaine de Béotie, située au pied de l'Hélicon, qui jaillit un jour sous les sabots du cheval ailé Pégase. Demeure de la nymphe du même nom et séjour favori des Muses (qui ont été surnommées les *Aganippides*), dont les eaux passaient pour apporter l'inspiration.

AGAVE
la Magnifique

Fille de Cadmos et d'Harmonie. Pour avoir calomnié sa sœur Sémélé, amante de Zeus, elle fut frappée de démence par Dionysos. Dans un accès de folie, elle déchira son fils Penthée, roi de Thèbes.

AGDISTIS

Génie bisexué à forme humaine né de la pierre des Agdus, monstre mutilé par les dieux qu'il terrorisait. Ses parties génitales devinrent un amandier qui produisit des fruits que la fille du fleuve Sangar cueillit et mit dans son sein. Elle fut fécondée et mit au monde Adys, qui plus tard, allait épouser la fille d'un roi, mais se castra sous l'effet du pouvoir d'Agdistis, épris du jeune homme. Agdistis obtint de Zeus le corps d'Adys qui ne se putréfia jamais (19).

AGÉNOR
l'homme très brave

Fils de Poséidon et de Libya, frère jumeau de Bélos, Agénor quitta l'Egypte pour se fixer à Canaan où il épousa Téléphassa (ou Argiopé), qui lui donna Cadmos, le fondateur de Thèbes, Phoenix, Cilix, Thasos, Phinée et Europe. Celle-ci ayant été enlevée par Zeus qui avait pris la forme d'un taureau blanc, Agénor envoya ses fils à sa recherche. Ils prirent la mer, s'engageant chacun dans une direction différente : Phoenix vers l'Ouest (Libye) où il donna son nom aux Puniques (Phéniciens de Carthage) et, à la mort de son père, revint à Canaan (qui s'appelle Phénicie en son honneur). Cilix se rendit au pays des Hypachéens qui devint la Cilicie. Phinée arriva chez les Thynes et fonda la Bithynie, péninsule séparant la mer de Marmara de la mer Noire où il fut tourmenté par les Harpyes. Thasos se rendit à l'île de Thasos dont il exploita les mines d'or. Cadmos partit pour Rhodes et, après maintes aventures, aboutit sur l'emplacement de la ville de Thèbes. Agénor devint le grand-père de Minos, Rhadamanthe et Sarpédon, fils de Zeus et d'Europe.

◆ L'enlèvement d'Europe, qui pourrait commémorer une attaque des Hellènes contre la Phénicie (1-163), est une tentative d'explication de l'**unification de peuplades diverses**. Cette légende a pour origine un mythe solaire : Agénor a dû désigner le soleil dont la marche était suivie vers l'ouest par les peuplades migratrices.

Ages

Les premiers temps de l'humanité ont été divisés en quatre périodes ou âges.
• **L'âge d'or**, de l'abondance et du bonheur correspondant au règne de Cronos-Saturne, période pendant laquelle la terre produisait naturellement les produits nécessaires à la subsistance des hommes, équivalant au paradis terrestre, à la béatitude et à l'innocence de l'enfance. Il est symbolisé par une vierge couronnée de fleurs, tenant à la main une corne d'abondance. Près d'elle, un essaim d'abeilles sur un olivier, arbre de la paix. L'or, le métal le plus précieux, est associé au Soleil et aux dieux solaires, au feu, à la lumière diurne, au principe masculin.
• **L'âge d'argent**, qui correspond au séjour de Cronos en Italie où il enseigna l'agriculture, à une période de stérilité durant laquelle les hommes étaient méchants et égoïstes. Il est symbolisé par une jeune femme travaillant la charrue tenant à la main une gerbe de blé. Associé à la lune et au principe féminin dans toutes les mythologies et religions, l'argent symbolise la fécondité, le froid.
• **L'âge d'airain**, qui succéda au règne de Cronos, caractérisé par le libertinage, l'injustice, symbolisé par une femme revêtue d'habits luxueux portant un casque et appuyée sur un bouclier.

Considéré comme un purificateur de souillures, l'airain (alliage d'étain, d'argent et de cuivre) servait à fabriquer les clochettes utilisées dans les sacrifices, fêtes et mystères d'Osiris et dans les Bacchanales. Il sert encore à la fabrication des cloches des églises catholiques. La clochette d'airain était également un attribut de Priape.

• **L'âge de fer** marqué par des crimes horribles, l'avarice, une grande sécheresse et la stérilité dues à la négligence des hommes qui passaient leur temps à se battre et à se tromper. On le représente par une femme à l'aspect menaçant, portant un casque surmonté d'une tête de loup, tenant une épée nue d'une main et un bouclier de l'autre.

Cette succession n'est pas sans fondement historique, elle correspond à celle des civilisations et des empires et se retrouve dans les étapes de la vie humaine. Celle-ci comporte des périodes de sept ans déterminées par les modifications subies par l'organisme de la naissance à la mort : l'*enfance* de 0 à 7 ans environ — l'*adolescence* de 7 à 18 ans — l'*âge adulte* jusqu'à la quarantaine — la *vieillesse*.

Les époques de l'histoire ancienne

L'histoire dite ancienne est une période *fabuleuse* à cause des fables qui recouvrent les faits qui s'y sont déroulés, *héroïque* parce que marquée par des hommes que les poètes ont appelés héros, *demi-dieux* ou *enfants des dieux*. L'histoire réelle se distingue difficilement de la fiction, tant l'imaginaire et la réalité sont imbriqués et inséparables.

La chronologie suivante situe approximativement les événements relatés par les mythes, liés à l'histoire ancienne, qui s'étend de la création du monde 4000 ans avant J.C. à la chute de l'empire romain d'Occident (476 après J.C.), embrassant environ 45 siècles. Cette période est divisée en onze périodes principales.

1e période : la *Création du monde* .... **– 4000 ans**
Il s'agit du récit, selon les Ecritures, de la création de l'univers, de l'homme le sixième jour, que Dieu place dans le Paradis terrestre (situé selon certaines sources en Orient, entre le Tigre, l'Euphrate, le Phase et l'Oxus, les quatre fleuves dont parlent les mythologies et la Bible : le Chidékel, le Phrat, le Phison et le Gihon).
Vers – 3874, se situerait la fondation de la ville d'*Enoch* par Caïn.

2e période : le *Déluge universel* .... **−2348**
Noé entre dans l'arche avec sa femme et ses trois fils : Sem, Cham et Japhet et ses trois brus.
— Un siècle plus tard, vers 2247, les descendants de Noé commencent la construction de la *tour de Babel* dans les plaines de Sennaar (entre le Tigre et l'Euphrate). Construction inachevée qui fut suivie de la première migration des hommes et de la création des premiers empires.
— Vers 2200, on voit l'instauration du royaume d'Egypte attribuée à un descendant de Cham (l'Ecriture appelle cette contrée la *Terre de Cham*), et dont le premier roi fut Ménès ou Mesraïm, selon Hérodote.
— A peu près à la même époque, *Nemrod* construit *Babylone* sur les bords de l'Euphrate et *Assur* fonde *Ninive* sur les bords du Tigre, villes qui furent les capitales de deux royaumes différents jusqu'au moment où *Bélus* les réunit, préparant la grandeur du *premier empire assyrien.*
3e période : la *Vocation d'Abraham* ou la *loi de nature* **−1921**
Originaire de Chaldée, Abraham, un descendant de *Sem* vient s'établir dans le pays de Chanaan (ou *Palestine*) sur les ordres de Dieu. Ce patriarche est le père du peuple juif.

On situe vers 1823 l'établissement d'*Inachus* accompagné d'une colonie de Phéniciens, d'Egyptiens et d'Arabes, dans la partie du Péloponnèse nommée depuis Argolide. Inachus eut deux fils, Phoronée qui fonda le royaume d'*Argos* et Egialée à qui l'on doit celui de *Sicyone.*

A cette époque se crée le premier empire assyrien par la réunion de *Babylone* à *Ninive* sous Bélus. Ninus soumit les peuples de l'Asie septentrionale. A sa mort, sa femme *Sémiramis* étend l'empire jusqu'à l'Indus, érige les magnifiques monuments de Babylone. Son fils Ninis lui succéda (le dernier roi de cette dynastie fut Sardanapale en 759).
— En 1716, *Joseph*, fils du patriarche Jacob et de Rachel, est vendu par ses frères, à une caravane d'Egypte et devient le premier ministre de *Pharaon.*
— En 1706, *Jacob* et sa famille rejoignent Joseph en Egypte et après la mort de ce dernier jusqu'à l'avènement de Moïse, les Hébreux sont opprimés par les Egyptiens. Moïse les délivre, les aide à sortir d'Egypte et à retourner dans la *terre promise*, le pays de Chanaan.

— De 1645 à 1500 l'Egypte connaît la gloire et une prospérité sans égale, sous *Sesostris*.
— En 1582, l'Egyptien *Cécrops* s'établit en Grèce, fonde Athènes qui deviendra progressivement la ville la plus célèbre de cette région par sa civilisation et ses arts.
— En 1519, le Phénicien *Cadmos* s'établit aussi en Grèce, fonde *Thèbes*, ville chantée par les poètes, qui joua un rôle primordial dans la mythologie grecque. S'y succèdent les règnes de *Labdacos, Laïos, Œdipe, Etéocle et Polynice*, les frères ennemis responsables de la guerre des *Sept Chefs*.

4e période : *Moïse* ou la *Loi écrite* .... **−1491**
Jusqu'à cette époque, les hommes se gouvernaient selon les traditions de leurs ancêtres. 430 ans après l'époque précédente, 856 ans après le déluge, en même temps que la sortie du peuple hébreu d'Egypte, Dieu révèle sa loi à Moïse sur le mont Sinaï en Arabie.
— En 1452, *Josué*, successeur de Moïse, traverse le Jourdain, établit les Israélites sur la terre promise, divisant le pays en douze parties attribuées aux *douze tribus*.
— Vers 1322, le *Phrygien Pélops*, fils de Tantale, s'établit en Grèce et règne dans la contrée qui fut appelée le *Péloponnèse*.
— En 1292 a lieu la première expédition maritime des Grecs, l'*expédition des Argonautes* ou de la *Toison d'or*.
— Vers 1249, a lieu la *Guerre des Sept Chefs*, de Thèbes.

5e période : la *Prise de Troie* .... **−1209**
Les Grecs prennent et incendient la ville de Troie après un siège de dix ans. Evénement célébré par Homère et Virgile.
— Vers 1207, un prince troyen, *Enée*, s'établit en *Italie* et son fils Ascagne bâtit *Albe-la-Longue* où naîtra *Romulus*, fondateur de Rome.
— En 1146, la ville d'*Athènes*, jusque-là dirigée par des rois, se constitue en république, après la mort de *Codros*.

A la même époque, des villes grecques se construisent en Asie Mineure, fondées par des colonies qui y instaurent leur langue et les noms des trois principales races grecques : Ioniens, Doriens, Eoliens, et d'autres migrations sont responsables de la création de cités grecques dans l'Italie méridionale (Grande Grèce).

— En 1079, suite aux réclamations des Israélites, jusque-là gouvernés par des Juges, *Saül* est proclamé roi par le prophète Samuel.
— En 1074, paraît *David*, le roi-prophète. De sa race sortira le *Christ*.
— En 1014, *Salomon*, fils de David, succède à son père et se fait apprécier par sa sagesse et la paix qu'il fait régner.

6e période : *fondation du temple de Jérusalem* .... **−1000**

Environ 3 000 ans après la création du monde, 491 ans depuis la sortie d'Egypte, 209 ans après la prise de Troie, 1 000 ans avant J.C., Salomon achève le *temple de Jérusalem*, consacré au culte du « vrai dieu ».
— En 980, mort de Salomon et éclatement du *grand schisme* qui divise l'héritage de Jacob en deux royaumes distincts : le *royaume de Juda*, dans lequel se perpétue la postérité de David, et le *royaume d'Israël*.
— En 975, on vante *Homère*, le plus ancien écrivain connu après Moïse, le père de la poésie grecque, auteur de l'*Iliade* et de l'*Odyssée*.
— En 888, *Didon*, la sœur de Pygmalion, roi de Tyr, va fonder, avec une colonie de Phéniciens, la ville de *Carthage*, sur les côtes d'Afrique.
— En 885, *Lycurgue* établit à Sparte des lois dont la sévérité est aussi célèbre que son activité guerrière.
— En 807 est créé le royaume de *Macédoine* dont on parle peu jusqu'au temps de Philippe, père d'Alexandre le Grand.
−776 : début de l'ère des *Olympiades*.
— En 759, fin du *premier empire d'Assyrie*. *Sardanapale*, assiégé par des rebelles dans Ninive, se brûle avec ses femmes et tous ses trésors. Des débris de l'empire se forment trois royaumes qui subsisteront jusqu'au temps de *Cyrus*, roi de Perse : celui de *Babylone* sous Bélésis; celui d'*Assyrie* sous Ninus le Jeune; celui de *Médie* sous Arbace.

7e période : *fondation de Rome* par *Romulus* .... **−753**

Romulus, qui, selon la mythologie, eut pour père *Mars* et pour mère *Rhéa Sylvia*, fonde Rome sur les bords du Tibre, là où il avait été abandonné avec son frère Rémus.
−747 : commencement de l'*ère de Nabonassar*.
— En 718, *Salmanazar*, roi d'Assyrie, s'empare de Samarie, capitale du royaume d'Israël, la détruit et emmène ses habi-

tants en captivité. La poignée d'Israélites qui restèrent firent partie du royaume de Juda.

– En 610, une colonie de Phocéens quitte l'Asie Mineure pour s'établir en Gaule et fonder *Marseille.*

– En 606, le roi de Juda, *Joachim*, et les principaux Juifs sont capturés par Nabuchodonosor et emmenés à Babylone. C'est à partir de là qu'on compte les 70 ans de captivité des Juifs.

– 597 : destruction totale de *Jérusalem* dont le temple est réduit en cendres. Le roi Sédécias est emmené en captivité à Babylone avec ses sujets. La Judée devient une province de l'empire d'Assyrie et le restera jusqu'au temps de Cyrus.

– 583 : *Solon*, un des sept sages de la Grèce, établit des lois à Athènes.

– 561 : naissance du philosophe chinois *Confucius*.

– 538 : siège et prise de Babylone par Cyrus, roi de Perse, qui fut le fondateur de la *grande monarchie persane*, reproduction de l'empire assyrien, qui durera jusqu'à la conquête d'Alexandre le Grand.

– 536 : proclamation de l'édit de Cyrus permettant aux Juifs de retourner dans leur pays et de rebâtir le temple de Jérusalem.

– 525 : *Cambyse*, fils de Cyrus, se lance à la conquête du royaume d'Egypte qui devient une province persane.

– 509 : *Rome* devient une *république* (la royauté fondée par Romulus avait duré 244 ans; le 7ᵉ et dernier roi fut Tarquin le Superbe, banni ainsi que toute sa race en raison de l'outrage fait à *Lucrèce* par son fils Sextus). Les deux premiers consuls de la république furent Brutus et Collatin, chefs de la révolution.

– 504 : la lutte entre la Perse et la Grèce se concrétise par les *guerres médiques* dont le signal fut l'incendie de Sardes, capitale de la Lydie. Les colonies grecques d'Asie Mineure prennent les armes pour recouvrer leur indépendance. La Grèce triompha de l'Asie, acquérant une goire immortelle.

– 490 : victoire de *Miltiade* sur l'innombrable armée perse dans les plaines de *Marathon*, avec 10 000 Athéniens.

– 480 : *Léonidas* et ses 300 Spartiates trouvent la mort au défilé des *Thermopyles*. Le général athénien *Thémistocle* remporte la bataille navale de *Salamine* sur les Perses et assiste à la fuite honteuse du grand roi Xerxès.

– 479 : un an après, *Pausanias,* roi de Lacédémone et *Aristide*, général athénien surnommé le *Juste*, remportent la bataille de Platée sur *Mardonius* et son armée de terre. Déroute de la flotte perse au combat de Mycale en Asie Mineure. L'Asie devient le théâtre de la guerre.
– 449 : publication de la loi des *douze tables* qui devient le fondement du droit romain.
– 431 : début de la guerre du Péloponnèse opposant Sparte à Athènes, qui dura 28 ans et se termina par la victoire du général lacédémonien *Lysandre* sur les Athéniens, à la bataille d'*Aegos-Potamos.* Sparte obtient la suprématie de la Grèce.
– 429 : Périclès meurt de la peste après avoir gouverné la Grèce pendant 30 ans. C'est l'époque florissante d'*Hippocrate*, le père de la médecine.
– 401 : *Thrasybule* chasse d'Athènes les trente magistrats appelés les trente tyrans et la Grèce entière se ligue contre Sparte.
– 390 : première invasion des *Gaulois* en Italie où ils remportent la victoire d'*Allia.*
– 378 : Thèbes entre en lutte contre Sparte et en 371, Epaminondas gagne la bataille de Leuctres. Sa mort, en 363, met fin au rôle brillant des républiques de la Grèce; le royaume de Macédoine prend la relève.
– 356 : naissance d'Alexandre la Grand le jour où Erostrate brûla le temple de Diane à Ephèse. Un an plus tard éclate la *guerre sacrée* allumée par les Phocéens en pillant le temple de Delphes.
8e période : Alexandre le Grand .... **– 336**
– 336, Alexandre succède à son père Philippe assassiné au milieu de sa cour. De 336 à 323, il part à la conquête de l'Asie avec 35 000 hommes, passe l'Hellespont (Dardanelles), bat Darius roi de Perse et soumet l'Asie Mineure : Egypte, Phénicie, Perse... arrive à l'*Hyphase* près du Gange et revient à Babylone où il meurt à l'âge de 33 ans. Ses capitaines entament une guerre qui dure 22 ans et se termine en 301 par la bataille d'*Ipsus*. Suit un partage qui donne naissance à trois grands royaumes : l'Egypte, la Syrie, la Macédoine.
– 264 : premier affrontement entre les Romains et les Carthaginois amorçant la première guerre punique qui dure 23 ans.

La seconde, qui dura 17 ans, débute en 219 avec le siège et la ruine de Sagonte (Espagne) par Annibal et se termine par la défaite de ce dernier à Zama en 202. Le vainqueur Scipion est surnommé l'*Africain*.

– 200 : l'entrée des Romains en Grèce voit éclater la *guerre de Macédoine*. En 190, ils déclarent la guerre à Antiochus, roi de Syrie. En 168, défaite de *Persée*, dernier roi de Macédoine.

– 167 : révolte des Juifs contre Antiochus.

9e période : *défaite de Carthage* .... **– 146**

Fin de la troisième guerre punique, destruction de Carthage par Cornélius Scipion (petit-fils du vainqueur d'Annibal) après un siège de 3 ans. Fin de Corinthe. La Grèce devient une province romaine sous le nom d'*Achaïe*. A partir de – 134, Rome règne sur les trois parties du monde connu.

– 119, la Gaule narbonnaise devient province romaine. En 102 et 101, Marius bat les *Teutons* et les *Cimbres* venus des bords de la Baltique.

– 91 : début de la guerre *marsique* entre la république romaine et les peuples de l'Italie au sujet du droit de cité et des privilèges accordés aux citoyens romains.

– 71 : révolte de Spartacus, à la tête des gladiateurs et sa défaite par Crassus.

– 59 : César gouverne les Gaules conquises en dix ans, pénètre deux fois en Grande-Bretagne.

En – 49, débute la guerre civile entre lui et Pompée. César passe le *Rubicon*, limite de son territoire, marche et s'empare de l'Italie en 60 jours, descend en Espagne soumettre l'armée pompéienne et revient en Italie où il est nommé dictateur à Rome. Il poursuit Pompée en Grèce, le bat à Pharsale en – 48.

– 47 : incendie de la bibliothèque d'Alexandrie lors de la révolte des Egyptiens contre César. Celui-ci revient à Rome et y est assassiné par Brutus et Crassus en – 44.

10e période : *naissance de J.C.* **1**

Jésus naquit à Bethléem 754 ans après la fondation de Rome. Il mourut en l'an 33, la 19e année de l'empire de Tibère, et à partir de l'an 40, on donne le nom de Chrétiens à ses disciples à Antioche. Dès 64, ils sont persécutés par Néron qui disparaît en 68; avec lui s'éteint la famille des Césars.

— En 70 Jérusalem est détruite par Titus, fils de l'empereur Vespasien. La ville ne sera rebâtie qu'en 135 par l'empereur Adrien sous le nom d'*Aelia Capitolina* et les Juifs en seront exclus.
— En 79 : première éruption du Vésuve ensevelissant Pompéi et Herculanum.
— 302 : début de la 10e et dernière persécution des Chrétiens qui dura dix ans.

11e période : *le triomphe du christianisme* **330**
— 330 : l'empereur Constantin donne à Byzance le nom de Constantinople qui devient la seconde capitale de l'empire. Celui-ci se divise en empire romain latin d'Occident qui finit en 476 et empire romain grec d'Orient qui dura jusqu'en 1453.
— 406 marque le début des grandes *invasions* avec celle des Barbares en Italie, suivie de celle des *Bourguignons* en Gaule (413), des *Wisigoths* en Espagne (414), des *Francs* sur les bords du Rhin (420), des *Vandales* en Afrique (427).
— En 430, Clodion le Chevelu entre en Gaule et en 442, Attila entre en Europe à la tête des Huns. En 450 les *Angles* et les *Saxons* s'établissent en Grande-Bretagne. En 476, *Odoacre*, roi des Hérules, s'empare de Rome, force *Romulus*, empereur de Rome, à abdiquer.

AGÔN
le Combat

Divinité allégorique qui présidait aux luttes et figurait les jeux sacrés et les concours.

AGLAUROS
celle qui est tombée de la rosée

Fille de Cécrops à qui fut confié le berceau d'osier d'Erichthonios qu'elle ne devait pas ouvrir. Mais poussée par ses sœurs Hersé et Pandrosos, elle découvrit le berceau en leur compagnie et, en voyant un nouveau-né entouré de serpents, elles perdirent la raison et se jetèrent du haut de l'Acropole. Selon une autre version, Aglauros s'unit à Arès et lui donna une fille, Alcippé, qui fut aimée d'Halirrhotios, fils de Poséidon, qui fut tué par son grand-père Arès.

AGNI

Dans la théogonie védique, incarnation du feu *ignis :* au ciel, il est le soleil et l'éclair; sur la terre, il est le feu de l'autel et du foyer, le messager, l'intercesseur qui transmet aux dieux les offrandes des mortels par les sacrifices, porte l'âme corporelle réduite en cendres au séjour des ancêtres. Varuna, le dieu suprême, l'éleva au rang de divinité et il devint la conscience du monde, le dieu miséricordieux souvent désigné par le mot *pavaca, qui purifie :* placé parmi les régents du monde dont il soutient la partie sud-est. Dans les *Puranas,* avec l'aide d'Ardjouna et de Krishna, il sort vainqueur d'un conflit l'opposant à Indra qui tentait de le déposséder. On lui immole un bouc, symbole de virilité.
— Agni est représenté monté sur un bélier, avec un corps rouge émettant sept rayons, trois jambes, quatre bras, tenant d'une main une hache, d'une autre la cuillère aux libations. De sa bouche sortent sept langues.

AHAU

Dieu suprême des Mayas qui règne sur un cosmos comportant le ciel à neuf niveaux superposés, soutenu par quatre dieux ou *Bacabs,* associés aux directions cardinales. Audessous, la terre carrée composée de neuf plates-formes superposées et orientées suivant les directions cardinales, en association avec une couleur (rouge-Est, jaune-Sud, blanc-Nord et noir-Ouest). Au centre, l'arbre sacré, *ceiba* (cotonnier sauvage), réplique de l'arbre du paradis hindou abritant l'arbre « qui satisfait tous les désirs ».

AHURA MAZDA
le seigneur très savant, l'Omniscient

Nom zend de Ormuzd, dieu de l'Avesta créateur de la lumière, principe du bien par opposition à Ahriman, principe des ténèbres et du mal, maître des divinités malfaisantes qu'il vaincra à la fin des temps. Personnification de l'intelligence, de la beauté, de la force et de la pureté. Ahura Mazda a pour épouses les eaux *Apo*, pour fils *Atar*, le feu.

AIÉTÈS

Roi de Corinthe, qui régna également sur la ville d'Aia, ce fils de Perséis et du Soleil eut plusieurs épouses dont la plus célèbre fut Idya, mère de Médée. C'est lui qui fit don à Phrixos du bélier dont la toison fut consacrée à Arès et que Jason et les Argonautes vinrent réclamer sur l'ordre de Pélias. Jason ayant accompli les terribles épreuves imposées par Aiétès, celui-ci se parjura, mais le héros s'empara de la Toison avec l'aide de Médée, fille du traître, et ils s'enfuirent. Pour arrêter son père qui les poursuivait, Médée tua son frère Absyrtos, le dépeça et jeta ses membres à la mer. Aiétès dut interrompre son voyage pour recueillir les restes de son fils. Pendant son absence, son frère Persès s'était emparé du pouvoir et Aiétès ne put retrouver sa souveraineté que bien longtemps après, avec l'aide de Médée.

AJAX
Aias, Aiantos

Ils étaient deux héros qui s'illustrèrent devant Troie par leur vaillance presque égale à celle d'Achille.

• Ajax le grand : fils d'Oïlée, roi des Lapithes, il était imbattable à la course, au tir à l'arc et au lancer du javelot. Lors du siège de Troie, il combattit et repoussa à lui seul une contre-attaque des Troyens prêts à incendier la flotte grecque, blessa Hector dans un combat singulier. Après la prise de la ville, il pénétra dans le temple d'Athéna, viola la prêtresse Cassandre et s'enfuit. Mais son vaisseau fut pris dans une tempête et il échoua sur la côte, se réfugia au sommet d'un rocher d'où il défia les dieux en les menaçant du poing. Irrité, Zeus le frappa de sa foudre et il fut précipité dans les flots.

• Ajax le petit : fils de Télamon, roi de Salamine, conduisit une flotte de douze navires devant Troie. Le sort le désigna pour lutter contre Hector en combat singulier; mais comme ils étaient d'égale force, au bout d'une journée, ils se séparèrent en se faisant des cadeaux. Après la mort d'Achille, il disputa à Odysseus la possession des armes du héros, mais ce dernier l'emporta et Ajax, dans un accès de démence, se précipita sur des moutons et les égorgea, pensant qu'ils étaient des guerriers. Cet acte provoqua la risée générale et, ayant retrouvé la raison, Ajax en fut si honteux qu'il se poignarda.

— Les épisodes de leur vie ont fait l'objet d'œuvres littéraires dont la plus connue est *Ajax*, tragédie de Sophocle.

— A Salamine et à Athènes, lors des **Aeanties** célébrées en l'honneur d'Ajax, on promenait un mannequin armé sur un cercueil.

Albe-la-Longue
Alba longa

La plus ancienne ville du Latium fondée par le fils d'Enée, Ascagne, en 1150 av. J.-C., s'étendant entre le mont Albain et le lac Albanus.

ALBUNEA

Nymphe qui régnait sur un bois, une grotte, une fontaine et un temple situés près de Tibur, au-dessus d'un abîme dans lequel se jette l'Anio. On aurait trouvé dans ce précipice la statue de la déesse tenant à la main un recueil d'oracles qui fut placé parmi les livres sibyllins.

ALCATHOOS
la force impétueuse

Fils de Pélops et d'Hippodamie, frère d'Atrée et de Thyeste qui succéda à son beau-père Mégareos, roi de Mégare. Avec l'aide d'Apollon, il érigea l'une des deux citadelles de cette ville et reconstruisit ses murs abattus par les soldats de Minos. Après les travaux, le dieu de la musique posa sa lyre sur une pierre qui, dès lors, rendit des sons mélodieux.

ALCESTE et ADMÈTE
la force du foyer et *l'indompté*

Alceste, la plus désirable des filles de Pélias (fils de Poséidon et de Tyro), était recherchée par bien des rois et des princes; mais son père, ne voulant pas se faire d'ennemis, avait promis sa main à celui qui parviendrait à faire le tour du champ de courses d'Iolcos sur un char attelé, sous un joug unique, à un sanglier sauvage et à un lion. Admète, roi de Thessalie, qui désirait ardemment la jeune fille, obtint d'Apollon que les bêtes sauvages, domptées par Héraklès, soient attelées sans difficulté au char et exécuta la manœuvre avec brio! Il put ainsi épouser Alceste; mais sa joie lui fit oublier le sacrifice rituel à Artémis qui devait précéder la cérémonie. Outrage que la terrible déesse ne pouvait laisser impuni: lorsque le nouveau marié pénétra dans la chambre nuptiale, il trouva un horrible nœud de serpents sifflants et menaçants, à la place de l'épousée, dans le lit de noces. Encore une fois, il eut recours à Apollon qui obtint, en échange du sacrifice habituel, le pardon d'Artémis et la promesse que, le jour de sa mort, Admète pourrait se faire remplacer par un membre de sa famille.

Ce jour n'était hélas! pas éloigné et Hermès vint chercher Admète qui supplia en vain ses parents déjà âgés de mourir à sa place. Devant le désespoir de son époux, Alceste s'empoisonna et son ombre descendit au royaume des morts. Mais Perséphone refusa de l'y admettre et la renvoya à la lumière. Selon une autre version, c'est Héraklès qui la sauva. Admète devint le symbole du ***sacrifice*** et de l'***abnégation.***

— Cette légende a été le sujet d'*Alceste,* tragédie d'Euripide, et de l'opéra du même nom de du Rollet, musique de Glück.

ALCINOÉ

Fille de Polybos, roi de Corinthe, femme d'Amphiloque qui, ayant renvoyé la tisseuse Nicandra sans lui payer son salaire, fut punie par Athéna. La déesse lui inspira un amour coupable pour Xanthos le Samien, pour lequel elle abandonna son époux et ses enfants. Elle finit par se jeter à la mer, tenaillée par le remords.

ALCINOOS
l'homme à l'esprit puissant

Roi des Phéaciens, père de Nausicaa, qui accueillit Odysseus après son naufrage et protégea la fuite de Jason et Médée.

ALCITHOÉ
la force impétueuse

Fille de Minyas, qui refusa, ainsi que ses sœurs Leucippé et Arsippé, de participer aux orgies de Dionysos à Orchomène. Le dieu du vin leur fit perdre la raison en se métamorphosant successivement en lion, taureau, panthère. Leucippé lui immola son fils Hippasos qu'elles mirent ensuite en pièces et dévorèrent avant de parcourir les bois dans un état de frénésie. Hermès les changea en oiseaux. Chaque année, à Orchomène, on expiait ce meurtre lors des *Agrionies (encouragement à la bestialité)*.

ALCMÈNE
la puissance de la lune

Fille d'Electryon, épouse d'Amphytrion (roi de Thèbes), célèbre pour sa fidélité, désirée par Zeus qui, pour la séduire, prit les traits de son époux en son absence. De cette union naquit Héraklès. A sa mort, Zeus la fit transporter dans les

Champs Elysées où elle s'unit à Rhadamanthe, la remplaçant dans son lit par une pierre qui fut déposée dans un bois sacré appelé *la chapelle d'Alcmène.*
• Une planète télescopique découverte en 1864 porte son nom.

ALCMÉON

Fils du devin Amphiaros et d'Eryphile, frère d'Amphilocos, qui tua sa mère parce qu'elle avait incité son père à participer à l'expédition des *Sept Chefs* contre Thèbes où il trouva la mort. Poursuivi par les Erinnyes, il dut se faire purifier par le roi d'Arcadie Phégée, dont il épousa la fille Alphésibée qu'il abandonna pour Callirhoé, la fille d'Archélos. Il fut tué par les beaux-frères de sa première femme.

ALCYONE
celle qui protège de la tempête

Une des Pléiades, fille d'Eole, roi des Vents, épouse de Céyx, fils de l'Etoile du matin. Les époux eurent la malencontreuse idée de se comparer à Zeus et Héra et furent transformés en alcyons. Selon une autre version, Céyx périt dans un naufrage et Alcyone, inconsolable, se jeta à la mer. Téthys les métamorphosa tous deux en alcyons *(alkuon, als = la mer et kuon = qui fait ses petits).*

◆ Ce mythe a donné naissance à la croyance populaire selon laquelle chaque année, pendant les sept jours qui précèdent et les sept jours qui suivent l'équinoxe d'hiver (ou jour le plus court de l'année), appelés *jours alcyoniens,* la femelle de l'oiseau fabuleux (qui se rapprocherait de la mouette, du martin-pêcheur, du goéland ou du pétrel, oiseaux qui se posent rarement à terre) enterre son mâle en poussant des cris plaintifs, se construit un nid avec des épines, le lance sur les flots pour y pondre et couver ses œufs. Durant cette période, le calme plat règne sur la mer Alcyonienne, nom donné par les Grecs anciens à la partie orientale du golfe de Corinthe.

ALCYONÉE
L'âne puissant

Géant, fils d'Ouranos et de Gaïa. A sa mort, les Alcyonides, ses filles, se précipitèrent à la mer et furent changées en alcyons. Il représente probablement *l'esprit du sirocco, « le souffle de l'Ane sauvage ou Typhon », qui suscite les mauvais rêves, des désirs de meurtre et de viol...* (1-112).

Alectryomancie

Méthode divinatoire consistant à disposer un grain de blé dans chacune des vingt-quatre cases d'un carré tracé sur le sable. On plaçait un coq au centre du carré et on interprétait l'ordre dans lequel il mangeait les grains de blé.

Aleuromancie

Divination par la farine. On la répandait sur le sol et on observait les traînées et dessins ainsi formés.

Allégories

Représentations de concepts moraux (Vertu...), politiques (la Victoire...), sociaux (l'Abondance...), etc., par des divinités.

ALOADES
l'aire où l'on bat le blé

Ephialtès et Otos, fils d'Iphimédie (fille de Triops), qui, en versant l'eau de mer dans son sein, conçut des fils qui furent appelés les Aloades lorsque leur mère épousa Aloée, roi de Béotie et fils d'Hélios. Ils grandissaient d'une coudée en largeur et d'une brasse en hauteur chaque année, si bien qu'à neuf ans, ils se révoltèrent contre l'Olympe. Ephialtès jura par le Styx de violer Héra et Otos de posséder Artémis. Ils enchaînèrent Arès, le dieu de la Guerre, l'enfermèrent dans un pot de bronze qu'ils dissimulèrent chez leur belle-mère Eriboea, puis ils firent le siège de l'Olympe. Artémis promit à Otos de lui appartenir sur l'île de Naxos s'ils levaient le siège. Cette promesse provoqua une violente querelle entre les frères, Ephialtès se sentant lésé; Artémis s'interposa sous la forme d'une biche blanche. Aussitôt, les Aloades s'emparèrent de leur javeline, chacun voulant prouver qu'il était meilleur tireur et se transpercèrent mutuellement.

On leur attribue la fondation de la ville d'Ascra en Béotie.

Alomancie

Divination par le sel, dont on examinait la forme des cristaux, leur manière de fondre ou de crépiter lorsqu'on les lançait dans un brasier.

ALOPÉ
rusée comme une renarde

Fille de Cercyon (fils d'Héphaïstos et roi d'Eleusis) qui eut de Poséidon un fils qu'elle abandonna sur une montagne où il fut nourri par une jument et découvert par un berger. Mais son père ayant eu connaissance de sa faute et de l'existence de l'enfant, emprisonna Alopé. L'enfant fut à nouveau abandonné et recueilli par un second berger qui l'adopta et l'appela Hippothoon. L'infortunée princesse mourut en captivité et Poséidon la changea en une source qui porte son nom.

ALPHÉE
le blanc

Dieu-fleuve, fils de Téthys, qui s'éprit d'Artémis, la poursuivit à travers la Grèce et en Elide où, pour passer inaperçue, la déesse s'enduisit le visage d'une boue blanchâtre, afin de se confondre avec les nymphes. Confus, Alphée s'enfuit sous les quolibets. Alphée est l'ancien nom du fleuve du Péloponnèse, le Roufia, qui traverse l'Arcadie, l'Elide, passe au bas de la colline de Pise et des ruines d'Olympie.

ALTHÉE
la guimauve

Epouse d'Œnée, roi de Calydon en Etolie. Elle eut un fils, Toxée, qu'Œnée tua de ses mains parce qu'il avait franchi le fossé qui défendait la ville. Arès la rendit mère de Méléagre, dont elle provoqua volontairement la mort après la chasse au sanglier de Calydon. Ne pouvant survivre au remords, Althée se suicida.

• Une planète télescopique découverte en 1872 porte son nom.

AMALTHÉE
la tendre

Tantôt représentée comme une nymphe, fille de Mélissos, roi de Crète, tantôt comme la chèvre vivant sur la « colline du bouc », qui fut la nourrice de Zeus (que sa mère Rhéa lui confia pour le soustraire à la voracité de Cronos, son père) et celle du dieu Pan.

Devenu maître de l'univers, Zeus donna l'une des cornes d'Amalthée aux filles de Mélissée, leur promettant qu'elle s'emplirait pour satisfaire tous leurs désirs. C'est l'une des origines de la *corne d'abondance.*

AMATERATSU-OHO-MI-KAMI
la grande et auguste déesse qui brille au ciel

Déesse du soleil japonaise qui, aussitôt née de l'œil gauche du dieu créateur Izanagi, illumina l'univers. Protectrice des hommes, c'est une divinité bienfaisante qui fit l'objet d'un culte universel. On la représente debout, les cheveux longs flottant sur les épaules, portant une robe blanche laissant voir un dessous rouge. Elle est armée d'un sabre et tient le disque du soleil.

AMAZONES

femmes-lune et a-mazos : *privées de sein*

Filles d'Arès et de la naïade Harmonie selon certains, ces guerrières vivaient en Cappadoce, sur les rives du Thermodon, et conquirent de vastes étendues jusqu'en Asie Mineure sur les bords de la mer Noire. Elles avaient l'habitude de se comprimer le sein droit dès l'enfance (ou de le brûler), afin de se faciliter le tir à l'arc.

Portant casque et armure, arcs de bronze et boucliers en demi-lune, ce furent les premières femmes à utiliser la cavalerie (1-383). Sans foi ni loi, vivant de pillage, elles constituaient des tribus matriarcales qui se perpétuaient par de brèves relations, une fois l'an, avec les hommes des régions voisines auxquels elles renvoyaient les enfants mâles, ne gardant que les filles qui étaient très tôt entraînées à la chasse et à la guerre. Leur pays, gouverné par une reine, avait pour capitale Themiscrya (on leur attribue aussi la fondation de plusieurs villes de l'Antiquité : Ephèse, Smyrne, Myrina, Paphos...). On dit aussi qu'elles édifièrent le temple d'Ephèse qui fut l'une des sept merveilles du monde... qu'elles s'emparèrent de Troie mais que, pourchassées par des tribus barbares, elles perdirent leur reine **Marpessa.**

Les plus célèbres Amazones furent :
— **Penthésilée,** fille d'Arès et d'Otrera, qui tua accidentellement sa sœur Hippolyté (il est difficile de déceler la version primitive parmi les versions contradictoires concernant cette Amazone), s'expatria, fut purifiée par Priam, marcha au secours de Troie et fut mortellement blessée par Achille qui, en la voyant dépouillée de ses armes, tomba amoureux d'elle, recueillit son corps dans le fleuve Scamandre et l'enterra avec tous les honneurs.
— **Antiope,** qui fut vaincue par Thésée, qu'elle épousa et auquel elle donna un fils, Hippolyte, qui fut aimé de Phèdre.

— **Siphione,** qui vint féliciter Jason après la capture de la Toison d'Or.
— **Thomryris,** la reine des Amazones scythes en Asie qui vainquit Cyrus.
— **Lysippé,** qui brisait les membres des garçons afin de les obliger à s'occuper des corvées domestiques pendant que les femmes gouvernaient et faisaient la guerre. Elle fonda Thémiscrya et institua le culte d'Arès et d'Artémis, qui étaient célébrés par la danse du bouclier au cours de laquelle les Amazones frappaient le sol en cadence au son des pipeaux.
— **Hippolyté,** qui avait reçu de son père Arès une ceinture merveilleuse, insigne de sa royauté. Admète, fils d'Eurysthée, ordonna à Héraklès d'aller la chercher. Le héros tua les Amazones et leur reine et s'empara de la ceinture (exploit représentant le neuvième de ses travaux). On raconte aussi qu'Hippolyté s'éprit du héros et accepta de se séparer de sa ceinture magique et qu'Héra fit courir le bruit que ces étrangers avaient l'intention d'enlever Hippolyté. Aussitôt, les femmes soldats, courroucées, attaquèrent le navire, se faisant exterminer par Héraklès qui s'empara de leurs biens. Ceux-ci furent ensuite déposés dans le temple d'Apollon à Delphes. Le héros fit don de la hache d'Hippolyté à la reine Omphale.

Les Amazones qui survécurent au massacre attribué à Héraklès se réfugièrent dans les montagnes d'Albanie, près de Colchis; certaines s'établirent au pied du mont Caucase, tandis que leurs voisins, les Gargarensiens, montaient vers le Nord. Tous les ans, au printemps, les deux groupes se rencontraient sur la montagne séparant leurs territoires, pour une cohabitation de deux mois, et s'unissaient après un sacrifice rituel. Dès qu'une Amazone se trouvait enceinte, elle rentrait dans son pays; les garçons qui naissaient étaient confiés aux Gargarensiens. On assure que la reine **Thalestris** (ou **Miniythyia**) rendit visite à Alexandre en Hyrcanie.

• Les Amazones de la mer Caspienne ne doivent pas être confondues avec les Amazones libyennes vêtues de peaux de serpents, qui vivaient sur une île du lac Tritonis (les fondatrices de la ville de Chersonèse) qui s'allièrent à Dionysos. Leur reine **Myrina,** à la tête d'une armée impressionnante, envahit le territoire des Atlantes, s'empara de la ville de Cerné, extermina les hommes, emporta les femmes et les enfants comme esclaves et rasa les murs de la ville. Lorsque le reste des habitants se rendirent, la reine construisit la nouvelle ville de Myrina qu'elle protégea contre la tribu voisine des Gorgones. Après une bataille, alors que les Amazones et les habitants célébraient leur victoire, leurs ennemis les surprirent désarmés et massacrèrent les troupes de la reine. Celle-ci s'échappa, traversa la Libye, se constitua une nouvelle armée, entra en Egypte où elle rencontra le fils d'Isis, Horus, puis envahit l'Arabie, créant des villes : Cycmé, Pitané, Priène... Elle soumit plusieurs îles égéennes, notamment Lesbos, y bâtit la ville de Mitylène. Elle se rendit enfin sur le continent et fut vaincue et tuée par le roi de Thrace Mopsos et son allié Sipylos. Les Amazones se retirèrent alors en Libye.

◆ *Ces « victoires sur les Amazones... rapportent en réalité des retours au* ***système matriarcal*** *en Grèce, en Asie Mineure, en Thrace et en Syrie »* (1-387).

Ces femmes guerrières ne sont pas uniquement des produits de l'imagination des mythographes. Certaines traditions confirment l'existence de femmes-soldats en Asie, en Afrique et en Amérique, voire en Europe. Au VIIIe siècle, il existait en Bohême des femmes formant une corporation militaire sous les ordres de Vlasta. Après avoir construit des fortifications, résisté au duc Przémyslas, elles exterminèrent tous ses hommes ou les réduisirent en esclavage. Au XVIe siècle, l'explorateur Oranella se battit contre des Amazones sur les rives du fleuve Maranon devenu par la suite le *fleuve des Amazones* ou l'*Amazone.*

A la même période, des explorateurs ont signalé l'existence, dans l'Orénoque, en Amazonie, de tribus de *femmes masculines... de grand courage, qui toujours se sont abstenues de commerce habituel avec les hommes, et même si ceux-ci, d'accord avec elles, viennent à leurs terres une fois l'an, elles les reçoivent les armes à la main, des arcs et des flèches dont elles jouent pendant un certain temps...* Ces hommes reçus pour quelques jours rentrent ensuite dans leur pays et *« les filles qui naissent de ces accouplements, elles les conservent et les élèvent parmi elles-mêmes, car ce sont elles qui devront perpétuer le courage et les coutumes de la nation. Mais quant aux fils, on n'est pas aussi sûr de ce qu'elles en font* » (48-14).

Ces femmes blanches ont longtemps maintenu la pureté de leur race en s'unissant aux Guacaris, tribu d'hommes blancs habitant au sud du fleuve Amazone. Lorsque ceux-ci disparurent, les guerrières les remplacèrent par une tribu « blanchâtre » et finalement par d'authentiques Indiens, perdant quelques-unes de leurs caractéristiques raciales originelles. Ce sont celles rencontrées à la fin du siècle dernier, par Henri A. de Coudreau (in « La France Equinoxiale 1886-1887 », cité par J. de Mahieu, 48-18) qui parle de femmes qui *ont entre elles des amantes dont elles se montrent fort jalouses, mais elles ne le sont pas des hommes dont elles partagent honnêtement les forces surexcitées... Quand ceux-ci sont arrivés à un état d'impuissance incurable, ce qui se produit généralement aux approches de la quarantaine, tout en les utilisant pour certaines jouissances secrètes qui ne sont pas sans douceur ni compensation pour ces malheureux, bien qu'ils les provoquent sans les partager, les femmes emploient ces retraités de l'amour à la culture des jardins et à la pêche. Pour elles, elles se réservent la chasse et la guerre.*

On en a connu également au Dahomey, disparues lors de la colonisation française.

Ambroisie

a préfixe privatif et *brotos* : mortel

Nourriture « *neuf fois plus douce que le miel* », d'une saveur exquise et d'une odeur ineffable, réservée aux dieux de l'Olympe, qui procurait l'immortalité.

Amentet

Dans la mythologie égyptienne, l'Ouest, le pays du soleil couchant où les défunts attendent le navire de Râ, qui conduisait les âmes méritantes à travers le monde souterrain, vers l'Est.

AMITABHA
la lumière infinie

Dans le bouddhisme indien, l'un des cinq Bouddhas de contemplation ou *Dhyâni* de l'école Mahâyana. D'origine solaire, il a le teint rouge et règne sur le paradis de l'Occident. Représenté assis sur une fleur de lotus, la tête auréolée d'un disque lumineux, les mains superposées apppuyées sur ses genoux. Parfois, il tient un bol à aumônes. Dispensateur de longévité, il est parfois appelé Amitâyus ou Amarimitâyus; il est vénéré surtout au Tibet, en Mongolie et en Chine.

Amniomancie

Divination par la membrane qui enveloppe parfois le crâne des nouveau-nés, considérée comme un porte-bonheur, d'où l'expression *né coiffé.*

AMON-RE
Amon Soleil

Divinité composite du panthéon égyptien, associant Amen *(caché)* et Râ, dieu solaire dont il adopta les caractéristiques et attributions. Considéré comme la force créatrice, la source de la vie au ciel, sur la terre et dans le monde souterrain, il était représenté parfois avec une tête de bélier ou de faucon, un visage humain surmonté de cornes de bélier ou du disque solaire et de deux longues plumes. Il tenait à la main la croix ansée, symbole de l'âme universelle et de la vie. Amon-Râ fut identifié à Zeus par les Grecs.

AMPELOS
la vigne

Favori de Dionysos, fils d'une nymphe et d'un satyre, qui fut tué par un taureau et métamorphosé en vigne par Dionysos.

AMPHIAROS
amphi : des deux côtés - doublement maudit

Fils d'Oïclès et d'Hypermnestre, beau-frère d'Adraste (roi d'Argos), qu'il refusa d'accompagner à la guerre de Thèbes, parce que l'oracle lui avait révélé qu'il y trouverait la mort. Mais Eriphylé, l'épouse d'Amphiaros, séduite par un collier de diamants offert par Polynice (l'un des sept chefs ayant déclaré la guerre), révéla la cachette de son époux, qui, obligé de combattre devant Thèbes, fut englouti avec son char. Les honneurs divins lui furent rendus et plus tard il fut vengé par son fils Alcméon. Les habitants d'Orope célébraient les *Amphiarées* en son honneur.

AMPHICTYON
celui qui mélange

Fils de Deucalion et de Pyrrha, qui reçut Dionysos chez lui et fut le premier homme à *mélanger du vin et de l'eau* (1-118). On lui attribue la fondation des *amphictyonies,* droit octroyé à certaines villes grecques d'envoyer un député au conseil des représentants des villes confédérées.

AMPHILOCHOS
celui de la double embuscade

Fils du devin Amphiaros, qui participa avec son frère Alcméon à l'expédition des Epigones (guerre des Sept Chefs) et à la guerre de Troie. Doté du don de prophétie, il s'établit en Cilicie, fonda la ville de Mallos puis engagea avec Mopsos, un autre devin, un combat singulier dans lequel ils périrent tous deux. Leurs âmes se réconcilièrent et rendirent des oracles de concert : les solliciteurs inscrivaient leurs questions sur des tablettes et recevaient les réponses dans leurs rêves.

AMPHINOMÉ
celle qui est toujours puissante

Epouse d'Aeson, mère de Jason. Ne pouvant supporter la longue absence de son fils parti à la conquête de la Toison d'Or, elle se donna la mort. Selon une autre légende, son fils Promachus et son époux ayant été tués par Pélias, elle se rendit chez ce dernier, le maudit et se poignarda.

AMPHION et ZÉTHOS
celui qui est originaire de deux régions
et son jumeau *l'homme qui cherche*

Fils de Zeus et d'Antiopé, abandonnés à leur naissance par leur mère (emprisonnée par son oncle Lycos) et élevés par le berger Cithéron. Antiopé parvint à se libérer, retrouva ses fils et leur demanda de la venger. Les jumeaux se rendirent à Thèbes, tuèrent Lycos, lièrent son épouse Dircé, adoratrice de Dionysos, aux cornes d'un taureau sauvage et devinrent maîtres de la ville. Pour venger sa fidèle adepte, Dionysos ôta la raison à la pauvre Antiopé qui erra à travers la Grèce jusqu'au jour où le fils de Sisyphe, Phocos, la recueillit et l'épousa. Amphion et Zéthos régnèrent ensemble sur Thèbes, élevèrent des remparts grâce à la lyre magique d'Amphion, cadeau d'Apollon (ou d'Hermès), dont les accents commandaient aux pierres de se poser les unes sur les autres (symbole de l'harmonie caractérisant l'architecture grecque). Zéthos épousa Thébé (qui donne son nom à la ville) et Amphion devint l'époux de Niobé, la fille de Tantale. Mais leurs enfants, ayant défié Léto, mère d'Apollon et Artémis, furent tués par ces derniers ainsi que leurs géniteurs et expédiés au Tartare.

AMPHITRITE
la troisième qui entoure ou *la mer*

Néréide, fille de Nérée et de Doris, que Poséidon aperçut jouant sur la plage avec ses sœurs et désira. Pour échapper à ses poursuites, Amphitrite se réfugia chez le géant Atlas à l'autre bout de la mer : mais Poséidon la fit enlever par un dauphin. Elle donna au dieu de la mer un fils, Triton, deux filles, Rhode qui donna son nom à l'île de Rhodes, les Héliades et Penthésicymé qui s'installèrent en Ethiopie.

Mais un dieu aussi viril et puissant ne pouvait se contenter de son épouse ! Aussi était-il amateur de nymphettes et de déesses dont le sort ne fut pas toujours enviable. Bien qu'Amphitrite soit présentée comme une épouse patiente et tolérante, elle fit preuve d'une jalousie féroce envers l'une des amantes de son époux, la nymphe Scylla, fille de Phorcys et d'Hécate, qu'elle transforma en un chien monstrueux à six têtes et douze pattes, en lançant des plantes magiques dans l'étang où se baignait la nymphe (cette métamorphose est parfois attribuée à la magicienne Circé, amoureuse de Glaucos et non de Poséidon).

• Amphitrite a donné son nom à une planète découverte en 1854.

AMPHITRYON
celui qui harcèle des deux côtés à la fois

Fils d'Alcée, petit-fils de Persée, roi de Tyrinthe qui épousa Alcmène, la fille de son oncle Electryon (roi de Mycènes). Pendant qu'il combattait les Téléboens et les Taphiens, Zeus emprunta ses traits pour séduire Alcmène. De leur union naquit Héraklès qu'Amphitryon reconnut pour son fils. Il mourut dans une guerre menée contre les Orchoméniens.

AMYCOS
celui qui a un mugissement sonore

Fils de Poséidon et de Béthynis, qui inventa le *ceste,* gantelet de cuir, orné de fer ou de plomb, utilisé par les athlètes dans les pugilats. Cette arme lui servait à attaquer les étrangers qui pénétraient sur son territoire. Il fut tué par Pollux.

AMYMONÉ
celle qui est sans reproche

Une des cinquante filles de Danaos. Lors de la sécheresse provoquée en Argolide par Poséidon, elle fut envoyée à la recherche de points d'eau et un satyre tenta de la violer. Poséidon mit en fuite le lubrique agresseur, frappa le sol de son trident magique, faisant sourdre une source. Puis il séduisit la Danaïde dont il eut un fils, Nauplios, le fondateur de la ville de Nauplia, qui fut plus tard noyé pour avoir blasphémé.
• Cette légende a inspiré une belle cantate à J.B. Rousseau.

AMYNTOR
le défenseur

Roi des Dolopes, époux de Cléobule, père de Phoenix, qui accompagna Achille à la guerre de Troie. Une servante ayant accusé ce dernier d'avoir tenté de la séduire, Amyntor le frappa de cécité et déclara qu'il n'aurait pas de descendance. Lorsqu'il refusa la main de sa fille Astydamie à Héraklès, celui-ci attaque la ville d'Orminion et enleva la jeune fille qui lui donna un fils, Ctésipos (ou Tlépolème).

ANAHITA
l'*Immaculée*

Grande déesse perse de l'aurore et de l'eau, symbole du principe femelle, citée dans l'Avesta, descendue des cieux pour apporter la fécondité sur la terre, personnification du *fleuve mystique dispensateur de vie,* formant une triade avec Ahura Mazda et Mithra.

Anahita était à la fois une déesse-Mère et une divinité guerrière qui transportait le vent, la pluie, les nuages et la grêle dans son char tiré par quatre chevaux blancs. De nombreux temples lui étaient consacrés et tous les sacrifices lui étaient dédiés. Dans certaines régions, elle était adorée comme l'*Artémis perse* qui tenait également le rôle de Gaïa, *la mère de toutes les créatures dont les hommes tirent leur substance, et étendant sa protection à toute la terre* (57-106).

Adorée en basse Chaldée, elle figure dans les doctrines religieuses des Arméniens, des Mèdes, des Perses. Sous le nom d'*Anaïtis,* elle fut identifiée avec les déesses grecques Artémis, Cybèle et Aphrodite.

ANAT
la dame du ciel

Déesse égyptienne de la guerre représentée vêtue d'une peau de panthère, tenant un sceptre et la croix ansée, symbole de vie, parfois un bouclier et une lance.

ANCÉE
celui qui habite le vallon

Fils de Lycurgue, père d'Agapénor, qui prit part à la guerre de Troie comme pilote du navire *Argo.*

Ancêtres

Le culte des ancêtres, qui remonte aux premiers âges de l'humanité, a probablement précédé la notion de « dieu » qui apparut avec la conception de la création impliquant une divinité supérieure. Ce culte était basé sur l'antique croyance de la non-séparation du corps des humains et de leur âme, celle-ci demeurant là où les ossements sont enterrés. Croyance qui implique la nécessité de procurer breuvages et aliments aux défunts afin qu'ils mènent dans l'autre monde une existence bienheureuse. Ainsi honoré, l'ancêtre transmetteur de la vie, divinité, devient un protecteur. Négligé ou abandonné, il exerce une influence malfaisante.

— Le culte des ancêtres, confondu avec le culte du foyer des générations antiques, était pratiqué en secret par chaque famille qui avait ses rites particuliers. Il a subsisté dans certains pays où les morts sont toujours vénérés comme des entités sacrées.

ANCHISE
le compagnon d'Isis

Prince troyen, roi des Dardaniens, qui, un soir, reçut dans sa cabane de berger la visite d'Aphrodite déguisée en princesse phrygienne. Ils s'aimèrent sur *un lit recouvert de peaux d'ours et de lions, tandis que des abeilles ensommeillées bourdonnaient autour d'eux* (1-62). Il fut terrifié lorsqu'à l'aube la déesse lui révéla sa véritable identité, ce qui ne l'empêcha pas de se vanter de son aventure. Furieux, Zeus le frappa de sa foudre, mais s'interposant, Aphrodite sauva la vie de son amant d'une nuit qui, affaibli par le choc, ne put cependant plus jamais se tenir droit. De cette liaison naquit Enée qui, lors du sac de Troie, emporta son père sur ses épaules jusqu'au navire. Anchise mourut en Sicile près de Drapane, avant l'embarquement de son fils pour Carthage, et fut enseveli sur le mont Eryx.

ANDROGÉE
l'homme de la terre

Fils de Minos et de Pasiphaé, qui se rendit à Athènes et gagna tous les jeux athéniens, suscitant la jalousie du roi Egée qui lui tendit une embuscade alors qu'il se rendait à des jeux funèbres. Il fut tué après s'être défendu vaillamment. Pour venger la mort de son fils, Minos assiégea Athènes et imposa aux Athéniens le tribut annuel de sept jeunes garçons et sept jeunes filles qui étaient dévorés par le Minotaure. Les *Androgéonies* étaient célébrés en son honneur.

ANDROMAQUE
le combat d'hommes

Fille d'Eetion, roi de Thèbes, épouse d'Hector (fils d'Hécube et de Priam), mari dévoué et tendre, dont elle eut un fils,

Astyanax. Lorsqu'Achille tua son époux et toute sa famille, Andromaque, ayant survécu au sac de Troie, échut en partage à Néoptolème (ou Pyrrhus), fils du meurtrier des siens. Elle lui donna trois fils (notamment Pergamos, le fondateur de la ville de Pergame), puis il la répudia et elle s'unit à Hélénos, frère cadet d'Hector, en souvenir du mari qu'elle n'avait jamais pu oublier.

◆ Le personnage d'Andromaque, qui a inspiré Euripide et Racine, est demeuré le symbole du *courage devant l'adversité,* de la *résignation,* de *l'amour conjugal et maternel.*

ANDROMEDE
celle qui règne sur les hommes

Fille du roi d'Ethiopie Céphée, qui disputa aux Néréides un prix de beauté. Pour venger les nymphes, Poséidon envoya un monstre marin dévaster le pays. L'oracle ayant déclaré qu'Andromède devait être immolée, elle fut exposée sur un rocher. Mais Persée, monté sur Pégase, tua l'animal, la délivra et l'épousa.

— Personnification de la *faiblesse de la nature féminine,* Andromède a inspiré une tragédie-opéra de Pierre Corneille *Andromède* et de nombreux artistes : le peintre Rubens, le sculpteur Puget...

• On retrouve son nom dans une constellation composée de cinquante-neuf étoiles dont les trois principales sont : la *tête,* la *ceinture* et le *pied d'Andromède.*

ANGUITIA
la déesse-serpent

Magicienne de la mythologie romaine, charmeuse de serpents, identifiée à Médée lors de son séjour chez les Marrubiens auxquels elle apprit l'art de dresser les serpents. Elle était célèbre pour son habileté à préparer des poisons et contrepoisons, à charmer les ophidiens et à chasser les démons, à l'aide de paroles magiques.

Animaux

Compagnons de l'homme ou bêtes sauvages et féroces, dans toutes les mythologies, ils servent souvent de lien entre les dieux et les hommes. Ils incarnent les forces, puissances autonomes, les passions qui s'agitent dans l'inconscient humain. Cette ménagerie constitue la part d'*ombre* existant en chacun de nous, inavouable ou inacceptable, d'autant plus active qu'elle œuvre librement et silencieusement.

— Dans les contes, les animaux sauvages en particulier représentent les attitudes asociales que nous adoptons dans certaines circonstances. L'attaque brutale des fauves prêts à dévorer impitoyablement leurs victimes figure les instincts débridés : le sanglier dévoreur d'Adonis... les chiens du chasseur Actéon... le quadrucéphale de Hékaté...

— En Egypte, ils étaient associés à des divinités : l'*âne* à Horus, le *singe* à Thot; le *scarabée* à Khepara; le *taureau* à Apis Buchis, Serapis..; le *chat* à Bast et Mau; le *cobra* à Buto; la *vache* à Hathor, Isis, Mehurt et Nout : le *crocodile* à Sedbek et Seth; le *dauphin* à Het-Mehit; le *chien* à Hapi (fils d'Horus); la *grenouille* à Amen, Heket, Huh, Noun; l'*oie* à Geb; l'*aigle* à Amen-Ra; le *héron* à Utet; l'*ibis* à Aah et Toth; le *chacal* à Anubis; la *lionne* à Astarté, Sekhmet, Tefnut; le *bélier* à Aman, Khnemu; le *serpent* à Buto, la *truite* à Nout; le *scorpion* à Serquet; l'*hirondelle* à Isis; le *vautour* à Nekhebet (50).

ANIPPE
la jument reine

Fille du fleuve Nil, mère de Busiris, le cruel roi d'Egypte qui immolait les étrangers jusqu'à ce qu'Héraklès mît fin à ses agissements.

ANNA PERENNA

Divinité latine qui aurait sauvé de la famine les Romains réfugiés sur le mont Sacré lors de la Sécession, en fabriquant des gâteaux.

ANTÉE
celui qu'on implore par des prières

Géant, fils de Poséidon et de Gaïa, qui combattait tous ceux qui pénétraient dans son domaine de Libye. Il se vantait d'avoir fait construire un temple avec les crânes de ses victimes (1-314). Héraklès le terrassa trois fois car il retrouvait ses forces en touchant le sol. Le héros dut le soulever de terre et l'étouffer en le serrant contre sa poitrine.

ANTÉNOR
à la place d'un homme

Prince troyen, époux de Théano, une sœur d'Hécube, membre du conseil de Troie, qui tenta d'éviter le conflit entre Grecs et Troyens. Après la prise de la ville, il émigra en Italie avec les siens, fonda la ville de *Padavium* ou Padoue. Il passait pour un sage.

ANTEROS
anti-Eros

Fils d'Aphrodite et frère d'Eros auquel il s'oppose en remplaçant la passion par la haine. Mais il venge également son frère lorsque les mortels le trahissent. Antéros est un symbole de *pondération.*

Anthropomancie

Divination par l'observation des entrailles humaines ou animales.

ANTICLÉE
la fausse clef

Fille d'Autolycos, épouse de Laërte l'Argien, qui eut une aventure avec Sisyphe auquel elle donna Odysseus. Elle mourut de chagrin pendant l'absence de son fils qui la retrouva aux Enfers.

ANTIGONE
celle qui sert de mère

Fille de Jocaste et d'Œdipe qui connut un sort tragique. Ses parents régnèrent sur Thèbes jusqu'au moment où ils prirent conscience de leur inceste. Jocaste se pendit et Œdipe en conçut tant de remords qu'il se creva les yeux. Créon, le frère de Jocaste, le chassa de la ville, mais avant de partir il maudit Etéocle et Polynice, à la fois ses fils et ses frères qui, en partageant la dépouille d'un animal sacrifié, lui avaient octroyé la cuisse au lieu de l'épaule royale. Aussi le virent-ils partir sur les routes de Grèce sans verser une larme. Seule Antigone eut pitié de son père et, abandonnant Hémon, son fiancé (fils de Créon), l'accompagna, lui servant de guide, mendiant pour survivre et lui apportant le réconfort de sa présence et de sa tendresse.

Après la mort de son père, Antigone revint à Thèbes où ses frères se disputaient le pouvoir. Polynice attaqua Etéocle, avec l'aide d'Adraste, roi d'Argos; mais les frères ennemis trouvèrent la mort au cours de la bataille. Devenu roi, Créon leur fit des funérailles grandioses, mais Etéocle ayant fait appel à des étrangers contre son pays, n'eut pas droit à une sépulture. Antigone, ne tenant pas compte des ordres de Créon, fit élever un bûcher où fut placé le corps de Polynice, fut prise sur le fait par le tyrannique Créon qui ordonna à son fiancé de l'enterrer vivante dans la tombe de Polynice. Hémon fit mine d'y consentir, mais s'enfuit avec Antigone, l'épousa en secret et la cacha chez des bergers. Elle lui donna un fils qui, bien des années plus tard, revint à Thèbes, prit part à des jeux funèbres où son grand-père le reconnut à la marque du dragon que portaient sur le corps tous les descendants de Cadmos. Créon le condamna à mort et, de chagrin, Antigone et Hémon se suicidèrent.

D'après une autre tradition, Antigone se pendit après sa condamnation à mort et, de douleur, Hémon se poignarda.

◆ Antigone est demeurée le symbole de la *piété filiale et fraternelle,* du *dévouement sans partage.*

ANTILOQUE ou ANTILOCHOS
l'homme qui tend une embuscade

Fils de Nestor, roi de Pylos, qui fut exposé à sa naissance sur le mont Ida et retrouvé par son père qu'il accompagna à Troie. Ami intime d'Achille et de Patrocle, il fut tué par l'Ethiopien Memnon au cours d'un combat.

ANTINOOS
l'homme à l'esprit hostile

Prince troyen, fils d'Eupithès d'Ithaque, prétendant de Pénélope, orgueilleux et grossier, qui essaya de tuer Télémaque et dilapida les biens de Pénélope. Il fut tué par Odysseus déguisé en mendiant.

ANTIOPE
celle qui fait face

Célèbre pour sa grande beauté, la fille du roi de Thèbes Nycteus fut séduite par un Satyre qui n'était qu'un avatar de Zeus. Elle s'enfuit aussitôt chez Epopée, le roi de Sicyone, qui l'épousa; ce mariage déclencha une guerre entre le roi et Lycos, frère de Nycteus. Epopée fut tué et sa veuve ramenée à Thèbes par son oncle. Sur le chemin du retour, elle mit au monde les jumeaux Amphion et Zéthos qui furent abandonnés par Lycos sur le mont Cithéron. Quant à Antiope, elle souffrit pendant des années des mauvais traitements de sa tante Dircé, la reine de Thèbes, parvint finalement à s'enfuir et alla retrouver ses fils chez le berger qui les avait sauvés. Les jumeaux se mirent à la recherche de la mégère, la reconnurent parmi le cortège des Ménades sur les pentes du mont Cithéron, la lièrent aux cornes d'un taureau sauvage. Elle fut mise en pièces par l'animal déchaîné. A cet endroit jaillit *la source de Dircé.*

Le meurtre de Dircé, fidèle participante des Mystères dionysiaques, mécontenta Dionysos qui, pour la venger, frappa de démence la malheureuse Antiope qui erra à travers la Grèce. Au bout de longues années, Phocos, le petit-fils de Sisyphe, la retrouva, lui rendit la raison et l'épousa.

ANTITHÉES

Génies maléfiques de la mythologie grecque, qui créaient les illusions.

ANU

Dieu du ciel, qui apparaît comme le dieu suprême des Chaldéens, le «seigneur du monde... qui fait parcourir au soleil les quatre régions du ciel (correspondant aux points cardinaux) et le guide intelligent... le seigneur des connaissances. Il est à la fois le révélateur de l'astronomie, de l'agriculture et l'inventeur de l'écriture» (29-87). Il remplit le même rôle que les premiers empereurs mythiques, «Fils du Ciel», de la Chine antique.

Pour les Sémites, il est le conservateur de l'Eau de vie dans le ciel, divinité suprême assurant la fertilité de la terre. C'est lui qui engendra les cinquante grands dieux sumériens, les *Annunaki,* avant de s'effacer derrière *Enlil* ou *Bel,* dieu de l'air et de l'atmosphère, maître de l'orage et du déluge.

ANUBIS

Anpou pour les Egyptiens : dieu à tête de chacal, fils d'Osiris et de sa sœur Nephtys, qui fut abandonné à sa naissance. Recueilli et élevé par Isis, sœur-épouse d'Osiris, il accompagna son père adoptif dans ses voyages à travers le monde, et lorsque ce dernier fut assassiné et démembré par Seth, il aida Isis à retrouver ses restes et à les ensevelir. Son culte était lié à celui d'Isis et d'Osiris; il présidait à l'embaumement et à la sépulture. Plus tard, il fut identifié à Hermès et nommé *Hermanubis*.

APHRODITE
la déesse née de l'écume de la mer

Le récit de la naissance d'Aphrodite (grec *aphro : écume*) résulterait de la fusion de deux légendes hittites liées au mythe de la création. Voici la première : Kumarbi (Cronos) arracha les organes sexuels d'Anu, dieu du Ciel (Ouranos), avala une partie de sa semence et cracha le reste sur le mont Kansura où elle se transforma en déesse. Selon la deuxième, Cronos conçut le dieu de l'Amour qu'Ea, frère d'Anu, arracha de son côté. Les Grecs en firent une légende unique *selon laquelle Aphrodite naquit de la mer imprégnée des organes sexuels d'Ouranos, qu'on avait coupés* (1-38).

Portée par les vagues ou sur les ailes du vent d'Ouest Zéphyr, elle arriva sur les rives de l'île de Chypre et fut accueillie par les Heures qui l'emmenèrent chez les Immortels en compagnie de l'Amour (Eros) et du désir (Himeros). Sa beauté, sa grâce et la séduction émanant de toute sa personne subjuguèrent tous les dieux, mais éveillèrent la jalousie des autres déesses qui ne manquaient jamais une occasion de lui nuire. Ainsi lorsqu'aux noces de Thétis et de Pélée, on omit d'inviter Eris, la déesse de la Discorde, celle-ci, pour se venger, lança dans l'assemblée une pomme d'or portant l'inscription : « A la plus belle. » La pomme fut réclamée par Héra, Athéna et Aphrodite ! Pour les départager, Zeus fit appel au jugement de Pâris, fils de Priam, roi de Troie. Embarrassé devant les promesses plus alléchantes les unes que les autres des trois déesses, le jeune homme donna la pomme à Aphrodite qui lui avait promis l'amour des plus belles mortelles : ainsi naquit la passion fatale aux terribles conséquences entre le héros troyen et Hélène. Héra et Athéna se vengèrent en dévastant le pays et la famille de Pâris.

Aphrodite tenait son extraordinaire pouvoir de séduction d'une *ceinture magique* qui rendait irrésistible celle qui la portait. Paradoxalement, les mythographes lui attribuèrent comme mari le plus paradoxal personnage : **Héphaïstos,** le forgeron difforme et boiteux, infirmité qui fait de lui l'antithèse de l'amour, le pied étant un symbole phallique. En compensation, les mythographes lui attribuèrent des dons magiques et créateurs. La légende lui attribue la paternité de Phobos, Déibos et Harmonie. En réalité, Arès, le dieu de la guerre, l'amant viril, fougueux (et... ivrogne d'après les mauvaises langues), était leur véritable père.

Leur liaison se déroula sans encombre jusqu'au jour où Hélios surprit les amants ensemble dans le palais d'Arès, en Thrace. Il s'empressa de les trahir et le mari bafoué, ulcéré par l'infidélité de sa femme, forgea un filet de chasse en bronze, fin et léger mais d'une solidité à toute épreuve, le fixa au lit d'Aphrodite et prétendit se rendre à Lemnos, sachant bien qu'Aphrodite refuserait de l'accompagner. Dès qu'il eut le dos tourné, elle fit venir Arès et les deux amants se mirent au lit pour se retrouver emprisonnés tout nus dans le filet. Le lendemain matin, Héphaïstos les retouva dans cette inconfortable position et convoqua les dieux de l'Olympe pour se venger et exposer leur honteuse conduite. Il n'accepta de délivrer les prisonniers qu'en échange des somptueux cadeaux qu'il avait faits à Zeus (le père adoptif de la déesse) lors de ses noces. On raconte qu'Apollon, Hermès et Poséidon, accourus pour admirer le spectacle, brûlaient du désir secret d'être à la place de l'infortuné dieu de la guerre ! L'astucieux Poséidon fit mine de compatir à leur sort et conseilla à Arès de repayer l'équivalent des cadeaux. L'amant confus fut libéré et rentra en Thrace tandis qu'Aphrodite se rendait à Paphos retrouver sa virginité dans la mer.

— Cet épisode a été imaginé pour *abaisser la Grande Déesse de la Méditerranée qui avait été pendant longtemps la divinité la plus importante à Corinthe, à Sparte, à Thespies et à Athènes, en la mettant sous tutelle masculine et en considérant ses orgies solennelles comme des écarts adultères... Chaque année au printemps, ses prêtresses se plongeaient dans la mer et en ressortaient régénérées* (1-47). Quant au filet, il s'agit de celui d'Aphrodite en tant que déesse de la mer, que ses prêtresses portaient lors du carnaval de printemps. On le retrouve en

Scandinavie, porté par les servantes de la déesse Hollé ou Godé à la Fête de Mai (1-63).

Héphaïstos prétendit demander le divorce, mais n'en fit rien; car il était fou de sa femme. Sa vengeance se retourna finalement contre lui, car les dieux virils qui avaient eu l'occasion d'admirer la déesse dans sa nudité, s'empressèrent de la courtiser avec succès. Peu de temps après, elle céda aux avances d'Hermès, passa avec lui une nuit au cours de laquelle elle conçut Hermaphrodite, jeune homme bissexué qui hérita la beauté de sa mère, mythe symbolisant une ***transition :*** le passage du système matriarcal au système patriarcal (1-65).

Poséidon succéda à Hermès. Aphrodite s'unit également à Dionysos et donna le jour à Priape, aussi laid que son mari et pourvu d'organes génitaux difformes, apparence que lui avait donnée Héra qui critiquait sa conduite.

Cinyras, roi de Chypre (fils d'Apollon d'après certaines sources) aurait lui aussi bénéficié de ses faveurs et instaura le culte d'Aphrodite dans son île. Même le misogyne Pygmalion, fils de Bélos et sculpteur de son état, céda aux charmes de l'irrésistible séductrice. Il fabriqua une statue en ivoire à son image, la mit dans son lit et supplia la déesse de venir à son secours. Aphrodite pénétra dans la statue, l'anima et elle devint Galatée, qui donna à Pygmalion la prêtresse Métharmé et un fils, Paphos, qui bâtit pour la déesse un temple célèbre.

Phaéton *(le brillant),* fils d'Eos et de Cephalos (ou d'Hélios et de Clyméné) fut aimé de la déesse qui l'enleva encore enfant et en fit le gardien nocturne de son temple. Mais ce jeune dieu ayant obtenu la permission de conduire le char solaire, ses chevaux s'emportèrent, le char incendia le ciel et la terre et Phaéton, foudroyé par Zeus, fut précipité dans l'Eridan où ses sœurs, les Héliades, continuent à le pleurer.
— Ce mythe fut conté par Ovide dans les « Métamorphoses », par Eschyle dans les « Héliades » et par Euripide dans « Phaéton ». En 1683, fut représentée à l'Opéra, une tragédie lyrique sur une musique de Lulli, *Phaéton,* qui obtint un immense succès.
• La *Constellation du Cocher* porte le nom de Phaéton, qui fut aussi celui d'une voiture légère au siècle dernier ou de son cocher.

Zeus, qui, malgré le désir qui le mordait, n'eut jamais de liaison avec elle, subissait malgré tout son influence, car c'est elle qui lui suggérait d'étendre son terrain de chasse chez les mortelles. En retour, il lui inspira des passions pour des mortels : Anchise *(compagnon d'Isis)*, roi des Dardaniens, fut l'une de ses « victimes » consentantes. Aphrodite se déguisa en princesse phrygienne et s'unit à lui sur un lit de peaux d'ours et de lions. A l'aube, elle révéla sa véritable identité et le mortel fut terrorisé d'avoir contemplé le corps nu de la déesse et d'en avoir joui. Mais, irréfléchi et bavard, il commit l'imprudence de parler de son aventure à ses amis et il aurait été tué par la foudre de Zeus, si Aphrodite ne l'avait détournée à l'aide de sa ceinture magique. Son infortuné amant eut malgré tout la colonne vertébrale brisée et ne put plus jamais se tenir droit. Alors, la passion d'Aphrodite fondit comme neige au soleil. Ils eurent un fils, Enée (dont César se prétendait le descendant).

Parmi les conquêtes de la belle déesse, on cite Adonis, le beau berger, né de la liaison incestueuse de Myrrha et de son père, le roi de Chypre, Cyniras. Aphrodite confia l'enfant à Perséphone, reine des Enfers, qui, s'étant amourachée de l'adolescent, refusa de le rendre à sa mère adoptive. Devant trancher, Zeus décida qu'il partagerait son temps entre les deux rivales. Mais la liaison d'Adonis et d'Aphrodite éveilla la fureur jalouse d'Arès (ou d'Apollon ou encore d'Artémis) qui, averti par Perséphone, envoya un sanglier sauvage attaquer et éventrer Adonis sous les yeux d'Aphrodite. Son sang devint une éphémère fleur printanière, l'anémone. Mais Zeus accepta qu'Adonis passe les mois d'été auprès d'Aphrodite sur la terre.

— Ce mythe, qui explique le ***cycle des renaissances saisonnières,*** est la reproduction d'une légende phénicienne racontant l'amour d'Astarté pour Adonis.

Cette forme de *mise à mort par éventrement* par un animal se rapporte à une très ancienne coutume répandue dans l'Orient primitif consistant à « prendre au lasso les buffles sauvages destinés aux sacrifices ». A l'époque d'Alexandre, cet ancien rite sacerdotal devint un spectacle public qui se déroulait dans les cirques. Ainsi *le mythe d'Adonis transposé* est l'ancêtre de la *corrida*, vestige de meurtres rituels d'hommes et d'animaux offerts en victimes expiatoires, *généralement à l'équinoxe de printemps* (60-103).

On cite encore Boutès *(berger)* l'Argonaute par lequel elle devint mère d'Eryx, roi de Sicile et d'une fille, Béroé.

A l'origine, la plus illustre séductrice de l'Antiquité, déesse de la fertilité, de la ***vie universelle*** (humaine, végétale et animale), était adorée en Phénicie et en Assyrie sous la forme d'une pyramide (ou d'un cône) entourée de flambeaux. En Egypte, identifiée à Hathor, elle était adorée à Aphroditopolis, ville située près de Memphis, dans un temple où on nourrissait une vache blanche consacrée à Hathor.
— **Son culte,** importé par les Phéniciens, s'étendit à la Grèce. Ses sanctuaires les plus fréquentés se trouvaient à Paphos, Amathonte, Idalie, dans l'île de Chypre, de Cythère, sur le mont Eryx, en Sicile et dans la plupart des grandes cités grecques : à Athènes, Thèbes, Mégare, Patras, Argos, Corinthe.
— Ses nombreuses attributions lui valurent les noms suivants : *Urania* (amour idéal), vénérée à Aegos, Athènes, Scyon, sous l'aspect d'une déesse digne, grave, tenant une fleur à la main, drapée dans un chiton et couronnée d'un diadème ou du polos... *Nymphia,* déesse du mariage... *Genetrix,* déesse de la génération... *Pandemos,* incarnation de l'amour vulgaire... *Hétaïra* ou *Porné*, protectrice des courtisanes... *Callipyge (celle aux belles fesses)* représentée entièrement nue, exposant ses formes voluptueuses... *Pontia* ou *Pélagia* (déesse de la navigation) et *Nikêphoros* (qui donne la victoire) figurée nue jusqu'à la ceinture, se mirant dans un bouclier. On l'a appelée aussi *Anadyomène* parce qu'elle était sortie des flots, *Kypris, Cythérée* ou *Erycine* selon ses temples célèbres situés à Chypre, Cythère et sur le mont Eryx. Elle reçut même des surnoms *en désaccord avec sa beauté et sa bienveillance. A Athènes elle était l'aînée des Parques et sœur des Erinnyes; et ailleurs, Mélaenis (la noire)... Scotia (la sombre); Androphanos (la tueuse d'hommes); et même selon Plutarque, Epitymbia (celle des tombes)* (1-64).

Elle avait pour attributs : le myrte, la rose, des fruits à pépin symbolisant la *force fécondante* de la nature : la pomme ou la grenade, des animaux réputés pour leur force virile : le bélier, le bouc ou pour leur prolixité : le lièvre ainsi que le cygne, la tourterelle ou la colombe. Elle a donné son nom et à un certain nombre de villes d'Egypte ou d'Afrique, et aux *aphrodisiaques,* plantes et produits favorables au désir sexuel.

◆ Tout en étant l'image de la ***joie de vivre,*** de l'amour, de la ***jouissance sexuelle,*** la protectrice des unions légitimes, Aphrodite est présentée avec une personnalité ambiguë voire redoutable; elle pouvait éveiller des désirs et passions coupables, incestueuses ou bestiales chez les dieux et les hommes. Celui qui portait sa ceinture magique, qui symbolise la ***force irrésistible des passions,*** était possédé d'un désir insatiable, et ceux qui suscitaient son courroux étaient sévèrement punis.

• Transposition de l'Astarté phénicienne, elle est la *Vénus* des Latins, symbole primitif de la *fécondité de la nature,* associée à *Flora,* représentant la floraison, et à *Feronia,* déesse sabine de la fertilité des champs, mère de *Cupidon*, l'équivalent d'Eros. Vénus était vénérée sous des appellations grecques adaptées à la religion romaine : *Murcia (mulcere : toucher); Libentina (libido : plaisir); Genitrix (mère); Victrix (victoire).*

Considérée comme la mère des dieux et des hommes, elle fut symbolisée par une pierre noire ou *Pierre de la Mère des dieux,* l'*Hystérolithe,* que l'on croyait tombée du ciel. Cette Vénus noire nommée Mélénis ou la Nocturne, proche parente de l'Isis égyptienne, est l'ancêtre de la Vierge noire qu'on rencontre dans certaines églises et à laquelle on rend un culte.

• Une des plus importantes planètes du système solaire porte son nom et désigne un processus caractérisé par la douceur, l'harmonie, le sens de l'équilibre, la séduction, le charme.

◆ Comme toutes les grandes déesses, Aphrodite était accompagnée d'un cortège composé surtout de divinités secondaires : Eros, les Nymphes, les Charites, les Heures, les Tritons et les Néréides, et des figures allégoriques, Pothos et Himeros, personnifications du Désir, Peitho, la Persuasion...

APIS
d'autrefois

Bœuf sacré de Memphis, né d'une génisse vierge fécondée par le dieu créateur Ptah dont il était l'incarnation. Ce taureau nourri dans le temple portait les signes suivants : un croissant au front, un vautour sur le dos, un scarabée sous la langue. A sa mort, il devenait un Osiris ou Osoris-Hapi ou Osar-Hapi (*Hapi* est aussi le nom du dieu Nil et d'un des quatre génies gardiens des vases contenant les viscères des momies), en abrégé *O Sarapis, Sarapis, Sérapis* pour les Grecs et les Romains. La nécropole des taureaux sacrés s'appelait le *Sérapéum*.

APOLLON
le dieu à la pomme

L'histoire confuse de ce dieu et de ses légendes montre qu'il résulte de la fusion de plusieurs personnages d'origine différente : Asie Mineure, ionienne, lycienne, arabe... La version la plus connue le présente comme le fils de Zeus et de Léto (la fille des Titans Coeos et Phœbé), changée en caille à cette occasion. Naturellement sa mère fut en butte à la jalousie d'Héra, l'épouse du dieu trop ardent, qui la fit pourchasser par le serpent Python. Finalement, c'est à Délos dans l'île d'Ortygie que Léto mit au monde d'abord une fille, Artémis, qui aida sa mère à accoucher de son frère jumeau Apollon, né neuf jours plus tard. Zeus offrit une lyre et une mitre d'or à son fils qui fut élevé par Thémis. A l'âge de quatre ans, Apollon construisit un autel au bord du lac elliptique de Délos, avec les cornes concassées des chèvres tuées par sa sœur Artémis sur le mont Cynthe (1-275).

Adulte, il se rendit sur son char, muni de ses flèches et de son carquois, chez les Hyperboréens où il séjourna un an. Ensuite, il vint à Delphes, mais dut s'exiler après avoir tué le serpent Python. A Tempé, il se purifia de ce meurtre, revint à Delphes le long de la *voie sacrée* qui sera suivie plus tard par les processions, lors de la fête des *Septeria* célébrée tous les neuf ans en souvenir de son premier exploit. On dit que chaque automne, il se retire chez les Hyperboréens dans l'extrême nord pour revenir au printemps. On raconte aussi qu'ayant eu l'occasion de se mesurer à l'athlète Phorbas, il le tua d'un coup de poing, puis vainquit Héraklès qui avait dérobé son trépied à Delphes...

Chéri des dieux, Apollon affronta cependant la colère de Zeus lorsqu'il participa, avec le concours de Poséidon, au complot organisé par Héra contre son mari qu'elle voulait empêcher d'aller sur la terre courtiser les mortelles. Il fut condamné à garder les moutons du roi Laomédon pendant un an en compagnie de son acolyte. Cette période écoulée, le roi refusa de rétribuer Poséidon (qui avait construit les murs de Troie) et Apollon. En conséquence, tout le pays souffrit de la peste.

Son père eut également à se plaindre de lui lorsqu'il tua les Cyclopes, fabricants de la foudre divine, responsables de la mort de son fils Asclépios. Pour le punir, il l'envoya en esclavage chez Admète, le roi de Phérès, où il dut garder les troupeaux (ce qui montre qu'il était un dieu pastoral).

— Apollon apparaît comme un dieu *orgueilleux, célèbre pour son esprit d'indépendance et sa fougue.* Le satyre Marsyas, suivant de la déesse Cybèle, ayant ramassé la flûte jetée par Athéna, osa le défier dans un tournoi. Il le tua, l'écorcha et supendit sa peau dans la grotte où se trouve la source du fleuve Marsyas.

— Lorsqu'il remporta un concours de musique présidé par le roi Midas, il devint le *maître incontesté de la musique.* De son nom dérivent ceux de plusieurs instruments de musique : l'*apollonion,* inventé par Jean Voeller à Cassel à la fin du XVIIIe siècle, piano à deux claviers et plusieurs jeux d'orgues, surmonté d'un automate qui jouait de la flûte, et l'*apollonicon,* grand orgue à cylindre, à cinq claviers, contenant 45 jeux et 1 800 tuyaux, fabriqué en 1817. Les *apollonias* sont une variété de lauracées toujours cultivées dans les jardins.

— Grand séducteur, on lui prête de nombreuses aventures galantes, d'abord avec la muse Thalie, qui devint mère des Corybantes, les chantres des fêtes du solstice d'hiver (1-71)... Il aima Clytia, fille d'Okeanos, la délaissa et la transforma en héliotrope... Ayant surpris la nymphe chasseresse Cyrène, petite-fille du dieu-fleuve Pénée et de la naïade Créüse, luttant contre un lion qu'elle vainquit, il l'enleva sur son char, la transporta en Libye où elle donna le jour à Aristée qui apprivoisa et éleva les abeilles... Pour séduire Dryopé, il se transforma en serpent. Ils eurent un fils, Amphissos, le fondateur de la cité d'Oeta, mais un jour les Hamadryades, les compagnes de Dryopé, enlevèrent celle-ci, laissant un peuplier à sa place... Ayant aperçu Créüse, fille d'Erechthée et de Praxithea, endormie dans une caverne située sous les Propylées à Athènes, il la séduisit, engendrant un fils, Ion, qu'il enleva pour en faire un prêtre de Delphes. Plus tard, Créüse et Xanthos qu'elle avait épousé, venus consulter l'oracle, rencontrèrent Ion, Xanthos l'adopta, provoquant la jalousie de sa femme, qui ignorant l'identité du jeune homme, tenta de l'empoisonner. Mais une colombe descendue des cieux avala quelques gouttes de la boisson empoisonnée et mourut. Créüse se réfugia dans le sanctuaire d'Apollon d'où Ion voulut la faire sortir, afin de se venger. A ce moment, une prêtresse intervint et lui révéla la vérité. Ion devint plus tard roi d'Athènes et eut d'Hélicé quatre fils, qui donnèrent leur nom aux quatre professions suivantes : cultivateur, artisan, prêtre et soldat (1-136).

Apollon combattit Idas pour les beaux yeux de Marpessa, petite-fille d'Arès, mais avisée, la jeune fille préféra Idas au frivole Apollon. A Cassandre, la prophétesse, fille du roi Priam et d'Hécube, il avait conféré le don de prédire l'avenir en échange de ses faveurs. Mais le moment venu, elle refusa de tenir sa promesse. Indigné, Apollon s'arrangea pour que personne ne croie à ses prédictions.

— Apollon aima des mortelles : Castalie, une jeune fille de Delphes, qui repoussa ses avances et se jeta dans une fontaine qui prit son nom, et Phthie, qui lui donna Doros... Chioné, la reine des neiges, fille de Daidalion, dont il eut Philammon, jumeau d'Autolycos, fils d'Hermès. S'étant vantée d'avoir été aimée de deux dieux, elle osa défier Artémis qui la tua d'une flèche.

Il s'unit à Deioné, la fille de Minos, en Crète, qui lui donna Miletos que sa mère cacha dans une forêt, pour dissimuler sa naissance à Minos. L'enfant fut nourri par des loups et découvert par des bergers et, plus tard, pour échapper au roi, dut s'enfuir en Asie Mineure où il fonda la ville de Miletos.

Psamathé, la fille du roi Crotopos, eut de lui un fils, Linos, qu'elle abandonna par crainte de son père. Recueilli par des bergers, il fut dévoré par des chiens. Ayant eu vent de l'affaire, Crotopos fit mettre à mort sa fille, suscitant la fureur d'Apollon. Le dieu frappa de la peste les habitants d'Argos qui furent en outre tourmentés par une Harpye. Il fallut instituer un culte à Linos et Psamathé pour faire cesser ces fléaux. Il conçut aussi un amour passionné pour Coronis, la fille de Phlégias, roi des Lapithes, lorsqu'il l'aperçut se baignant dans un lac de Thessalie. Mais pendant l'absence de son amant, Coronis s'éprit d'Ischys, le fils du roi d'Arcadie, Elatos, et l'épousa. Pour venger son frère, Artémis tua celle qui avait osé être infidèle à un dieu de l'Olympe. Apollon arriva à temps pour arracher Asclépios, le futur dieu de la médecine, de son sein.

Hyrie, une nymphe de Thessalie, lui donna un fils, Cycnos, qui, désespéré par la trahison de son ami Phylios, se jeta avec sa mère dans un lac qui fut appelé le *lac Cycnéen*. La mère et le fils furent changés en cygnes.

— Apollon aima aussi des éphèbes dont les plus célèbres furent : le beau prince spartiate Hyacinthos, fils du roi de Laconie Amyclas, également aimé du poète Thamrys et de Borée, le Vent d'Ouest. Le dieu jaloux priva le premier de la vue et de la voix. Un jour, pendant qu'Apollon apprenait à Hyacinthos à lancer le disque, le Vent d'Ouest l'abattit sur la tête du jeune homme et le tua. Fou de douleur, Apollon fit surgir de son sang la jacinthe qui porte encore les initiales du beau jeune homme... Chaque année, on célébrait en son honneur les *Hyacinthia,* festival marqué par des lamentations qui se terminait par un chant de joie glorifiant le héros devenu immortel. Cyparisse, fils d'Amiclée ou de Télèphe, fut aussi son amant. Ayant un jour tué par mégarde un cerf favori du dieu, il se tua de désespoir et fut changé en cyprès.

En dépit de ses succès, le dieu de la beauté connut également des échecs amoureux : pour lui échapper, Daphné la nymphe, fille du dieu-fleuve Pénée, se fit changer en laurier par Gaïa. Apollon se fit une couronne de ses feuilles et le laurier lui fut consacré. Par la suite, seules les Pythonisses avaient le droit de mâcher les feuilles de laurier (1-71).

• En Asie Mineure Apollon était un *dieu solaire* qui faisait mûrir le blé, dont les premières récoltes lui étaient consacrées. Dieu agraire, on l'invoquait pour protéger les moissons des souris, d'où dérive l'appellation Apollon *Sminthien* (de la souris, animal symbole du dieu cananéen de la guérison, Esmun 1-71) et des sauterelles, Apollon *Parnopius.* Sous cet aspect, il avait pour emblème une cigale d'or, parce que la cigale ne chante que lorsque les rayons du soleil sont très chauds (1-126). Il protégeait les troupeaux sous le nom d'Apollon *Lycien.*

Par analogie avec les rayons solaires, il fut comparé à un archer *vengeur* dont les flèches pouvaient causer la mort subite, Apollon *Hecatebolos,* qui frappe de loin, mais possédaient par ailleurs un pouvoir de guérison, Apollon *Alexikakos.* Il était aussi le dieu de la musique : il est probable que, dans ses sanctuaires, on utilisait la *musique thérapeutique produite par la lyre* (1-153).

• Outre ses fonctions de divinité tutélaire rurale, protectrice des bergers et de leurs troupeaux, musicien et colonisateur, Apollon était le dieu de la ***divination*** rattaché à l'oracle de Delphes, consulté dans la Grèce entière, par l'intermédiaire de la Pythie et des Sibylles, dont la plus connue est Manto, qui pratiquaient la prophétie par les songes.

• Type idéal des Hellènes, prototype de la ***beauté masculine,*** à la stature à la fois athlétique et gracieuse, il fut immortalisé par le *colosse de Rhodes,* l'une des sept merveilles de l'Antiquité, ouvrage gigantesque (un de ses doigts était plus grand et plus gros qu'un homme) exécuté par Charis, élève de l'illustre Lysippe, dont la hauteur atteignait trente mètres (soixante-dix coudées). Cette statue portait un fanal et servait de phare à l'entrée du port. Les navires passaient entre ses immenses jambes. Hélas ! Le colosse ne vécut qu'une vingtaine d'années : il fut renversé par un tremblement de terre, trois cents ans avant Jésus-Christ. Lorsque les Arabes s'emparèrent de l'île de Rhodes, ils vendirent à des Juifs les énormes blocs de bronze gisant au fond de la mer, qui obstruaient le port.

• En raison de ses diverses attributions, Apollon était surnommé *Phoibos* (ou Phebus), le brillant; le doré, *Xanthos;* le dieu blond, *Chrysocome;* le dieu de l'Aurore, *Pythios,* le vainqueur du Dragon; *Sôter,* le sauveur; *Argurotoxos,* le dieu à l'arc d'argent; *Alexikakos,* le secourable; *Iatromantis,* le devin médecin; *Musagète,* le chef des Muses; *Sauroctone,* le tueur de lézards; *Citharède,* le joueur de cithare…

◆ Le mythe d'Apollon se relie *aux mythes saisonniers,* puisque chaque automne, il se retire dans les régions septentrionales pour revenir au printemps. Certains voient en ce dieu complexe le symbole *d'une victoire sur la violence, d'une maîtrise de soi dans l'enthousiasme, de l'alliance de la passion et de la raison (33-58).*

Apollon était suivi par un cortège de dieux, déesses, nymphes, ses compagnons habituels, notamment les Muses.

Son culte: l'antique tradition des Thraces fait dériver le nom d'Apollon d'*Ap Olen* ou *Ap Wholon* signifiant *Père universel* en phénicien. Son culte aurait été à l'origine le culte solaire de l'*Etre universel* pratiqué dans les sanctuaires de l'Inde et de l'Egypte, qui fut introduit en Grèce par un prêtre réformateur. Celui-ci «identifia le Père universel avec sa double manifestation: la lumière hyperphysique et le soleil visible», doctrine confinée dans les profondeurs des sanctuaires où Apollon ne jouait qu'un rôle secondaire, surpassé par le tout-puissant Zeus, les dieux familiers et les déesses séduisantes représentant les forces de la nature, plus proches du peuple. Le culte d'Apollon fut mis à l'honneur par celui d'Orphée grâce à la célébration des Mystères à l'équinoxe de printemps (16-224).

Selon d'autres sources, le nom d'Apollon viendrait d'*apella = assemblée* (8-175), comme Mithra, le dieu persan du Soleil, conducteur d'hommes en temps de paix et en temps de guerre, dieu de la nation. Cette conception fait de lui l'équivalent du Verbe solaire Horus, centre de la religion de l'Egypte ancienne, dont les randonnées illustrent le voyage de l'âme et l'évolution du cosmos (18-87).

— Dans toute la Grèce, Apollon avait des fidèles et des temples comportant souvent un oracle: à Delphes, Abae en Phocide, Acraephia, à Thèbes, Milet, Claros près de Colophon… Aussi eut-il une place de choix dans le calendrier religieux: le premier et le septième jour de chaque mois lui étaient consacrés et on célébrait en son honneur les *daphné-*

phories, les *théophanies*, les *thargélies*, les *hyacinthies*, les *pythiques* et une foule d'autres fêtes, au cours desquelles on chantait le *paean*, hymne qui lui était particulièrement consacré.
— Le culte apollinien fut importé à Rome où, en 212, furent célébrés pour la première fois, les *jeux apollinaires*, et où Auguste lui bâtit un temple sur le Palatin. Il faut citer également les *jeux actiaques*, tous les deux ans sur le promontoire d'Actium à côté du temple d'*Apollon Actius* (centre religieux de l'Acarnanie), qui furent par la suite adoptés par les Romains. Les fêtes apolliniennes, célébrées au *solstice d'été*, qui s'accompagnaient de sacrifices humains (remplacés plus tard par des taureaux, génisses, béliers...) étaient une manifestation extérieure du culte solaire importé de Perse et commun à presque tous les peuples : Scandinaves, Germains, Celtes, Slaves, Grecs, Romains...

A Olympie, on offrait le premier sacrifice au nom de la Grèce pour le *foyer* et le second seulement pour Zeus. Au solstice d'été avait lieu le renouvellement du feu, auquel on se préparait par plusieurs jours de purification. Ainsi, à Lemnos, tous les feux devaient être éteints huit jours d'avance pour être rallumés exclusivement au feu rapporté par le vaisseau sacré de Délos l'île sainte, où il était recueilli sur l'autel d'Apollon (en Irlande, sur l'autel de Tara, capitale religieuse de l'île, où c'était le grand druide qui l'allumait).

◆ ***Ce renouvellement du feu*** a tellement marqué le psychisme des hommes qu'ils sont restés fidèles à la tradition et que l'Eglise fut forcée de christianiser cette fête en la plaçant sous le patronage de saint Jean (les feux de la Saint-Jean).

A Rome, elle était célébrée le jour des *Palilia*, le 21 juin, jour anniversaire de la fondation de la Ville éternelle, le 21 juin de l'an 753 avant notre ère. Et à Paris, sur la place de Grève, c'était le roi lui-même qui mettait feu aux fagots, jusqu'au XVIIe siècle. En effet, Louis XIV fut le dernier souverain à célébrer, en grande pompe, l'astre qu'il avait pris pour symbole ! Après la Révolution, on alluma les feux sur l'emplacement de l'ancienne Bastille, à grands renforts de salves d'artillerie et de mousquetades.
• Symbole du Soleil associé au cinquième signe zodiacal du Lion, représenté avec une abondante chevelure blonde,

image des rayons solaires, Apollon était identifié au dieu de la lumière, de la chaleur, de la fécondité, Belonos, le *Brillant,* qui se manifestait dans les eaux claires et les sources d'eau chaude, origine du nom de la ville de Beaune (8-183), où il était adoré. C'est pour cette raison qu'à l'occasion des fêtes apolliniennes, on l'appelait Apollon *Phoibos,* clair. Il était aussi l'homologue du dieu assyrien Shamash, également doté de dons divinatoires, mais il fut plus tard supplanté par des divinités orientales et confondu avec Hélios et Hypérion, autres dieux solaires.

Apone

Fontaine d'Italie, près de Padoue, qui passe pour conférer des dons de prophétie.

APOPHIS

Serpent géant de la mythologie égyptienne, figurant un démon nocturne, incarnation du dieu des ténèbres Seth qui, chaque nuit, combattait Râ, le dieu-soleil, et était mis à mort par lui au moment où, revenant du monde souterrain, il atteignait la région de l'Est.

ARACHNÉ
l'araignée

Princesse de Colophon, en Lydie (région réputée pour sa teinture pourpre), si habile dans l'art de filer qu'Athéna en était jalouse. Un jour, la déesse déchira une de ses tapisseries illustrant les amours olympiennes et frappa la fileuse de sa navette. Terrorisée, Arachné se pendit à un chevron et fut transformée en araignée par la déesse.

◆ Cette légende illustre la rivalité commerciale qui existait entre *les thalassocraties athéniennes et lydio-cariennes qui étaient toutes deux d'origine crétoise.* En effet, on a découvert de nombreux sceaux portant le symbole de l'araignée en Crète, à Milet, la plus importante exportatrice de laine de couleur de l'Antiquité au début du IIe millénaire avant J.C. Et les Milésiens possédaient une agence à Naucratis, en Egypte, ce qui explique la jalousie d'Athéna (1).

ARCAS
l'ours

Fils de Zeus et de Callisto qui civilisa l'Arcadie, lui donnant son nom. Il faillit tuer sa mère métamorphosée en ours, et Zeus, lui ayant fait subir la même transformation, les transporta tous deux au ciel où ils forment les constellations de la *grande Ourse* et de la *petite Ourse.*

ARÈS
le guerrier viril

Fils de Zeus et d'Héra, frère d'Héphaïstos et de Hébé, jumeau d'Eris, la *dissension,* Arès est la plus célèbre des divinités guerrières importées de Thrace, dont le bruit des querelles qui l'opposaient à ses pairs comme à ses ennemis remplissait l'Olympe. Il était réputé pour son caractère irascible et son tempérament violent faisait frémir et fuir les déesses. Seul Hadès l'appréciait pour les nombreux soldats qu'il lui expédiait.

Plus impétueux et téméraire que brave, choisissant son camp suivant ses sympathies, Arès ne sortait pas toujours indemne des querelles que sa nature belliqueuse lui attirait constamment. Héraklès et Athéna se sont souvent opposés à lui et sortirent vainqueurs de la lutte.

Arès ne doutait de rien, se croyant invincible. Un jour, il combattit les audacieux géants Aloades, Otos et Ephialtès, fils de Poséidon et d'Ephimédie, qui tentaient d'enlever Artémis et Héra. Mais il se laissa enfermer par eux dans un vase d'airain d'où il ne sortit que treize mois plus tard, délivré par

Hermès (cet épisode pourrait se rapporter à un armistice entre les Béotiens et les Thraces, ayant duré treize mois, durée d'une année pélasgienne). Quant aux géants, ils périrent sous les flèches d'Apollon et furent envoyés aux Enfers, liés à une colonne à l'aide de serpents.

Il osa s'opposer à Athéna et fut frappé au cou par la pierre qu'elle lui lança... Il s'attaqua aussi à Hercule accusé du meurtre de son fils Cycnus, mais blessé, il fut forcé de regagner l'Olympe en hurlant de terreur.

Bien que fréquemment occupé à se battre, Arès vécut des aventures amoureuses qui se terminèrent assez mal et eut des enfants dont le sort ne fut guère plus heureux que le sien. **Aphrodite,** l'épouse d'Héphaïstos, éprouva pour lui une sorte de passion perverse. En effet, elle prenait un malin plaisir à exciter la jalousie de l'impétueux et naïf Arès et celle de son mari. Un jour Héphaïstos, prévenu par Hélios, tendit un piège aux amants qui se virent emprisonnés dans un filet métallique placé par l'ingénieux forgeron sur leur lit. Confus, les amants furent la risée des dieux accourus en hâte et Arès ne put rentrer en Thrace qu'après avoir promis de payer le prix de l'adultère. De cette union naquit une fille, Harmonie, qui devait devenir l'épouse de Cadmos, le roi de Troie. On raconte qu'un jour, Aphrodite surprit son amant dans le lit d'Eôs, l'Aurore. Furieusement jalouse, elle condamna la timide jeune fille à *de continuelles amours avec de jeunes mortels* (1 125).

Avec **Chrysé,** Arès eut un fils, Phlegyas, qui devint le père d'Ixion et de Coronis; celle-ci, séduite par Apollon, donna le jour à Asclépios, le dieu de la médecine et fut vengée par son père qui incendia le temple du dieu et fut envoyé en enfer.

Cyrène lui donna un fils, Diomède, qui, étant devenu roi des Bistones de Thrace, nourrissait ses chevaux de la chair des étrangers qui lui tombaient entre les mains, et fut dévoré par ses propres chevaux.

De **Pélopia** (ou de Pyréné), il eut Cycnos qui irrita Apollon en dérobant les offrandes apportées à son temple par les voyageurs et fut tué par Héraklès. Il fut aimé de la nymphe **Aglauros,** qui lui donna une fille, Alcippé, qu'Halirrhotios, fils de Poséidon, enleva un jour. En proie à une fureur meurtrière, Arès retrouva sa fille et tua son ravisseur. Accusé de meurtre avec préméditation, le père outragé fut jugé et acquitté par le tribunal des dieux. Le procès se déroula sur une colline voisine de l'Acropole qui fut appelée *Aréopage* et ce fut le *premier jugement dans un procès pour meurtre* (1-66).

Il eut aussi pour amantes **Aéropé,** fille de Cepheus, qui mourut à la naissance de leur fils Aeropus... D'**Harpinna,** fille du dieu-fleuve Asopos, il eut Œnomaos.

◆ **Dieu de la guerre**, symbole de ***la violence***, dont les attributs étaient la lance, l'épée, puis le vautour et le chien, Arès n'était guère populaire chez les Grecs qui lui préféraient des divinités plus sympathiques et ne l'adoptèrent pas comme protecteur de leurs villes. Ils craignaient les créatures malfaisantes dont il s'entourait : les figures allégoriques suivantes : *Agôn, Eris, Enyo, les Kérès, Deimos* et *Phobos*.

Classé parmi les douze grandes divinités olympiennes, comme son homologue romain ***Mars***, Arès symbolise *la force brutale, qui se grise de sa taille, de son poids, de sa vitesse, de son bruit, de sa capacité de carnage et se gausse des questions de justice, de mesure et d'humanité* (33-74). Certains auteurs voient en lui un dieu rural, du printemps, protecteur de la jeunesse qui *guide les jeunes gens qui émigrent pour fonder de nouvelles villes... Il est aussi le Tueur, le Défenseur des maisons et des jeunes gens et, en particulier, de la violation des serments... honoré comme le dieu des serments* (33-75).

Il était également l'homologue du dieu égyptien ***Anhur***, Onouris pour les Grecs (50).

ARÉTHUSE
l'arroseuse

Nymphe de l'Alphée qui fut poursuivie par le dieu de ce fleuve jusqu'à l'île d'Ortygie, en Sicile, où Athéna la métamorphosa en fontaine. Comme le fleuve Alphée disparaissait sous terre avant de se jeter dans la mer, les Anciens ont supposé qu'il allait rejoindre Aréthuse. Or les eaux de cette fontaine étaient toujours limpides et douces : ils en ont déduit qu'elle avait la propriété de conserver sa pureté après avoir traversé des eaux fangeuses.

Argo
le brillant

Vaisseau fabuleux, voguant à la poursuite de la Toison d'Or, figure allégorique fréquente de la lumière solaire, pouvant avoir été à l'origine le symbole du Soleil; cet astre était représenté par un bélier pour les Grecs, un sanglier au ventre d'or pour les Germains, un cerf aux cornes brillantes pour les Russes (8-181).

ARGONAUTES

Héros grecs qui, une génération avant la guerre de Troie, s'embarquèrent sur l'Argo pour aller en Colchide conquérir la *Toison d'Or,* sous la direction de Jason : Acaste, fils de Pélias : Actor, fils de Déion; Admetos, prince de Phérès; le devin d'Argos, Amphiaros; Ancée le Petit et Ancée le Grand; Argos, l'architecte-dessinateur de l'Argo; Ascalaphos, fils d'Arès; Astérios, fils de Comètès; l'Amazone Atalante; Augias, fils du roi Phorbas; Boutès, l'apiculteur; Caenée, un Lapithe; Calaïs, fils de Borée; l'Eubéen Canthos; Castor, le Dioscure lutteur; Céphée, fils d'Aléos; Coronos, un autre Lapithe; le héraut Echion, fils d'Hermès; Erginos; Euphémos, le nageur; Euryale, un des Epigones; Eurydamas de Délos; Héraklès, l'homme qui devint dieu, et son écuyer Hylas; Idas, fils d'Apharée; Idmon, fils d'Apollon; l'Etolien Iphiclès; Jason, *chef de l'expédition*; Laërte, fils d'Acrisios; Lyncée à la vue perçante chargé de signaler les écueils; Mélampous, fils de Poséidon; Méléagre, de Calydon; Mopsos, un Lapithe; le grand navigateur Nauplios, fils de Poséidon; Oïlée, le père d'Ajax; Orphée, le musicien-poète thrace qui devait dissiper l'ennui des navigateurs par ses chants et sa lyre; Palaemon, fils d'Héphaïstos; Pélée, le Myrmidon; le Béotien Pénéléos; Périclyménos, fils de Poséidon; l'archer athénien Phaléros; Phanos, fils de Dionysos; Poeas, fils de Thaumacos; Pollux, le Dioscure boxeur; l'Arcadien Polyphème; Staphylos, frère de Phanos; Tiphys, le timonier; Zéthès, frère de Calaïs (1-452).

Ils traversèrent la mer Egée, firent escale à Lemnos et à Samothrace, arrivèrent à la mer Noire en passant par le détroit de l'Hellespont, la Propontide, le Bosphore de Thrace et aboutirent en Colchide, dans le royaume d'Aetès. Là, après des aventures extraordinaires, Jason s'empara de la fameuse toison avec l'aide de la fille du roi, la magicienne Médée, qui s'enfuit avec lui.

Le chemin du retour fut tout aussi mouvementé, leur itinéraire variant avec l'extension des connaissances géographiques des Grecs : au Nord dans la région du Tanaïs et du Danube, à l'Est vers le Phase et l'Arménie, à l'Ouest dans les vallées du Pô ou du Rhône, au Sud vers le Nil. Les aventures qu'ils vécurent lors de leurs étapes furent chantées par de nombreux poètes.

– Cette expédition fut l'origine d'un *cycle* qui a inspiré les artistes grecs, latins et modernes : Apollonios de Rhodes *(les Argonautiques)*, V. Flaccus, Euripide, Sénèque, Corneille, E. Legouvé...

ARGOS
la blanche

La plus ancienne ville grecque située sur l'Inachos, qui joua un rôle important aux temps héroïques; elle fut fondée par les Pélasges et gouvernée par Danaos l'Egyptien. Conquise par les Doriens, elle domina le Péloponnèse sous le règne du tyran Phidon au VIIIe siècle. Au VIe siècle, elle allait être prise par Cléomène, le roi de Sparte, les soldats guerroyant ailleurs, lorsque la poétesse Télésilla rassembla et arma les femmes, les esclaves, les vieillards, les jeunes gens et les rassembla aux portes de la ville. Les Lacédémoniens, honteux de se battre contre des femmes et des enfants, se retirèrent rapidement.

– Important centre artistique de l'antiquité, Argos a produit des sculpteurs célèbres, comme Polyclète.

ARIANE
la très pure

Fille du roi de Crète Minos et de Pasiphaé, sœur de Phèdre, elle s'éprit du héros Thésée venu combattre le Minotaure, monstre qui dévorait les jeunes gens et jeunes filles que les Grecs devaient fournir à Minos chaque année. Ariane fixa un fil à l'extrémité du labyrinthe où le monstre était enfermé pour permettre à Thésée d'en sortir après avoir tué le Minotaure. Puis elle s'enfuit avec lui. Ils firent escale dans l'île de Dia, aujourd'hui appelée Naxos, où le héros l'abandonna. Appelés à l'aide, les dieux envoyèrent Dionysos qui l'épousa, posant sur sa tête la couronne de Thétis, faite d'or et de rubis et forgée par Héphaïstos (qui, par la suite, fut placée parmi les étoiles : c'est la *Couronne boréale*). Ariane lui donna beaucoup d'enfants, parmi lesquels on compte Œnopion et Thoas.

ARION

Cheval que Poséidon fit surgir de terre d'un coup de son trident pour prouver à Athéna qu'il pouvait offrir aux hommes le présent le plus utile. C'est le plus ancien cheval doté du don de la parole.

ARISTÉE
le meilleur des hommes

Classé parmi les divinités agrestes dans certaines parties de la Grèce, Aristée était le fils d'Apollon et de la nymphe Cyrène, le petit-fils du dieu-fleuve Pénée. Ce berger reçut une éducation de choix : de son précepteur le centaure Chiron, il apprit la médecine et certains mystères, et les Muses lui enseignèrent la divination. On lui prête de nombreux voyages qui ont pour but d'expliquer *le nom cultuel d'Aristée, qui se retrouve en Sicile, en Sardaigne, à Cios, en Béotie, en Thessalie, en Macédoine, en Arcadie* (1-226).

Il se rendit en Lydie en compagnie d'Apollon, en Béotie, où il épousa Autonoé, fille de Cadmos, dont il eut Actéon et Macris, la nourrice de Dionysos, et devint le symbole de ***la colonisation***, car il apprit des nymphes du myrte l'art de guérir, celui de la prophétie, l'*apiculture* et la *culture de l'olivier : les émigrants emportaient avec eux des branches de myrte pour montrer qu'ils avaient mis fin à une certaine période* (1-226).

Dans l'île de Céos, il guérit les habitants de la peste.

En Arcadie, il enseigna l'apiculture; il visita la Sardaigne, la Sicile, et il se rendit en Thrace où il participa aux mystères de Dionysos, fonda la cité d'Aristéon et disparut mystérieusement.

◆ En Thessalie, on l'assimila à Pan, fils d'Apollon et de la nymphe Cyrène, qui fut nourri de nectar et d'ambroisie.

Mais Aristée était un joyeux luron qui adorait courir le guilledou, poursuivant les Nymphes, les Dryades et en particulier *Eurydice*, l'épouse d'Orphée, dont il était très épris. Si bien qu'un jour, en fuyant ses avances, la jeune femme fut piquée au pied par une vipère et en mourut. Voulant venger leur sœur, les Nymphes firent périr les abeilles d'Aristée. Désolé, ce dernier appela sa mère à son secours. Cyrène s'adressa au devin Protée qui ordonna à Aristée d'immoler quatre taureaux et quatre génisses, afin d'apaiser les mânes d'Eurydice. Lorsqu'il revint quatre jours plus tard, il vit des milliers d'abeilles s'échapper des entrailles des victimes pour le consoler de la perte des premières, témoignage du pardon des dieux. Après sa mort, il devint un demi-dieu chargé de protéger les champs de la sécheresse et des autres fléaux.

◆ De ce mythe naquit la croyance antique que les abeilles naissaient du cadavre putréfié des animaux, dont il est fait état dans la Bible : de *la dépouille du lion tué par Samson jaillit un essaim d'abeilles...*

Dans le langage courant, cet événement caractérise une naissance miraculeuse se produisant dans des circonstances défavorables (1).

◆ Sur le plan *psychologique*, ce mythe, associé au symbolisme de l'abeille, indique qu'il faut tuer le « vieil homme » en soi, c'est-à-dire **maîtriser ses pulsions instinctives** afin de jouir de la douceur de l'amour (symbolisé par le miel) envers ses semblables en général ou un être en particulier.

Arithmomancie

Méthode divinatoire par les nombres en usage chez les Grecs, qui est toujours pratiquée.

ARTÉMIS
celle qui est puissamment bâtie ou *celle qui découpe*

Plusieurs divinités étrangères, d'origine orientale, ont fusionné pour constituer le mythe d'Artémis : la *Bendis* des Thraces, l'*Anaïtis* des Perses et des Lydiens, la *Dyctrynna* des Crétois, protectrice des marins et des pêcheurs, la sanguinaire *Artémis* de Tauride qui raffolait de victimes humaines, celle d'Ephèse, symbole de la maternité et de la fécondité dont le culte était lié aux *prêtresses armées* existant à Ephèse et en Asie Mineure (les Amazones).

En Arcadie, on adorait la sœur d'Apollon dont elle partageait les exploits et les combats, la demi-sœur d'Hermès, le fruit des amours de Zeus et de Léto : celle-ci accoucha sans douleur dans l'île aux cailles près de Délos qui lui fut consacrée, où elle avait été transportée sur les ailes du Vent du Sud, pour échapper à la colère d'Héra, épouse de Zeus. Neuf jours après sa naissance, Artémis délivra sa mère de son frère Apollon.

Artémis avait pour attribut la caille, parce que Léto avait été changée en caille par son amant, comme il s'était lui-même transformé au moment de s'unir à elle. Le chien, la biche, la chèvre, le taureau et la tortue lui étaient également consacrés.

– Déesse de la **chasse**, elle était représentée vêtue d'une tunique courte chaussée de sandales, un carquois chargé de flèches sur le dos, les cheveux retenus par un bandeau et suivie d'un cerf ou d'une biche (d'où ses attributs favoris :

l'arc, le carquois, les flèches...). Patronne des clans totémiques, on lui offrait tous les ans un holocauste vivant d'animaux totémiques et de plantes. Elle était néanmoins considérée comme la protectrice des jeunes animaux.
— Mais elle était avant tout une **déesse lunaire** formant avec Hécaté et Séléné un aspect de la triple déesse Lune (les trois phases lunaires). A ce titre, on la représentait avec une torche et un croissant et son culte dérivait de celui de la Grande Mère honorée à Ephèse et à Délos.
— Dotée de nombreux pouvoirs, elle provoquait la maladie ou la mort soudaine chez les mortels (d'où ses flèches d'une précision foudroyante); elle pouvait susciter des épidémies et les guérir, et favoriser les accouchements : on l'invoquait pour la fécondité des troupeaux et des femmes. Elle a donné son nom à l'*armoise (artemisia),* plante médicinale employée comme emménagogue.
— Déesse de la **musique** sous le nom d'*Artémis Hymnea,* elle présidait au chant, dansait en compagnie des Muses, des Charites ou des Nymphes.
— Fière de son ***éternelle virginité***, cruelle et vindicative, préférant aux joies du mariage celles de la chasse et de la guerre, la « Jeune Fille à l'Arc d'Argent » exigeait de ses nymphes une chasteté inconditionnelle. Malheur à celle qui succomberait aux avances d'un dieu ! Ainsi, Callisto, séduite par Zeus et découverte par la déesse-vierge, fut métamorphosée en ourse et aurait été mise en pièces si Zeus ne l'avait transportée au ciel parmi les Constellations. Elle apparaît donc surtout comme la déesse des **femmes** et des **vierges**.

Quant aux hommes, gare à ceux qui s'aventuraient auprès d'elle ! *Actéon,* fils d'Aristée, qui la contempla se baignant dans un torrent, fut changé en cerf et dévoré par ses propres chiens.

La vierge indomptable se laissa cependant attendrir par son compagnon de chasse, *Orion.* Mais elle le blessa par mégarde d'une de ses flèches. Désespérée, elle implora le fils d'Apollon, Asclépios, de le ramener à la vie. Mais Zeus ne lui en laissa pas le temps et foudroya Orion. Artémis plaça son effigie parmi les étoiles où il est poursuivi par le Scorpion pour l'éternité. Une autre tradition prétend qu'Orion essaya de la séduire lors d'une partie de chasse. Furieuse, la déesse appela un scorpion dont la piqûre mortelle eut raison de l'audacieux.

Hippolyte sut lui aussi toucher le cœur d'Artémis. Il se consacra à elle et fit vœu de chasteté, provoquant la jalousie de sa rivale, Aphrodite. Pour se venger, celle-ci inspira à Phèdre, l'épouse de Thésée (père d'Hippolyte) une folle passion pour son beau-fils qui dédaigna ses avances. Furieuse, Phèdre le calomnia auprès de Thésée qui chassa son fils et demanda à Poséidon de le punir sévèrement. Hippolyte fut déchiqueté par ses propres chevaux effrayés par un monstre marin envoyé par le dieu des océans. Son ombre descendit au Tartare; mais à la demande d'Artémis, Asclépios le ramena à la vie. Irritées, les Parques (responsables de la vie des hommes) demandèrent à Zeus de le tuer d'un trait de sa foudre. Artémis dissimula Hippolyte dans un épais nuage et l'emmena dans son bois sacré en Italie, où il épousa la nymphe Egérie. Elle lui fit don de l'immortalité et on raconte qu'il continue à vivre près du lac d'Aricie, entouré de chênes séculaires.

L'*impitoyable et vindicative* déesse frappait de ses flèches tous ceux qui l'insultaient ou attaquaient les siens: Niobé pour s'être vantée d'avoir eu douze enfants alors que Léto n'en avait eu que deux; Chioné pour avoir loué la beauté de ses enfants; Admète, ayant négligé de sacrifier à la fière déesse le jour de son mariage, trouva un nœud de vipères sifflantes dans la chambre nuptiale... Œnée, roi de Calydon, ayant omis de lui offrir les premiers fruits de sa récolte, vit son territoire ravagé et ses récoltes dévastées par un énorme sanglier... Brotéas, fils de Tantale, refusa de sculpter une statue d'Artémis: il perdit la raison et s'immola par le feu.

Le culte d'Artémis s'est confondu avec celui de *Bendis,* la déesse thrace; d'*Anaïtis* des Perses et des Lydiens; de *Dictynna,* la protectrice des marins et pêcheurs crétois; de la sanguinaire *Artémis de Tauride,* avide de victimes humaines; d'*Artémis Brauronia*; d'*Artémis d'Ephèse,* symbole asiatique de la fécondité. Carya, ville de Laconie, possédait un temple dédié à Artémis, qui avait été élevé par Carya, fille du roi de Laconie Dion, qui fut aimée de Dionysos et changée en noyer. On y célébrait en son honneur les *Caryatides* au cours desquelles des jeunes vierges nues exécutaient des danses du même nom qu'elles prétendaient avoir apprises de Pollux. On dit que Pâris tomba follement amoureux d'Hélène lorsqu'il la vit danser en caryatide.

• L'Artémis grecque fut introduite en Italie par le roi légendaire Servius Tullius, sous le nom de **Diane** qui passait plutôt pour une déesse de la **lumière** qu'une chasseresse.

◆ Artémis appartient à la race des déesses frondeuses, ancêtres de toutes les militantes du monde, animées de la même ardeur révolutionnaire : suffragettes, féministes, chouannes, communardes, etc. On retrouve en elles l'élan dynamique de tous ceux qui luttent ardemment pour la liberté politique, sociale ou sexuelle ou pour l'***émancipation de la femme***.

La *Dame des Fauves* qui massacre sans pitié biches, cerfs, symboles de douceur, de féminité et de fécondité, anéantit les nymphes fières de leur rôle d'amoureuses et de mères; elle est l'antithèse d'Aphrodite, la déesse de l'amour ! Elle servit de modèle aux nombreuses déesses guerrières de la mythologie : les Amazones, Atalante, Athéna, Bellone, Enyo, Caenée, Cyrène, Eris, Omphale... ancêtres lointaines des femmes émancipées, voire asociales, inadaptées qui, mal à l'aise dans le monde de leurs semblables, refusent d'abdiquer devant l'homme, de se laisser asservir, d'aliéner leur liberté.

◆ Sur le plan *psychologique,* la légende des guerrières combattant l'homme les armes à la main figure la victoire de l'*animus,* principe masculin, au détriment de l'*anima,* principe de la féminité. On peut y voir le symbole des femmes insatisfaites, inadaptées, qui ne trouvent pas leur place dans le monde des femmes et qui, parfois, tentent de mettre à leurs pieds l'homme qu'elles méprisent. Mais, paradoxe fréquent dans le monde des mythes, parallèlement à ces aspirations féministes, la plupart de ces déesses remplissent une fonction ***protectrice de la vie féminine*** en tant que déesses de la Lune ou de la fécondité, présidant au développement des hommes.

◆ Le mythe d'Artémis et des autres déesses vierges-guerrières est l'illustration du ***complexe de castration,*** se manifestant chez la femme par l'inacceptation de son sexe et de sa fonction naturelle. Cette revendication virile est l'expression d'un *animus* (image archétype de la masculinité dans la psyché féminine au sens jungien) trop puissant. D'où l'excès de traits de caractères masculins au détriment de la féminité : autoritarisme, doctrinarisme, tendance à l'ergotage, besoin excessif d'indépendance, sécheresse, dureté, voire cruauté, manque de tact, tempérament coléreux, inaptitude au bonheur... Les animaux sauvages qui accompagnaient Artémis ou qui étaient liés à son culte (offerts en sacrifice) figurent les ***instincts indomptés*** de l'être humain : besoin de vengeance, surestimation de soi, réactions agressives, plaisir de faire souffrir, d'humilier, égoïsme, possessivité, rancune... Ces tendances déterminent un comportement rigide et inflexible relevant du ***complexe sado-anal*** *(besoin de faire souffrir).*

ARTHUR ou Artus

arth = ours ou *ar = laboureur*

Duc de Cornouailles qui devint roi à la mort de son père Uter à Tête de Dragon (Uther Pendragon), chef des Bretons. Protecteur du pays dont il assurait la prospérité, Arthur possédait un navire magique appelé *Pryten* et une épée flamboyante irrésistible, *Kaledfwich, Excalibur* en français (comme son homologue germanique le dieu Freyr), symbole de la royauté.

Selon la légende, il combattit un sanglier magique, lutta contre les envahisseurs saxons et leurs alliés les Scots et les Pictes, rétablit le culte chrétien, épousa Guenièvre, conquit l'Ecosse, l'Irlande, les Orcades, les pays nordiques : Gothland, Norvège, Danemark, Islande, etc. Il gouverna son royaume jusqu'à sa mort, en 542. Son cadavre fut conduit dans l'île d'Avalon ***(des pommiers)*** par la fée Morgane. C'est là qu'il est enterré avec Guenièvre. Son âme serait abritée dans un château de verre *(Caer Wydr), qui était probablement une île de tombes entourée par l'eau vert-bleu ou comme les étoiles-prisons formant des îles dans le ciel nocturne bleu sombre. Mais dans la légende médiévale, ces dernières étaient faites de verre...* (54-123).

Certains auteurs donnent au roi Arthur une dimension politique, en prétendant qu'il vit toujours dans cette île sainte, sous la garde de neuf fées d'où il reviendra un jour, venger les deux Bretagnes et délivrer le pays de Galles de la domination étrangère. Ainsi, on lui attribua l'institution d'une confrérie d'armes, l'ordre des *Chevaliers de la Table ronde,* et il devint le héros du *cycle breton de la Table ronde,* série de poèmes chevaleresques dus à des poètes de divers pays qui fut terminée vers 1250. On y distingue deux groupes : le premier raconte les aventures d'Arthur, de Merlin l'enchanteur, Lancelot, Ivain, Erec et Enide, le Chevalier au Lion et Tristan de Léonnois. Le second groupe parle de la *quête du Graal,* vase qui aurait servi lors de la Cène, dans lequel Joseph d'Arimathie aurait recueilli le sang du Christ blessé par le centurion. Transporté au ciel par les anges, le Graal sera remis un jour à une famille pure qui en sera la gardienne.

La femme joue un rôle important dans le cycle d'Arthur qui présente les types féminins chantés par les poètes du Moyen Age : les *fées Viviane et Morgane, Iseult la blonde et son amant Tristan, Guenièvre, Blanche-Fleur, Griselidis, etc.*

◆ Sur le plan mystique, le roi Arthur fut probablement identifié au dieu *Artor (artoris : ours),* époux d'une déesse de la fertilité, Gwenhwyfair. L'histoire de ce roi légendaire semble avoir été calquée sur celle d'un souverain qui a réellement existé : *Ambrosius Aurelianus,* qui a vécu à la fin du règne des Romains en Grande-Bretagne, dont les exploits ont été amplifiés par la légende.

ARUSPICES ou haruspices

Prêtres romains institués par Romulus, chargés d'examiner les entrailles des victimes sacrificielles, dont ils tiraient des présages. Leur science s'appelait l'*Aruspicina.*

ARVALES
les frères

Le collège des frères arvales (du latin *arvum* = champ), qui exista jusqu'au troisième siècle, était consacré au culte d'une divinité agricole romaine, *Dea Dia*. Constitué par les douze fils d'Acca Larentia, il avait été organisé par Romulus. Le titre d'arvale était viager et inamovible. Le culte était célébré dans le temple et le bois sacré de *Dea Dia* situés non loin de Rome, et la fête de la déesse, qui avait lieu en mai, durait trois jours. Le premier et le troisième jours étaient célébrés à Rome par des sacrifices et des repas communs; le deuxième dans le bois sacré et le temple, par des jeux, des courses et des chants. Les arvales portaient la *prétexte*, robe blanche bordée de pourpre, et des couronnes d'épis retenues par des bandelettes blanches.

ASCAGNE

Fils d'Enée et de Créüse qui fonda la ville d'Albe-la-Longue.

ASCALAPHOS
le hibou aux petites oreilles

Fils de Chéron et de Gorgira, qui, ayant calomnié Perséphone, mérita la colère de Déméter, fut enseveli sous un rocher, délivré par Héraklès et métamorphosé en hibou.
• Fils d'Arès et d'Astyoché, jumeau d'Ialménos qui combattit au siège de Troie à la tête des Béotiens. Il fut tué par Déiphobos.

ASCLÉPIOS
d'une bonté inépuisable

Fils d'Apollon et de Coronis (fille du roi des Lapithes Phlégias et sœur d'Ixion), Asclépios eut une naissance peu ordinaire. Sa mère était enceinte lorsqu'elle tomba amoureuse d'Ischys l'Arcadien qui partagea sa couche pendant l'absence d'Apollon, en dépit du corbeau chargé de sa protection. Celui-ci se rendit à Delphes afin de dévoiler à son maître l'infidélité de sa bien-aimée, mais fut maudit par le dieu pour avoir omis de crever les yeux d'Ischys (c'est depuis ce jour que les corbeaux sont noirs). Ischys fut foudroyé par Zeus et Coronis atteinte par les flèches meurtrières d'Artémis, sœur d'Apollon. Alors que la morte allait être incinérée, Apollon, pris de remords, arracha l'enfant Asclépios du sein de sa mère, et le confia au centaure Chiron qui lui enseigna l'art de la chasse et de la médecine. Son habileté dans la pratique de la chirurgie et la guérison des malades firent de lui le *fondateur de la médecine.*

Asclépios tenait d'Athéna son pouvoir de ressusciter les morts. Celle-ci lui avait donné deux flacons contenant du sang provenant des veines gauche et droite de la Gorgone Méduse. Celle de gauche pouvait ramener les mortels à la vie, celle de la veine droite pouvait provoquer la mort instantanée. On dit que la déesse donna deux gouttes de ce sang à Erichthonios, fils né de la semence d'Héphaïstos tombée sur la cuisse de la déesse vierge, figuré par le serpent gardant le temple d'Athéna sur l'Acropole. Ce don *indique que les rites de guérison en usage dans ce culte constituaient un secret gardé par des prêtresses et il en coûtait la vie de vouloir le connaître — la tête de la Gorgone est un avertissement formel donné aux curieux* (1-147). D'ailleurs, à l'origine, le monopole de la médecine était détenu par les prêtres qui officiaient dans les temples d'Asclépios et se transmettaient leurs secrets de père en fils. On croyait que l'âme des morts s'incarnait dans les serpents, animaux chthoniens (terrestres) par excellence, rencontrés dans les cimetières. Pour cette raison, Asclépios était représenté (ainsi qu'un grand nombre de héros) avec un serpent rappelant sa qualité de défunt (8-226).

Le dieu de la médecine visitait les malades qu'il voulait guérir pendant leurs rêves. Aussi s'endormaient-ils autour de son temple. On assure qu'il guérissait les Spartiates à l'aide de l'écorce du saule, *arbre qui possédait une puissance magique lunaire; et le médicament préparé à partir de son écorce est encore aujourd'hui un spécifique du rhumatisme — auquel les Spartiates, dans leurs vallées humides, devaient être fortement sujets. Mais on bourrait les lits des matrones, aux fêtes des Thesmophories à Athènes, de branches de cette espèce particulière de saule à laquelle l'Asclépios spartiate était associé, c'est-à-dire l'*agnus castus... (1-147).

Nombreux sont ceux qui bénéficièrent du pouvoir d'Asclépios : Lycurgue, roi des Edoniens, mis en pièces par quatre chevaux sauvages... Hippolyte, piétiné par ses chevaux, Capanée, tué par la foudre de Zeus pendant qu'il escaladait les murs de Thèbes, et Tyndare, fils d'Œbalos et de Gorgophoné, ancêtre d'Hélène, de Clytemnestre et des Dioscures... Glaucos, fils de Minos et de Pasiphaé, qui s'était noyé dans une jarre de miel, retrouva la vie grâce à une herbe que lui avait indiquée un serpent. Cette plante magique est probablement le gui, *considéré comme l'organe sexuel du chêne et, lorsque les Druides le coupaient rituellement avec une faucille d'or, ils opéraient symboliquement une émasculation; le liquide visqueux de ses fruits passait pour être le sperme du chêne, liquide qui avait une puissante vertu de régénération... Enée s'était rendu dans le Monde Souterrain en tenant à la main un bouquet de gui et... il détenait ainsi le pouvoir de revenir à volonté à l'air libre* (1-146).

Toutes ces résurrections irritèrent Hadès, le maître des enfers, qui, ne recevant plus personne, se plaignit à Zeus qui foudroya le guérisseur alors qu'il soignait Orion. En représailles, Apollon tua les Cyclopes et Zeus rendit la vie à Asclépios.

Peu à peu, il devint une divinité populaire dont le culte, d'abord localisé en Thessalie, se répandit dans tout le monde grec. Jusqu'à sa mort, il fut le bienfaiteur des Grecs auxquels il apportait la guérison de leurs maux et dont il apaisait les souffrances. Zeus le plaça parmi les étoiles, tenant un serpent dans la main.

L'épouse d'Asclépios, Hépioné, lui donna quatre filles : Iaso, Panacée, Aeglé et Hygie, et trois fils médecins qui soignèrent les Grecs lors du siège de Troie : Podaliros, Télesphoros, dieu de la convalescence représenté avec un capuchon, et Machaon, qui y trouva la mort. A la fin de la guerre, Podaliros s'établit en Carie, ancien royaume de l'Asie Mineure, entre l'Inde et la Lydie.

• Les *asclépéions,* temples d'Asclépios, étaient annexés à des hôpitaux. Les malades se soumettaient à des rites spécifiques : purifications, bains, jeûnes, sacrifices... avant d'y passer la nuit dans l'espoir de recevoir en rêve les indications du dieu qui, le lendemain, étaient interprétées et exécutées par les prêtres.

Dans l'Antiquité, Asclépios était représenté accompagné d'un de ses attributs : *le serpent, le coq, le bâton et la coupe,* et parfois uniquement d'un serpent. Primitivement jeune et imberbe, on le présenta ensuite comme un homme barbu, portant un long manteau laissant à découvert l'épaule droite et la poitrine.

• A la suite d'une épidémie de peste, l'Italie adopta le père de la médecine au IIIe siècle av. J.C., sous le nom d'*Esculape.*

ASTAROTH ou Astoret

Déesse-Mère des Hébreux symbolisée par des « pieux sacrés » érigés auprès des autels dans les bois sacrés ou sanctuaires, où son culte était célébré. Elle était figurée avec une coiffure à cornes.

ASTARTÉ ou Anat, Ashérat, Ashtaroth

Déesse des Phéniciens, des Palestiniens et des Syriens, symbole du principe des ténèbres et divinité lunaire associée au dieu Baal qui régnait sur la pluie fertilisante. Incarnation de Vénus et de la Lune, elle fut considérée tantôt comme une déesse-vierge, tantôt comme une déesse-mère, protectrice de la maternité et des naissances.

Sa légende est basée sur la *descente aux enfers,* qui se retrouve dans de nombreux mythes grecs, où Baal est tué par Mot, dieu de la mort et de la sécheresse, et sur *les lamentations* d'Astarté-Anat qui retrouve l'assassin de son époux et le tue avec la faucille rituelle, l'écorche et donne sa chair aux oiseaux (voir **Osiris**). *Cette mort annonce la saison de la stérilité qui durera jusqu'à ce que la vie revienne, renouvelée par le retour de Baal des régions souterraines, du pays de la mort où il avait entraîné avec lui les nuages dispensateurs de pluie* (57-79).

— **Le culte d'Astarté** comportait des cérémonies symboliques qui se transformaient souvent en scènes de débauche, parfois ponctuées d'actes sanguinaires et cruels (on retrouve la plupart des rites de son culte dans celui de l'Aphrodite grecque), des sacrifices humains : holocaustes d'enfants, pendaison, crucifixion, supplices par des bêtes à cornes, généralement abandon des victimes à un taureau. Cet animal jouait un rôle important dans les cérémonies religieuses, où, lors des cérémonies de purification dédiées à la déesse, les victimes étaient enfermées dans un filet et livrées aux taureaux. Cette coutume a laissé des traces, car elle survit dans les courses de taureaux des temps modernes (60-100).

ASTÉRIA
le ciel étoilé

Une des Pléiades, fille de Cœus et de Phébé, sœur de Latone, mère d'Hécate qui fut aimée de Zeus. Comme elle refusait de se soumettre à son désir, il la métamorphosa en caille, elle se jeta à la mer et devint l'île de Délos.

ASTÉROPÉ

Une des Pléiades, fille d'Atlas, aimée d'Arès dont elle eut un fils, Œnamos.

ASTRUS

Fils du Titan Crias et de la titanide Eurybie, père des Vents Zéphyr, Borée,... et des Etoiles nées de son union avec Eôs, l'Aurore, fille d'Hypérion.

Astragalomancie

Divination pratiquée à l'aide d'osselets marqués de lettres. Cette méthode, employée en Grèce et à Rome, devint plus tard un simple jeu d'adresse.

ASTRÉE
l'étoilée

Déesse de la **Justice** envoyée sur la Terre durant l'âge d'or (parfois appelé le *siècle d'Astrée),* qui remonta dans l'Olympe lorsque les hommes devinrent méchants. Les dieux la placèrent dans le zodiaque où elle devint la constellation de la *Vierge.* Une planète télescopique découverte en 1845 porte également le nom d'Astrée.

ASTRES

Le culte des astres remonte à la plus haute Antiquité. Il fut pratiqué à Babylone et dans les contrées adjacentes, sous le nom de *sabéisme.* On y distingue deux croyances, selon la première, le soleil, maître absolu, règne sur le monde entier et sur les autres astres qui lui obéissent et sont dotés d'un pouvoir illimité. La seconde attribue aux astres une âme et un corps éternels.

Parallèlement, il y eut le système *naturaliste,* considérant les astres comme les principes de la vie et de la mort, de la chaleur, de la fécondité, de la matière, des puissances divines, qui firent l'objet de systèmes religieux. Représentés par des symboles, on leur offrait des sacrifices humains.

• De l'observation des astres dérive l'astrologie, art de prédire l'avenir et de déterminer le tempérament de l'individu, grâce à la position des astres dans le ciel au moment précis de sa naissance.

Astroïte

Pierre citée par les oracles de Zoroastre, qui, offerte en sacrifice, possédait le pouvoir d'apaiser le démon terrestre. Elle servait également à évoquer les génies.

ASTYANAX ou SCAMANDRE
le roi de la cité

Fils d'Hector et d'Andromaque, qui fut précipité par Odysseus du haut des murailles de Troie, afin d'éviter la restauration du royaume de Troie. Selon une seconde version, il accompagna sa mère à la cour de Pyrrhus. Il est devenu le symbole d'une ***dynastie détrônée.***

ATALANTE
la résolue

Fille de Schoenée, roi de Scyros d'après les Arcadiens (ou de Iasos), cette héroïne légendaire fut exposée à sa naissance par son père qui ne voulait que des fils. Nourrie de lait d'ourse par des chasseurs qui la recueillirent, elle devint une parfaite chasseresse. Lorsque Méléagre organisa une partie de chasse pour détruire le sanglier qui, sur l'ordre d'Aphrodite, ravageait le territoire de Calydon, elle abattit d'abord les centaures Rhoecos et Hylaeos qui avaient décidé de la violer à tour de rôle, puis porta le premier coup mortel à l'animal sauvage que Méléagre acheva, écorcha, et dont il lui offrit la peau, provoquant la jalousie de ses compagnons *(le sanglier était l'emblème de Calydon et il était consacré à Arès dont on disait qu'il était le père de Méléagre)* (1-217).

Atalante, qui passait pour la plus rapide des cavalières, avait promis d'épouser le prétendant qui parviendrait à la vaincre à la course. S'il perdait, il était condamné à avoir la tête tranchée. Alors, elle se laissait devancer, puis poursuivait le cavalier, le rattrapait et lui portait le coup fatal. Nombreux furent ceux qui périrent de ses flèches, jusqu'au jour où Hippomène (Mélanion, selon la tradition arcadienne), conseillé par Aphrodite, laissa tomber trois pommes d'or pendant la course. Pendant qu'Atalante se penchait pour les ramasser, il la dépassa et atteignit le but. Ils se marièrent et visitèrent un sanctuaire consacré à Cybèle (ou à Zeus) qu'ils profanèrent en s'y livrant à de chaudes effusions. La divinité offensée les transforma en lions « et les attela à son char », *car les lions, croyait-on alors, ne s'unissent pas entre eux, mais avec des léopards...*

La punition infligée aux amants semble se rapporter à *une ancienne loi exogamique, selon laquelle les membres d'un même clan totémique ne pouvaient pas se marier entre eux...* (1-218).

ATARGATIS

Contrepartie syrienne de Cybèle, Atargatis était *la Magna Mater toute-puissante et très féconde,* qui, introduite en Italie, fut appelée à Rome *Dea Syria.*

Elle fut aussi l'objet d'un **culte** comportant des rites licencieux, des symboles phalliques, l'émasculation et la prostitution sacrée. Associée aux eaux fertilisantes, elle avait les mêmes attributs que les autres déesses-mères : colombes, lions, poissons, symboles sexuels.

ATÉ
le mal

Fille de Zeus et d'Eris, la Discorde, divinité malfaisante qui se plaisait à semer le trouble parmi les dieux et finit par être chassée de l'Olympe. On en fit une abstraction, la personnification de l'égarement, de l'erreur, châtiment envoyé par les dieux à la suite de crimes ou méfaits.

ATEN

Dieu du panthéon égyptien, figuré par le disque solaire d'où s'échappent douze rayons.

ATHÉNA
la reine du ciel

A l'origine, déesse associée à l'*éclair* et à l'*orage,* née en Libye selon la tradition pélasge (premiers habitants de la

Grèce), où trois nymphes vêtues de peau de chèvre la trouvèrent près du lac Tritonis (origine d'Athéna *Tritogeneia)* et la nourrirent.

Selon la légende primitive, devenue adulte, Athéna tua accidentellement une de ses compagnes de jeu, Pallas. Pour perpétuer sa mémoire, elle fit précéder son nom de celui de sa camarade de jeux et fit sculpter le *palladion,* statue sans pieds, haute de trois coudées, la reproduisant la poitrine protégée par l'égide, un fuseau et une quenouille dans la main gauche et une lance dans la main droite. Cette effigie devint le talisman de la ville d'Athènes où résida Athéna lorsqu'elle s'établit en Grèce.

Selon une autre version, le *palladium* ou *palladion,* statue en bois la représentant terminée en gaine, vénérée à Troie dont elle assurait le salut, était tombé du ciel près de la tente d'Ilion, lorsqu'il bâtissait la ville qui portait son nom — Ilion était l'ancien nom de la ville de Troie. Il était conservé précieusement dans le sanctuaire d'Athéna, ce qui n'empêcha pas Odysseus et Diomède de le dérober. D'autres affirment que le palladium est resté à Troie jusqu'à la prise de la ville par les Romains. Enée l'ayant retrouvé dans les débris du temple, le fit transporter en Italie. Un palladium en bois doré placé dans une niche à la proue des navires protégeait les navigateurs.

Le récit du combat amical entre Athéna et Pallas fut repris par Apollodore qui en donne une version patriarcale : Pallas y apparaît comme la sœur de lait d'Athéna, fille de Zeus, élevée par le dieu-fleuve Triton. C'est Pallas qui frappe la déesse et Zeus détourne le coup fatal en interposant son égide, *sac magique en peau de chèvre qui contenait un serpent et était protégé par un masque de Gorgone* (1-43).

Mais une version différente de la naissance d'Athéna était fournie par les prêtres de son culte : Métis était sur le point d'accoucher lorsque Zeus, son époux, l'avala. Peu après, il fut pris d'une violente migraine et Hermès persuada Héphaïstos d'utiliser son maillet pour pratiquer dans son crâne une brèche d'où sortit Athéna casquée et armée. Toujours d'après les mythes primitifs, Athéna se fit violer par Poséidon et Borée et eut une liaison avec Héphaïstos dont les fruits furent Apollon, Oychnos et Erichthonios, le serpent, auquel

Athéna conféra le pouvoir de ressusciter les morts à l'aide du sang de la Méduse; symbole de la régénération parce qu'ils changent de peau chaque année, les serpents faisaient partie du culte d'Athéna. Les Grecs refusèrent d'admettre cette version et firent de sa virginité le *symbole de l'inexpugnabilité de leurs villes* (1-85) et elle devint Athéna *Parthénos,* la lumineuse déesse vierge de la lune, Athéna *Ergané,* la *patronne des arts de la forge et de tous les arts mécaniques* (1-77)... Et ils racontèrent que, non contente d'éconduire ses prétendants, elle punissait sévèrement ceux qui osaient la défier : Tirésias perdit la vue pour l'avoir surprise dans son bain (mais elle lui conféra le don de divination); Héphaïstos fut chassé de l'Olympe pour avoir attenté à son honneur...

— Les nombreux surnoms ou épithètes qui lui furent attribués sont liés aux fonctions qu'elle remplissait ou à son apparence : *Glaukopis,* aux yeux pers, *Hippia,* la protectrice des chevaux, *Pronoia,* la personnification de la ***sagesse,*** *prérogative masculine,* qui explique la légende de sa naissance, *ruse désespérée de la théologie pour se soustraire aux lois matriarcales* (1-44); *Agoraia* ou *Boulaia,* la conseillère des dieux et la ***médiatrice dans les conflits.*** *Niképhora,* la déesse victorieuse de la guerre portant le casque, la lance, la cuirasse, l'égide, le bouclier orné de la tête de Méduse (attribut magique qui faisait fuir assaillants et adversaires), qui affronta les plus grands dieux et les héros, et, comme elle était la préférée de Zeus, l'emportait généralement. Poséidon lui disputa l'invention de la bride, la possession d'un puits dans l'Acropole et la ville de Trézène (mythes politiques expliquant une tentative ratée de remplacement du culte de la déesse par celui de Poséidon).

Lorsque les Titans, obéissant à Héra, dévorèrent Zagréos (fils de Zeus et de Perséphone) transformé en taureau, Athéna sauva son cœur, l'enferma dans une statue en plâtre, lui insuffla la vie et Zagréos devint immortel. D'autres disent qu'elle le remit à Zeus qui l'avala, concevant ainsi Dionysos. Les Titans furent frappés par la foudre de Zeus.

Pour punir Ajax le petit, fils d'Oïlée, qui avait profané son temple en poursuivant Cassandre, Athéna provoqua une terrible tempête qui décima sa flotte.

Bien que participant activement aux combats, Athéna n'était pas considérée comme une déesse assoiffée de sang, à l'instar d'Arès et d'Eris. Elle faisait preuve de *clémence* lors des procès et apporta son aide aux héros de l'Attique et aux chefs grecs pendant la guerre de Troie. Ainsi, elle aida et encouragea Hêraklès dans certains de ses travaux, le conseilla lors de la prise de la ville de Pylos, lui permettant de vaincre Arès, Hadès, Héra et Poséidon (1-425). Elle conseilla les Argonautes (1-451), fournit des armes magiques à Persée pour trancher la tête de la Gorgone, conseilla Odysseus, Ménélas...

— A côté de ses fonctions masculines, Athéna assura aussi la ***prospérité*** de la Grèce en protégeant l'agriculture, inventant le joug pour les animaux de trait, la charrue et le rateau. On lui doit aussi l'importation de l'olivier (de Libye).

— Elle était aussi la protectrice des ***familles,*** du mariage (elle ne tolérait pas l'infidélité des époux) et enseigna aux femmes l'art de la cuisine, du tissage et de la poterie : *les plus belles poteries crétoises ont été fabriquées par des femmes, on le sait, et il en était de même certainement, à l'origine, de tous les ustensiles domestiques inventés par Athéna* (1-86). Les Béotiens lui attribuaient également l'invention de la trompette et de la flûte.

Fière de ses prérogatives, l'orgueilleuse déesse ne supportait aucune rivalité : elle transforma Arachné, la trop habile fileuse, en araignée.

— Le maintien de la ***santé*** était une des attributions d'Athéna *Hygeia :* c'est elle qui donna à Asclépios le sang de la Méduse avec lequel il guérissait les malades. Indication que *les rites de guérison... constituaient un secret gardé par des prêtresses et il en coûtait la vie de vouloir le connaître — la tête de la Gorgone est un avertissement formel donné aux curieux* (1-147).

— A l'origine représentée par une météorite, elle fut ensuite symbolisée par une statue également d'origine céleste, assise sur un trône, portant l'égide et un masque de Gorgone, ou avec un casque orné d'un sphinx et de deux griffons.

— **Son culte :** très populaire, Athéna était adorée dans toute la Grèce, et particulièrement à Athènes dont elle était la protectrice. En son honneur, on célébrait les *arrhérophories,* les *skirophories,* les *panathénées* au cours desquelles sa statue était portée en grande pompe par des prêtres ou prêtresses assistées de magistrats, cavaliers et jeunes filles portant des branches d'olivier, arbre emblème de la déesse, (ainsi que la chouette, le serpent, le casque, la lance et l'égide). On offrait des gâteaux en forme de phallus et de serpent, symboles de ***fertilité*** et de ***fécondité.***

Protectrice des hauts lieux, acropoles, palais, villes, l'inspiratrice des arts civils, agricoles, domestiques, militaires, Athéna représente *l'intelligence active et industrieuse. C'est la déesse de l'équilibre intérieur, de la mesure en toute chose* (33-82) et selon Paul Diel, la combativité spirituelle (44-98).

• Athéna fut identifiée par Platon à **Neith,** déesse libyenne remontant à une période archaïque *où la paternité n'était pas reconnue...* où *il n'y avait ni dieux ni prêtres, mais seulement une déesse universelle et ses prêtresses, la femme dominant l'homme qui était sa victime apeurée. On n'honorait pas le père car on attribuait la conception au vent, à l'ingestion de haricots ou à un insecte avalé accidentellement* (1-30). Pour devenir prêtresses de Neith, les jeunes filles s'affrontaient chaque année dans des combats armés. Il est possible que son culte ait émigré en Crète avec les Libyens adorateurs de Neith, 4 000 ans avant J.C., et en Grèce continentale environ 3 000 ans avant notre ère. Selon certains mythographes, elle fut probablement une Walkyrie (8-196). Un mythe crétois la fait surgir d'un nuage fendu par Zeus, dans la région des eaux supérieures (nuées), autre explication du surnom de *Tritogeneia* (la fille des eaux).

• Les Romains l'assimilèrent à **Minerve** qui adopta ses caractéristiques : ***sagesse, arts, musique...***

Atlantide

Grande île légendaire située dans l'océan Atlantique dont une extrémité aboutissait près des colonnes d'Hercule : les deux pointes d'Europe (le mont Calpé) et d'Afrique (le rocher Abyla) délimitant le détroit de Gibraltar à l'Est. Cette île fut engloutie par les flots à la suite d'un cataclysme, en une nuit et un jour.

Cette légende égyptienne *courante également dans le folklore des riverains atlantiques, de Gibraltar aux Hébrides, et également parmi les Yorubas en Afrique occidentale ne doit pas être rejetée comme une pure fantaisie de l'imagination; elle semble dater du IIIe millénaire avant J.C.* et avoir pour point de départ un cataclysme authentique (1).

ATLANTIDES

Filles d'Atlas, également appelées *Pléiades,* qui furent souvent confondues avec les *Hespérides.*

ATLAS
celui qui supporte

Fils de Zeus et de Clymène, roi de Mauritanie, père des Hyades et des Pléiades (ou Atlantides). Ce géant ayant refusé l'hospitalité à Persée, celui-ci lui montra la tête de la Méduse, le transformant en montagne. Selon une autre tradition, lors du combat entre Zeus et les Titans, il se rangea du côté de ces derniers et Zeus le condamna à porter l'univers sur ses épaules.

Son nom dérive probablement du mot berbère *Adrar,* montagne; les anciens, surestimant la hauteur du mont Atlas, le comparaient à un Titan supportant le monde.

ATOUM ou TEM
non-être

Divinité primordiale de la cité du Soleil Héliopolis, surgie du chaos Nun, qui fut plus tard identifiée au dieu soleil Râ (prédécesseur d'Osiris). Durant le jour, Atoum était Khepera, le soleil levant (associé au scarabée sacré), dont la « barque diurne » parcourt le ciel. La nuit, il était Atoum, le soleil couchant, qui navigue dans le ciel inférieur, Amdouat. De sa propre substance, Atoum créa les dieux, les hommes et tout ce qui vit. Khepera s'unit à son ombre pour engendrer des jumeaux : Shu, le principe aérien, et Tefnut, le principe de l'humidité (rosée et pluie). De l'union de Shu et Tefnut naquirent deux autres jumeaux *Seb ou Geb,* la terre et *Nut,* le ciel (identifié à Rhea par les Grecs), qui à leur tour, engendrèrent les grands dieux, *Osiris* (identifié à plusieurs dieux grecs dont Dionysos et Hadès), *Isis, Seth* et *Nephtys.*

ATREE
celui qui ne craint rien

Fils de Pélops, roi de Mycènes, époux en premières noces de Cléola qui lui donna un fils débile, Plisthène. Il égorgea son demi-frère Chrysippos, avec la complicité de son frère Thyeste. Après ce meurtre, ils se réfugièrent à Mycènes, chez leur neveu Eurysthée. Lorsque ce dernier fut tué par les Héraclides, Atrée fut choisi pour roi par les notables. Mécontent, Thyeste disputa le pouvoir à son frère. Par ailleurs, il séduisit Aéropé (ou Europe), la seconde femme d'Atrée, et fut banni de Mycènes par ce dernier. D'Aéropé, Atrée eut Agamemnon, Ménélas et Anaxabie.

Peu après, après avoir fait mine de pardonner à son frère, il fit assassiner les fils que Thyeste avait eus d'une naïade : Aglaos, Orchomenos et Calliléon et lui donna leur chair à manger au cours d'un repas. Horrifié, Thyeste s'enfuit en maudissant les descendants d'Atrée (les Atrides). Imprécations qui eurent pour conséquence les meurtres d'Atrée par son frère, d'Agamemnon par Egisthe, de Clytemnestre (épouse d'Agamemnon) par Oreste.

ATROPOS
l'inflexible

L'une des trois Parques chargée de couper le fil déterminant la durée de la vie de l'homme. Elle avait pour attributs : le cadran solaire, la balance, les ciseaux, parfois une sphère et un livre (ou un rouleau).

ATTIS

Berger phrygien qui suscita chez la déesse Cybèle une violente passion. Lui ayant promis de demeurer chaste, il se parjura lorsqu'il s'éprit de la nymphe Sagaritis et l'épousa. Furieuse, Cybèle tua sa rivale et frappa de folie l'infidèle qui se mutila. Prise de remords, elle le ressuscita et le transforma en pin. (Voir Cybèle).

AUGE
le rayonnement

Une des Heures, fille d'Aléos, roi de Tégée, prêtresse d'Athéna vouée à une chasteté perpétuelle, qui fut séduite par Héraklès et donna le jour à Télèphe. Elle se réfugia en Mysie, chez Teuthras et plus tard faillit épouser son fils sans le reconnaître.

AUGIAS
le rayon étincelant

L'un des Argonautes, roi d'Elide, qui possédait trois mille bœufs dans des étables qui n'avaient pas été nettoyées depuis une trentaine d'années. Il demanda à Héraklès de les récurer en échange d'un dixième de son cheptel. Le héros détourna les eaux du fleuve Alphée et les fit passer à travers les écuries. Mais Augias refusa de rémunérer Héraklès qui le tua et pilla la ville.

Augures

Art d'interpréter les présages (vol des oiseaux, tonnerre, éclairs, météores...), et nom des devins qui le pratiquaient. D'origine chaldéenne, cet art passa en Grèce, puis à Rome qui possédait un *Collège des Augures* dont le chef était le *magister collegii.* Il était interdit de désobéir, sous peine de mort, aux augures, suivant la loi des Douze Tables. Les Gaulois distinguaient l'*Augurium Coeleste,* tiré de la foudre, de l'*Augurium Imperativum,* donné par les poulets affamés. Les oiseaux marins procuraient l'*Augurium Nauticum...*

AUSTER ou NOTUS

Un des Vents, fils impétueux d'Eôs, l'Aurore, et d'Astréus. Ce nom fut donné au vent du Sud, très chaud, violent et souvent humide.

AUTOLYCOS
le vrai loup

Grand-père d'Odysseus, voleur du troupeaux qui possédait le pouvoir de métamorphoser les animaux dont il s'emparait. Ainsi, il déroba impunément les bœufs du roi d'Eubée Eurytos et le troupeau de Sisyphe qui, pour se venger, séduisit la fille du coquin, Anticlée, fiancée de Laërte et mère d'Odysseus. Autolycos enseigna à Héraklès l'art de la lutte.
• Un Argonaute portant ce nom était adoré à Sinope, ville dont il était le fondateur.

AUTOMÉDON
celui qui dirige lui-même

Fils de Diorès qui conduisait le char d'Achille, puis devint l'écuyer de Pyrrhus, fils d'Achille.

AUTONOÉ
celle qui a des idées personnelles

Fille de Cadmos et d'Harmonie, épouse d'Aristée qui, avec sa sœur Agavé, participa au meurtre de Penthée.

ACTÉON – Bronze du XVIe siècle gravé par Crosbie.

• Nom d'une des Danaïdes, d'une Néréide, d'une suivante de Pénélope, d'une fille de Peiréos, mère de Palémon et de la fille de Céphée.

Avernus Lacus lac Averne

Lac situé dans la région de Naples, occupant le cratère d'un volcan éteint qui répandait des vapeurs fétides. Dans ces lieux consacrés à Hécate, les anciens avaient placé l'entrée des Enfers.

Avesta ou Zend-Avesta

Recueil de textes sacrés écrit par Zoroastre, constituant la base de la religion mazdéenne.

B

Ba

Chez les Egyptiens, l'âme immortelle, associée au *Ka* ou double de chaque être humain.

BAAL, BEL ou BELUS
le Maître

Dieu suprême des Phéniciens, époux d'Astarté, personnification des forces de la nature, qui apparaît souvent comme une divinité solaire. Les Chananéens l'adoraient comme le dispensateur des richesses de la terre, et dans la Bible, il représente le paganisme.

BACCHANTES
les déchaînées

Prêtresses de Bacchus, originellement prêtresses de la Lune qui, voulant prouver la domination de la femme sur l'homme et défier les prêtres de Zeus et d'Apollon sur leurs sommets déserts et froids, s'approprièrent l'ancien culte de Dionysos, en lui donnant un aspect sanglant et redoutable (on les appela alors les *Ménades*). Installées dans la solitude des vallées profondes et sauvages, elles apprivoisaient lions et panthères et en faisaient l'attraction de leurs fêtes. Ces séductrices-magiciennes portaient des serpents enroulés autour des bras, se prosternaient devant la statue d'Hékaté, exécutaient des danses érotiques voluptueuses qui devenaient rapidement des rondes frénétiques. Puis elles appelaient Dionysos « au double sexe et à face de taureau »; il s'agit ici du *Baphomet,* aspect infernal du dieu, qui fut adoré et invoqué par les sorcières du Moyen Age. Si, par malheur, un étranger les surprenait, elles se jetaient sur lui, le terrassaient et le faisaient mettre en pièces par leurs lions.

BAALAT

A l'origine, divinité principale de Byblos qui, comme la déesse égyptienne Hathor, était coiffée d'un disque à deux cornes et de l'*uraeus,* le serpent naja, symbole de la divinité, de la royauté, de l'Orient et de l'Occident.

Bacchanales

Fêtes romaines identiques aux *dionysies ou dionysiaques,* pratiquées à Rome et en Etrurie, basées sur la liberté individuelle totale, la licence sexuelle et morale. Les bacchanales relevaient d'une doctrine secrète dont les mystères étaient célébrés dans le bois sacré de Stimula à l'embouchure du Tibre et à Ostie, trois fois l'an. Ces fêtes furent plus tard interdites par un senatus-consulte.

BACCHUS

Divinité romaine du vin et de la débauche, assimilée à Dionysos. A Rome, son culte s'est confondu avec celui de Liber, ancienne divinité nationale, et fut associé à celui de Libera et de Cérès (Déméter grecque) lors des *céréalia* (12-19 avril) et des *liberalia,* au printemps et à la période des vendanges.

Bage

Période de silence inviolable observé par les sectateurs de Zoroastre, constituant un rite important de leur religion. C'est l'origine de la *minute de silence* observée dans certaines occasions.

BALDER

Divinité scandinave de la lumière, fils d'Odin et de Frigga, époux de Nanna, qui mena une vie harmonieuse et heureuse dans son magnifique palais jusqu'au moment où il fut assiégé par des rêves épouvantables lui annonçant sa mort. Voulant le rendre invulnérable, Frigga fit promettre à tous les êtres animés et inanimés (le feu, le métal, la terre, les pierres, les minéraux, les plantes, les arbres, les animaux sauvages et domestiques...) de ne jamais faire de tort à son fils. Mais elle avait oublié une humble plante : le *gui* ou *Misteltein* qui croissait à l'ouest du Valhalla (paradis).

Pendant que les dieux s'amusaient à lancer des projectiles sur Balder pour tester son invulnérabilité, le dieu du mal, Loki, se rendit chez Hoder, le frère de Balder, dieu aveugle de la guerre, l'arma d'une branche de gui et l'encouragea à participer au jeu. Touché par la plante, Balder mourut. Malgré leur colère et ne pouvant le venger, le Valhalla étant un asile inviolable, les dieux firent au jeune homme des funérailles grandioses.

Mais Frigga envoya Hermoder, le messager des dieux, réclamer son fils à Hel, le maître des Enfers, contre une rançon. Hel accepta de le rendre à sa mère à une condition : tous les êtres, sans exception, devaient pleurer Balder. Tous consentirent à verser de chaudes larmes à l'exception du géant Tock, avatar de Loki. Balder demeurera donc au royaume de Hel jusqu'à l'avènement du Grand Crépuscule *(Ragnarok)*. A ce moment, il rebâtira le ciel *(Gimle)* avec ses frères pour y régner énernellement.

Balder était aussi vénéré en Germanie.

Banshees

Fées nordiques vivant dans des monticules, qui passent dans des tourbillons de poussière et se manifestent parfois sous l'aspect de femmes âgées, pour annoncer le décès d'un personnage important.

BAST

Déesse égyptienne à tête de chat, qui protégeait les hommes contre la maladie et les femmes enceintes contre les mauvais esprits (50).

BAUCIS
la très modeste

Paysanne phrygienne qui, avec son époux Philémon, accueillit Zeus et Hermès sans les reconnaître. En récompense, ils transformèrent leur cabane en temple et leur promirent qu'ils mourraient ensemble. Le moment venu, Philémon fut changé en chêne et Baucis en tilleul. Cette légende a inspiré Ovide et La Fontaine.

BEL
Seigneur

Dieu du panthéon chaldéo-assyrien, créateur du genre humain, maître des autres dieux, qui était adoré à Ninive et à

Babylone. Il fut souvent confondu avec Mardouk. On lui a donné pour épouse *Bellis*. Bel est l'équivalent du Zeus grec et du Jupiter latin.

BELLÉROPHON
le porteur de dards

Corinthien également appelé Hipponos, petit-fils de Sisyphe, fils de Glaucos et d'Eurymède. Dans sa jeunesse, il tua involontairement son compatriote Belléros, puis son frère Déliadès, fut exilé à Tirynthe chez le roi Proétos afin d'être purifié de ce double meurtre. Mais l'épouse du roi, Antéia (ou Sthénébée) s'éprit de lui dès qu'elle le vit. Il repoussa ses avances et, offensée, elle l'accusa d'avoir tenté de la séduire. Malgré sa colère, Proétos ne voulut pas manquer aux règles de l'hospitalité et l'envoya au père d'Antéia, Iobatès, roi de Lycie, porteur d'une lettre lui donnant l'ordre de le tuer : ce message est devenu une expression proverbiale : la *lettre de Bellérophon* désigne un message écrit contre celui qui est chargé de le transmettre.

Iobatès eut recours à un stratagème : il chargea Bellérophon de tuer la Chimère, fille d'Echidna à tête de lion, à l'haleine enflammée, se trouvant chez le roi de Carie. Consulté, le devin Polydos conseilla à Bellérophon de capturer et de dompter le cheval ailé des Muses du mont Hélicon, Pégase, né du sang de la Gorgone. Le héros lui passa au cou la bride d'or, cadeau d'Athéna, enfourcha le coursier et s'envola dans les airs vers la Chimère qu'il survola et cribla de flèches. Puis il enfonça entre ses énormes mâchoires sa lance dont la pointe était terminée par une boule de plomb. Celle-ci fondit, coula dans la gorge du monstre et lui brûla les organes.

Cet exploit est le récit d'un rite pratiqué par le candidat à la royauté sacrée : il devait capturer un cheval sauvage. *A en juger par les pratiques primitives danoises et irlandaises, le roi mangeait sacramentellement la chair de ce cheval... Mais cette partie du mythe est également ambiguë : on peut aussi l'interpréter comme signifiant la prise, par les envahisseurs hellèni-*

ques, des autels de la Déesse de la Montagne à Ascra sur le mont Hélicon et à Corinthe (1-207). Par ailleurs, il y avait un volcan lycien en activité près de Phasélis, au mont Chimère *(montagne de la chèvre),* expliquant l'haleine de feu du monstre.

Bellérophon fut ensuite chargé par Iobatès de combattre ses ennemis les Solymes et les Amazones, leurs terribles alliées. Enfourchant de nouveau Pégase, il les extermina tous, puis mit en déroute des pirates cariens commandés par le fougueux Chéimarrhoos.

A son retour, il déjoua un piège tendu par Iobatès qui, avec l'aide de Poséidon, provoqua une inondation dans la plaine du Xanthe derrière lui au fur et à mesure qu'il approchait du palais à pied. Comme les hommes ne parvenaient pas à l'arrêter, les femmes relevèrent leurs jupes, s'offrant au héros qui, intimidé, s'enfuit, et les immenses vagues se retirèrent avec lui. Cette ruse, également employée dans la mythologie irlandaise envers le héros de l'Ulster, Cuchulainn, relate l'interdiction faite aux femmes appartenant au même clan que le chef, d'avoir des relations sexuelles avcec lui. Ce dernier doit s'enfuir en se cachant le visage (1-208).

Impressionné par ces exploits, Iobatès demanda à Bellérophon sa version du soi-disant viol d'Antéia et, réalisant son erreur, lui donna sa fille Philoné en mariage et le trône de Lycie.

Mais, grisé par ses succès, le héros vola vers l'Olympe sur le dos de Pégase. Zeus, irrité, envoya un taon qui piqua à la queue le cheval, qui se mit à ruer, précipitant Bellérophon sur la terre, puis rentra chez les dieux où Zeus l'utilisa comme bête de somme. Quant à son cavalier, certains disent qu'il atterrit dans un buisson épineux et que, boiteux, aveugle et maudit, il erra jusqu'à sa mort dans la solitude la plus complète.

◆ Pégase est le symbole des ***instincts élémentaires***; mais comme il est muni d'ailes, symbole de l'élévation spirituelle, il indique la victoire sur *ces désirs exaltés,* représentés par la mort de la Chimère et la *sublimation des désirs corporels* (44-99).

— *Bellérophon,* opéra (poème de Thomas Corneille, Fontenelle et Boileau) représenté en 1679 à l'Académie Royale de musique, obtint un succès éclatant.

Bélomancie

Méthode de divination par les flèches, utilisée par les Chaldéens qui y inscrivaient le nom des villes qu'ils se proposaient de visiter et choisissaient celle indiquée par la première flèche de leur carquois.

BELLONE ou MA-BELLONE

En Cappadoce (région de l'Asie Mineure centrale), le culte de Ma-Bellone présentait de nombreuses similitudes avec celui d'Isis et de Cybèle. Au cours de ses rites extatiques, les *bellonarii,* vêtus de noir et armés de haches, dansaient et bondissaient frénétiquement au son de musiques lancinantes. Ils se lacéraient les membres, aspergeaient de leur sang la statue de la déesse et prédisaient l'avenir.

Bellone fut identifiée avec la déesse de la guerre romaine, sœur ou épouse de Mars. Son culte, pratiqué d'abord secrètement, fut reconnu au IIIe siècle de l'ère chrétienne et fusionna avec le culte de la Magna Mater (la Terre-Mère), adoptant le taurobole et les fêtes de Cybèle. Elle était représentée casquée, cuirassée et armée d'une lance, d'une torche, d'une massue ou d'un fouet.

BELOS
de Baal, seigneur

Fils de Poséidon et de la nymphe Libye, qui, devenu roi d'Egypte, épousa Anchinoé et devint le père d'Egyptos et de Danaos.

BELZÉBUTH

Prince des Démons selon la tradition syrienne, représenté par une énorme mouche ou un personnage au regard perçant. Il doit son nom, qui signifie *prince des mouches,* au fait que sa statue, maculée de sang, était couverte d'insectes.

BÉRÉNICE

Princesse égyptienne, fille de Ptolémée Philadelphe, épouse d'Evergète qui, pendant une campagne de son mari, consacra sa chevelure à Aphrodite afin d'obtenir son retour. La chevelure disparut du temple et l'astronome Conon de Samos prétendit qu'elle était devenue une constellation : *la chevelure de Bérénice.*

BES

Dieu nain égyptien, patron des arts, de la musique, de l'accouchement et aussi dieu de la guerre (50).

Bétyles

Aérolithes adorés par les Syriens et les Phéniciens, dont le culte se transmit en Grèce puis à Rome.

Bifrost

Arc-en-ciel tricolore de la mythologie celtique, qui se brisera lorsque les mauvais génies, ayant traversé le fleuve des enfers, tenteront de l'escalader.

BITON et CLÉOBIS
le bœuf sauvage et *celui qui eut une vie célèbre*

Fils de Cydippe, prêtresse d'Héra à Argos, qui s'attelèrent au char sacré de la déesse à la place de ses bœufs blancs retenus au pâturage et le tirèrent jusqu'au temple, sur huit kilomètres. Leur mère demanda à Héra de leur accorder le plus beau cadeau qui pût être fait à des mortels. A la fin du rite, ils se couchèrent dans le temple et ne se réveillèrent jamais.

◆ Ce mythe rapporte les sacrifices humains *offerts au moment où un temple était consacré à la déesse-Lune; à Argos, on choisissait des frères jumeaux comme substituts aux rois conjoints et ils étaient attelés à un char lunaire à la place des taureaux blancs habituellement sacrifiés. Ils devaient être enterrés sous le seuil du temple pour écarter les mauvaises influences* (1-231).

BOA

Dieu créateur des anciens peuples de la Sibérie, dont le trône se trouvait au-dessus des nuages.

Bodhisattva

Dans le bouddhisme, aspirant bouddha parvenu au degré le plus élevé de sainteté, auquel il ne manque qu'une naissance pour atteindre le nirvâna. A ce stade, il peut devenir bouddha parfait en aidant ses frères à parvenir au salut final, ou ne s'inquiéter que de son propre salut et devenir un « pratyéka bouddha », c'est-à-dire atteignant le nirvâna sans posséder le pouvoir suprême du bouddha parfait (68).

BONA DEA

Déesse romaine de la **fécondité** liée au culte de Faunus, son père, qui avait conçu pour elle un désir coupable auquel elle avait résisté. Pour cette raison, son culte, pratiqué par les femmes, impliquait la chasteté. Elle fut identifiée avec Ops ou Maïa, Hécate, Perséphone, Sémélé et, sous le nom de *Fauna,* était considérée comme une magicienne qui ne rendait les oracles qu'aux femmes.

— **Son culte** comportait des mystères accessibles uniquement aux femmes, un sacrifice expiatoire offert par le peuple romain. Elles s'y préparaient par l'abstinence, puis couronnées de pampres, conduites par des vestales, elles sacrifiaient des poules, une truie appelée à cette occasion *damium* (d'où les noms de *Damia,* donné à la déesse, et *damiatrix* à la sacrificatrice) et répandaient du vin. La fête tournait ensuite à l'orgie. On raconte que pendant la célébration de ces mystères, Clodius, déguisé en femme, tenta de séduire la femme de César dont il était amoureux.

BORÉE
le dévorant

Divinité originaire de la Thrace, fils du Titan Astraeos et d'Eôs l'Aurore, personnification du Vent du Nord, qui enleva Chioris, fille d'Arktouros et Orithye, fille d'Erechthée. On lui attribue une nombreuse descendance : *Chioné, la Neige, Aurai, les Brises, Zétès et Calaïs, Haemos, les Vierges hyperboréennes...*
— Borée était vénéré à Athènes dans un temple près de l'Ilissos et figurait sur un bas-relief de la *Tour des Vents* représenté par un vieillard ailé au visage morose, la barbe et la chevelure couvertes de flocons de neige. Les *Boréasmes,* célébrées en son honneur, rappelaient qu'il avait, par la force de son souffle, dispersé la flotte perse près du mont Athos.

BOUDDHA
le Sage qui comprend et qui sait

Divinité bouddhiste, surnom du prince Siddharta, fils du roi des Shakyas, qui abandonna sa famille, prit le nom de Shakyamuni, se mit à méditer pour atteindre l'***illumination (bodhi)***. Ayant compris que les passions et les désirs étaient la cause des misères de l'existence et que pour se libérer de la transmigration de l'âme, il fallait détruire ces passions ainsi que l'ignorance, il prêcha la vérité pendant quarante-cinq ans, convertit un grand nombre de personnes par la force de ses paroles et de ses miracles, fit de nombreux disciples, soigna les malades. Puis il entra dans le nirvâna et devint le Bouddha.

Bouddhisme

Doctrine instituée par le Bouddha, fondée sur l'immortalité de l'âme, celle-ci subissant une série d'existences successives déterminées par les actes des vies précédentes. Lorsqu'elle est parvenue à détruire en elle les vices et passions, l'âme entre dans le repos éternel, le nirvâna, qui met fin aux transmigrations.

Le dogme est basé sur quatre règles : ***la douleur***, inséparable de l'existence humaine; ***la production :*** les passions, les désirs néfastes, l'attachement aux êtres et aux choses donnent naissance aux êtres par l'intermédiaire des sens; ***la cessation :*** la destruction des passions, des désirs, de l'attachement aux choses détruisant la puissance sensuelle, ne produit plus la naissance d'êtres nouveaux, met fin à l'existence terrestre et ouvre la voie au nirvâna; ***la voie :*** les moyens permettant d'arriver à la cessation de la transmigration, à savoir : la *bonne opinion; le bon jugement* éliminant doutes et incertitudes; la *méditation* ou les bons discours; la *règle de vie* basée sur l'honnêteté; une *bonne orientation intellectuelle* menant au salut final; une *bonne mémoire;* la *tranquillité d'esprit.*
— Le bouddhisme comprend deux grandes écoles : l'école *Hinayâna,* ou *Petit Véhicule,* aux dogmes simples et le *Grand Véhicule* ou école *Mahâyâna,* qui complète la première école et s'intéresse à la métaphysique transcendante.

Boundschesch

Livre de l'Eternité de la religion zoroastrienne, renfermant les vérités éternelles concernant Ormuzd et Ahriman (les principes du Bien et du Mal).

BRAHMA
neutre

Dieu du panthéon hindou, créateur du monde, des dieux, des hommes et de tout ce qui existe. Incarnation de l'**âme universelle**, principe unique et polymorphe, il forme avec Vishnou et Shiva une trinité ou *Trimourti* dont il est le principal élément.

Brahma-Loka

Demeure de Brahma et des divinités supérieures, partie la plus élevée des cieux, située au sommet du mont Mérou (centre du monde). La cosmologie bouddhique le présente comme la partie *inférieure* du monde de la Forme, habitée par des mortels possédant un corps éthéré mais matériel, encore soumis à la chaîne des renaissances. Le Brahma-Loka se situe entre le *Monde des Désirs* où résident les dieux inférieurs et le *Monde sans Forme* où règnent les bouddhas.

Brahmanisme

Religion de l'Inde basée sur les Védas, caractérisée par la constitution d'un clergé, la stricte observation des formules sacrées, la division du peuple en castes (les brahmanes; les kshatryas ou guerriers; les vaiçyas ou marchands et cultivateurs; les çoudras ou domestiques). Le dogme est exposé dans les *Brahmanas* et les *Upanishads,* composés entre le IXe et le VIIIe siècle avant J.-C. (68).

BRISÉIS ou HIPPODAMIE
celle qui l'emporte

Fille de Brisès (prêtre de Zeus à Lyrnesse, en Cilicie) qui devint l'esclave d'Achille après la prise de cette ville et fut enlevée par Agamemnon, ce qui provoqua l'inertie du héros et des défaites devant Troie. Ce récit constitue un épisode de l'*Iliade.*

APOLLON et les MUSES, sculpture sur le fond de l'Orphéoréon (XVIe siècle).

BRITOMARTIS
la douce vierge

Déesse crétoise, fille de Léto (ou de Carmé) et de Zeus, compagne d'Artémis, qui fut poursuivie par Minos à travers des montagnes escarpées. Au bout de neuf mois, épuisée, elle se jeta dans la mer et fut recueillie par des pêcheurs. Divinisée par Artémis, sous le nom de *Dictynna*, elle était adorée à Egine sous le nom d'*Aphaea, celle qui a disparu.* A Sparte, on l'appelait la *Dame du Lac* et à Céphallonie, *Laphria* (1-241).

BUSIRIS
la tombe d'Osiris

Fils de Poséidon et de Lysisnassa, fille d'Epaphos (ou d'Anippé la fille du Nil), frère d'Antée. Pour mettre fin à la famine qui sévissait dans son royaume, ce roi d'Egypte sacrifiait les étrangers de passage. Il fut tué par Héraklès.

Buto

Nom grec de l'*uraeus* ou de la déesse cobra Uatchet, protectrice de la Basse-Egypte, représentée par un serpent ailé coiffé de la couronne de cette région (50).

C

CABIRES
les puissants

Divinités antiques, célestes, terrestres, maritimes ou infernales, adorées en Phénicie, en Asie Mineure, en Egypte et en Grèce. En Egypte, où ils passaient pour les fils d'Héphaïstos, ils avaient un temple à Memphis. En Phénicie et en Asie Mineure, ils étaient huit et protégeaient les navigateurs.
• Fils de Zeus et de Calliope (ou Léda ou Electre ou Perséphone), les Cabires *(qui brûlent)* grecs étaient des dieux du feu honorés à Lemnos, Imbros, Samothrace et Thèbes au temps des Pélasges. Ils furent identifiés avec les grands dieux : Déméter, Hadès, Hermès, Perséphone, les Dioscures, voire Zeus. Mais certains les considéraient comme des divinités inférieures assimilées aux Titans, Corybantes, Curètes, Dactyles... symbolisant les **forces souterraines de la nature** où se trouvaient les métaux qu'ils travaillaient. Ils avaient pour filles (ou sœurs) les *Cabirides* et on les célébrait lors des *cabiries* qui duraient neuf jours.
— Leur **culte** comportait des mystères pratiqués jusqu'en Etrurie, auxquels les aèdes de l'Antiquité étaient initiés : Cadmos, Orphée, Philippe, le père d'Alexandre... Certains les considéraient comme les prêtres de Déméter et Perséphone qui sauvaient les marins dans les naufrages (1-460). Les Romains les ont vénérés jusqu'au temps de Cicéron.

CADMOS
celui qui vient de l'Est

Fils du roi phénicien Agénor et de Téléphassa, fondateur de Thèbes en Béotie, qui passait pour l'un des civilisateurs du XVIe siècle avant J.C. Symbole de l'influence orientale sur la civilisation primitive des Hellènes, on lui attribuait la création de villes, l'importation de l'alphabet, de la fonte des métaux...

A la demande de son père, il partit à la recherche de sa sœur Europe enlevée par Zeus à Rhodes, en Thrace, en Phocide. L'oracle de Delphes lui conseilla d'abandonner ses recherches et de bâtir une ville là où la première vache rencontrée s'arrêterait. Il connut bien des aventures avant d'aboutir en Béotie, pour y fonder la Cadmie qui devint plus tard la forteresse de Thèbes: il affronta et tua un dragon dévoreur, dont les dents qu'il avait semées donnèrent naissance à des hommes armés, qui s'entretuèrent à l'exception de cinq d'entre eux, qui contribuèrent à la construction de la Cadmie. Puis il devint l'esclave d'Arès pendant huit ans, pour expier le meurtre du dragon, et épousa Harmonie, la fille de Zeus et d'Electre (ou d'Arès et d'Aphrodite). Le couple reçut de somptueux présents des dieux.

Selon une autre tradition, dans sa vieillesse, Cadmos fut changé en serpent et envoyé dans les Champs Elysées.

Caducée

Houlette de berger donnée à Hermès par Apollon en échange de la lyre à sept cordes qu'il avait inventée. Cette baguette entrelacée de serpents (figurant Zeus et Héra selon la tradition), surmontée de deux petites ailes, était le symbole de la ***sublimation de la force sexuelle*** instinctive permettant l'accès à un plan supra-humain. Le caducée symbolique se retrouve dans le *calumet* rituel des civilisations mésoaméricaines orné de deux plumes d'aigle et entouré de mèches de cheveux entrelacés.

CAENÉE ou CAENIS
la Nouvelle

Nymphe, fille du Magnésien Elatos, premier travesti connu de la mythologie. A l'occasion de la naissance de son fils Coronos, issu de sa liaison avec Poséidon, celui-ci lui demanda quel cadeau elle désirait. Elle souhaita être transformée en guerrier invincible et invulnérable, parce qu'elle ne voulait plus être une femme. Elle devint *Caenis,* combattit avec tant d'ardeur que les Lapithes firent d'elle leur roi. Grisé par le succès, Caenis exigea qu'on lui offrît les sacrifices mérités par un dieu. Tant d'outrecuidance irrita Zeus qui ordonna aux Centaures de tuer le prétentieux Caenis. Mais comme il portait une cuirasse magique, les armes ne l'atteignaient pas. Alors ses assaillants le frappèrent sur la tête avec des troncs d'arbre pour l'enfoncer sous terre et il mourut étouffé. Peu après, un oiseau sortit de terre et s'envola; lorsqu'on enleva son cadavre, Caenis était redevenu une femme.

◆ Ce mythe se réfère, d'une part, à une antique coutume des Albanais consistant à introduire des femmes habillées en hommes parmi les soldats, afin de tromper l'ennemi sur ses effectifs, d'autre part, à un rituel pratiqué à une époque oubliée : des hommes nus frappaient avec des maillets sur la tête d'une effigie de la Terre-Mère pour libérer Perséphone, *l'Esprit de l'Année Nouvelle; « caenis » signifie « nouvelle »* (1-213).

CALAÏS et ZÉTHÈS
celui qui change de forme et celui qui fouille

Fils jumeaux de Borée et d'Orithye, auxquels il poussa des ailes à l'âge adulte, surnommés les Boréales. Ils participèrent à l'expédition des Argonautes, abordèrent en Thrace, délivrèrent les fils de leur sœur Cléopâtra, première épouse du roi Phinée qui l'avait répudiée pour épouser une princesse scythe. Celle-ci, jalouse de ses beaux-fils, les avait accusés de l'avoir violentée et leur avait fait crever les yeux et emprisonner.

D'après une autre tradition, ils encouragèrent Jason à abandonner Héraklès et Polyphème sur les côtes de Mysie et, plus tard, le héros les tua de ses flèches dans l'île de Ténos.

CALCHAS
fait de bronze

Célèbre devin né à Mégare ou à Mycènes, qui accompagna Agamemnon au siège de Troie. Il prédit la durée de la guerre, ordonna le sacrifice d'Iphigénie au nom des dieux, conseilla la construction du cheval de bois. Rentré en Grèce, il se trouva en conflit avec son rival Mopsos et mourut de dépit en se voyant surpassé par ce dernier.

Calice des soupçons

Coupe renfermant une eau soufrée contenant de l'huile utilisée dans les lampes des temples, que les Egyptiens faisaient boire aux femmes soupçonnées d'infidélité. Si elles étaient prises de violentes douleurs, on les jugeait coupables.

CALLIOPE
celle qui a un beau visage

L'une des neuf Muses, présidant à la **poésie épique** et à l'**éloquence.** Aimée d'Apollon, elle lui donna deux fils, Hyménée et Ialemos, épousa le roi de Thrace Œagros qui la rendit mère d'Orphée, le musicien, et, selon certains, de Linos, des Sirènes et des Corybantes. Elle est représentée couronnée de lauriers, tenant à la main un stylet, un rouleau de papier, une trompette ou des tablettes.

• Une planète télescopique découverte en 1852 porte son nom.

CALLIRHOÉ
celle qui coule agréablement

Fille d'Acheloüs, seconde épouse d'Alcméon, qui provoqua involontairement la mort de son mari. Celui-ci, à sa demande, déroba le collier d'Harmonie (ou d'Euryphyle) et se fit tuer par Phegeus. Zeus fit grandir immédiatement ses fils Amphiaros et Acarnan qui vengèrent Alcméon en tuant son meurtrier.
• Une seconde Callirhoé, fille d'un roi de Calydon, fut aimée de Corésos, prêtre de Dionysos, et repoussa ses avances. Dionysos frappa de folie tous les habitants de la région et l'oracle de Dodone ordonna le sacrifice de Callirhoé. Au dernier moment, Corésos eut pitié d'elle et se sacrifia à sa place. Emue, la jeune fille se donna la mort à son tour.
— Ce récit est le sujet de la tragédie lyrique *Callirhoé*, représentée en 1712 à l'Académie royale de musique.
• Plusieurs fontaines portaient le nom de Callirhoé : à Athènes, près de l'Acropole, également appelée *les neuf Sources* (Enneakrounos); dans le voisinage de la mer Morte; une source sulfureuse en Mésopotamie, où s'éleva plus tard la ville d'Edesse.

CALLISTO
la plus belle

Pour séduire la fille de Lycaon, Zeus prit l'apparence d'Apollon et la rendit mère d'Arcas; mais il dut la métamorphoser en ourse, pour la soustraire à la vengeance d'Héra. Un jour, au cours d'une partie de chasse, Arcas allait percer sa mère d'une flèche, lorsque Zeus le changea aussi en ours, puis transporta la mère et le fils au ciel où ils forment les constellations de la Grande Ourse et de la Petite Ourse.

CALYCÉ
le bouton de rose

Nymphe qui fut désirée par Zeus, auquel elle donna un fils, Cycnos (ou Endymion), qui fut abandonné et recueilli par des pêcheurs puis devint roi de Colone (les Troades).

CALYDON

Ville d'Etolie, sur l'Evenos, célèbre par la légende du sanglier tué par Méléagre, chasse qui provoqua la guerre entre Grecs et Curètes et que chantèrent les poètes, notamment Ovide, dans les *Métamorphoses*.

CALYPSO
celle qui dissimule

Nymphe qui régnait dans l'île d'Ortygie, fille d'Oceanos et de Téthys (ou d'Atlas et d'une nymphe). Sa légende s'intègre dans le récit du retour d'Odysseus. Lorsqu'il quitta Troie, après une traversée périlleuse durant laquelle il résista au chant des Sirènes, le héros et son équipage essuyèrent une tempête envoyée par le Titan Hypérion. Il fut le seul survivant et, accroché à un radeau de fortune, s'échoua sur l'île d'Ortygie où la fille de Téthys et d'Océanos, Calypso, vivait dans une grotte.

La séduisante jeune fille accueillit le naufragé, le ranima avec du vin fort et de la nourriture, puis le coucha dans son lit. S'étant éprise de ce héros venu de la mer, elle parvint à lui faire oublier sa patrie et sa famille. Pendant sept ans, ils vécurent heureux sur l'île des peupliers noirs, et donnèrent le jour à trois fils : Latinos et les jumeaux Nausithoos et Nausinoos.

Mais la nostalgie de sa chère Ithaque et l'absence de son épouse Pénélope devenant insupportables, Odysseus se lassa des caresses et des baisers de la jeune femme. Calypso, qui souffrait en silence, lui promit l'immortalité s'il restait avec elle, mais il languissait, assis sur la plage, le regard fixé sur l'horizon, jusqu'au jour où Hermès, envoyé par Zeus, ordonna à Calypso de laisser partir son amant. La mort dans l'âme, elle l'aida à construire, avec des écorces d'arbres, un radeau qu'elle chargea de provisions. Elle y ajouta les outils nécessaires pour survivre et se défendre le cas échéant, puis Odysseus le mit à la mer sur des rouleaux et se laissa pousser par le vent. Calypso resta seule sur la plage.

Suivant une autre légende, cette aventure se reproduisit lors du passage de Télémaque qui aima puis abandonna la nymphe. Cet épisode est raconté par Fénelon dans son *Télémaque* (cette fin évoquerait les échecs répétés de Sisyphe).

CAMÈNES

Nymphes des sources du panthéon latin qui prédisaient l'avenir et présidaient aux naissances, dont les plus connues sont Egérie et Carmenta.

Elles furent identifiées avec les Muses grecques.

CAPANÉE

Fils d'Hipponoos et d'Astynomé, l'un des sept chefs qui assiégèrent Thèbes, géant brutal et insolent qui se targua d'escalader les murs de Thèbes contre la volonté des dieux. Arrivé devant la porte d'Orgygia, Zeus le frappa de sa foudre et il fut précipité du haut de son échelle. A ses funérailles, sa femme Evadné se jeta dans les flammes du bûcher. Selon certaines traditions, Asclépios le ranima.
— Cette légende a inspiré Eschyle (*les Sept contre Thèbes*), Sophocle (*Antigone*), Euripide (*les Phéniciens*).

Capnomancie

Méthode de divination basée sur l'interprétation des fumées.

CAPYS
le glouton

Fils d'Assaracos, père d'Anchise, ou Phrygien, compagnon d'Enée, qui passe pour le fondateur de la ville de Capoue.

CARMENTA
la sage

Nymphe des eaux qui formait une double divinité à vocation prophétique, les *Carmentes : Postvorta* connaissait le passé, *Antevorta* voyait l'avenir. Elles présidaient aux accouchements et, symboliquement, ont favorisé l'épanouissement de la grandeur romaine. Carmenta, qui était vénérée auprès de la *porte Carmentale,* fut assimilée à une sibylle suivante du dieu Pan et à la nymphe Nicostrate invoquée par les généraux, car ses oracles facilitaient la victoire.

CARNA

Nymphe latine aimée de Janus qui lui confia la garde des gonds de porte, la munissant d'un rameau d'aubépine pour détourner du seuil les influences maléfiques. Elle était la protectrice des jeunes enfants, de la santé (elle fortifiait les organes du corps essentiels à la vie) et de l'intelligence.

CASSANDRE
celle qui embarrasse les hommes

Elle connut bien des malheurs, la fille de Priam et d'Hécube, malgré ses charmes et sa beauté ! Cassandre la Troyenne, qu'on appelait aussi Alexandra, obtint le don de divination d'Apollon en échange de son amour. Mais elle ne tint pas sa promesse et, indigné, le dieu décréta que personne ne croirait à ses prophéties. C'est ainsi qu'ayant prévu la ruine de Troie, elle ne parvint pas à empêcher la guerre, puis l'entrée du cheval de bois dans la ville. Lors de la prise et du sac de Troie, elle fut molestée par Ajax, le fils d'Oïlée, dans le temple d'Athéna, puis échut en partage à Agamemnon auquel elle donna deux enfants. Elle tenta vainement d'empêcher le retour du roi à Mycènes et l'y accompagna. Une fois arrivée, elle fut tuée par Clytemnestre, la femme d'Agamemnon, tandis qu'Egisthe frappait à mort le roi.

— La prophétesse fut l'objet d'un **culte,** eut un temple à Dardanos, à Leuctres, en Laconie, et une statue à Amyclée, ville voisine de Sparte où se célébraient les *Hyacinthées.*
— Cassandre a figuré dans les tragédies du cycle de Troie, a inspiré, sous le nom d'Alexandra, le poème de Lycophron (IIe siècle avant notre ère). Sa statue en marbre, par Pradier, figure au musée d'Avignon.
• Une planète télescopique, découverte en 1871, porte son nom.

◆ Cassandre représente une personne qui n'inspire pas confiance, dont on refuse de suivre les avis, si sensés soient-ils.

CASSIOPÉE
le jus de casse

Epouse du roi d'Ethiopie Céphée, mère d'Andromaque, qui osa défier les Néréides en comparant sa beauté à la leur. Irrité, Poséidon exigea qu'elle fût sacrifiée à un monstre marin. Elle fut délivrée par Persée qui l'épousa et, après sa mort, devint la constellation boréale également appelée la *Chaise* ou le *Trône.*

CASTALIE

Jeune fille de Delphes qui fut désirée par Apollon dont elle repoussa les avances. Pour lui échapper, elle se jeta dans une fontaine située près du sanctuaire d'Apollon, qui prit son nom.

CASTOR : voir DIOSCURES.

Causimomancie

Divination par le feu, les objets qui ne brûlent pas étant un heureux présage.

Cavernes

Dans les mythes, les grottes, antres et autres lieux souterrains sont des lieux sacrés où les dieux se retrouvent, ou bien le domaine du Maître des Enfers, ou encore le berceau des héros. Les anciens ont situé leur enfer dans certains cratères dégageant une odeur méphitique, comme la *grotte du Chien,* cratère du Vésuve à demi-éteint, située au pied du mont Solfataro, appelée Fucina Volcani, la *fournaise de Vulcain.*

Les cavernes furent les temples des époques primitives, d'où la coutume de placer dans les grottes des ex-voto ou des autels où l'on offre des sacrifices (les antiques croyances ont la vie dure...).

CECROPS
celui dont le visage porte une queue

Chef primitif de l'Attique, originaire de Saïs en Egypte, époux d'Agraulé, fille d'Aktaios dont il eut trois filles : Hersé, Agraulé, Pandrose. Il est considéré comme le héros fondateur de l'Athènes primitive, qui était appelée *Cécropia,* et un organisateur avisé qui divisa la ville en douze cantons, abolit les sacrifices humains, arbitra la querelle entre Zeus et Athéna dont il avait instauré le culte, choisissant l'olivier de la déesse, symbole de paix. On lui doit aussi l'établissement du mariage, le développement de l'agriculture et la fondation de l'Aréopage.

Il était vénéré dans le Cécropion, partie de l'Erechtheion, sous l'aspect d'un homme à queue de serpent.

CELAENO
la basanée

Une des Pléiades, fille d'Atlas, qui eut deux fils de Prométhée : Lycos et Chimaeros.

D'autres personnages portent ce nom :

• Une des Danaïdes, épouse d'Hyperbios qu'elle tua.

• La fille d'Hyamos, séduite par Apollon auquel elle donna un fils, Delphos.

CELEOS
le magicien ou *l'oiseau pic*

Ce roi d'Eleusis accueillit Déméter qui lui enseigna l'agriculture et les mystères. En voulant rendre immortel son fils Démophon, elle le mit dans le feu, mais Métanire, sa mère, prit peur et poussa un cri, provoquant la chute de l'enfant dans les braises et sa mort. Pour consoler les parents éplorés, la déesse combla de bienfaits leur second fils, Triptolème.

CENTAURES
Kentauroi

Fils de Néphélé, la nuée (ou de Centauros), et d'Ixion, fils d'Arès, figures mixtes mi-chevaux, mi-hommes, originaires de Thessalie, sauvages aux mœurs barbares et brutales qui se nourrissaient de chair crue. Malfaisants, à l'exception de Pholos, l'ami d'Héraklès, Chiron, l'ami d'Apollon, de Jason, d'Asclepios et d'Héraklès, précepteur de nombreux héros (Achille, les Dioscures, Thésée, Palamède).

On les représentait autrefois par *deux hommes réunis par la taille à des corps de chevaux, qui se font face et qui dansent* (1-172). Plus tard, on leur donna un buste humain terminé par un corps chevalin et leur nom *est peut-être de la même famille que le latin* centuria, *une troupe composée de cent guerriers* (1-42).

Ils étaient constamment en guerre contre les Lapithes, notamment à la noce de Pirithoos et d'Hippodamie. Enivrés par le vin dont ils n'avaient pas l'habitude (ils consommaient habituellement du lait caillé), ils tentèrent de violer la mariée et les jeunes garçons. Ce fut le début d'une longue guerre dirigée par Arès et Eris. Certains disent que les Centaures furent exterminés au cours de ces luttes, d'autres prétendent qu'ils se sont enfuis sur des navires et furent victimes des Sirènes.

Il est possible que le combat qui opposa les Centaures aux Lapithes ait été, à l'origine, un mythe de l'orage.

◆ Ces personnages personnifient la ***brutalité de l'instinct*** et les ***débordements de la nature*** et symbolisent l'animal qui se cache au fond de l'homme, se manifestant en *concupiscence charnelle, avec toutes ses violences brutales, qui rend l'homme semblable aux bêtes, quand elle n'est pas équilibrée par la puissance spirituelle* (33-188).

CENTEOCIHUATL

Déesse de l'agriculture, des agriculteurs et de la fertilité du panthéon aztèque.

CENTEOTL

Chez les Aztèques, esprit du maïs jaune, dieu des joailliers et des agriculteurs, époux de Xochiquetzal.

CÉPHALE
la tête

Fils d'Hermès et de Hersé, qui vivait en Attique, époux jaloux de Procris, la fille d'Erechthée. S'étant éprise de lui, Eôs l'Aurore l'enleva, lui donna un fils, Phaéton, et lui conseilla de se déguiser pour s'assurer de la fidélité de sa femme. Céphale prit les traits d'un beau et riche marchand, séduisit Procris puis lui dévoila sa véritable identité. Honteuse, l'épouse infidèle s'enfuit en Crète, charma Minos avec l'aide de Circé, puis revint à Athènes sous un déguisement, retrouva Céphale qui, ne la reconnaissant pas, la prit dans son lit. Elle se fit alors reconnaître et les époux se réconcilièrent. Mais une nuit, Procris, méfiante, suivit son mari à la chasse et l'épia à l'abri d'un buisson. Croyant entendre une bête sauvage, Céphale la tua d'un coup de javelot. Banni par

l'Aréopage, il s'exila à Thèbes, puis à Céphallénie et se jeta du haut du rocher de Leucade.
— Ce récit est conté par Ovide dans ses *Métamorphoses (Livre VII)*.
— *L'enlèvement de Céphale par Eôs* fut le sujet de diverses représentations exécutées par Carrache, Guerchin, le sculpteur anglais Flaxman.

Céphalomancie

Méthode divinatoire et rites basés sur la tête cuite d'un âne ou d'un bouc.

CÉPHÉE
le jardinier

Un des Argonautes, père d'Aleos, qui devint roi d'Arcadie. Lorsqu'il accompagna Héraklès à la guerre contre Lacédémone, il confia son royaume à sa fille Stéropé qui pouvait faire fuir n'importe quel assaillant à l'aide d'un cheveu de la Gorgone. Il mourut au combat ainsi que ses fils.
• Fils de Bélos, roi d'Ethiopie, époux de Cassiopée et père d'Andromaque, qui, après sa mort, fut changé par Zeus en constellation. Il s'agit de la constellation boréale située entre le Cygne, le Dragon et Cassiopée.

CERBÈRE
le démon de l'abîme

Chien à cinquante, cent ou encore à trois têtes, qui veillait sur les âmes aux Enfers, fils de Typhon et d'Echidna. Pour l'amadouer, les morts devaient lui offrir un gâteau de miel (ajouté à l'obole destinée au passeur Charon). Il dévorait sans pitié ceux qui tentaient de forcer l'entrée des Enfers : il attaqua Pirithoos et Thésée qui voulaient ramener Perséphone; il fut charmé par la lyre d'Orphée venu réclamer son Eurydice; il laissa passer Enée qui lui présenta le gâteau au miel préparé par la Sibylle. Cerbère fut dompté et enchaîné par Héraklès qui l'amena à Trézène avant de le renvoyer aux Enfers.

• Une constellation boréale porte ce nom, elle comprend quatre étoiles entourant une étoile centrale appelée la *main d'Hercule.*

Cercle magique

Cercle de la tradition védique, composé de plusieurs enceintes, la première comportant quatre portes orientées vers les points cardinaux. On y plaçait trois autels réunis par un trait en forme de serpent.

CERCOPES
les porteurs de queues

Sauvages qui furent changés en singes par Zeus. Deux de ces êtres maléfiques, fils d'Oceanos et de Theia, s'attaquèrent, sous la forme de mouches à viande, à Héraklès endormi aux Thermopyles en bourdonnant autour de lui. Le héros les attrapa, les obligea à reprendre leur aspect et les suspendit au bâton qu'il portait sur l'épaule. Les Cercopes éclatèrent de rire, surprenant Héraklès qui, amusé, finit par les relâcher. Les anciens situaient l'*île aux Singes* près d'Ischia au large de la Campanie.

CÉRÈS
grec kerus, latin *creare = créer*

Fille de Saturne et de Rhéa, c'est une très ancienne divinité italique qui fut complètement identifiée à la Déméter grecque. Dans le mythe, Perséphone prend le nom de Prerephata ou Proserpine, fruit des amours de Cérès et de Jupiter : Pluton l'emporte dans son royaume souterrain. Aux plaintes de la mère, les dieux de l'Olympe, peu compatissants, lui prescrivent des infusions de pavot pour l'aider à retrouver le sommeil ! Mais, inspirée par son amour pour sa fille, Cérès attelle deux dragons ailés, s'empare d'une torche qu'elle enflamme en passant au-dessus de l'Etna et court les airs en appelant Proserpine à grands cris.

— **Son culte** fut introduit à Rome en 496 av. J.C. en même temps que celui de Perséphone ou Coré (Proserpine) et de Dionysos (Bacchus ou Liber). Lors d'une disette, suite à la consultation des livres sibyllins, on construisit un temple commun à ces trois divinités grecques qui se confondirent avec Cérès, Libera et Liber. Jusqu'au temps de Cicéron, les prêtresses étaient choisies parmi les femmes grecques de Naples ou d'Elée et la légende de Cérès, qui conserva toutes les caractéristiques grecques, rassemblait toutes les traditions d'Eleusis ou d'Enna.

Chaque année, les Romains célébraient trois fêtes en l'honneur de la déesse de l'agriculture et des moissons : les *ludi cerealia* (institués en −493), qui duraient huit jours. Ces célébrations perpétuaient, par des rites imitatifs, le mythe grec : le 15 des ides apriliennes, à la tombée de la nuit, des femmes vêtues de blanc, portant des torches allumées, couraient autour du temple, suivies par la foule qui poussait des clameurs. Le *sacrum anniversarium Cereris* (seconde moitié du IIIe siècle avant notre ère), célébré uniquement par des femmes, avait lieu en août. Le *jejunium Cereris*, célébré en octobre, était basé sur le jeûne (institué en −191).

Ces fêtes étaient présidées par deux magistrats institués en l'an 44 par César, les *aediles cereales*.

A Cérès étaient consacrés la truie (symbole maternel), le bélier, la grue, la tourterelle.

• La constellation de la Vierge portait son nom avant la découverte de la planète Cérès, d'où le nom d'une étoile de cette constellation : l'*Epi de la Vierge*. C'est de là que vient l'iconographie du signe zodiacal de la Vierge accompagnée d'une faucille et d'une gerbe de blé (nous devrions penser à la déesse lorsque nous consommons des céréales !)

CERNUNNOS
le dieu au bois de cervidé

Ancienne divinité gauloise de la fertilité terrienne, moitié homme, moitié animal, roi des forêts représenté avec une tunique sans manches, un torque (collier) de bronze autour du cou ou uniquement par des cornes portant chacune un anneau. Il vivait et mourait suivant le rythme des saisons.

CERYX
le héraut

Fils d'Hermès et d'Aglauros, fille de Cécrops (ou fils d'Eumolpos), premier messager sacré des mystères d'Eleusis, ancêtre de la dynastie des *Hiérocéryces*, en Attique.

CÉTO

Nymphe marine, fille de Pontos et de Gaïa qui eut de son frère Phorcis les Phorcides, Ladon, Echidna et les trois Gorgones (Sténo, Euryalé et Méduse).

CEYX : voir ALCYONE.

CHACS
les arroseurs

Dieux de la pluie du panthéon maya, associés au dieu du vent, aux quatre points cardinaux, à la foudre, à la pluie, mais aussi responsables des intempéries : grêle, humidité persistante provoquant la rouille des épis de maïs (60).

Chah-Nameh

Poème épique relatant l'histoire mythique et légendaire de la Perse depuis ses origines jusqu'à la mort du dernier roi sassanide en 653, attribué à Firdousi.

Chaitya

Salle de réunion des bouddhistes adoptant la forme absidiale des basiliques, comportant une nef voûtée, une double rangée de colonnes formant un déambulatoire. L'abside est occupée par une stoupa autour de laquelle les fidèles circulent en tournant de gauche à droite (68).

CHALCHIUHTLICUE
celle à la jupe de jade

Déesse aztèque des lacs, des océans, des cours d'eau, des navigateurs, également appelée *Ecume d'eau* ou *Eau ondoyante (67).*

Champs Elysées
Elysion

Séjour de joie contrastant avec le sombre royaume des morts. Dans *l'Odyssée,* Homère parle de ce lieu idyllique situé à l'extrémité de la terre, au-delà de l'Océan et au Couchant, où les immortels passent une vie heureuse, dans des prairies fleuries d'asphodèles, sous l'œil vigilant du blond *Rhadamanthys ou Rhadamanthe.* Là poussent des arbres aux fruits d'or (symbolisant le soleil couchant, qui se retrouvent dans la plupart des traditions), gardés par les Hespérides occidentales, accompagnées des Méliades.

CHANTICO
celle qui est dans la maison

Déesse aztèque du foyer, du feu volcanique et des joailliers.

CHARITES

Compagnes d'Aphrodite, responsables de sa toilette, réputées pour leur grâce et leur beauté, les trois Charites eurent pour parents Zeus et Héra (ou Eunomia ou Harmonie, ou encore Dionysos et Aphrodite, Apollon et Aeglé. A l'origine elles étaient associées à Apollon). C'étaient **Euphrosyne** *la courageuse,* **Thalie** *la joyeuse* et *la brillante* **Aglaé** (également appelée Calé ou Pasithéa), représentées voilées ou complètement nues et enlacées, dansant ou se tenant par la main.

Elles osèrent participer à un concours de beauté les opposant à la déesse de l'Amour, qui changea en vieille femme Aglaé, qui avait remporté la palme.

En Béotie, où elles étaient adorées sous la forme d'aérolithes ou de météorites, on célébrait en leur honneur, des fêtes appelées *Charisties.*

• Pour les Latins, elles étaient les **Grâces.**

◆ Ces déesses de la nature, qui personnifiaient les rayons solaires, favorisaient la croissance de la végétation et le développement des fruits. Aux hommes, elles apportaient la ***joie,*** procuraient des ***menus plaisirs*** et égayaient la ***vie de société.***

CHARON

D'origine égyptienne, fils de l'Erèbe et de la Nuit, nocher infernal, Charon faisait traverser le Styx aux âmes des défunts qui avaient reçu une sépulture. Il était représenté par un vieillard barbu au visage triste, muni d'une rame et portant un bonnet de marin.

CHARYBDE
celle qui aspire vers le fond

Fille de Poséidon et de Gaïa, qui fut frappée par la foudre de Zeus et expédiée dans un gouffre marin, pour avoir dérobé à Héraklès quelques-uns des bœufs qu'il avait enlevés à Géryon. On la considérait comme un monstre marin vivant dans le détroit de Sicile qui, chaque jour, engloutissait des tonnes d'eau qu'elle rejetait ensuite. Scylla, fille d'Hécate et de Phorcys (ou d'Echidna et de Typhon), métamorphosée par Circé, jalouse de l'amour qu'avait conçu pour elle Glaucos (ou par Amphitrite en raison de l'amour de Poséidon pour elle), s'emparait des navigateurs qui traversaient le détroit, leur brisait les os et les croquait lentement. (Il existait dans le détroit de Messine un dangereux tourbillon, le *Calofaro*). En face du gouffre de Charybde, du côté de l'Italie, se trouve le rocher de Scylla aussi menaçant pour le navigateur qui, ayant échappé au premier, risquait de se fracasser sur le second. D'où l'expression *tomber de Charybde en Scylla.*

Cheval de Troie

Immense cheval de bois abritant des soldats dans ses flancs, construit par les Grecs qui, après avoir assiégé Troie pendant dix ans, résolurent d'employer la ruse pour pénétrer dans la ville.

Chevelure

De tout temps, la chevelure a joué un rôle important dans l'imaginaire humain. Elle était dotée d'une force surnaturelle et de pouvoirs magiques : les Erythréennes fabriquèrent une corde avec leurs cheveux pour tirer sur la grève un radeau flottant portant la statue d'Héraklès… Iris avait pour fonction de couper le cheveu fatal des femmes vouées à la mort… Les Egyptiennes sacrifiaient leur chevelure aux dieux-fleuves…

Les adolescents grecs offraient leur premier cheveu ou leur premier poil à Apollon... Les Lacédomoniens parfumaient leurs longs cheveux d'essences précieuses avant d'aller au combat... En Inde ancienne, le brahmane pratiquait sur les femmes enceintes le *rite de la raie des cheveux :* le troisième mois de la grossesse, la chevelure était divisée en deux parties symétriques à l'aide d'un poil de porc-épic portant trois anneaux blancs.

La coiffure des dieux était choisie en fonction de leurs attributions : les déesses de l'amour et de la beauté les portaient longs, Hermès et Arès les avaient courts et bouclés, Héphaïstos, Héraklès et la plupart des héros avaient des cheveux courts et crépus. Ceux de Poséidon étaient longs et en désordre; ceux de Pan, des Satyres, des Faunes rudes et drus... La chevelure de Méduse, des Erinnyes et autres monstres femelles était faite de serpents... (19).

CHICOMECOATL
Sept-Serpents

Dans la mythologie aztèque, déesse de la végétation et du maïs mûrissant, sœur du dieu Tlaloc.

CHIMÈRE
chèvre

Fille d'Echidna et de Typhon, chèvre à tête de lion, munie d'un corps de serpent, d'une queue de dragon. Ce monstre crachant le feu, qui terrorisait la Lycie, fut tué par Bellérophon avec l'aide de Pégase, le cheval ailé des Muses du mont Hélicon.

◆ Selon certains mythographes, elle était *un symbole du calendrier rattaché à l'année tri-partie dont les emblèmes, pour les saisons, étaient le lion, la chèvre et le serpent* (1-110). D'autres y voient la personnification des volcans et des éruptions qui dévastaient la région. L'homme moderne a fait de la Chimère le symbole des ***illusions***, de ce qui est irréel, impossible.

CHIONÉ
la reine des neiges

Fille de Borée et d'Orythie (ou de Daidalion), qui fut enlevée par Poséidon auquel elle donna un fils, Eumolpos, qu'elle jeta à la mer et que son père recueillit. Plus tard elle eut d'Apollon Philammon, jumeau d'Autolycos, fils d'Hermès. S'étant vantée d'avoir été aimée de deux dieux, elle osa défier Artémis qui la tua d'une flèche.

CHIRON
la main

Fils de Cronos et de Phylria, le seul centaure bienfaisant, qui vivait en Thessalie, au pied du Pélion, au fond d'une grotte. Mi-homme, mi-cheval (parce que, pour l'engendrer, Cronos s'était transformé en cheval), élevé par Artémis et Apollon, il apprit l'art de la chasse et de la médecine. Il eut pour élèves ou amis de nombreux héros : les Dioscures, Pélée (qu'il délivra des autres Centaures), Amphiaros, Héraklès, Achille (dont il prédit la vie glorieuse), Jason, Nestor, Odysseus, Méléagre, Actéon, Diomède, Asclépios... Les noces de Pélée et Thétis furent célébrées dans sa caverne... Selon certains auteurs, il céda son immortalité à Prométhée; une autre tradition affirme que lors d'un combat entre Centaures et Lapithes, Héraklès le blessa par mégarde d'une flèche empoisonnée à la cuisse et qu'il en mourut.

CHLORIS
la fille verdâtre

Fille d'Amphion et de Niobé, de son vrai nom Méliboa, qui, ayant assisté au meurtre de toute sa famille par Artémis et Apollon, devint d'une pâleur cadavérique et fut surnommée Chloris (1-211). Elle épousa Nélée quelques années plus tard.
• Fille de Perséphone et d'Amphion d'Orchomène, qui épousa Némée et donna le jour à Nestor.

• Fille d'Arctouros qui eut, de Borée, Hypacée.
• Epouse d'Ampykos et mère du devin Mopsos.

CHRYSÉIS ou ASTYNOMÉ
celle qui est en or

Fille de Chrysès, prêtre d'Apollon en Troade, qui devint l'esclave d'Agamemnon, et fut réclamée par son père. Le refus d'Agamemnon irrita Apollon qui frappa le pays de la peste. Selon certains, elle revint chez son père et sauva Iphigénie et Oreste lorsqu'ils s'enfuirent en Tauride.

CHTHONIA
qui vient du sol

Fille d'Erechtée et de Praxithéa, qui épousa son oncle Boutès.
• Fille de Cronos et épouse de Sipylos, mère de Tmolos et d'Olympos.
• Fille de Colontas et de Phoronée qui, avec sa sœur Clyméné, institua les fêtes de Déméter Chthonia à Hermione.

CIHUACOATL
la femme-serpent

Déesse aztèque de la guerre et des naissances.

CIHUATETEO
les femmes-déesses

Divinité aztèque de la maternité, protectrice des femmes enceintes, incarnant les femmes mortes en couches dont les âmes accompagnent le soleil du zénith à l'horizon occidental (67).

CILYX
le bœuf aux cornes tordues

Fils d'Agénor et de Téléphassa (également appelée Argiopé), qui, envoyé par son père à la recherche de sa sœur Europe, s'arrêta sur les bords du fleuve Pyramos, en Asie Mineure, au pays des Hypachéens qui devint la Cilicie.

CIMMÉRIENS

Peuplade vivant sur les bords du Pont-Euxin (le Bosphore), dans la péninsule ciminienne (aujourd'hui la Crimée), qui, au VIIe siècle avant notre ère, envahit l'Asie Mineure, investit Sardes, fut chassée par le roi lydien Alyattès (ces peuples ne doivent pas être confondus avec la peuplade mythique dont parle Homère dans *l'Odyssée*).

CINYRAS
l'homme au cri plaintif

Roi de Chypre (fils d'Apollon, d'après certaines sources) qui aurait bénéficié des faveurs d'Aphrodite. C'est lui qui instaura le culte d'Aphrodite dans son île.

CIRCÉ
le faucon

Fille d'Hélios et de Perséa l'Océanide, qui vivait dans un magnifique palais de l'île d'Ea, entourée d'animaux sauvages qui n'étaient autres que des voyageurs imprudents transformés par la baguette magique de la redoutable enchanteresse. Elle métamorphosa en pourceaux les compagnons d'Odysseus qui, avec l'aide d'Hermès, parvint à la séduire, à déjouer ses ruses et obtint que ses compagnons retrouvent leur forme humaine (voir Odysseus). Selon certains, Circé fut tuée par Télémaque et fut vengée par sa fille Cassiphoné.

Dans la légende des Argonautes, Circé apparaît comme la sœur du roi de Colchide Aetès, qui épousa et empoisonna le roi des Sarmates.
— Les amours d'Odysseus et de Circé ont inspiré de nombreux poètes et artistes.

◆ Circé symbolise la ***femme coquette, séduisante et très dangereuse.***

CITHÉRON

Ce roi de Platée, qui donna son nom au mont Cithéron, favorisa les amours coupables de Zeus en déviant l'attention de son épouse Héra. On lui attribue l'institution des *daedala,* fêtes célébrées en l'honneur de Zeus Cithaeronios.

CLEOBIS *celui qui eut une vie célèbre.*

Voir BITON.

CLIO
celle qui proclame, qui glorifie

La première des neuf Muses, fille de Zeus et de Mnémosyne, présidait à l'Histoire et à l'Epopée. Comme elle avait osé critiquer l'amour d'Aphrodite pour Adonis, la déesse lui inspira une violente passion pour le roi de Macédoine Piérus, auquel elle donna Hyacinthos, qui n'eut pas un sort heureux : il fut un jour mortellement blessé par un disque lancé par Apollon. On lui donne aussi pour enfants Linos, Salème et Hyménée. Elle est représentée couronnée de lauriers, tenant d'une main un rouleau, de l'autre une trompette, parfois avec une cithare dont on lui attribue l'invention.
• Une nymphe océanide porte également ce nom : elle était la compagne de Cyrène, la mère d'Aristée.
• Une planète télescopique découverte en 1865 a été appelée Clio.

CLYMÈNE
au pouvoir célèbre

Fille de Catrée, sœur d'Aéropé et d'Apémosyné, épouse du navigateur Nauplios auquel elle donna Oeax et l'inventeur Palamède.
• Nymphe habitant l'île de Sériphe, qui recueillit Persée et Danaé.

CLYMENOS
au pouvoir célèbre

Fils du Soleil, qui eut Phaéton de l'Océanide Méropé.

CLYTEMNESTRE
celle qui fut honorablement courtisée

Fille de Léda et du roi de Sparte Tyndare, sœur d'Hélène et des Dioscures, épouse d'Agamemnon dont elle eut Oreste, Electre, Iphigénie et Chrysothémis. Durant la guerre de Troie, elle entretint une liaison coupable avec Egisthe et lorsque son mari revint avec Cassandre, elle l'égorgea dans son bain, avec l'aide d'Egisthe. Elle n'avait pu pardonner à Agamemnon le sacrifice d'Iphigénie.

CLYTIA
celle qui mérite la célébrité

Fille d'Okeanos et de Téthys, qui fut aimée et délaissée par Apollon. Désespérée, elle se laissa mourir de faim et fut métamorphosée en héliotrope par son amant infidèle.

COATLICUE
celle qui porte une jupe de serpents

Déesse aztèque de la terre, de la fertilité associée au printemps; créatrice, mère des dieux célestes et de Huitzilopochtli, dieu de la guerre et du soleil (27).

COCALOS
coquillage en spirale

Roi de Sicile qui reçut Dédale lors de sa fuite de Crète. Celui-ci fabriqua de magnifiques automates pour ses filles, les Cocalides, et il l'aida à se venger en invitant au palais Minos, le roi de Crète, que les Cocalides étouffèrent dans son bain.

COCYTE

Célèbre médecin du mont Liban, disciple de Chiron, qui guérit Adonis de la blessure faite par un sanglier.

Colonnes d'Hercule

Nom donné par les anciens aux deux promontoires limitant le détroit de Gibraltar : le mont Calpé en Europe et le rocher Abyla en Afrique. Ainsi nommées parce que les Phéniciens avaient l'habitude de délimiter les lieux où ils s'établissaient par des « colonnes ».

COMÉTHO
celle qui a une chevelure éclatante

Fille de Ptérélaos, roi des Téléboens, qui, étant tombée amoureuse d'Amphitryon qui assiégeait Taphos, trahit son père en coupant le cheveu d'or dont dépendait sa vie et livra la ville à son amant. Celui-ci, indigné, la fit mettre à mort.

Cette légende *se rapporte à la tonte des cheveux du roi solaire avant sa mort* (1-244).

CONCORDE

Divinité allégorique du panthéon romain, homologue de l'Homonoia grecque, fille de Jupiter et de Thémis, représentée par une femme assise tenant une branche d'olivier et un caducée. On la voit parfois avec une proue de navire ou une corne d'abondance.

CONSUS
conditus : caché ou *conserere : semer*

Divinité agreste des Latins, qui protégeait du gel, des intempéries et des parasites les graines semées.

CORE *la jeune fille :* voir PERSÉPHONE.

Corinthe

Ville de Grèce située sur l'isthme et dans la baie du même nom, qui commandait l'entrée du Péloponnèse et fut plusieurs fois assiégée dans l'Antiquité, notamment en 244 et en 146 avant J.C. Les empereurs byzantins et grecs avaient élevé sur l'isthme un mur qui rattachait la Morée à la Grèce continentale et l'utilisaient comme ligne de défense.

Corne d'abondance

Zeus fit don d'une des cornes de la chèvre Amalthée, sa nourrice, aux filles de Mélissée, leur promettant qu'elle s'emplirait pour satisfaire tous leurs désirs. C'est l'une des origines de la *corne d'abondance.* D'autres disent que les Hespérides avaient rempli la corne de fruits d'or pour l'offrir à Ploutos et qu'Héraklès l'emporta dans le Tartare lors de sa douzième mission.

Selon une autre tradition, la corne serait liée à la légende d'Achéloos. A la mort d'Amalthée, Zeus se fit un bouclier de sa peau et en reconnaissance, la plaça au ciel où elle forme la constellation du *Capricorne.*

◆ Il faut noter la dualité du symbolisme de la corne d'Amalthée à la fois symbole *phallique, évocateur* de force, de virilité, de génération, de création et symbole *féminin* de douceur et de fécondité (le lait nourricier, la forme creuse de la corne).

D'autre part, son association avec le signe zodiacal du Capricorne en fait un symbole de générosité, de prospérité (abondance), du bonheur et de la joie. C'est l'interprétation la plus communément adoptée. Toujours remplie de choses délicieuses à la disposition de son possesseur, cette corne est le symbole de l'***abondance* de *dons* naturels.**

CORONIS
la corneille

Fille du roi des Lapithes Phlégyas, sœur d'Ixion, qui fut aimée d'Apollon. Celui-ci, devant s'absenter, laissa un corbeau à plumes blanches pour la garder. Coronis, qui était éprise de l'Arcadien Ischys, fils d'Elatos, lui fit partager sa couche. Son infidélité fut connue d'Apollon, avant même l'arrivée du corbeau qu'il maudit pour ne pas avoir crevé les yeux d'Ischys (c'est depuis lors que les corbeaux sont noirs). Il demanda à Artémis de le venger : celle-ci tua Coronis de ses flèches; mais pris de remords, l'amant trahi eut le temps d'arracher de son cadavre le corps d'Asclépios, qui fut confié au centaure Chiron.

CORYBANTES
les danseurs à crinière

Fils d'Apollon et de la Muse Thalie, considérés comme des démons ou des génies, qui furent souvent confondus avec les Curètes et les Telchines. Ce nom échut plus tard aux prêtres phrygiens qui célébraient les mystères par des danses armées, au son des flûtes, tambourins et cymbales, sur le mont Dindyme.
Les Corybantes étaient *les danseurs des fêtes du solstice d'hiver* (1-71).

Création

Toutes les traditions racontent l'histoire de l'origine du monde, lorsque n'existait que le chaos, bien longtemps avant l'établissement des principes de l'existence humaine et de la civilisation. La création se déroule suivant un processus presque toujours identique : au néant primitif succède une *scission de l'informe en forme,* sorte de génération spontanée produisant progressivement tout ce qui existe. Dans la plupart des grands systèmes cosmogoniques, le processus est dirigé par un « bras puissant »... Il est l'œuvre des dieux, un couple d'une fécondité démesurée ou une divinité unique. Le cosmos est issu de l'océan, d'un œuf, de l'air... suivant les croyances spécifiques aux régions, maritimes, désertiques ou montagneuses.

Quels qu'ils soient, les mythes du commencement du monde ont servi de modèle à tous les autres mythes importants ou secondaires et à la vie religieuse et sociale des sociétés archaïques ou traditionnelles. Les événements qui se sont déroulés au commencement du monde, définissant « à la fois la perfection originelle et la destinée de chaque individu » (21-148), se répètent sans cesse dans tous les actes de la vie quotidienne qui ne sont, en fin de compte, qu'une réactivation du mythe originel. Ainsi le système cosmologique fondamental détermine les institutions religieuses et sociales.

• La version la plus ancienne connue de la création, élaborée 4 000 ans avant notre ère, nous est offerte par les Assyro-Babyloniens qui habitaient la partie de l'Asie ancienne située au bord du Tigre et de l'Euphrate (qui prennent naissance en Arménie), comprenant la Chaldée, le pays de Sumer, la Babylonie, la Susiane, l'Assyrie, l'Akkadie (peuplée par les Sémites venus de Syrie), le pays de Canaan, la Phénicie et la Mésopotamie. Leur cosmologie nous est parvenue grâce aux tablettes datant des Xe et VIIe siècles avant J.C.

• **L'Océan** est souvent considéré comme la *matrice de l'Univers,* d'où est sorti le premier couple divin, *Apsu,* l'eau douce (considérée comme une sorte de puits insondable identique à l'Oceanos grec), entourée par la terre, plateau circulaire bordé de montagnes, et *Tiamat* (la mer, principe féminin). Ils engendrèrent un second couple, *Lakhmu* et *Lakhamu,* sortes de serpents monstrueux, puis un troisième, *Anshar* (le principe masculin) et *Kishar* (le principe féminin). Ces derniers donnent naissance au dieu du ciel *Anu* qui à son tour, engendre *Ea-Nudimmud.* Tous ces jeunes dieux faisant un vacarme infernal, Apsu décide de les détruire; mais Ea utilise ses dons de magicien, endort Apsu, le tue, devient le dieu des Eaux et engendre Marduk (identifié à la planète Jupiter), qui deviendra la divinité principale de Babylone.

Tiamat crée des monstres, des fauves et des démons dirigés par l'archidémon Kingu (les éléments du chaos primitif qui s'opposent à l'œuvre organisatrice des dieux), qui porte sur la poitrine les tables du destin des hommes.

— Ce récit de l'origine du monde, commun à presque tous les peuples de la Mésopotamie, introduit le thème des combats cosmogoniques et *a dû être imaginé à l'époque où l'atmosphère, lieu instable des tempêtes, des actions violentes et hasardeuses, commençait seulement à être distinguée du ciel où règne un ordre fixe* (29-36).

• Une version un peu différente présente la mer infinie, *Nammu,* engendrant une montagne cosmique formée du Ciel-Père *An* surmontant le monde visible et de la Terre-Mère *Ki,* disque plat entouré d'eau. La demi-sphère inférieure invisible, abritait *Kur,* l'enfer. Entre ciel et terre, un troisième élément, *Lil (air, souffle, esprit),* symbole du mouvement et de l'expansion. De l'union ininterrompue du ciel et de la terre naquirent *Enlil,* le dieu de l'air, et les autres divinités qui dirigeaient l'univers et qui devaient sans cesse combattre une horde de démons et de génies.

• Une version *assyrienne* très ancienne relate la naissance du monde à partir du dieu *Ilou* d'essence indéterminée d'où émanent l'**Abîme**, le principe mâle, et la **Mer** chaotique, le principe féminin. A leur tour, ces derniers engendrent les « deux formes, mâle et femelle, active et passive de l'existence, puis les générations des dieux et des déesses ». Le mythe tend à expliquer l'opposition entre la naissance et la mort du jour et de l'année (29-94).

Selon une variante, la mer infinie *Nammu* engendra une montagne cosmique formée du Ciel-Père *An* surmontant le monde visible et de la Terre-Mère *Ki,* disque plat entouré d'eau. La demi-sphère inférieure, invisible, abritait *Kur,* l'enfer. Entre ciel et terre, un troisième élément, *Lil (air, souffle, esprit),* symbole du mouvement et de l'expansion.

De l'union ininterrompue du ciel et de la terre naquirent *Enlil,* le dieu de l'air, et les autres divinités qui dirigeaient l'univers et qui devaient sans cesse combattre une horde de démons et de génies.

• **La mer de lait hindoue:** Brahma-Vishnou-Ananda.
L'une des versions de la création de la mythologie hindoue imagine un univers immobile, un océan de lait portant le serpent **Ananda** (Eternité) aux mille têtes et **Vishnou** dont l'estomac contenait tous les mondes. Vishnou créa son épouse Lakshmi, la déesse de la beauté, de l'Harmonie et de l'Abondance, puis il fit sortir de son nombril la tige d'une fleur de lotus sur laquelle se tenait **Brahma** portant dans chacun de ses quatre bras un des livres des Vedas dont il récitait les paroles sacrées par ses quatre bouches. A la suite d'une longue période de méditation et d'abstinence, Brahma trouva l'énergie nécessaire pour créer les dieux et leur roi Indra, les démons et leur maître Vairocana.

Pour servir de support au mont Mandara qui constitue l'axe de l'univers, Vishnou prit la forme d'une tortue, Kûrma, et s'installa au fond de la mer de lait primordiale (on lui connaît une dizaine d'incarnations). Mais cet univers demeurait inerte; alors, afin de le mettre en mouvement, le serpent Ananta s'enroula autour de l'axe du monde, les dieux s'emparèrent de sa tête et les démons de sa queue, exerçant une double traction sous la direction de Brahma. Le mouvement de *barattage* de l'océan de lait ainsi produit entraîna l'apparition du *soma,* principe d'immortalité, puis d'un médecin (santé), d'un cheval (la vitalité), d'un éléphant (la force physique). Parallèlement, apparut le principe de la mort, de la beauté, de la joie, de la douceur et finalement, un poison mais pas son antidote.

• Selon une interprétation des *Vedas,* l'univers sortit du **géant primordial**, l'homme cosmique, *Purusha* dont les membres devinrent les parties du monde.

• **L'œuf cosmique:** symbole de fécondité et d'éternité, l'œuf fut l'un des premiers symboles religieux. L'humanité balbutiante en fit l'objet d'un culte. La notion de l'œuf cosmique, point de départ de nombreuses cosmogonies, n'a pas totalement disparu de l'inconscient humain; ne survit-elle pas dans la coutume millénaire des œufs de Pâques?

— *L'œuf d'or de l'Inde:* **Hiranyagarbha**

A l'origine, l'univers était «non-être» puis il prit la forme d'un œuf dont la coquille formait la limite du monde dans l'espace. Cet œuf cosmique s'ouvrit au bout d'une année (polarisation de l'androgyne primordial), une moitié de sa coquille était d'argent et devint la terre; l'autre moitié était d'or et devint le ciel. L'enveloppe interne se transforma en nuages et vapeur; les veines se firent rivières et le liquide intérieur devint l'océan. Le germe intérieur est le symbole de «l'inépuisable dynamisme de la vie de la nature» (15-220).

— Un autre mythe affirme que de l'œuf jaillit **Prajâpati**, l'Etre primordial qui engendra tout l'univers en faisant sortir les dieux, les brahmanes et les chèvres de sa bouche, les saisons de ses aisselles; le dieu **Indra**, les guerriers et les moutons de ses bras. De son ventre sortirent les démons et de ses cuisses les marchands et le bétail. Ses pieds donnèrent naissance aux travailleurs manuels et aux chevaux. Enfin, de son œil jaillit le Soleil, de son âme la Lune et de sa tête le Ciel.

Au-dessus de ce cosmos plane l'Absolu, le Brahman, tête à trois visages: celui du créateur **Brahma**, du conservateur **Vishnou**, du destructeur **Shiva**. On reconnaît dans cette Trinité le symbole de *l'unité divine, le mouvement qui anime l'univers, la vie et la mort.*

— Selon une autre version, l'œuf produit par les eaux primordiales renfermait tout l'univers, les dieux, les démons et l'humanité. Au bout de mille ans, il s'ouvrit pour laisser sortir Brahma qui se mit à méditer avant d'entreprendre l'œuvre de création. Il se métamorphosa en sanglier pour soulever la terre qui était submergée par les eaux.

— La mythologie grecque présente un œuf créateur, celui de Léda, qui donne naissance aux Dioscures porteurs chacun d'une coiffure hémisphérique…

• Le yin et le yang chinois

Dans la tradition chinoise, adoptée par le Shinto japonais, il existe diverses versions de la Création du monde. Le chaos primordial était conçu comme un œuf de poule qui s'ouvrit au bout de 18 000 ans, libérant la Terre-Yin, élément féminin, lourd et le Ciel-Yang, élément masculin, léger qui se séparaient constamment. Opposition qui rappelle les théories chaldéennes.

— Une autre version assure que cet œuf énorme et vertical contient le ciel et les astres dans sa partie supérieure (le blanc), et dans sa partie inférieure (le jaune), la terre flottant dans un océan qu'elle agite périodiquement, provoquant le phénomène des saisons.

— Certains mythes y ajoutent l'apparition du nain **Bangu** à la croissance immédiate. A sa mort, les éléments s'échappèrent de son corps (procédé identique à celui du Purusha hindou) : son sang se transforma en mers et en rivières; sa chair en terre, son souffle devint le vent, sa voix le tonnerre, ses yeux le soleil et la lune, et les pauvres hommes naquirent de ses puces !

— Par la suite, la mythologie chinoise décrivit la naissance de héros à partir d'œufs fécondés par le soleil.

• D'autres traditions racontent que le ciel est fixé à l'intérieur d'un bol renversé tournant constamment autour de l'axe de l'étoile polaire, surmontant la terre carrée et plate qui flotte sur l'océan.

• L'œuf polynésien de Te-tumu

L'œuf de la cosmologie polynésienne renfermant la *fondation,* **Te-tumu** et le *roc stratifié,* **Te-papa**, éclate et découvre trois plates-formes superposées se soutenant mutuellement. Te-tumu et Te-papa demeurèrent sur la plate-forme inférieure pour créer l'homme, **Matata** *(l'effort),* les animaux et la végétation.

Trop faible pour subsister, ce premier homme mourut, cédant la place à Aitu, pourvu d'un bras mais privé de jambes, qui mourut aussi. Alors les dieux fabriquèrent un troisième homme parfait Hoa-tea *(ami-éclair)* et lui donnèrent pour compagne Hoatu *(admirable).* Le couple eut de nombreux enfants parmi lesquels Aito *(le guerrier)* et son épouse Fenua *(terre, pays),* qui donnèrent naissance au *Tangora des ténèbres* (Tangaroa-i-tepo), mauvais génie destiné à devenir le souverain du monde souterrain.

Tout ce monde procréant à plaisir, leur domaine devint trop petit; l'ancêtre Hoa-tea l'agrandit en faisant surélever la plate-forme supérieure qui, à son tour, finit par être trop encombrée. Les hommes pratiquèrent un trou dans la plate-forme supérieure afin de s'y installer avec leurs animaux et leurs plantes. Ainsi la race humaine, qui s'étendait sur trois territoires différents surmontés par les cieux superposés eux aussi et soutenus par leurs horizons, continua à se développer en plaçant les cieux les uns au-dessus des autres « jusqu'à ce que tout fut en ordre » (34-103). L'œuvre de création terminée, Tangaroa incendia le ciel supérieur dans le but de détruire l'univers; mais Tamarua *(deux enfants),* Oru *(l'enflé)* et Ruanaku *(source d'armées)* parvinrent à éteindre le feu, à s'emparer du démon et à le ramener et à l'enfermer sur la plate-forme la plus basse de la terre, où régnaient les ténèbres. C'est ainsi que Tangaroa devint le dieu de la Mort et Te-tumu celui de la Vie, maître des cieux, dont la partie droite est réservée aux dieux et la gauche aux âmes des humains (34-103).

• **L'oiseau ou l'œuf?**

En Egypte, l'œuf fut associé à l'idée de l'essence des êtres vivants. Une version très ancienne de la création décrit un œuf cosmique contenant le soleil et les germes de la vie, façonné par le dieu créateur Khnemu ou Khnoum qui fabriqua également les dieux et les hommes sur une roue de potier et les anima de son souffle.

Une autre précise qu'il s'agit de *l'Œuf lumineux que l'oie céleste pond et couve à l'Orient* (60-92).

• **L'œuf d'argent des Orphiques :** Ericepaios-Rhéa-Phanès

Les adeptes de l'Orphisme élaborèrent une version mystique et métaphysique de la cosmogonie basée sur des écrits attribués à Orphée. Cette version, connue uniquement des initiés, donnait la priorité au Temps représenté par Kronos d'où vint le Chaos, symbole de l'infini et l'Ether, symbole du fini. Puis du chaos surgit **Ericepaios**, *qui se nourrit de bruyère,* ou Protogenos, Phaéton, la nuit « aux ailes noires » qui, courtisée par le vent, pondit un œuf d'argent (la Lune, l'argent est le métal consacré à cette planète) dans le sein de l'obscurité. Sa partie supérieure formait le ciel et sa partie inférieure la terre.

Cet œuf géant s'ouvrit et apparut **Phanès :** *le révélateur, figuré par une abeille céleste bourdonnante, est le Soleil, sym-*

bole de l'illumination pour les Orphiques, muni d'ailes, de deux sexes, quatre têtes *(correspondant aux animaux symboliques des quatre saisons; il est parfois identifié à Eros).* Il mit l'univers en marche. Le dieu Phanès et la déesse Nuit sous ses trois aspects, *Nuit, Ordre, Justice,* vivaient dans une caverne devant laquelle se tenait la mère **Rhea** qui obligeait les hommes à écouter les oracles divins en frappant sur un tambour. Phanès créa la terre, le ciel, le soleil, la lune (il créa aussi Zeus), mais la souveraineté appartenait à la triple déesse jusqu'à ce que son sceptre passât à Ouranos. La terre fut fertilisée par deux éléments, l'éther et l'eau (32-69).

• L'Œuf universel et le serpent démiurge des Egéens

Les Egéens qui peuplaient la Grèce antique (3 000 ans avant notre ère), adoraient des pierres sacrées, la hache, les arbres et les animaux. Les mythes apparurent en même temps que la conception anthropomorphique de la divinité. Ce sont les *Pélasges,* venus de Palestine 3 500 ans avant J.-C., qui élaborèrent la première cosmogonie grecque (nous leur devons peut-être les peintures de la période néolithique 1-30). Ce peuple précéda de 700 ans les *Hellènes* venus d'Asie Mineure.

Du Chaos émergea toute nue **Eurynomé**, *la grande voyageuse,* symbole de la lune visible, identifiée à Téthys par Homère, qui sépara le ciel de la mer et se mit à danser sur les vagues pour se réchauffer, tout en se dirigeant vers le Sud, et en agitant le vent sur son passage, évocation des rites orgiaques qui étaient une coutume préhellénique. Elle frotta le vent du Nord, *Borée,* entre ses mains et fit apparaître **Ophion** (Oceanos, qui entourait l'univers), le grand serpent qui, envahi par le désir, s'unit à elle, et Eurynomé devint mère. Elle se métamorphosa en colombe et pondit l'*Œuf Universel* autour duquel Ophion s'enroula sept fois afin de le briser, libérant ainsi « tout ce qui existe : le soleil, la lune, les étoiles, les planètes, la terre, les montagnes, les rivières, les arbres, les plantes et toutes les créatures vivantes » (1-29). Le couple s'installa sur le mont Olympe; mais Ophion se proclama l'auteur de la création, irritant Eurynomé qui lui écrasa la tête d'un coup de talon, lui brisa les dents et l'exila dans les lointaines régions souterraines.

Alors, elle créa les sept grandes planètes gouvernées par un titan et une titanide (dans l'astrologie babylonienne primitive, ils gouvernaient les jours de la semaine, puis leur nombre fut porté à douze en correspondance avec les signes zodiacaux) : sur le Soleil, maître de l'inspiration, régnaient Théia et Hypérion; sur la Lune, planète de la magie, Phoebé et Atlas; sur Mars, planète de la croissance, Dioné et Crios; sur Mercure, planète de la sagesse, Métis et Coeos; Thémis et Eurymédon étaient responsables de Jupiter, maître de la loi; Téthys et Océanos, de Vénus qui représentait l'amour; Rhéa et Kronos de Saturne, planète de la paix.

• Dans la ville d'Edfou, c'est l'**oiseau géant Oua** *(le lointain)* qui fixa la surface des eaux primordiales, en fit sortir des roseaux autour desquels un second créateur déposa de la terre. Et ainsi de suite : ils créèrent tout ce qui exise, organisèrent le monde en instituant des limites entre les domaines divin et terrestre et anéantirent le serpent. Puis le faucon divin Horus, descendant de l'oiseau primordial, s'installa dans la ville.

• **Les Kami :** Izanagi-Izanami-Amaterasu

La mythologie japonaise, qui remonte à une époque lointaine, plus de 8 000 ans avant notre ère, est un amalgame de légendes « importées » de Chine ou de Corée. Elle se compose d'un nombre impressionnant de divinités, chaque clan ayant ses *kami (forces qui animent la nature)* pouvant habiter une montagne, un lieu, un animal, un arbre... Les mythes japonais nous sont connus grâce au livre sacré *Kojiki (récit des choses anciennes)* qui retrace l'histoire de la terre depuis la Création jusqu'à l'année 628 (commencé en l'an 681 durant le règne de l'empereur Temmu et terminé en 712); à la première partie du *Nihongi,* rédigé en 720, le *Jindaiki (Histoire des dieux),* qui relate les légendes anciennes; à l'*Izumo-fudoki,* description des régions consacrées aux premiers kami maîtres de la terre; à l'*Engi-shiki,* compilation des prières liturgiques, qui décrit les traditions et rites du Shinto.

Le Shinto, la plus ancienne religion du Japon, la *voie divine,* fondée sur l'antagonisme entre le pur et l'impur, a pour centre le grand temple d'Ise.

Selon la cosmologie shintoïste, l'univers, les dieux, les hommes et les animaux sont nés « des mêmes ancêtres et sont par conséquent parents... Avant le Ciel et la Terre dont il est le créateur, est apparu le Kami, qui forme le positif et le négatif… l'esprit en toute la Création et l'âme en l'humanité… Par conséquent, le Kami est la source du Ciel et de la Terre, la nature spirituelle de toute la Création et la destinée de l'humanité. Le Kami est immatériel et pourtant donne vie à ce qui est matériel » (31-39).

Après certains stades préliminaires, lorsque la Création parvint au stade de la matière solide, que le ciel et la terre se manifestèrent, trois divinités créées de leur propre substance apparurent dans les hautes sphères célestes. Puis le ciel et la terre se séparèrent, mais on pouvait passer de l'un à l'autre en montant le long d'un arc-en-ciel géant. A ce moment apparut un dieu ressemblant à une pousse de roseau. Il engendra deux divinités qui à leur tour donnèrent vie à sept générations de dieux et à un dernier couple de Kami, **Izanagi** et **Izanami** (les principes masculin et féminin). Ces derniers solidifièrent l'univers informe et mobile; puis, descendant le long de l'arc-en-ciel, Izanami agita l'océan avec sa lance, faisant tomber une goutte d'eau qui forma la première île, Onokoro, où le couple se construisit une colonne et une demeure. Pour célébrer la cérémonie du mariage, ils contournèrent la colonne, Izanami par la gauche et Izanagi par la droite. Lorsqu'ils se rencontrèrent, Izanami s'écria : « Quel beau jeune homme ! », mécontentant Izanagi, car c'est lui qui aurait dû complimenter sa fiancée.

De cette union primordiale naquirent un enfant sangsue que les parents laissèrent dériver sur un radeau, puis l'île d'Awa qu'ils répudièrent également parce qu'elle était difforme. Alors ils consultèrent les dieux qui leur expliqua que tout était dû à l'erreur d'Izanami. Ils recommencèrent la cérémonie et Izanagi parla le premier. Tout étant rentré dans l'ordre, le couple engendra la série d'îles qui constitue le Japon, un grand nombre de dieux : de la mer, du vent, des arbres, des montagnes… le benjamin fut le dieu du Feu qui brûla atrocement sa mère en venant au monde. Ensuite d'autres dieux naquirent de l'urine et des excréments d'Izanami, puis elle mourut. Le désespoir de son époux fut si intense que ses larmes donnèrent naissance à une déesse « Rivière des Larmes » et qu'il décapita le fils qui avait causé la mort de son épouse. Le sang du dieu du Feu se métamorphosa en huit dieux différents et de son corps sortirent cinq dieux symbolisant des montagnes : *Oyamatsumi, Nakayamatsumi, Hahamatsumi, Masakayamatsumi* et *Shigiyamatsumi.*

Izanami descendit aux enfers, *Yomi,* et son mari, inconsolable, alla l'y chercher; mais, ayant goûté à la nourriture infernale, elle ne pouvait retourner sur terre et Izanagi dut l'y abondonner et partir sans regarder son épouse. Mais le fougueux mari ne put résister au désir de la revoir encore une fois et alluma une torche avec une dent du peigne qui retenait sa chevelure. Il vit le corps d'Izanami en décomposition, rongé par les vers, et s'enfuit terrorisé. Humiliée, Izanami le poursuivit en compagnie des harpyes infernales, des dieux du Tonnerre et des soldats du Yomi. Arrivé à l'entrée de l'enfer, Izanagi lança trois pêches sur ses poursuivants et parvint à obstruer le tunnel avec un rocher de chaque côté duquel les époux prononcèrent les paroles scellant leur séparation (symbole de la lutte éternelle entre la vie et la mort).

Se sentant souillé par le contact de l'enfer, Izanagi se rendit sur l'île de Tsukiji afin de se purifier dans la rivière Tachibana. Lorsqu'il se débarrassa de sa canne, le « dieu des Carrefours » (nous le retrouvons en Grèce sous le nom d'Hermès) apparut. De chacun de ses vêtements naquit une divinité. Les impuretés corporelles rapportées des régions infernales donnèrent naissance aux douze dieux du Mal. Pour les contrecarrer, il fit naître aussitôt douze dieux du Bien. Lorsqu'il se lava l'œil gauche, la déesse du soleil **Amaterasu** se manifesta : le bain de son œil droit fit surgir **Tsukuyomi,** le dieu de la lune, et le lavage de son nez fit naître le dieu des Tempêtes, **Susanoo.**

L'organisation et la direction de l'univers furent confiés à ces trois dernières divinités : Amaterasu reçut le ciel, un collier à cinq rangs; Tsukuyomi devint le maître de la nuit et à Susanoo fut confié le royaume des mers qu'il refusa, souhaitant rejoindre sa mère en enfer. Furieux, son père le laissa partir (rupture entre le père et le fils). Mais voulant saluer Amaterasu avant de s'enfoncer dans le royaume des morts, Susanoo se mit à escalader le ciel, affrontant des tempêtes et séismes, puis les mille cinq cents flèches dont s'était armée sa sœur, méfiante. Devant ses protestations de bonne foi, Amaterasu exigea des preuves. Susanoo suggéra que chacun d'eux donne naissance à des enfants et que si les siens étaient des garçons, il pourrait pénétrer dans le royaume de sa sœur. Comme preuve de leur accord, ils échangèrent leurs emblèmes : Amaterasu prit le sabre de son frère, le brisa en trois morceaux qu'elle mâcha et trois déesses en sortirent, tandis que Susanoo croqua les cinq rangs du collier de sa sœur, faisant naître cinq dieux. Il avait gagné le droit d'entrée au ciel ! Amaterasu fit siens les fils de son frère et les huit divinités ainsi créées furent vénérées comme huit princes ancestraux, l'aîné celui des Empereurs et les autres des grandes familles japonaises.

Mais, ivre de joie, l'imprudent Susanoo détruisit les rizières préparées par sa sœur et souilla les temples. Généreuse, Amaterasu pardonna ces erreurs. Mais l'impénitent Susanoo précipita un cheval écorché par une ouverture pratiquée dans le toit du temple où la déesse était occupée au tissage des vêtements sacrés en compagnie de sa jeune sœur **Wakahurime,** le Soleil levant qui, prise de panique, se perfora le sexe avec sa quenouille et mourut. Effrayée, Amaterasu se retira dans une caverne céleste dont elle obstrua la porte, abondonnant la terre aux ténèbres et à la désolation. Les huit cents myriades de dieux tinrent conseil et **Omoigane,** le dieu de la sagesse, imagina une astuce pour apaiser Amaterasu et la ramener sur terre. Il fit fabriquer un miroir et un collier qu'il fixa à un arbre, le *Sakaki (Cleyera japonica),* puis lâchèrent des coqs qui lancèrent leur cri matinal. La déesse *Ama no Uzume,* revêtue de feuillage, se mit à danser en se dépouillant de son vêtement végétal devant la porte de la caverne et les dieux éclatèrent de rire. Intriguée par ce vacarme, Amaterasu voulut en connaître la cause et Uzume lui répondit qu'une nouvelle déesse, supérieure à la déesse du Soleil, était née. Curieuse, celle-ci regarda dehors et vit son image dans le miroir; aussitôt le dieu de la Force, **Tajikara,** lui saisit la main et l'obligea à sortir de sa cachette qui fut fermée. C'est ainsi que la lumière revint sur la terre. Quant à Susanoo, on lui coupa la barbe et la moustache, on lui arracha les ongles et il fut banni du ciel, vécut sur terre dans la province d'Izumo où il extermina le dragon (ou serpent) à huit têtes qui avait dévoré les sept filles d'un couple. Susanoo entreprit le sauvetage de la huitième fille : il la métamorphosa en un peigne qu'il plaça dans sa chevelure. Puis il emplit de saké huit barils que le monstre s'empressa d'avaler, sombrant dans un profond sommeil. Susanoo en profita pour découper le dragon en morceaux, découvrant au centre de sa queue un sabre merveilleux, qui fut nommé *Kusanagi,* qu'il offrit à Amaterasu. Ce cadeau, conservé dans le temple d'Atsuta, constitue, avec le collier à cinq rangs et le miroir, les attributs de la déesse du Soleil et les trois insignes de la dynastie impériale du Japon.

Ce mythe a une double signification : d'une part, il traduit la rivalité qui existait au IIIe siècle, entre Himeko, la reine-prêtresse de Yamato et son frère cadet de la province d'Izumo. D'autre part, il décrit le rythme saisonnier, la venue de l'hiver, Amaterasu étant la déesse du Soleil disparaissant puis reparaissant.

La danse d'Uzume se rapporte aux traditions et rites agraires, la nudité faisant partie intégrante du culte de la fertilité. La joie des dieux est le symbole du renouveau printanier de la vie.

CRÉON
le gouverneur

Frère de Jocaste, qui régna sur Thèbes après la mort de son beau-frère Laïos, puis s'effaça devant Œdipe lorsqu'il eût détruit le Sphinx, et lui accorda la main de Jocaste. En découvrant l'inceste commis par les époux, il chassa Œdipe dont les fils jumeaux Etéocle et Polynice furent déclarés conjointement rois de Thèbes, chacun devant régner alternativement pendant un an. Mais au terme de son règne, Etéocle refusa de céder la place à son frère et le bannit de la ville. Au cours de la guerre des « Sept Chefs » (Polynice, Tydée et cinq Argiens), Créon dut, suivant l'oracle de Tirésias, immoler son fils Ménoecée pour obtenir la victoire. Puis lors d'un combat singulier devant décider de la succession au trône, les deux frères s'entretuèrent. Antigone, ayant enfreint l'interdiction d'enterrer ses frères, fit élever un bûcher pour le cadavre de Polynice. Prévenu, Créon ordonna à son fils Haemon de l'y jeter; mais comme il était amoureux d'Antigone, il l'épousa en secret et l'envoya parmi les bergers. Ils eurent un fils qui, plusieurs années plus tard, vint participer à des Jeux funèbres à Thèbes et fut reconnu par Créon qui le condamna à mort. Alors, Antigone et Haemon se donnèrent la mort. Quant à Créon, selon certains, il fut tué par Lycos l'Eubéen, fils de Poséidon et de Dircé qui attaqua Thèbes et s'empara du pouvoir lors d'une sédition. Selon d'autres, il fut tué par Thésée.

CRESPHONTES
le meurtrier le plus puissant

Héraclide, fils d'Aristomaque, qui, avec ses frères Téménos et Aristodème, envahit le Péloponnèse, devint roi de Messénie et l'époux de Mérope, la fille de Cypsélos, qui lui donna Egyptos. Il trouva la mort lors d'une révolte des Messéniens.

CRÉTÉ
celle qui commande

Autre nom de Pasiphaé : fille d'Astérios, épouse de Minos dont elle eut Crétée, Deucalion, Glaucos, Androgée et quatre filles : Acallé, Xénodice, Ariane et Phèdre.

CRÉÜSE
la souveraine

Fille d'Erechthée et de Praxithea, qu'Apollon surprit endormie dans une caverne située sous les Propylées à Athènes et séduisit, engendrant un fils, Ion, qu'il enleva pour en faire un prêtre de Delphes. Plus tard, Créüse et Xouthos qu'elle avait épousé, venus consulter l'oracle, rencontrèrent Ion. Xouthos l'adopta, provoquant la jalousie de sa femme qui, ignorant l'identité du jeune homme, tenta de l'empoisonner. Mais une colombe descendue des cieux avala quelques gouttes de la boisson empoisonnée et mourut. Créüse se réfugia dans le sanctuaire d'Apollon d'où Ion voulut la faire sortir, afin de se venger. A ce moment, une prêtresse intervint et lui révéla la vérité. Ion devint plus tard roi d'Athènes et eut quatre fils d'Hélicé, qui donnèrent leur nom aux quatre professions suivantes : cultivateur, artisan, prêtre et soldat (1-136).

• Fille de Priam et d'Hécube, qui fut la première épouse d'Enée, la mère d'Ascagne, et disparut lors de l'incendie de Troie.

• Fille du roi de Corinthe, Créon, qui épousa Jason lorsqu'il eut répudié Médée. Celle-ci lui fit cadeau d'une robe empoisonnée qui prit feu lorsqu'elle la porta, la consumant ainsi que le palais.

• Naïade, fille de Gaïa et d'Oceanos, épouse du dieu-fleuve Pénée, mère du roi des Lapithes Hypsée et de Stilbé qui fut aimée d'Apollon.

CROCOS
safran

Amant mortel qui désira vainement la nymphe Smilax et qu'Hermès, qui l'avait tué involontairement au cours d'une partie de disques, métamorphosa en pied de safran.

CRONOS
le corbeau

Fils d'Ouranos et de Gaïa, père de Zeus, il détrôna son père et régna sur le monde avec Rhéa, sa sœur-épouse. L'oracle ayant décrété qu'il serait à son tour détrôné par un de ses enfants, il les dévorait dès leur naissance. Cependant, Rhéa parvint à sauver Zeus en lui présentant une pierre langée à la place du nouveau-né qui fut envoyé en Crète et qui, devenu adulte, déclara la guerre à son père et aux Titans, vainquit ces derniers et les expédia au Tartare.

Selon une autre tradition, Cronos régna ensuite sur l'île des Bienheureux, fut le roi d'un âge d'or durant lequel la terre prodiguait ses fruits dans un paradis où l'on vivait sans travailler.

Vénéré à Olympie et à Athènes, il fut assimilé à Chronos, dieu du temps infini et représenté par un vieillard portant une faux.

• Les Latins lui assimilèrent **Saturnus,** originellement divinité secondaire de l'ensemencement.

CROTOS
le battement rythmique

Fils de Pan et d'Euphémé, la nourrice des Muses, qui furent ses compagnes d'enfance. Zeus le plaça au ciel où il est devenu la constellation du *Sagittaire.*

CUCHULAINN
le chien courant de Culann

Héros d'épopée de la mythologie celte, célébré dans le Cycle légendaire des « Chevaliers de la Branche Rouge ». Cuchulainn (se prononce Coohoolinn), guerrier de la province de l'Ulster, était un mortel doté de pouvoirs surhumains employés au service de sa tribu et qui devint le gardien de l'Ulster.

Tantôt apparaissant comme le fils ou une réincarnation du dieu Lug (équivalent d'Apollon), par conséquent un dieu solaire, tantôt né trois fois, les textes le décrivent comme un garçon extraordinaire avec *sept orteils à chaque pied et, à chaque main, le même nombre de doigts; sept pupilles... chacune pareille à un joyau... sur chaque joue quatre grains de beauté, un bleu, un rouge, un vert et un jaune. D'une oreille à l'autre, on pouvait compter cinquante longues tresses blond clair comme le miel des abeilles... Il portait un manteau vert retenu sur sa poitrine par une fibule d'argent et une chemise tissée d'or* (15-264).

A l'âge de quatre ans, le fils de Sualtaim et de Dechtine défia et surpassa les pages à la cour de son oncle Conchobar

(prononcer Conohoor), prototype du roi Arthur de la mythologie galloise. Puis il se joignit aux pages de la cité royale d'Emain avec pour bagages une crosse de cuivre, une balle d'argent, une lance et un javelot. Rendus furieux par cette intrusion inattendue, les pages tentèrent de le chasser à coups de poing, de coudes et de lances. C'est alors que pris d'une fureur guerrière et animé d'une force surhumaine, il terrassa cinquante pages (transformation magique qui sert encore de thème aux auteurs modernes). *Pris par son paroxysme, sa distorsion, il devenait un être redoutable, multiforme, étonnant, méconnaissable. Tout en lui, des pieds à la tête, sa chair et tous ses membres et toutes ses articulations se mettaient à trembler. Ses pieds, ses tibias, ses genoux se retournaient. Sur son front, les tendons se tiraient vers la nuque où ils saillaient en bosses plus grosses que la tête d'un enfant humain d'un mois. Un œil s'enfonçait... profondément... sa bouche se tordait jusqu'à rejoindre ses oreilles... des langues de feu en sortaient... Ses cheveux étaient emmêlés tout autour de sa tête... Son « paroxysme héroïque » faisait une saillie sur son front...* (15-264).
(Ce passage n'évoque-t-il pas l'« incroyable Hulk », personnage très moderne d'un feuilleton télévisé, qui, lorsqu'il se déchaîne, se transforme en géant invincible ?)

Ensuite, utilisant cette force cosmique dont il était le dépositaire, il tua le chien-gardien de Culann (équivalent de Cerbère), exploit qui lui valut son nom et le droit de combattre sous la bannière de son oncle. Un jour, le druide Cathbad annonça qu'un jeune soldat surpasserait en courage et par ses exploits, tous les autres jeunes gens de l'Irlande. Sans plus attendre, Cuchulainn revêtit une armure, s'empara d'un char et se rendit à la forteresse du « Camp des Fils de Nechtan », trancha la tête des soldats qui en assuraient la défense, les accrocha aux flancs de son char et s'en retourna à la cour de son oncle. En chemin, il captura des cerfs géants, abattit de deux pierres deux douzaines de cygnes en plein vol et les attacha à son char.

Son retour provoqua l'inquiétude des nobles qui craignaient pour la vertu de leurs épouses. Et le roi, craignant pour la vie de ses hommes, imagina une astuce pour modérer l'ardeur belliqueuse ou amoureuse de son neveu : il envoya cent cinquante femmes nues à sa rencontre. Profitant de la confusion du héros, les hommes s'emparèrent de lui et le plongèrent dans une cuve d'eau froide; mais celle-ci se vida. Ils recommencèrent l'opération et l'eau de la cuve se mit à bouillir, une troisième devint très chaude, ce qui signifiait que Cuchulainn était maîtrisé et les habitants du château sauvés.

Mais il fallait marier ce dangereux concurrent. Cuchulainn se rendit alors aux Jardins de Lug rencontrer la belle Emer qui le reconnut immédiatement. Mais Forgall le Wily, le père, loin d'accueillir ce dangereux prétendant, l'expédia en Alba apprendre les arts de la guerre chez Donall le Guerrier, dans l'espoir qu'il ne reviendrait jamais. Là, on lui confia une *mission impossible :* extorquer d'une certaine guerrière Scathach les secrets de son courage surnaturel.

Des épreuves apparemment insurmontables l'attendaient, mais utilisant son merveilleux pouvoir de « distorsion », il parvint à rencontrer la ravissante fille de Scathach qui lui indiqua la manière d'arracher à sa mère son secret. C'était simple, il suffisait de faire un saut périlleux jusqu'à l'if où se trouvait la guerrière, de placer son épée sur sa poitrine et de lui présenter sa requête.

Cuchulainn obtint tout ce qu'il désirait : le secret des conquêtes de Scathach et la main de sa fille. Il demeura un an auprès d'elle, participa à un combat contre l'amazone Aife *(belle)* dont il eut un fils, tua une sorcière et retourna chez Forgall le Wily. Celui-ci continuant à refuser ce gendre trop encombrant, Cuchulainn enleva tout simplement sa bien-aimée, l'épousa à la cour de son oncle qui, selon la coutume, exerça son droit de cuissage avant son mariage. *La jeune fille symbolise, comme dans les légendes, le destin et les obstacles représentent le refus de laisser la vie suivre son cours* (15-274). Une légende raconte que Cuchulainn vécut une histoire d'amour avec Fand, la reine des Sidh.

Ayant fait ses preuves, Cuchulainn devint le protecteur de l'Ulster qu'il défendit seul contre les quatre autres provinces, s'opposant à la reine Medb qui, de tout temps, préparait sa défaite. Lors d'une nouvelle invasion de sa province, divers présages annoncèrent au héros qu'il était aux prises avec des forces surnaturelles et que sa dernière heure était venue. Et le héros, n'étant pas immortel, rendit l'âme les armes à la main, en l'an II de notre ère, selon la tradition, attaché à une roue solaire par *le lien quintuple obligeant les poignets, le cou et les chevilles à se rejoindre.* On raconte que, sur l'ordre de la reine Medb, pour obtenir sa mort, trois sorcières *embrochèrent un chien, un animal sacré, sur des piquets de sorbier* (54-325 et 192).

— Cuchulainn servit de modèle aux héros britanniques des romans du cycle de la table Ronde : Arthur, Perceval...

Cuivre

Le cuivre était consacré à Aphrodite, parce que les premières mines connues se trouvaient dans l'île de Chypre. On lui attribuait le pouvoir de chasser les spectres et les mauvais esprits : les Lacédémoniens frappaient sur un chaudron en cuivre lorsqu'un roi mourait.

Cumes

Ancienne ville de l'Italie méridionale fondée par les Eubéens, où, inspirée par Apollon et la triple Hécate, la sibylle Déiphobé rendait ses oracles dans une grotte.

CUPIDON
le désir

Homologue latin d'Eros, génie ailé qui accompagnait Vénus.

CURÈTES
les jeunes gens à la tête rasée

Les premiers Curètes furent les gardiens de Zeus, en Crète, autour duquel ils exécutaient des danses bruyantes au son de cymbales afin que Cronos n'entende pas les cris du nouveau-né. Des Curètes font partie de la légende de Dionysos dont ils sont les nourriciers.

Plus tard, on donna le nom de Curètes aux prêtres de Zeus et de Rhéa, célèbres pour le mystère qui entourait leurs rites orgiaques et leurs actes de magie.

CYBÈLE
la déesse à la hache

Grande déesse phrygienne (la Phrygie, région farouche et sauvage, s'étendait le long des mers Egée, Propontide et de la mer Noire ou Pont-Euxin), la *Magna Mater* du Proche-Orient, symbole de la ***puissance sauvage de la nature***, de l'***énergie chthonienne*** (enfermée dans la terre, considérée comme la source de toute la ***fécondité***), qui était toujours accompagnée d'animaux sauvages. La légende la décrit comme une déesse *androgyne* issue de la terre. De ses organes mâles sortit un amandier dont les fruits donnèrent naissance à Attis lorsque Nana, la fille du fleuve Sangarios, en eût mangé.

L'androgyne, ou *« femme à barbe »*, et l'hermaphrodite correspondent à des périodes de transition dans les sociétés. *En tant que concept religieux, ils sont nés du passage du système matriarcal au système patriarcal... L'androgyne est la mère d'un clan préhellénique qui a échappé au système patriarcal : pour conserver ses prérogatives concernant la justice ou le droit d'anoblir les enfants qu'elle avait eus d'un père esclave, elle porte une fausse barbe, comme c'était la coutume à Argos.* (1-65).

On représentait Cybèle assise sur un trône protégé par deux lions (le lion et le tambourin étaient ses attributs) et tenant un fouet orné d'os, symbolisant sa puissance. A Ephèse, elle était symbolisée par une pierre noire, considérée comme un trait de foudre, une pierre céleste. Cybèle épousa Gordias, roi de Phrygie, rendu célèbre par le nœud compliqué en bois de cormier qui fixait le joug de son char dans le temple de Zeus (lien qui fut tranché par Alexandre). Le couple engendra *Midas*, qui succéda à son père sur le trône.

L'étourdi roi de Phrygie fut affligé d'« oreilles d'âne » par Apollon qu'il avait irrité, mais auquel fut donné par Dionysos le pouvoir de transformer en or tout ce qu'il toucherait. L'infortuné roi regretta vite sa cupidité et supplia le dieu, qui, pour dissiper l'enchantement, lui conseilla de se purifier dans le fleuve Pactole qui, depuis, renferme des pépites d'or.

Cybèle conçut un amour platonique pour le beau berger phrygien Attis qu'elle nomma grand-prêtre de son culte en échange de sa chasteté. Mais le jeune homme s'éprit de la nymphe Sagaritis, et l'épousa, provoquant la colère de Cybèle qui tua la nymphe et frappa de folie l'infidèle. Dans un accès de démence, Attis se mutila. Prise de remords, la déesse ressuscita le berger sous la forme d'un pin; une autre tradition raconte qu'il fut victime de la jalousie de Zeus qui le fit mettre en pièces par un ours.

— **Le culte de Cybèle** était célébré dans des grottes ou au sommet des montagnes. Il se confondit plus tard avec celui d'Attis, dont la mort et la résurrection périodiques figuraient le cycle des saisons et le renouveau printanier, et Cybèle devint le symbole de la ***fécondité par la mort*** (33-330). Il comportait des rites orgiaques qui visaient à établir une communion totale entre les divinités et les fidèles, comportaient des orgies extatiques.

Le festival d'Attis durait cinq jours :

— le premier jour était consacré aux lamentations et à la procession d'un pin entouré de linges figurant le dieu;

— le second, à la danse frénétique des prêtres ou *galles :* ceux-ci se flagellaient en dansant et en chantant des *galliambes.* Les Grecs appelaient ces officiants les Corybantes et ils se confondirent plus tard avec les Curètes crétois et les Telchines de Rhodes, personnification des phénomènes volcaniques;

— le troisième, aux mutilations sexuelles volontaires : ses adorateurs mâles, saisis de frénésie, s'émasculaient eux-mêmes afin d'atteindre à l'union avec Cybèle et couraient à travers la ville en « brandissant leurs organes coupés » qu'ils échangeaient contre des vêtements féminins pour se vouer au culte de la déesse;

— le quatrième jour, qui rappelait la résurrection d'Attis, était réservé aux réjouissances. On procédait au repas sacra-

mentel au cours duquel les participants mangeaient dans un tambourin et buvaient dans des cymbales;
— le cinquième jour était consacré au repos.

En Anatolie, ces mystères comportaient le rite du *taurobole:* le néophyte se tenait dans une fosse recouverte d'une grille au-dessus de laquelle on égorgeait un taureau expiatoire. Il sortait entièrement couvert du sang de l'animal, mais régénéré, purifié de toute souillure, né une seconde fois. La purification était efficace pendant vingt ans. Les mystères de Cybèle sur le mont Ida, institués par Midas (qui imposa également le culte de Zeus), se répandirent en Italie, en Gaule, en Aquitaine, en Espagne, et en Afrique du Nord en l'an 134 de notre ère (57-178).

Ce culte fut introduit à Rome au moment de la guerre avec Hannibal. La Sibylle décréta que l'ennemi serait chassé si l'on instaurait le culte de la Magna Mater à Rome. Les adeptes firent venir le météorite noir symbolisant la déesse et l'installèrent au temple de la Victoire, sur le mont Palatin, où il demeura jusqu'en 191 avant J.C. (57-186). La prédiction s'étant réalisée, le peuple romain reconnaissant institua, en l'honneur de la déesse, les *Magalésiennes,* fêtes comprenant un banquet sacré et des jeux, qui avaient lieu du 4 au 10 avril et s'étendirent dans tout le pays. Elles comportaient des offrandes à Cybèle dans son temple, des divertissements, des courses. La statue était conduite à travers la ville sur un char attelé de lions, par les galles venus d'Asie Mineure, qui exécutaient les rites propres au culte. Ces derniers, étant réprouvés par les autorités civiles, furent interdits aux Romains et les Magalésiennes finirent par perdre leur attrait.

Les rites phrygiens connurent un regain d'intérêt pendant le règne de l'empereur Claude (41-54 de notre ère), et les fêtes de printemps de Cybèle et d'Attis furent célébrées du 15 au 27 mars. Le 15, une procession de *cannophores* (porteurs de roseaux) commémorait la découverte d'Attis par Cybèle dans les roseaux du fleuve Sangorios qui avait pour but d'assurer la fertilité des champs... On sacrifiait un taureau de six ans... Après une semaine de jeûne, on se rendait dans le bois de Cybèle, près de Rome, on abattait un pin qui était enveloppé d'un linge pour figurer le corps d'Attis, on l'ornait de guirlandes de violettes (nées du sang du dieu), on fixait l'effigie d'Attis au tronc de l'arbre et celui-ci était transporté par les *dendrophores* dans le temple de la déesse sur le mont Palatin. Le lendemain, on observait un jeûne strict en vue de la fête solennelle du *Dies Sanguis* (qui devint plus tard les *Hilaria* ou fêtes de la Joie), consacrée aux lamentations sur la mort d'Attis, qui avait lieu le 24 mars au son des flûtes jusqu'à l'aube.

L'officiant s'incisait le bras (symbole des mutilations phrygiennes), des prêtres se flagellaient et offraient leur sang à la Magna Mater et à son amant. Le 25 était un jour de liesse générale : *les initiés étaient unis à la déesse, comme un nouvel Attis, et la résurrection du dieu mort, selon toute probabilité, était une promesse de survie pour ceux qui partageaient sa victoire sur la mort* (57-190).

Le 26 était un jour de repos bien nécessaire après les abus des jours précédents. Le festival se terminait le 27 par des ablutions : l'emblème de Cybèle était amené dans son cadre d'argent, en procession dans une voiture tirée par des bœufs, à la rivière Almo, au son des flûtes et des tambourins. Il était lavé dans la rivière en même temps que les objets sacrés, puis ramené au sanctuaire où il demeurait jusqu'au printemps suivant.

• Bien qu'ayant perdu leur signification profonde, les anciens ***rites de l'équinoxe de printemps*** ont survécu dans le folklore des régions agraires du nord et du centre de l'Europe, transférés au 1er mai.

Le thème mythologique y est présenté de manière différente, mais Attis revient tous les ans sous l'aspect de l'*arbre de Mai* enguirlandé, réminiscence du pin sacré. Dans les villages, les jeunes gens abattent un arbre après minuit, le dépouillent de ses branches, l'enveloppent de bandelettes violettes, le ramènent dans une charrette tirée par des bœufs aux cornes enguirlandées et le plantent sur la place au lever du soleil, au son des flûtes et des trompettes, et tout le monde danse autour de l'arbre. Autrefois, on fixait une poupée (figurant Attis) au sommet de l'arbre. Quant à Cybèle, elle se réincarne dans la Reine de Mai, qui, précédée de l'arbre de Mai, fait le tour de la place du village, portée triomphalement par des jeunes villageois, dans un char décoré.

Le drame sacré de la mort et de la résurrection du dieu n'a pas disparu; il revit chaque année dans la fête de Pâques de la chrétienté.

CYCLOPES
ceux dont l'œil est entouré d'un cercle

Ils étaient trois, ces êtres monstrueux et sauvages ne possédant qu'un œil, habitants des lieux souterrains, grottes, cavernes, compagnons de Héphaïstos, le *Vulcanus* latin, travaillant à ses côtés lorsqu'il préparait les armes et ornements des dieux. Ils s'allièrent à Zeus pour lutter contre les Titans. On leur attribue la pratique du cannibalisme.

A l'origine, ils furent sans doute des dieux de l'orage, si l'on en croit leurs noms (*Teropès,* éclair, *Argos,* lueur, *Brontès,* tonnerre), et leur œil unique devait être la personnification du nuage orageux d'où s'échappe l'éclair, comparable à un œil immense.

Ces monstres *semblent avoir été une corporation de forgerons du bronze de l'Hellade primitive.* Cyclops *signifie « œil cerclé » et on leur tatouait probablement des cercles sur le front en l'honneur du soleil, source des feux de leurs fourneaux. Les Thraces continuèrent à se tatouer de la même façon jusqu'à la période classique. Les cercles concentriques constituent une partie des mystères du forgeron* qui se servait de cercles comme guides pour fabriquer des coupes ou des casques (1-33).

CYCNOS
le cygne

Fils d'Apollon et de Hyrae, qui, ne pouvant obtenir de Phyllos un taureau qu'il convoitait, se jeta dans le lac de Canope et fut métamorphosé en cygne par Apollon.

• Fils d'Arès et de Pyréné, qui arrêtait les voyageurs qui se rendaient à Delphes, pour leur dérober les offrandes destinées à Apollon, et qui fut tué par Héraklès dans un combat singulier.

• Fils de Poséidon et de Calycé, roi de Colone en Troade, qui épousa en secondes noces Philoméné. Celle-ci s'éprit de son beau-fils qui demeura indifférent à ses avances et, pour se venger, le calomnia auprès de son mari. Cycnos l'enferma dans un coffre qu'il fit jeter à la mer. On dit qu'il fut tué par Achille lors de la guerre de Troie et changé en cygne.

CYPARISSE

Fils d'Amyclée (ou de Minyas), frère d'Orchomène, qui donna son nom à une ville du Péloponnèse.
• Fils d'Amyclée (ou de Télèphe), favori d'Apollon qui, ayant malencontreusement tué un cerf que le dieu aimait, se donna la mort et fut changé en cyprès.

CYRÈNE
l'experte en harnais

Fille d'Hypsée et de la Naïade Chlidanopé, petite-fille du dieu-fleuve Pénée et de Créüse, qui préférait aux tâches domestiques la chasse aux animaux sauvages sur le mont Pélion. Un jour, Apollon ayant assisté à sa lutte victorieuse contre un lion, l'enleva et la transporta sur son char d'or en Libye, dans la région qui fut plus tard appelée la *Cyrénaïque*. Accueillis par Aphrodite, ils couchèrent dans une chambre d'or et Apollon promit à Cyrène un règne sur un pays prospère. Confiée aux Nymphes du Myrte, elle donna naissance à un fils, Aristée, puis après une seconde visite d'Apollon, à Idmon le devin. Aristée, surnommé Agreus par les nymphes, apprit à cultiver l'olivier, à fabriquer du fromage et à construire des ruches, arts qu'il introduisit en Grèce. C'est pourquoi le myrte, originellement associé à la mort, devint le symbole de la colonisation et *les émigrants apportaient avec eux des branches de myrte pour montrer qu'ils avaient mis fin à une certaine période* (1-226). Mais une nuit, Cyrène s'unit aussi à Arès et eut de lui Diomède de Thrace.

Cyrène fut pour son fils Aristée une conseillère avisée : lorsque toutes ses chèvres moururent, elle l'envoya voir Protée qui lui révéla qu'il avait offensé les dieux en provoquant la mort d'Eurydice. En effet, Aristée l'avait courtisée et elle s'était enfuie, se faisant mordre par un serpent. C'est encore Cyrène qui lui indiqua le moyen de se rendre favorable l'ombre d'Orphée qui avait suivi Eurydice dans le monde souterrain. Suivant ses conseils, il laissa les cadavres des animaux sacrifiés pendant huit jours et lorsqu'il revint le matin du neuvième jour, un essaim d'abeilles s'envola de ces cadavres et se rassembla dans un arbre. Aristée n'eut plus qu'à les cueillir.

Il est plus logique que l'essaim sorte du cadavre du lion et la légende semble avoir *été racontée de façon inexacte par Virgile...* Ce mythe *semble avoir été inspiré par une représentation primitive d'une femme nue luttant amoureusement avec un lion, tandis qu'une abeille vole au-dessus du cadavre d'un autre lion. La femme nue est la déesse-Lion Cyrène, ou Hépatu la Hittite, ou Anatha de Syrie...* (1-226).

Selon d'autres sources, Cyrène se vit offrir le royaume de Cyrène par Eurypylos, roi de Libye, pour avoir mis à mort un lion qui menaçait les habitants.

— Virgile fit de Cyrène une nymphe habitant au fond de la rivière Pénée.

CYRINAS

Roi de Chypre qui se glorifia de la radieuse beauté de sa fille Myrrha qu'il osa comparer à celle d'Aphrodite. Pour se venger, la déesse inspira à la princesse un amour incestueux pour son père. Une nuit, lors d'une absence de sa mère, Myrrha se glissa dans le lit de Cyrinas. Le lendemain, il réalisa qu'il s'était rendu coupable d'un inceste et chassa du palais sa fille qui s'enfuit en Arabie, où elle donna naissance à Adonis (qui était ainsi à la fois le fils et le petit-fils de Cyrinas). On raconte qu'elle fut métamorphosée en arbre à myrrhe *(balsamodendro myrrha),* plante produisant un suc laiteux qui, en s'évaporant, laisse une sorte de gomme résineuse qui était

brûlée dans les temples, puis utilisée dans la fabrication des cosmétiques, et en pharmacie comme stimulant, antispasmodique.
– Ce mythe fut exploité par Ovide dans un conte licencieux et mis en scène par Alfiéri en 1791.

CYTHÈRE

Ile volcanique de l'archipel grec, située au nord-ouest de la Crète, consacrée à Aphrodite qui, après sa naissance de l'écume de la mer à Chypre, y prit terre. Propriété des Argiens, elle fut prise par les Lacédémoniens, puis par Sparte qui y maintint un corps de troupes dirigé par un magistrat, le *kuthérodikès* ou *cythérodice*.
– Les poètes la considéraient comme l'île des amours, symbole d'un *paradis enchanteur* qui inspira peintres, poètes et musiciens. On connaît *L'Embarquement pour Cythère* de Watteau, et *Cythère assiégée*, opéra-ballet de Glück représenté à l'Opéra en 1775.

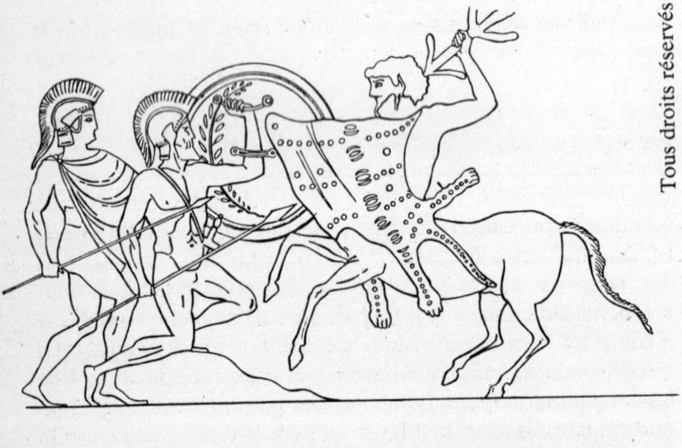

Le combat des Centaures et des Lapithes reproduit sur un vase grec. Le Centaure se sert d'une peau de léopard comme bouclier.

D

DACTYLES

les doigts

Rhéa, enceinte de Zeus, *enfonça ses doigts dans le sol pour soulager ses douleurs* et, de sa main droite naquirent cinq hommes, de sa main gauche cinq femmes. D'autres prétendent que les Dactyles eurent pour mère Anchialé. On leur attribue un rôle important dans le développement de la civilisation primitive : les Dactyles mâles, forgerons qui vivaient sur le mont Ida en Phrygie, découvrirent le fer dans le mont Bérécynthe. On les a souvent confondus avec les Curètes qui veillaient sur Zeus enfant en Crète. Les femmes, qui vivaient à Samothrace, expertes magiciennes, enseignèrent à Orphée les mystères de la Déesse.

◆ Ces figures personnifiaient *les doigts et la course olympique d'Héraklès [qui] est une histoire qu'on raconte aux enfants en tambourinant sur la table avec quatre doigts (sans le pouce) où l'index remporte toujours la victoire* (1-154). C'est pour cette raison qu'on leur attribue l'invention du rythme *dactylique* : le dactyle étant un pied de vers composé de deux syllabes, une longue et deux brèves, le temps fort était marqué avec le doigt.

DANAÉ
la desséchée

Fille du roi d'Argos, Acrisios, et d'Eurydice, que son père enferma dans un donjon, parce qu'il craignait d'être détrôné par ses descendants. Elle fut désirée par Zeus dont l'ardeur ne fut pas entamée par la présence d'une tour. Il y pénétra sous la forme d'une pluie d'or et séduisit Danaé, union qui donna naissance au héros Persée. Fou de rage, le roi enferma la mère et le fils dans un coffre qui dériva sur la mer avant d'échouer sur le rivage de l'île Sériphos, où Polydecte les recueillit.

Pour les Sumériens, Danaé était *Dam-Kina* et les Hébreux l'appelaient *Dinah*.

— Sa légende a été narrée par de nombreux poètes : Hésiode, Pindare, Horace, Ovide… Elle fut le sujet de tragédies (Eschyle, Sophocle, Euripide…), de tableaux : *Danaé recevant la pluie d'or* de Van Dyck, du Titien…

DANAÏDES
celles qui jugent

Magiciennes ou mantes religieuses, les cinquante filles de Danaos, roi d'Argos, parvinrent, grâce à leur beauté resplendissante, à charmer leurs cousins dans le but de les tuer. Après s'être querellé avec son frère Egyptos et avoir fui l'Egypte, Danaos feignit de se réconcilier avec lui et organisa une rencontre entre ses filles et ses cinquante neveux. Ces derniers, envoûtés par la séduction qui émanait des jeunes filles, les épousèrent. Mais leur nuit de noces fut fatale aux maris que, sur l'ordre de leur père, les belles Danaïdes poignardèrent en plein cœur.

Ce destin sanglant fut épargné à Lyncée, époux d'Hypermnestre, qui parvint à la ville de Lyncée. Quant aux meurtrières, elles furent purifiées par Hermès et Athéna dans les eaux du lac de Lerne, puis se remarièrent à des Pélasges, donnant naissance à la race des Danéens… La légende ajoute que plus tard, Lyncée tua le père-tyran Danaos, régna à sa place puis extermina les criminelles Danaïdes qui furent expédiées au Tartare et condamnées à remplir éternellement un tonneau sans fond. On dit que les Danaïdes étaient *les anciennes prêtresses de l'eau à Lerne* (1-371) et que trois d'entre elles appelées Telchines *(magiciennes)* donnèrent leur nom aux trois villes principales de l'île de Rhodes (1-167). Au temps de la guerre de Troie, toutes les populations grecques portaient le nom générique de *Danéens,* descendants de Danaos, le fondateur d'Argos.

◆ Le supplice des Danaïdes, qu'on retrouve dans la mythologie aryenne, symbolise *un travail à la fois pénible et inutile, la prodigalité menant à la pauvreté, bref,* ***l'insatisfaction perpétuelle.***

— Il a inspiré une très ancienne épopée, *Danaïs,* sur laquelle se sont basés les poètes postérieurs : Archiloque, Eschyle *(Les Suppliantes, Amymone...).* En 1784, un opéra en cinq actes *Les Danaïdes* obtint un très grand succès (musique de Salieri).

Peintres et sculpteurs ont représenté ces magiciennes : leurs statues ornaient le temple d'Apollon Palatin; on doit à Hector Leroux et Tony Robert-Fleury, peintres de la Renaissance, les *Danaïdes aux enfers.*

DANAOS
le juge

Fils de Bélos et d'Anchimhoé, petit-fils de Poséidon, père des Danaïdes et frère d'Egyptos avec lequel il régna en Egypte pendant quelque temps. Puis, accompagné de ses cinquante filles, il se rendit en Argolide, usurpa le trône du roi Gélanor et régna cinquante ans sur le pays, donnant son nom aux Ioniens du Péloponnèse (les Danéens). Feignant de se réconcilier avec son frère, il donna ses filles en mariage à ses cinquante neveux qu'elles tuèrent le soir de leurs noces. Plus tard, Danaos fut tué par Lyncée qui régna à sa place.

DAPHNÉ
laurier

Nymphe, fille de Pénée, dieu-fleuve de Thessalie et de Gaïa. Un jour Apollon, qui était amoureux d'elle, la poursuivit à travers la plaine. A bout de force, prête à succomber, elle supplia sa mère de la sauver. Aussitôt, une pesante torpeur l'envahit, sa chevelure se transforma en feuillage, ses bras en rameaux, ses pieds en racines. Elle était métamorphosée en laurier ! Cet arbuste devint l'arbre favori du dieu du soleil et ses feuilles passaient pour procurer le don de divination. On dit qu'il ne peut être atteint par la foudre.

Par la suite, seules les Pythonisses avaient le droit de mâcher les feuilles de laurier (1-71). Et les devins grecs qui les mangeaient, pour parvenir à un état d'intoxication favorable à la voyance, étaient appelés *daphnéphages*. Leur méthode divinatoire, basée sur la manière de brûler une branche de laurier jetée dans le feu, s'appelait la *daphnémancie*. Les feuilles de laurier continuent à couronner les vainqueurs et lauréats de concours. On les trouve aussi sur les timbres-poste...

◆ Ce récit à l'épilogue décevant évoque la **recherche éperdue de l'âme-sœur,** seule capable d'apporter le bonheur. Dès qu'on croit l'atteindre, il disparaît.

Il symbolise la ***fixation au moi infantile***, aux parents et aux émotions liées à l'amour parental, et par voie de conséquence, l'incapacité d'affronter les réalités de l'existence.

La métamorphose en laurier est une forme d'*ensorcellement* symbolisant les ***psychoses*** ou ***névroses*** menaçant ceux qui refusent obstinément de sortir des murs de la prison de l'enfance.

• Une autre tradition raconte les amours tragiques de Daphné et de Leucippe, le fils du roi de Pise Œnomaos. Apollon, qui désirait ardemment la jeune nymphe, prit ombrage de leur bonheur, mais l'amoureux, ne voulant pas se séparer de sa belle, se déguisa en fille et se mêla aux nymphes. Apollon découvrit la supercherie grâce à ses dons de divination, conseilla aux nymphes de se dévêtir et de se plonger dans la rivière. Ayant réalisé son imposture, les nymphes mirent en pièces le pauvre Œnomaos.

Une fois la voie libre, Apollon poursuivit Daphné de ses assiduités. Il était sur le point de l'atteindre lorsqu'elle appela la Terre-Mère, dont elle était la prêtresse, à son secours. Aussitôt, elle fut transportée en Crète et transformée en Pasiphaé. A sa place, Gaïa laissa un laurier dont Apollon utilisa le feuillage pour se faire une couronne en souvenir de la belle nymphe qui lui avait échappé.

DAPHNIS
le laurier

Fils d'Hermès et d'une nymphe sicilienne, élevé par des nymphes, berger qui jouait de la flûte en gardant ses troupeaux de bœufs sur les pentes de l'Etna. Il fut le favori des muses. des nymphes, d'Artémis et d'Apollon. Aimé d'une nymphe, il lui jura fidélité, mais un jour qu'il était ivre, il se parjura, perdit la vue et mourut peu après. Certains prétendent qu'il fut changé en pierre.

◆ Daphnis est le symbole du berger idéal, l'inventeur de la poésie bucolique.

DARDANOS
celui qui réduit en cendres

Fils de Zeus et de la Pléiade Electre (fille d'Atlas et femme de Corythos), originaire d'Arcadie, époux de Chrysé, qui avait reçu en dot le *Palladion.* Après avoir tué son frère Jasios, il se rendit à Samothrace, y institua les mystères; puis il alla en Troade où il épousa la fille de Teucros (ou Teucer), régna sur la contrée et donna son nom aux Troyens (Dardanides) et à la dynastie royale. Il eut de nombreux enfants, dont Erichtonios, Zacynthos, et une fille, Idae.

DÉDALE
l'artiste habile

Chef de la race des Dédalides, vivant à Athènes, qui, par jalousie, tua Talos, son neveu et apprenti, et fut exilé par l'Aréopage. Il se rendit en Crète, à Cnossos, où il s'attira la colère du roi en fabriquant, à la demande de la reine, une vache creuse en bois pour attirer le taûreau blanc détourné du sacrifice dont elle s'était éprise. Pour cacher la honte de Pasiphaé, Minos fit construire par Dédale le fameux labyrinthe où il enferma sa femme, le Minotaure, Dédale et son fils Icare. L'astucieux architecte se fabriqua des ailes avec des plumes et de la cire et s'envola avec son fils Icare; mais celui-ci, s'étant approché trop près du soleil, vit fondre ses ailes et tomba dans la mer Egée.

Dédale s'arrêta à Cumes en Italie où il dédia ses ailes à Apollon et lui érigea un temple au toit d'or, puis se rendit en Sicile chez le roi Cocalos pour lequel il construisit une forteresse imprenable et de magnifiques édifices. Pendant ce temps, Minos, parti à la recherche de Dédale, à la tête d'une flotte importante, arriva en Sicile et proposa à Cocalos de faire passer un fil dans une coquille d'escargot contre une récompense, sachant bien que seul Dédale y parviendrait. L'architecte, ayant percé un trou au sommet de la coquille, attacha un fil léger à une fourmi qu'il attira dans les spirales de la coquille qu'il avait enduites de miel, et tira sur le fil qu'il avait attaché à l'autre extrémité. Minos demanda à Cocalos de lui livrer Dédale; mais ses filles, ravies des automates qu'il leur avait fabriqués, imaginèrent un moyen de le sauver. Pendant que Minos se prélassait dans la baignoire, elles firent couler de la poix bouillante par un orifice ménagé dans le plafond de la salle de bains: Minos fut ébouillanté et son corps renvoyé aux Crétois.

Dédale quitta la Sicile pour la Sardaigne en compagnie de Ialcos, son neveu, conducteur du char d'Héraklès de Tirynthe. Il y construisit de nombreux édifices.

— Tous les soixante ans, on célébrait en Béotie des fêtes appelées *dédalies*.

◆ Dédale est la personnification des progrès de l'architecture antique et de la sculpture. *Ses arts furent introduits en Attique en provenance de la Crète... Les jouets qu'il fabriqua pour les filles de Cocalos étaient probablement des poupées munies de membres amovibles...* (1-256).

DÉIDAMIE
celle qui emporte le butin

Fille de Lycomède, roi de l'île de Scyros, qu'Achille, arrivé dans l'île déguisé en femme, séduisit. Elle eut de lui un fils, Pyrrhos ou Néoptolème. Lorsqu'il découvrit leur union, Lycomède consentit à leur mariage, mais Achille quitta l'île le jour même, abandonnant Déidamie.

Ce récit inspira à Stace un poème latin *Achille à Scyros.*

• Deux autres personnages portent ce nom : la sœur de Bellérophon, épouse d'Evandre (roi de Lycie) et l'épouse du roi d'Etolie, Thestos.

DÉION
le pillard

Fils d'Eole, roi de Phocide, époux de Diomédé dont il eut plusieurs enfants : Céphale, Dia... Il fut tué par le mari de Dia, Ixion, qui le poussa dans une fournaise.

• Fils d'Eurytos, roi d'Œchalie, qui épousa Périgone, la fille de Sinis le brigand, ex-femme de Thésée.

• Fils d'Hératklès et de Mégaré.

DÉIONÉ
la reine du butin

Fille du roi de Crète Minos, qui, séduite par Apollon, eut un fils, Miletos, que sa mère cacha dans une forêt, pour dissimuler sa naissance à Minos. Il fut nourri par des loups et découvert par des bergers et, pour échapper au roi, dut s'enfuir en Asie Mineure où il fonda la ville de Miletos.

DÉIPHOBÉ
la Sibylle de Cumes

Fille de Glaucos et d'Hécate, qui fut aimée d'Apollon qui lui accorda une vie de mille années. Lorsqu'Enée arriva en Italie, elle avait sept cents ans et lui prédit son destin, lui expliqua comment arriver aux enfers.

DÉIPHOBOS
celui qui craint les pillards

Fils de Priam et d'Hécube qui avait reconnu son frère, Pâris, autrefois abandonné par son père. Il se distingua pendant le siège de sa ville par ses actes de bravoure. C'est lui qui incita Hector à tuer Achille. Après la mort de Pâris, négligeant les conseils de son frère Hélénos, il épousa Hélène. La nuit de la prise de Troie, sa femme le livra à Ménélas et à Odysseus, qui le mutilèrent affreusement et jetèrent son corps sur le rivage. On dit que, par la suite, Enée lui rendit les honneurs funèbres et lui éleva un monument sur le mont Rhoeteion.
– L'histoire de Déiphobos a inspiré à Virgile une scène du voyage d'Enée aux Enfers.
• Fils d'Hippolyte et d'Amyclée.

DÉIPNOPHORES
les porteuses de souper

Femmes préposées aux provisions de bouche, pendant les *déipnophories,* fêtes célébrées à Athènes en l'honneur d'Aglauros, de Pandrosos et d'Hersé, comportant un festin.

DÉJANIRE
celle qui rassemble le butin

Fille d'Œnée, roi de Calydon (ou de Dionysos) et d'Althée, réputée pour sa beauté. Pour départager ses nombreux prétendants, elle décida d'épouser le plus fort d'entre eux. Ce fut Héraklès. En se rendant à Trachine, les époux furent arrêtés par le fleuve Evenos et le centaure Nessus offrit de le faire traverser à Déjanire. Arrivé sur l'autre rive, il tenta de la violer, mais Héraklès le tua d'une flèche empoisonnée. Avant de rendre l'âme, il fit cadeau de sa tunique imprégnée de sang à Déjanire, prétendant qu'elle lui rendrait l'amour de son mari si jamais il lui était infidèle. Lorsque, peu après, Héraklès la délaissa pour Iole, la fille d'Euryte, Déjanire lui envoya la tunique de Nessus qu'il revêtit aussitôt. Pris d'atroces douleurs, il préféra se jeter dans le feu sur le mont Œta. Désespérée, Déjanire se suicida. Son fils, Hyllos, fut l'ancêtre des Héraclides.

— Ce récit inspira à Sophocle les *Trachiniennes;* à Sophocle, *Hercule au mont Œta.* Le Guide peignit *L'enlèvement de Déjanire.*

• Une planète télescopique découverte en 1875 fut appelée Déjanire.

DÉLOS
stable et visible

Ile de la mer Egée, également appelée *Lagia (l'île des lièvres), Ortygie (l'île des cailles), Cynthère, Pélasgie.* Zeus fixa cette terre autrefois flottante, pour abriter Léto poursuivie par Héra. C'est là qu'elle mit au monde Apollon et Artémis.

DELPHES
la matrice, le sein, le centre de la terre

Ville de Phocide sur le versant occidental du Parnasse, près du Pleistos, où les dieux communiquaient avec les hommes par l'intermédiaire de la Pythie qu'on venait consulter de très loin. On y honorait Apollon.

Déluge

Les récits de déluge font partie de l'histoire du monde et se trouvent dans toutes les mythologies. Au point de vue exotérique, ils ont pour but d'expliquer les inondations terribles et destructrices qui, au cours des siècles, ont bouleversé la géographie des pays de l'Antiquité. Ces cataclysmes, qui ont causé non seulement l'anéantissement des habitants des régions basses (plaines, vallées...) mais aussi un arrêt total de l'évolution des civilisations, ont laissé une impression de terreur panique, perceptible dans les légendes et les mythes les relatant.

Il s'est produit de nombreux déluges, partiels et localisés ou généraux sur tous les continents : celui dont parlent les légendes mésopotamiennes et la Bible (Noé et son arche) s'est produit aux environs de l'an −3300 (ou −2300), amenant un changement radical, l'abolition des périodes antérieures et la création d'une humanité nouvelle.

◆ Du point de vue ésotérique, le mythe du déluge nous donne une leçon d'espoir, car le héros du cataclysme (Noé ou les autres...) qui sauve l'humanité de la disparition, symbolise la ***vitalité germinante de l'homme***, quelle que soit la violence du désastre ou du péché qui s'abattent sur lui (15-325).

DÉMÉTER
la mère de l'orge

Fille de Cronos et de Rhéa, sœur de Zeus, mère de Perséphone (ou Coré), déesse de la terre, du blé et de l'épeautre, à la chevelure blonde comme les blés, Déméter suscita l'amour des grands dieux de l'Olympe; mais ils ne parvinrent pas à l'émouvoir. Aussi employèrent-ils ruse et astuces! *Poséidon* se métamorphosa en cheval alors qu'elle s'était transformée en jument pour échapper à ses brûlantes avances. De cette union naquirent le coursier Aréion, muni d'un pied humain et doté de la parole, et une fille, Despoena. Ce mythe expliquerait une invasion hellène de l'Arcadie et l'importation de chevaux de grande taille qui faisaient l'objet d'un culte au-delà de la mer Caspienne. « Cette légende existe dans la littérature sacrée hindoue primitive : Saranyu se change en jument, Vivaswat devient un étalon et s'unit à elle; les fruits de leurs amours sont les deux héros Asvins (1-57).

Elle refusa également de se soumettre au désir de *Zeus* qui se transforma en taureau pour la séduire. Il lui donna un fils, Iacchos, et une fille, Koré, qui fut plus tard identifiée à la reine des Enfers, l'épouse de Hadès Perséphone (Proserpine pour les Latins), lorsque *le cycle saisonnier de la végétation fut comparé au cycle de la vie humaine tel qu'il se déroule en ce monde et dans l'autre* (57-170). Mais elle se laissa toucher par l'amour du Titan *Iasion.* Ils « s'unirent ouvertement dans un champ trois fois labouré » et donnèrent le jour au dieu de l'abondance, Ploutos. Furieux, Zeus exécuta son rival en le foudroyant.

Mais la légende de Déméter est fondée principalement sur l'enlèvement de Perséphone, dans la plaine d'Eleusis en Attique, par Hadès, le roi des Enfers, alors qu'elle admirait un narcisse. Pendant neuf jours et neuf nuits, Déméter parcourut la Terre pour retrouver sa fille. Le dixième jour, le nom du ravisseur lui fut révélé par Hélios (symbole de la chaleur et de la lumière solaires).

La mère outragée refusa de regagner l'Olympe tant que Perséphone serait enfermée au Tartare et se réfugia chez le roi d'Eleusis Céleos, époux de Métanire. Voulant accorder l'immortalité à leur fils Démophon, elle le tint soulevé au-dessus du feu « pour consumer son humanité »; mais surprise par l'entrée inattendue de Métanire, elle laissa tomber l'enfant dans le feu et il mourut. Pour la consoler, Déméter confia un épi de blé à un autre fils, Triptolème et lui confia la mission de parcourir la Grèce pour enseigner aux hommes l'agriculture et la fabrication du pain.

Elle se rendit aussi en Attique chez Phytalos *(Phyton : plante), personnification des progrès de l'agriculture,* appartenant à la famille sacerdotale des Phytalides, voués à son culte, et lui donna l'olivier (ou le figuier).

Puis elle se retira à Eleusis, préparant une année de disette pour les hommes, afin de se venger du rapt de sa fille. Car, pendant l'errance de la déesse, les arbres n'avaient pas de fruits, l'herbe se desséchait, la race humaine était menacée d'extinction. Zeus envoya Hermès chercher Perséphone. Mais Hadès refusa de la laisser partir sous le prétexte que celle-ci avait goûté à la nourriture infernale, ce qui lui rendait inaccessible le monde des vivants. Il fallut trouver un compromis. Il fut décidé que la Reine des Enfers demeurerait avec sa mère pendant six mois (printemps, été) et avec Hadès les six autres mois (automne, hiver), cette division de l'année symbolisant le *cycle de la végétation* (séjour souterrain du grain avant sa germination et sa levée), la tristesse hivernale suivie de la joie printanière et de l'épanouissement de la vie en général.

— **Le culte de Déméter** était essentiellement un rituel agraire basé sur le *cycle des morts et des renaissances,* la culture du blé, la descente de Perséphone aux enfers représentant le séjour du grain dans les silos. La déesse de la germination et de la moisson du blé figurant l'*aspect cultivé, « domestiqué » de la Terre-Mère,* « symbolise en effet une phase capitale dans l'organisation de la terre : le passage de la nature à la culture, du sauvage au civilisé » (33-347).

La sortie du blé *des silos où il avait été placé après le battage de juin jusqu'à ce que, en octobre, le moment soit venu de le semer* (57-169) était également l'occasion de fêtes solennelles appelées les *Thesmophories.* Ces cérémonies étaient célébrées dans de nombreux pays grecs en novembre, après les récoltes de l'année et les semailles d'hiver.

Les fêtes, originellement célébrées en plein air, devinrent entre 650 et 600 avant J.C. des **Mystères**, à l'instar de ceux de la déesse égyptienne Isis, importés à Eleusis qui passait pour le centre de l'agriculture, et destinés à procurer l'immortalité aux initiés qui étaient tenus au secret le plus strict sous peine de châtiments terribles. L'initiation avait pour but de procurer aux adeptes *une nouvelle conception de l'existence, leur permettant de s'élever au-delà des contingences du temps et de l'espace* (57-172).

Ces mystères comprenaient :

— Les **Petites Eleusines**, marquant le retour de Perséphone, qui avaient lieu tous les ans au mois d'anthestérion (février). C'était l'initiation du premier degré, la préparation procurant la palingenèse (renaissance) en Zagreos (mythe de la résurrection) : les néophytes se livraient à des purifications et à des pratiques ascétiques; on leur parlait des révélations qui leur seraient faites.

— Les **Grandes Eleusines** avaient lieu tous les cinq ans à Eleusis et à Athènes le dix-neuvième jour du mois de boedromion (septembre), après la sécheresse estivale. Elles procuraient l'*épopteia,* la vision suprême, la révélation du mystère de la vie et de la mort par la déesse, couronnant la grande initiation. Le premier jour, les aspirants, précédés de la statue de Iacchos, étaient menés en procession le long de la voie sacrée menant d'Athènes à Eleusis, accompagnant les reliques de Déméter gardées par les prêtresses. En chemin, ils s'arrêtaient auprès des sanctuaires et des bains pour accomplir les rites de purification. Arrivés à Eleusis, on rendait à Iacchos les honneurs qui lui étaient dus, puis les fidèles, réunis autour de l'hiérophante, se baignaient dans la mer et marchaient sur le rivage avec des torches, imitant Déméter à la recherche de Koré.

Le vingt-deuxième jour coïncidait avec les semailles d'automne. Pendant la nuit, les mystes se rendaient dans un édifice carré entouré de gradins de pierre soutenu par quarante-deux colonnes appelé le *télestérion* et dans un silence absolu, observaient, assis sur les gradins, les cérémonies sacrées se déroulant à l'intérieur du sanctuaire, dans l'*anaktoron,* où se trouvaient les reliques de Déméter. Des révélations leur étaient faites concernant les formules mystiques et symboliques et les objets cultuels, par l'hiérophante revêtu de ses vêtements sacerdotaux.

Les sources littéraires tardives font référence à un breuvage sacré (*kykeon, probablement à base de pavot, insigne des prêtresses de Déméter),* que les mystes du premier degré, qui avaient fait le serment du secret, absorbaient avant de pénétrer dans le *télestérion* assister au drame reproduisant l'enlèvement de Koré-Perséphoné. Tandis que seuls les mystes du second degré *(epoptae)* avaient le droit d'assister à une cérémonie rappelant l'union de Zeus et Déméter, figurés respectivement par l'hiérophante et la prêtresse.

L'abstinence et la chasteté étaient de rigueur pendant toute la durée du festival qui se terminait par un banquet et des danses (30 et 45). Le service était assuré par des prêtres : l'hiérophante, le dadouque, l'hiérokéryx ou héraut sacré et l'épithomios.

— Dispensatrice de la végétation, Déméter avait pour attributs le myrte, le narcisse et la brione. Les Romains l'appelaient **Cérès**, déesse de la moisson, dont le culte était assimilé à celui de la déesse Terre primitive, la **Tellus Mater**, mère terrestre personnifiant le sol fertile, *le fondement sur lequel reposent les éléments qui s'engendrent les uns les autres* (59-7). Tellus Mater était représentée avec plusieurs mamelles, symbolisant sa fécondité inépuisable.

◆ Paul Diel voit dans le monde souterrain le symbole de l'***inconscient*** et la descente de Perséphone en enfer, celui du ***refoulement du désir*** (44-196). Il attribue aux mystères éleusiens une signification psychologique « sous-jacente » : pour libérer le désir refoulé, l'homme doit descendre dans le royaume secret de son inconscient pour y découvrir sa véritable nature et les motivations qui sont à la base de son comportement négatif (44-198).

Démons ou ***daïmons***

Génies qui présidaient au destin des hommes et se manifestaient dans des circonstances pénibles ou douloureuses : maladie, chagrin, frayeur, tristesse...

DÉMOPHON
la voix du peuple

Fils de Thésée et de Phèdre, roi d'Athènes qui participa au siège de Troie où il délivra Aethra, sa grand-mère, devenue l'esclave d'Hélène. Sur la route du retour, il fit escale en Thrace où la princesse Phyllis, qui avait succédé à son père Sithon, s'éprit de lui et l'épousa. Il régna pendant quelque temps, puis se lassa et décida de rentrer à Athènes, promettant de revenir avant la fin de l'année. Phyllis l'accompagna au port d'Ennéodos et lui remit une cassette qu'il ne devait ouvrir que lorsqu'il aurait abandonné l'espoir de lui revenir. Mais Démophon, qui n'avait nullement l'intention de se rendre à Athènes, mit le cap sur Chypre et s'y établit. Lorsque Phyllis réalisa qu'il ne reviendrait pas, elle s'empoisonna (ou se jeta dans la mer près du cap Pangée, à l'endroit où fut bâtie la ville d'Amphipolis). Au même moment, la curiosité poussa Démophon à ouvrir la cassette, et devant son contenu, il perdit la raison, partit au galop sur son cheval qui s'emballa, le projeta à terre sur la pointe de son épée qui s'était plantée dans le sol la pointe en l'air.

• Phyllis est souvent confondue avec une autre princesse de Thrace du même nom qui eut un sort aussi malheureux : s'étant éprise d'Acamas, frère de Démophon, elle l'attendit vainement, mourut de chagrin et fut changée en amandier.

DEUCALION

le marin du vin nouveau

Fils de Prométhée et de Pandore, ancêtre des Hellènes, qui échappa avec sa femme Pyrrha au déluge envoyé par Zeus irrité des crimes du genre humain. Guidés par Prométhée, ils s'étaient construit un vaisseau qui flotta pendant neuf jours pour aborder sur le sommet du Parnasse. L'oracle de Thémis leur ordonna d'abandonner derrière eux les os de leur grand-mère, c'est-à-dire les pierres, os de la terre, mère de tous les hommes. Chaque pierre lancée par Deucalion se transforma en homme, celles de Pyrrha devinrent des femmes. Puis ils construisirent un temple à Zeus Phryxios, instituèrent les *hydrophories,* fêtes commémorant le déluge; dans certains récits, ces événements se déroulent en Thessalie, dans d'autres, en Sicile où le vaisseau aborda sur le mont Etna ou l'Athos. Deucalion eut deux fils : Amphyction et Hellen, père d'Aelos, Doros et Xouthos.

• On cite aussi Deucalion, fils de Minos et de Pasiphaé (ou de Crété), père d'Idoménée, qui participa à l'expédition des Argonautes et à la chasse au sanglier de Calydon, et le fils d'Héraklès et d'une Thespiade, et encore le fils d'Hypersasios et d'Hypso, frère d'Amphion.

Dialis Flamen

A Rome, prêtre de Jupiter, symbolisant la *paix,* la *sérénité* et la *pureté.* Il portait la robe royale, l'anneau d'or, une branche d'olivier sur son bonnet, avait droit à la chaise d'ivoire, était précédé d'un licteur. Il pouvait enlever les chaînes des condamnés.

DIANE

Divinité latine, assimilée à l'Artémis grecque, à l'origine déesse de la nature, des bois et des montagnes adorée dans la Sabine, sur le mont Algide, sur le mont Corné et, sous le nom de *Diana Tifatina,* près de Capoue. *Diana Aricia* était vénérée dans les monts Albains, près du lac de Nemi où, si l'on voulait obtenir le sacerdoce, il fallait tuer le prêtre en exercice.

• On donna son nom à une planète télescopique découverte en 1863.

DIDON ou ELISA ou ELISSA

Fille du roi de Tyr, Bel (ou de Mutto), sœur de Pygmalion, qui succéda à son père. Pygmalion fit tuer son époux Sibarchas ou Sichée, prêtre d'Héraklès, dans le but de s'emparer de ses trésors. Mais Didon les emporta en s'enfuyant en compagnie de nombreux Troyens. Ils abordèrent à Chypre, puis en Afrique, sur la côte de Zeugitane où le roi Jarbas consentit à leur accorder un territoire aussi grand que la peau d'un bœuf. L'astucieuse Didon fit découper en lanières très étroites cette peau qui couvrit un espace assez grand pour construire une citadelle. Elle y bâtit Byrsa, l'acropole de Carthage.

Jarbas proposa de l'épouser pour assurer la sécurité des Troyens; elle fit mine d'accepter, mais le moment venu, elle prépara un bûcher, y monta et se poignarda. Didon fut honorée à Carthage comme la fondatrice de la cité.

Après les guerres puniques, on prétendit qu'Enée, poussé par les vents sur la côte africaine, avait rencontré Didon, l'avait séduite puis abandonnée. Cette légende forme la quatrième partie de l'*Enéide* de Virgile.

Dieux et demi-dieux

La religion des peuples de l'Antiquité était généralement déterminée par certains facteurs « naturels » tels que la nature de son sol et de son sous-sol, son climat..., en fonction desquels ils adoraient les dieux dont l'intervention était jugée indispensable aux nécessités de la vie quotidienne. Ainsi les nations qui devaient commercialiser leurs ressources naturelles s'adressaient aux divinités protectrices du commerce, des voyageurs, etc. Les navigateurs s'assuraient la protection du dieu du vent au temps de la navigation à voile. Les peuples qui, n'ayant rien à exporter et ne pouvant rien acheter à leurs voisins faute de monnaie d'échange, étaient contraints de leur faire la guerre pour s'emparer de leurs richesses, avaient recours aux divinités guerrières. Ce qui explique la grande diversité des panthéons, diversité toute relative d'ailleurs, puisque certains dieux sont universels.

Les Chaldéo-Assyriens

L'Assyrie des premiers temps désignait le pays situé à l'est du Tigre, qui s'étendit par la suite à toute la partie comprenant également la Babylonie, la Chaldée et la Mésopotamie.

A l'origine, les Assyriens pratiquaient le culte de la nature, des astres et de *Mylittia,* déesse-mère ancêtre de l'Astarté phénicienne et de l'Aphrodite grecque. Ils reconnaissaient un nombre incalculable d'*esprits,* personnifiant les forces de la nature, qui peuplaient toutes les régions du monde et se distinguaient des *dieux* proprement dits. Les *bons* esprits étaient représentés avec un corps d'animal et un visage humain, les *mauvais* avec un corps humain et une tête hideuse d'animal.

Les *grands dieux* régnaient sur les trois régions de l'univers : la terre en forme de demi-sphère, bordée par le fleuve Océan où régnait le dieu Ea; l'abîme ou séjour des morts, localisé dans la partie souterraine concave de la terre, géré par Moulilla, le grand juge; le ciel, calotte hémisphérique reposant sur les rives du fleuve Océan où présidait Anna.

Douze dieux, réunis en conseil, symbolisaient les mois de l'année et les signes du zodiaque : l'*Etre suprême* (Assour à Ninive, Bel à Babylone); deux *triades : cinq dieux protecteurs des planètes,* parmi lesquels Gilgamesh, l'homologue de l'Hercule assyrien qui gardait les portes des temples sous les traits d'un géant étouffant un lion.

Il y avait une foule de *dieux inférieurs* qui se querellaient incessamment : les bons génies, représentés par des taureaux ailés à tête humaine et coiffés d'une mitre, avaient pour mission de protéger les dieux et les hommes.

Les Perses

Les Médo-Perses (les Mèdes et les Perses occupaient une partie du plateau de l'Iran, aujourd'hui l'Afghanistan, le Béloutchistan et l'Iran) tenaient les principes de leur religion de *Zoroastre,* sage venu de Médie, qui instaura le *mazdéisme (du zend mazdaô : très savant, omniscient)* en Perse. Cette religion, dont les lois sont consignées dans le *Zend-Avesta,* livre sacré des mazdéens, y fleurit de l'an 300 av. J.C. à 652 de notre ère, mais est toujours pratiquée en Inde par les *guèbres* (infidèles) et les *Parsis.* Elle est basée sur deux principes opposés : d'abord celui du *bien, de la vie, de la fertilité, du bonheur,* symbolisé par la lumière matérielle, manifestation extérieure de la lumière spirituelle, de la vérité. Ce principe est personnifié en *Ahura-Mazda* (ou Ormuzd). Ormuzd a un corps lumineux et son œil était le soleil. Il règne sur plusieurs entités : les *Amschaspands* ou saints immortels; les *Yseds, six génies* supérieurs lumineux comme lui; *Mithra,* qui assure la liaison entre les dieux et les hommes parmi lesquels il représente la fidélité et la vérité; *Atar (le feu),* fils d'Ormuzd; *Anahita,* divinité féminine personnifiant le principe humide et fécondant; *Haoma,* personnification d'une plante utilisée dans le culte mazdéen, dont le suc passe pour procurer une longue vie et l'immortalité; les *ferouers* et des milliers d'esprits répandus dans l'univers dont ils assurent la conservation; les *Fravashi* qui veillent sur tous les êtres. Ces anges gardiens retournent au ciel à la mort de l'individu. A la fin de l'année, ils parcourent le monde et reçoivent les hommages des hommes auxquels ils accordent leur protection.

L'esprit du mal, de l'erreur, du mensonge, symbolisé par les ténèbres, incarné par *Ahriman* ou Angro-Maïnyous, a pour but la destruction de l'humanité. Il est responsable du péché et des crimes. Ahriman dirige *six mauvais esprits* et des *démons* ou *daevas* responsables des malheurs de l'humanité, dont la mission consiste également à contrecarrer l'action des Yseds et des Fravashi. Parmi ces esprits malfaisants : les séductrices *(drujes)*, les *péris*, la plus terrible étant *Naçu;* les enchanteurs *(yatus);* les *ianis*, les *catars;* les *kavis;* les *karapans*, pervers et corrupteurs des hommes.

Au-dessus de ces principes et de leurs aides, un dieu suprême et éternel, unité et principe du monde, assimilé au temps illimité, *Zervan-Akerene.*

— La religion conseille à l'homme de suivre l'exemple d'Ormuzd en luttant contre les créatures d'Ahriman; de détruire les plantes nuisibles, les animaux malfaisants; sur le plan moral, de combattre le mensonge, l'erreur et de se consacrer au service du bien.

Aussi la morale du mazdéisme, qui se résume dans cette maxime : *Houmatem, Houktem, Hvarestem* (bonnes pensées, bonnes paroles, bonnes actions), recommandait-elle le travail, le respect de la famille, de la femme, de l'enfant.

A la mort, tous les êtres doivent traverser le pont de *Tchinvat.* Les hommes vertueux se rendent au *Gard-demana (demeure des chants).* Les méchants et les menteurs demeurent dans l'abîme, se retrouvent en enfer *(Drudjô-demana* ou *demeure du mensonge)* jusqu'à la venue du sauveur *Caosyat.*

— **Le culte** consistait à l'origine en offrandes de pains, de viande à Ormuzd, plus tard remplacés par des offrandes de lait, beurre et de la liqueur Hoama préalablement bénits par l'eau consacrée.

Les Phéniciens

A l'origine, en Phénicie (bande de terre de cinquante lieues de long sur dix de large s'étendant entre le Liban et la mer), on n'adorait qu'un seul dieu, *Baal.* Plus tard, on lui donna pour compagne *Astarté.* Les divinités étaient considérées à la fois comme les créateurs de l'univers qu'on célébrait avec exubérance par des orgies et des fêtes, et comme des destructeurs qu'on vénérait par des sacrifices humains.

Les Egyptiens

Originellement, bien que l'idée d'un dieu suprême existât déjà, les principales divinités vénérées étaient : les dieux-hommes, les dieux-monstres et les dieux-bêtes.

— Les *dieux-hommes* étaient des représentations humaines ou des hommes vénérés en tant que divinités. Ils étaient souvent adorés en triades figurant la famille, père-mère-fils, qui se multipliaient presque à l'infini : Osiris (le Soleil)-Isis (la Lune)-Horus (le Soleil levant).

— Les *dieux-monstres* étaient représentés par des figures composites mi-humaines, mi-animales : les sphinx au corps de lion, à la tête d'homme, d'épervier ou de bélier... Anubis, dieu qui présidait à la sépulture, avait un corps humain et une tête de chacal (il fut plus tard identifié à Hermès)... Bast, déesse de l'enfantement, un corps de femme et une tête de chatte, personnification de la chaleur fécondante du soleil...

— Ils adoraient aussi des *animaux* ou leurs représentations : les animaux domestiques (bœuf, chat, chien...), symbolisant la clémence divine; les fauves ou bêtes dangereuses (crocodile, lion...), évocateurs de la puissance divine. Le taureau Apis, incarnation du dieu Ptah, symbole de l'énergie créatrice de la nature, était un superbe taureau noir, portant une tache blanche triangulaire au front, qui ne vivait que vingt-cinq ans; après quoi, on le noyait dans la fontaine d'Osiris, on l'embaumait et on déposait sa momie dans le Sérapéum (cimetière).

— Le *Nil* était adoré à l'égal d'un dieu et sa fête célébrée tous les ans au mois de juin avant les crues. On lui sacrifiait une jeune fille noble parée comme une mariée, la *fiancée du Nil,* qui était jetée dans le fleuve. Certains *végétaux* faisaient également l'objet d'un culte.

L'Inde

Les Indiens croyaient en un dieu immatériel et indivisible, *Brahma,* qu'ils appelaient aussi *Mahanatma (la grande âme),* le créateur, qui régnait sur le feu, l'air et le soleil qui formaient sa triple puissance active dans la nature, puis sur les esprits bienfaisants présidant à l'ordre du monde. On offrait à ces divinités des sacrifices en plein air.

Les Grecs

Les dieux étaient les personnifications des forces de la nature, représentés par des hommes robustes à la plastique admirable, tandis que les Romains les considéraient comme des *numina,* des « activités » à la figure floue, imprécise.

Autour de ces figures s'était constituée toute une organisation religieuse, civile et intellectuelle, sous l'égide des prêtres qui étaient en possession de certaines sciences.

> D'une manière générale, les dieux ouraniens et solaires et les divinités lunaires se disputèrent longtemps la suprématie, particulièrement en Thrace. Les dieux solaires avaient des prêtres mâles qui exerçaient dans un sanctuaire sur les montagnes et les collines, tandis que des prêtresses pratiquaient, dans les forêts et les vallées, les rites voluptueux, les arts occultes et l'excitation orgiaque propres aux cultes lunaires et évoquant les passions déchaînées et les forces sauvages de la nature. Pour marquer la suprématie de la femme sur l'homme, les prêtresses de Hékaté adoptèrent le culte de Dionysos en prenant le nom de Bacchantes et se livrèrent à des abus (16-229).

Les Mexicains

Le panthéon aztèque était un amalgame complexe de dieux *agraires et atmosphériques* fécondants, divinités de la nature (montagnes, terre, feu, obsidienne...) et des phénomènes atmosphériques (nuages, vents, tonnerre, pluie...). Ils reconnaissaient un couple divin primordial, auteur de la création de l'univers et des dieux : *Tonacatecuhtli* et *Tonacacihuatl (Seigneur et Dame de notre Substance)* ou *Ometecuhtli* et *Omecihuatl,* qui demeuraient au treizième ciel. Ils engendrèrent quatre dieux créateurs eux aussi, associés aux points cardinaux : *Huitzilopochtli,* incarnant le soleil et la guerre, dieu de la chasse et patron de la noblesse; *Xipetoltec,* dieu des plantations printanières, patron des orfèvres; *Quetzalcoatl,* dieu de la vie, de la fertilité, qui s'opposait à *Tezcatlipoca,* le dieu de la nuit. Il y avait aussi les quatre *Tlalocs,* divinités des montagnes et de la fertilité, qui présidaient aux quatre points cardinaux et étaient soumis à un chef, le dieu Tlaloc, ancien dieu de l'orage. Il avait pour sœur la déesse du maïs.

Les Indiens d'Amérique du Nord

Les Indiens reconnaissent l'existence de forces bienfaisantes ou dieux : *Wakan Tanka,* le Grand Esprit, *Warianyan,* l'Oiseau-Tonnerre, l'homologue de Zeus-Jupiter; *Wi,* le Soleil; *Hanvi,* la Lune; *Skan,* le Ciel associé au Vent *Tate; Maka,* la Terre, dont le principe féminin est *Wohpe; Inyan,* le rocher; *Wakinian,* le dieu ailé. Parallèlement, on cite : Iatouka, l'Ours, *Iatecob,* les Vents, *Yumni,* le Tourbillon bienfaisant. Ils devaient lutter contre les forces maléfiques ou démons : *Skan,* l'esprit du mal; les *Sicun,* âmes des êtres échus; *Iya, Gnaski,* géants ou monstres qui personnifiaient les ouragans, la maladie, les miasmes, la cruauté et la mort.

DIOMÈDE
celui qui est aussi habile qu'un dieu

Prince d'Argos, originaire d'Etolie, fils de Tydée et de Déipylé, la fille d'Adraste, qui participa à l'expédition des Epigones, pour venger son grand-père Œnée chassé d'Etolie par les fils d'Agrios.

Prétendant malheureux d'Hélène, il partit aussi pour Troie à la tête de quatre-vingts vaisseaux, réalisant de nombreuses actions d'éclat.

En compagnie d'Odysseus, il alla chercher Achille à Skyros, puis Philotecte à Lemnos; il déroba le palladium de Troie; il s'empara des chevaux de Rhoesos et fut parmi ceux qui s'enfermèrent dans le ventre du cheval de bois pour pénétrer dans la ville de Troie, dont il participa activement au pillage.

Il lutta victorieusement contre Hector et Enée, s'attaqua au dieu de la guerre Arès qu'il blessa au flanc et à la déesse Aphrodite dont il perça la main. Ulcérée, la déesse de l'amour, poussa sa femme Egialée à des liaisons clandestines. A son retour, découvrant ses infidélités, Diomède quitta sa patrie et se rendit en Italie méridionale chez Daunus, le roi d'Apulie, qui lui donna sa fille Erippé en mariage. Selon une tradition, il fonda de nombreuses villes grecques d'Italie; selon une autre, il fut tué par Daunus.

— Il inspira à Rubens *Diomède et Ulysse venant dérober le Palladium.*

• Un autre Diomède était le fils d'Arès et de Cyrène, le roi des Bistones de Thrace dont les chevaux anthropophages soufflaient des flammes et dévoraient tous les étrangers qui s'aventuraient dans la région. Vaincu par Héraklès, il fut dévoré par ses propres chevaux.

• Nom de la fille de Phorbas, le roi de Lesbos, enlevée par Achille qui fit d'elle sa maîtresse et son esclave.

DION

Roi de Laconie, dont les trois filles Orphé, Lyco et Carya reçurent d'Apollon le don de prophétie, à condition de ne jamais trahir les secrets des dieux. Carya fut aimée de Dionysos, excitant la curiosité et l'indiscrétion de ses sœurs qui perdirent la raison et furent changées en rochers, tandis que Carya était transformée en noyer.

DIONÉ
la reine divine

Océanide, fille d'Oceanos et de Téthys (ou d'Ouranos et de Gaïa), épouse de Tantale, qui eut de Zeus la belle Aphrodite. On l'adorait dans les temples de Zeus et dans un bois sacré au pied du mont Lapréon, dans le Péloponnèse, parfois associée à Rhéa, à Thémis ou à Léto.

DIONYSOS
le dieu boiteux

Ce fils de Zeus et de Sémélé (ou de Déméter, ou bien d'Io) eut une naissance peu ordinaire : sa mère fut foudroyée pour avoir voulu admirer son amant dans toute sa splendeur. Zeus arracha des entrailles de sa mère le corps du bébé et le cacha dans sa cuisse pendant trois mois (d'où l'expression *sortir de la cuisse de Jupiter,* nom latin de Zeus) et il en sortit le jour prévu pour sa venue au monde. C'est pourquoi on le dit *né deux fois* ou *« fils de la double porte »* (1-52), et selon la légende, cornu et la tête couronnée de serpents (1-89). Il se manifestait sous forme de lion, taureau ou serpent : *« il était né en hiver sous forme de serpent (couronné d'un serpent), devenait lion au printemps; et il était tué et dévoré sous forme de taureau, de bouc ou de cerf à la mi-été. C'étaient là ses différentes formes lorsque les Titans l'attaquèrent (1-99)* sur l'ordre d'Héra, le mirent en pièces, firent bouillir les morceaux dans un chaudron (sujet de ses mystères qui rappellent ceux d'Osiris). On raconte qu'un grenadier surgit à l'endroit même où ils avaient répandu son sang. Sa grand-mère Rhéa reconstitua son corps en rassemblant ses membres épars et le ranima.

Zeus confia alors Dionysos à Perséphone, qui l'emmena chez le roi Athamas d'Orchomène et sa femme Ino, qui lui firent porter des vêtements féminins pour échapper à la fureur de la déesse (Dionysos est présenté avec des habits de fille comme Achille, parce que c'était la coutume en Crète *de garder les jeunes garçons « dans l'obscurité », c'est-à-dire dans le quartier des femmes, jusqu'à la puberté* (1-92).

Hélas ! La trop rusée Héra frappa de démence ses parents nourriciers et, dans un accès de folie, Athamas confondit son fils Léarchos avec un cerf et le tua.

Alors Zeus transforma Dionysos en chevreau (on l'appelait aussi *Eriphos : chevreau,* nom se référant au culte crétois de Dionysos Zagreus symbolisé par la chèvre sauvage aux très longues cornes) et le transporta sur le mont Hélicon où les nymphes prirent soin de lui (*Phaesylé, Coronis, Cleia, Phaeo, Eudora* qui devinrent la constellation des Hyades, *« faiseuses de pluie »,* et prirent alors le nom de *« furies », « rugissantes », « passionnées », afin de décrire les cérémonies qui se déroulaient* (1-92)). Il vécut heureux en pleine nature, en compagnie des Ménades, des Satyres et des Silènes. On dit que c'est là qu'il découvrit la vigne et l'art de fabriquer le vin.

Quand il devint adulte, Héra le reconnut et, par un de ses maléfices, le rendit fou. Il se rendit à Dodone consulter l'oracle dans l'espoir de trouver un remède à son mal, traversant la montagne à dos d'âne (ce dernier fut récompensé par le don de la parole).

Guéri, Dionysos parcourut le monde pour faire connaître la vigne et le vin, accompagné de sa suite : Silène, son précepteur, les Satyres et les Ménades armés de rhombes (pierre percée qu'on faisait tourner autour d'une corde et qui émettait un bruit comparable à celui du vent qui se lève), d'épées, de serpents et d'un *thyrse*, bâton orné de lierre et surmonté d'une pomme de pin (le futur *caducée*).

Il enseigna aux Egyptiens la culture de la vigne, fut reçu à Pharos par le roi Protée. Là, il remporta son premier succès militaire contre les Titans d'Héra : il rétablit sur son trône le roi Amon en s'alliant avec les Amazones établies chez les Libyens en face de Pharos, petite île au large du delta du Nil, où se trouvait le plus grand port d'Europe à l'Age du Bronze. *C'était un entrepôt pour les marchands de Crète, d'Asie Mineure, des îles Egéennes, de la Grèce, de la Palestine. De là, le culte du vin a pu se répandre dans toutes les directions. Le récit de la campagne de Dionysos en Libye raconte peut-être l'aide militaire envoyée aux Garamantes par leurs alliés grecs* (1-94). Quant à la haine de la déesse et l'hostilité rencontrée par Dionysos tout au long de ses voyages, elles *reflètent l'opposition des conservateurs à l'emploi rituel du vin ainsi qu'aux coutumes extravagantes des Ménades qui, de la Thrace, avaient gagné Athènes, Corinthe, Sicyone, Delphes et d'autres cités évoluées* avant que le culte du dieu soit approuvé et que des fêtes officielles soient instituées en son honneur. On admit alors que *Dionysos et sa vigne avaient été acceptés dans le Ciel — il remplaça Hestia et devint lui-même un des douze dieux de l'Olympe à la fin du Ve siècle av. J.C.* (1-93).

De là, il fit route vers l'Inde en passant par la Syrie où il affronta Damascus, le roi de Damas, qui avait détruit ses vignes, et l'écorcha vif; il traversa l'Euphrate sur le dos d'un tigre envoyé par son père; il rencontra Aphrodite et Adonis au Liban; il régna au Caucase; il arriva en Inde, conquit le pays, y introduisit l'art de cultiver la vigne, institua des lois et fonda des villes; bien que cette campagne indienne ait été considérée comme *un récit légendaire fantaisiste de la marche désordonnée d'Alexandre en direction de l'Indus... cette légende est plus ancienne en date et n'est que la relation de l'expansion de la culture de la vigne vers l'Est* (1-94).

Sur le chemin du retour, il dut combattre les Amazones qu'il repoussa vers Ephèse; toujours accompagné des Ménades et des Satyres, il revint en Europe en passant par la

Phrygie, où Rhéa le purifia des meurtres qu'il avait commis durant sa période de démence, et l'initia aux mystères de Cybèle. Il envahit la Thrace où les soldats de Lycurgue, roi des Edoniens, capturèrent ses hommes. Dionysos fut sauvé en plongeant dans la mer; il aboutit à la caverne de Thétis. Une fois revenu sur la terre ferme, il rendit stérile le sol de Thrace et décréta qu'il ne redeviendrait fertile que si Lycurgue mourait. Le roi, rendu fou par Rhéa, tua son propre fils avec une hache, en le prenant pour un cep de vigne qu'il était en train d'arracher, puis ses sujets le firent écarteler par des chevaux sauvages.

Dionysos rentra en Grèce sous l'aspect d'un bel adolescent. Invité par Icarios, roi de l'Attique, il offrit le premier vin qu'il produisit à deux bergers et à Akmé. Ces «premiers buveurs de vin» s'enivrèrent et, suspectant le roi d'avoir tenté de les empoisonner, le tuèrent et le jetèrent dans un puits. Lorsqu'elle apprit la mort de son père, la princesse Erigone se pendit de désespoir. Dionysos vengea cette double mort en frappant de folie toutes les femmes de la région, puis il les envoya au ciel: Icarios devint la constellation du Bouvier ou Arktouros; Erigone devint la Vierge et son chien favori le Chien (selon une légende).

A Calydon, en Etolie, il tomba amoureux d'Althéa (femme du roi Œnée) à laquelle il donna une fille, Déjanire. En récompense de sa complaisance, Œnée reçut un cep de vigne. Son aventure avec Carya, fille du roi Dion, suscita la jalousie des sœurs de Carya qui menacèrent de dévoiler leur secret au roi. Elles aussi perdirent la raison, furent changées en rochers et Carya fut métamorphosée en noyer.

En Béotie, Dionysos incita les femmes de Thèbes à participer à ses orgies sur le mont Cithéron, se fit arrêter et enchaîner à un taureau par le roi de Thèbes, Penthée, qui enferma les Ménades. Celles-ci s'échappèrent et, en état d'ivresse et de transe religieuse, déchiquetèrent le roi sous la conduite de sa mère, Agavé, qui, rendue folle et transformée en Ménade, lui arracha la tête. Mais certaines femmes refusèrent de se plier aux rites orgiaques: ce fut le cas des filles de Minyas (ou de Proétos), Leucippé, Arsippé (ou Arsinoé) et Alcathoé. Dionysos les effraya tellement en se métamorphosant successivement en lion, taureau et panthère, qu'elles perdirent la raison, déchiquetèrent Hippasos, fils de Leucippé, le dévorèrent et errèrent dans les montagnes, dans un état de surexcitation extrême, jusqu'à ce qu'elles fussent changées en oiseaux par Hermès.

Les Béotiens finirent par reconnaître la divinité de Dionysos et le dieu, décidant de répandre la bonne parole dans les îles Egéennes, s'embarqua pour Naxos sur un navire de pirates tyrrhéniens qui tentèrent vainement de l'attacher au mât de leur navire : les liens se détachèrent, les rames devinrent des serpents, Dionysos se transforma en lion... le navire fut envahi par des plants de vigne et le vin se mit à couler à flots sur le pont. Terrifiés, les matelots se jetèrent à l'eau et furent transformés en dauphins (ils symbolisent la *divination* et la *régénérescence,* notions associées au dieu de la végétation et du vin).

A Naxos, Dionysos se fit aimer d'Ariane, fille de Minos et Pasiphaé, abandonnée par Thésée, et l'épousa. Ils eurent Œnopion, Euanthès, Thoas, Latromis, Tauropolos et Staphylos. Plus tard, la couronne de mariée d'Ariane fut placée parmi les étoiles.

Il passa en Argos et punit Persée, qui avait occis un grand nombre de ses compagnons, en frappant de folie toutes les femmes de la région qui se mirent à dévorer leurs enfants. Persée fit amende honorable et éleva un temple en l'honneur du dieu du vin.

Finalement, Dionysos se retrouva sur l'Olympe, assis à la droite de Zeus, Hestia lui ayant cédé sa place à la table divine. Il ne lui restait plus qu'à descendre aux enfers, enlever sa mère Sémélé et la transporter au ciel où elle devint immortelle sous le nom de Thyoné. Héra dut se soumettre et accepter en silence la présence du beau-fils qu'elle avait poursuivi de sa haine vengeresse. Dans l'Olympe, il participa au combat des dieux et des Géants, tuant ses ennemis avec son thyrse.

◆ Dionysos occupe une place très importante dans la mythologie grecque, où il est la source de mythes innombrables.
— Les Grecs l'auraient reçu des Thraces qui voyaient en lui le dieu de la grappe et, suivant différentes sources, son nom

signifierait : *le fils du dieu du ciel* ou *le dieu de Nysa* ou *le dieu boiteux.*

Plus tard, idéalisé par les poètes, Dionysos devint un jeune homme efféminé figurant le dieu des ***arts***, de la ***musique***, de la ***danse***, *le compagnon des Grâces... envoyé par les dieux compatissants... afin d'aider les hommes à supporter leur triste sort... dissiper leurs chagrins, leur apporter la joie.* Acquérant un aspect cosmique, il remplit une fonction humanitaire s'étendant à l'univers entier.

Primitivement représenté par un tronc de pin ou un phallus, Dionysos figura plus tard entouré de ses disciples et de son cortège : **Priape** (fils que lui donna Aphrodite, laid et pourvu d'organes génitaux difformes, apparence que lui avait donnée Héra qui critiquait la conduite de la déesse de l'Amour, **Pan, Aristée, Silène** et **les Satyres** et **les Ménades.** C'est ainsi qu'il figure dans les peintures et céramiques de « la Maison de Dionysos » (dans l'île de Chypre) couronné de lierre, assis sur un chariot tiré par deux panthères et conduit par un Silène couronné de feuilles de vigne portant un thyrse. Un dompteur maniant une courroie fait face aux panthères, encouragé par une femme jouant des cymbales. Dionysos tient dans sa main droite le thyrse (dans d'autres représentations, c'est une coupe ou un sarment de vigne). Un Satyre porte un vase rituel dans la main gauche et dans la main droite une outre à vin vide. Dans la main droite du dieu Pan aux pieds de bouc, le bâton des bergers et dans sa main gauche, un bouclier. Un jeune esclave noir est debout, mains et pieds liés. Une nymphe voilée porte un « vase de libations »; une autre un thyrse et une « boîte de rites mystiques » et un trompettiste célèbre le triomphe du dieu (47-23).

— Dionysos est le ***dieu des boissons enivrantes,*** au même titre que la *Soma,* boisson divinisée des Hindous, et le *Haoma* des Iraniens. Le vin était l'agent, le moyen de communier avec lui, par l'ivresse qu'il procurait à ses fidèles. *Par le vin qu'il patronne, par la musique qu'il déchaîne, par les danses dont il est l'initiateur, il prend littéralement possession de ses fidèles et il leur procure un dépassement de soi, qui se manifeste autant dans les transports d'une ivresse délirante que dans la folie sacrée de la mantique et dans l'inspiration divine qui fait chanter les poètes. Il provoque ainsi chez ses adorateurs des*

émotions religieuses particulièrement intenses, un enthousiasme, au sens originel de ce mot, que l'on retrouve, sous une forme ou sous une autre, dans toutes les mystiques (45-275).
— Il était la manifestation de ***la vie,*** « la source des énergies fécondes »; de là les orgies qui présidaient aux cérémonies rituelles et l'identification du dieu avec le taureau et le bouc, réputés pour leur lubricité, et l'attribution du phallus comme symbole. Mais il fut aussi le ***dieu des morts :*** *cette vie se prolonge dans l'autre monde, où s'opèrent ses perpétuels renouvellements. Le Dionysos hellénique étend donc son empire aux régions mystérieuses qui servent de résidence aux morts. Les états surnaturels où il plonge, dès ici-bas, ses fidèles, leur sont une démonstration de l'existence de leur âme et une garantie du sort bienheureux qui les attend dans l'au-delà* (45-292).

◆ A un niveau supérieur, les effets du vin sont comparables à ceux des exercices mentaux utilisés par certains mystiques pour parvenir à l'extase. Dans cette optique, on peut voir dans l'ivresse le symbole de l'***évasion vers l'illumination intérieure,*** l'extase mystique, l'union parfaite avec la divinité. Ainsi les Soufis comparent le vin à un breuvage spirituel : *Le vin... signifie la boisson de l'Amour Divin, qui résulte de la contemplation des traces de ses beaux noms. Car cet amour engendre l'ivresse et l'oubli de tout ce qui existe au monde* (45-17).

De même, les mystiques juifs parlent d'un *vin antérieur à la création du monde et conservé dans le paradis, un vin dont les justes boiront de pleines coupes lors de la résurrection...* (45-19). Et le Cantique des Cantiques fait état d'un vin d'essence divine qui procure l'ivresse spirituelle : Dieu pénètre l'âme à la manière du vin qui se répand dans toutes les parties de l'organisme.

Les Amérindiens obtiennent cet état d'extase en utilisant les vertus hallucinogènes des plantes (datura, peyotl...) pour communiquer avec les Esprits par le biais de visions et des rêves ainsi obtenus (46).

— **Le culte de Dionysos** fut pratiqué dans la Grèce tout entière dès le VIe siècle avant notre ère, sous une multitude de surnoms : *Bromios, Nysaeos, Dithyrambos (dis : deux fois; thura : porte; ambanein : passer, parce que Dionysos était né* *deux fois), Evios, Bacchos, Zagreus (dieu crétois), Sabazios (dieu phrygien), Bassareus (dieu lydien), Zamolxis (dieu des Gètes)...*

— Certaines *Dionysiaques* revêtaient un caractère champêtre ou populaire : processions, banquets, phallophories (au cours desquelles l'organe de la génération était porté solennellement). On exécutait des *rondes sacrées* en l'honneur du dieu qui (comme Osiris en Egypte, Attis-Adonis en Asie Mineure), naît, vit, souffre, meurt, pour renaître régulièrement. Héros de cette danse sacrée, Dionysos est, selon Plutarque, le *dieu qui détruit, disparaît, qui abandonne la vie et renaît ensuite.* Ces danses, appelées *dithyrambes,* se pratiquaient encore en Grèce dans la première moitié du VIe siècle : cinquante danseurs portant des guirlandes entouraient un personnage central représentant le dieu, l'accompagnaient de lamentations ou de chants d'allégresse. Ils représentaient sans doute *les cinquante semaines de l'année* (60-145). Ce terme devint, dans le langage courant, un poème lyrique.

— A Athènes, les *oscophories* avaient lieu avant les vendanges au mois de pyanepsion (octobre-novembre); les *anthestéries* pendant trois jours à celui d'anthestérion (février); les *lénéennes* en gamélion (janvier-février) vers le solstice d'hiver. Il y avait encore les *petites dionysies* en posidéon (décembre) et les *grandes dionysies* au mois d'élaphébolion (mars-avril), qui duraient six jours et comportaient une procession, des sacrifices, un banquet (*kômos*) accompagné de danses, de chants, des représentations de comédies et de tragédies.

Ces fêtes ont largement contribué au développement du théâtre et joué un rôle prépondérant dans la poésie lyrique. Les chefs-d'œuvre du théâtre grec ont été présentés aux grandes dionysies et aux lénéennes.

— Le déroulement des fêtes dionysiennes, qui avaient lieu la nuit, est décrit avec précision par Euripide.

Après avoir bu le breuvage sacré offert par Dionysos lui-même (en esprit dans le vin), les adeptes réunis en *thiases* autour de l'initiateur, couronnés de lierre et couverts de peaux d'animaux, portant à l'épaule la *nébride* (fourrure d'un faon), jouent le rôle d'une meute sauvage poursuivant une proie. Plongées dans une ivresse divine, les femmes, devenues des *ménades,* s'agitent frénétiquement au son des cymbales, tambourins, flûtes. Le cortège dément se dirige en hurlant dans les forêts brandissant une torche de résine et le thyrse, en appelant le dieu : *Evohé, Euios, Iacchos ou Bacchos.*

La folie atteignant son paroxysme, ils déchirent, lacèrent tout ce qui se trouve à leur portée : animaux, êtres humains, dévorent la chair crue de l'incarnation divine. A la folle excitation succède la prostration et tous sombrent dans un sommeil profond. Les orgies étaient réservées aux initiés, « tout particulièrement à des associations de femmes, les Klodones et les Mimallones ».

Parallèlement, il y avait des mascarades populaires : affublés de peaux de bouc, des hommes à masques cornus, le visage noirci de charbon, se livraient à des danses obscènes, échangeaient des propos injurieux, « chantaient des incantations magiques, et la cérémonie s'achevait, après une sorte de bataille, par la mise à mort, d'abord réelle, puis seulement simulée, de l'un des personnages du cortège » (45-288). Son culte comportait également un supplice expiatoire (identique à celui du bouc émissaire chargé des péchés d'une communauté), qui existait chez tous les peuples de l'Antiquité, qu'on appelait la *purification par le tribolos,* traîneau armé de silex tranchants qui servait en Orient à hacher la paille et à la séparer du grain. Les femmes couchaient le supplicié au milieu des gerbes et le traîneau lui passait sur le corps. L'exécution de la victime débarrassait le peuple des péchés qui, par une opération magique, étaient transférés sur elle.

• **Dionysos-Zagreus.** Dionysos fut identifié avec Zagreus, dieu d'origine phrygienne, thrace ou crétoise, dont on faisait le fils de Zeus et de Perséphone, qui fut élevé par les Curètes crétois, et enlevé par les Titans. Zagreus se métamorphosa vainement en Zeus, Cronos, lion, serpent à cornes, tigre, taureau. Ils s'emparèrent de lui, le déchirèrent et dévorèrent sa chair. Athéna parvint à leur arracher son cœur qu'elle enferma dans une statue en plâtre à laquelle elle insuffla la vie, rendant Zagreus immortel. On recueillit ses restes qui furent enterrés à Delphes et les Titans coupables furent frappés de la foudre par Zeus.

Zagreus jouait un rôle important dans les rites orphiques et dans les mystères d'Eleusis. On y représentait le drame de sa passion, sa mort suivie de sa résurrection miraculeuse.

• L'idée dionysienne fut plus tard dégradée par les cultes populaires, notamment à Rome où le culte de **Bacchus** (l'équivalent latin de Dionysos) finissait dans des orgies délirantes au IIe siècle avant notre ère.

— Dionysos a été représenté par de nombreux artistes : Boucher et Poussin (*la Naissance de Bacchus*). Ses amours avec Ariane ont inspiré Le Titien, Jules Romains, Carrache, Michel-Ange (*Le Bacchus ivre*), Rubens, Van Dyck...

DIOSCURES
les fils de Zeus

Ou les Tyndarides : ***Polydeicos (très brillant),*** ou ***Pollux,*** et ***Castor (éclatant)*** qui eurent une naissance miraculeuse, digne des grandes figures héroïques : Zeus, amoureux de Léda, épouse réticente du roi de Sparte Tyndare, se métamorphosa en cygne pour la séduire. La reine conçut deux œufs dont l'un donna naissance à Castor et Clytemnestre, l'autre à Pollux et Hélène. Mais Homère les décrit comme les fils de Léda et de Tyndare et les frères de Clytemnestre et d'Hélène qui furent transportés au ciel après le siège de Troie.

Selon la légende, Castor était un dompteur de chevaux sauvages et un soldat émérite (il enseigna à Héraklès l'art de la guerre) et Pollux, le meilleur lutteur de son temps. Les jumeaux inséparables remportèrent de nombreux prix aux Jeux Olympiques et participèrent à toutes les actions légendaires.

Ainsi, on les voit à côté d'Héraklès dans la chasse de Calydon, lors du voyage des Argonautes. Un jour l'Argo, secoué par une violente tempête, allait sombrer; Orphée promit à Poséidon le sacrifice d'agneaux blancs. L'orage s'apaisa et on vit apparaître des flammes au-dessus de la tête des Dioscures (des moineaux, selon une autre tradition). Depuis lors, les marins rendirent un culte au *feu saint-Elme* qu'ils appelaient *Castor et Pollux.*

Lorsque l'expédition aborda au pays des Bébryces, au retour de Colchide, les jumeaux allèrent chercher de l'eau. Ils furent provoqués au pugilat par le géant Amycos qui fut vaincu par Pollux. Au cours de cette expédition, ils fondèrent, en Colchide, sur le Pont-Euxin (la mer Noire), la ville de Dioscurias qui devint un grand centre commercial sous le nom de Sebastopolis (plus tard Iskouriah ou Isgaur).

Ils combattirent les pirates de l'Archipel, allèrent en Attique et ramenèrent leur sœur Hélène enlevée par Thésée.

Les aventures amoureuses des jumeaux furent moins réussies : ils enlevèrent les filles de Leucippos, les Leucippades, qui étaient fiancées à leurs cousins messéniens, Idas et Lyncée (dont la vue était si perçante qu'il pouvait découvrir les trésors cachés) et les épousèrent, provoquant une violente rivalité entre les couples de jumeaux.

Un jour, s'étant réconciliés avec leurs rivaux Idas et Lyncée, ils partirent en Arcadie pour une razzia de troupeaux. On tira au sort et Idas fut chargé de partager le butin entre les quatre chasseurs; il découpa un bœuf en quatre et décida que celui qui terminerait sa part le premier aurait la moitié du butin, l'autre moitié reviendrait au second couple. Idas se hâta d'avaler sa part et aida Lyncée à manger la sienne. Après quoi, ils emportèrent le troupeau vers Messène. Les Dioscures les y suivirent et, pendant qu'ils sacrifiaient à Poséidon sur le mont Taygète, s'emparèrent du troupeau et se cachèrent dans le tronc d'un arbre. Mais Lyncée, les ayant aperçus, transperça le tronc et Castor avec sa lance et blessa grièvement Pollux, qui trouva cependant la force de le tuer d'un coup de lance.

Suivant une légende romaine, les Dioscures combattirent à la bataille de Régille et se montrèrent le même jour sur le Forum pour annoncer leur victoire. A cet endroit, on éleva le temple de Castor où les Romaines venaient prononcer des serments.

— Les Dioscures firent l'objet d'un **culte** dans toute la Grèce. On les représentait par deux poutres parallèles assemblées par deux poutres transversales, emblème que les rois conjoints emportaient à la guerre, ou par deux amphores entrelacées chacune par un serpent. Ils étaient honorés lors des *dioscuries*, célébrées le 8 avril, en mémoire de l'aide qu'ils avaient apportée aux Romains sur le lac de Régille.

◆ Inventeurs de la danse et de la musique guerrières, ils étaient les *patrons des bardes*, considérés comme les dieux de l'***hospitalité***, de la ***longévité***, de la ***navigation***.

– Représentés comme deux jeunes cavaliers sur des chevaux blancs, portant parfois une étoile sur le front, les frères d'Hélène sont les *soteres, les sauveurs* qui apparaissent au moment crucial d'un combat ou en pleine tempête sur la mer. Les Latins adoptèrent le culte des Dioscures sous la forme de jumeaux bienfaisants, sœurs de l'Aurore, et dans la mythologie germanique, ils sont appelés les frères Alkis, vénérés dans les bois sacrés de Naharval.
– Le nom de « Castor » est une survivance du mythe relatant la métamorphose d'une déesse en castor, dans le but d'échapper aux ardeurs amoureuses de Zeus. Le nom de « Pollux » *(vin doux),* lui, rappelle les fêtes au cours desquelles avait lieu la poursuite.
– Les Dioscures furent souvent confondus avec les Cabires.

DIRCÉ
la crevasse

Fille d'Hélios, épouse de Lycos, qui malmena Antiope lorsqu'elle fut répudiée par Lycos. Voulant venger leur mère, Amphion et Zéthos s'emparèrent de la mégère et l'attachèrent aux cornes d'un taureau sauvage qui la mit en pièces; c'est cette légende que reproduit la sculpture connue sous le nom de *Taureau Farnèse.*
D'autres prétendent que Dircé fut changée en une fontaine appelée la *fontaine de Dircé,* se trouvant au nord-ouest de Thèbes.

Divination

Dans tous les pays il existait des devins : chez les Celtes c'étaient les *vates;* chez les Romains, les *augures,* « experts en oiseaux », dont ils étudiaient le vol pour connaître la décision des dieux ou du destin, parce que leur vol capricieux échappe à l'influence humaine et surtout parce qu'on croyait qu'ils renfermaient les âmes des morts ou qu'ils étaient les messagers des dieux. En grec, *oimai :* « je pense » signifie « je devine par les oiseaux » (8-239). Un autre procédé consistait à observer les palpitations des entrailles des victimes sacrificielles. D'une manière générale, on pensait aussi que l'esprit se manifeste particulièrement en certains lieux, d'où la création des oracles de Dodone et de Delphes en Grèce.

Dans la divination, les femmes, généralement écartées du culte proprement dit, jouaient un rôle important, en raison de leur impressionnabilité : telles la *Pythie* de Delphes, les *Péléiades* de Dodone, les devineresses des Germains...

Dodone

Ville de l'Epire célèbre par le sanctuaire, l'un des plus anciens de la Grèce, et l'oracle de Zeus, fondée par les Pélasges. Les devins, appelés *tomouroi* ou *hypophètes,* pratiquaient la divination par le vol des colombes, les dés, le bruit du vent dans le feuillage des chênes sacrés, le son produit par un récipient de bronze... La ville disparut vers la fin du VIe siècle, lors des invasions des Goths.

DORIS
la généreuse

Fille d'Oceanos et de Téthys, qui épousa son frère Nérée, le père des cinquante Néréides.
• Une Néréide porte également ce nom.

DOROS
le don

Fils d'Hellen (ou de Deucalion) et d'Orséis, qui quitta la Phtiotide pour s'installer sur le mont Œta où il créa une colonie, la *Doride.* Il passe pour le père de la race dorienne.

Dragons

Mythe d'origine orientale; on donne parfois pour origine à ces animaux fantastiques l'éclair qui sillonne le ciel, symbolisant un coursier rapide enfourché par un dieu. Le dragon apparaît dans les mythes, comme un esprit malfaisant, terrible, le génie du mal identifié au serpent, animal chthonien, et sa destruction représente la victoire du bien sur le mal.

Druides

Chez les Celtes, propagateurs et officiants d'une doctrine religieuse pratiquant l'enseignement *oral* auxquels on attribuait des pouvoirs magiques. Astrologues, devins, médecins, juges, ils croyaient à l'immortalité de l'âme, professaient que l'homme avait pour ancêtre *Dispater,* le dieu de la mort, et que le monde se terminerait par un cataclysme impliquant l'eau et le feu. Leurs rites étaient centrés sur la cueillette du gui de chêne, réminiscence probable du culte de la végétation.

DRYADES
les nymphes du chêne

Nymphes qui vivaient en Arcadie, dans les bois, forêts, bosquets, et dont la vie était associée à celle d'un arbre. Les Dryades, qui folâtraient en liberté, dansaient autour des chênes, n'étaient pas éternellement prisonnières dans ces arbres mais leur survivaient. On les représentait sous la forme de femmes robustes, corps terminé par une sorte de tronc portant des racines, couronnées de feuilles de chêne, tenant une hache avec laquelle elles frappaient ceux qui menaçaient l'arbre qu'elles protégeaient.

DRYOPÉ
l'oiseau-pic

Fille d'Eurythé, hamadryade qui fut séduite par Apollon transformé en serpent, pendant qu'elle gardait les troupeaux de son père. De cette union naquit Amphissos, le fondateur de la cité d'Œta, qui fut enlevé par les hamadryades, compagnes de Dryopé, qui laissèrent un peuplier à sa place.

DRYOPS
celui qui a un visage de chêne

Fils d'Apollon et de Dia qui, à la tête d'un groupe d'Arcadiens, se rendit en Thessalie, où ils fondèrent un royaume qui prit son nom sur les bords du Sperchios.
• Nom d'un des fils de Priam.

DOURGA : voir KÂLI.

DYSARÈS

Ancienne divinité adorée des Arabes avant l'adoption du Coran, assimilée à Dionysos ou au Soleil, symbolisée par une pierre noire, qui est peut-être la célèbre *al Hadjar al açvad,* vénérée à la Casbah de la Mecque.

DYSAULÈS

Roi d'Eleusis, qui, chassé par son frère Keleos, se rendit chez les Phliasiens qu'il initia aux mystères éleusiniens, et fonda la ville de Célée auprès de Phlionte. Il eut pour fils Triptolème et Euboulos.

Le Taureau Farnèse, sculpture reproduisant la légende de Dircé.

Dzagpa

Corde à nœud coulant ou lacet accompagnant les divinités bouddhistes du Tibet, également utilisée par les boddhisatvas pour retenir les disciples auxquels ils enseignent la religion ou pour lier les démons afin de les empêcher de nuire.

DZOHI

Dieu des Arabes, antérieur à l'Islam, identifié à Cronos.

E

EA
la Maison de l'eau

Divinité du panthéon assyro-babylonien, représentée par une chèvre à queue de poisson, qui régnait sur l'Apsu, l'eau fraîche entourant la terre, et sur les rivières irriguant la Chaldée, source de fertilité, d'abondance, de la sagesse et de la connaissance. Il avait pour résidence l'*Ezuab* entouré d'un jardin où croissait un arbre merveilleux, *Kishanu,* dont le feuillage était de lapis-lazuli; et pour compagne, *Ninki* ou *Damkina* ou *Damgalnunna (l'épouse du Seigneur).*

Les Sumériens l'appelaient *Enki,* le dieu de la terre, protecteur et patron des travailleurs.

EAQUE

Fils de Zeus et d'Egine (ou d'Europe), père de Pélée et de Télamon, ancêtre des Eacides, dont on appréciait le sens de la justice. Il tranchait les différends entre les dieux; il mit fin à une sécheresse en Grèce en offrant des sacrifices à Zeus Panhellénien. Lorsque la famine décima la population grecque, il demanda à Zeus de changer en femmes les fourmis vivant sur un chêne sacré. Il seconda Apollon et Poséidon dans la construction des murailles de Troie. Après sa mort, il devint l'un des trois juges des enfers, avec Rhadamanthe et Minos et fut honoré à Egine.

Eau

Dans la mythologie, les eaux terrestres sont symbolisées par le serpent : ainsi le dieu-fleuve Acheloos se transforme en serpent pour lutter contre Hèraklès à qui il dispute Déjanire... Les divinités des eaux sous-marines et lacutres symbolisent l'***inconscient,*** réservoir polyvalent où s'entassent les instincts hérités d'un passé ancestral, les souvenirs embués de honte ou de douleur refusés par la conscience, tout un amas de pensées, émotions, sentiments, refoulés par les contraintes du conscient. Tout cela constitue une vase, un magma, « fumier » générateur d'énergies puissantes qui, dégagées, mises au jour, peuvent servir à l'épanouissement de la personnalité. Encore faut-il avoir conscience du contenu de ce bas-fond ! Ce qui se produit, comme pour les eaux souterraines, sous l'influence des tempêtes, c'est-à-dire les bouleversements émotifs, les événements douloureux qui jouent le rôle de catalyseurs.

ECHIDNA
la vipère femelle

Fille de Gaïa et du Tartare (ou de Chrysaor et de Callirhoé), mi-femme, mi-serpent, que les dieux reléguèrent au fond du monde souterrain. Epouse de Typhon, elle lui donna Cerbère, la Chimère, l'Hydre de Lerne et le chien Orthros, compagnon de Géryon. D'une union incestueuse avec Orthros, elle eut le Sphinx et le lion de Némée.

• Son nom fut donné à une constellation qui fut plus tard rebaptisée *constellation de l'Hydre,* ainsi qu'à un genre de vipères.

ECHION
la vipère

Géant qui tenta d'escalader le ciel, qu'Athéna terrassa avec la tête de la Méduse.

• Un Argonaute, fils d'Hermès et d'Antianire.
• Compagnon de Cadmos, dont il épousa la fille, Agavé, qui devint mère de Penthée qui, selon certains, participa à la fondation de Thèbes.
• Prince thébain dont les filles se sacrifièrent aux dieux afin de mettre fin à une grande sécheresse; leurs cendres donnèrent naissance à deux jeunes hommes couronnés.

ECHO
l'écho

Nymphe qui fut séduite par le dieu Pan auquel elle donna une fille appelée Iynx. Elle avait l'habitude de favoriser les amours coupables de Zeus en détournant, par des bavardages, l'attention d'Héra qui finit par s'apercevoir de son manège. Pour la punir, l'épouse trompée la condamna à « toujours avoir le dernier mot et à ne jamais parler la première »; c'est ainsi que les anciens Grecs expliquaient le phénomène de l'écho, fréquent dans les montagnes.

Un jour, Echo aperçut Narcisse, un Béotien, fils de Céphise et de la nymphe Liriope, célèbre par sa beauté, qui s'était égaré en poursuivant des cerfs dans la montagne. Dans l'impossibilité de lui adresser la parole, elle le suivit furtivement, entendit le chasseur solitaire appeler ses compagnons. Voulant attirer son attention, Echo répondit : « Ici ! ». Narcisse l'appela plusieurs fois, mais ne reçut d'autres réponses que ses propres paroles. Las et agacé, il s'enfuit et la malheureuse Echo passa le reste de sa vie à errer dans les sentiers de la montagne, se laissant mourir d'amour pour le beau jeune homme disparu. Il ne subsista d'elle que la voix.

EÉTION
l'homme terrible

Roi de Thèbes, en Cilicie, père d'Andromaque et de Polos, qui fut tué, ainsi que ses fils, par Achille lors de la prise de Thèbes par les Grecs.
• Père d'un tyran corinthien appelé Cypsolos.

ÉGÉE

Fils de Pandion, père de Thésée, roi d'Athènes qui, avec le concours de ses frères Nisos, Pallas et Lycos, lutta contre ses neveux, les Pallantides, pour reconquérir son trône. Il épousa Aethra, la fille du roi de Trézène, afin d'assurer sa descendance et eut un fils, Thésée. Plus tard Egée tua Androgée le Crétois, meurtre qui entraîna l'obligation de fournir un tribut annuel de sept jeunes filles et sept jeunes gens qui servaient de pâture au Minotaure. Décidé à délivrer son pays de ce terrible sacrifice, son fils Thésée partit pour la Crète sur un vaisseau aux voiles noires, après avoir convenu avec son père que s'il revenait vainqueur, il hisserait les voiles blanches. A son retour, il oublia sa promesse; Egée, croyant à la mort de son fils, se jeta dans la mer qui prit son nom.

ÉGÉRIE
celle qui vit dans le peuplier noir

Nymphe latine, Camène, qui vivait dans le bois d'Aricie, visitée par le roi Numa. Celui-ci prétendait qu'elle lui dictait ses édits. Après la mort de Numa, Diane la transforma en fontaine qui fut consacrée aux Camènes, ainsi que la grotte et les bois environnants. Dans le langage moderne, une égérie est une *conseillère avisée.*

ÉGESTA

Fille d'Hippotès, prince troyen qui, chaque année, devait livrer une jeune fille à un monstre marin. Afin d'éviter cette fin tragique à sa fille, son père la fit exposer sur un vaisseau qui aborda en Sicile. Egesta y épousa le dieu-fleuve Crinisos auquel elle donna deux enfants : Eole et Alceste.

ÉGESTAS
le dénuement

Divinité allégorique latine qui, d'après Virgile, garde l'entrée du Tartare, où elle personnifie la pauvreté.

Egide

Bouclier magique porté par Athéna, recouvert de la peau d'Amalthée, la chèvre nourrice de Zeus. La déesse y avait attaché la tête de la Méduse qui changeait en pierre tous ceux qui la regardaient. Plus tard, elle devint une simple cuirasse couverte d'écailles, ornée d'une tête de Gorgone, portée par les statues de héros, guerriers, les personnifications de villes et d'empereurs.

◆ A l'origine, l'égide symbolisait *la tempête, génératrice d'épouvante et de panique* (33-392).

ÉGINE

Nymphe, fille d'Asopos, qui fut aimée de Zeus. Celui-ci prit la forme d'une flamme pour la séduire. Elle lui donna deux fils : Eaque et Rhadamanthe. Zeus, pour la soustraire à la colère de son père, la changea en île (l'île triangulaire d'*Egine,* au fond du golfe du même nom en face du port d'Athènes).

• Ce nom fut donné à une planète télescopique découverte en 1866.

ÉGISTHE
celui de la chèvre

Fils incestueux de Thyeste et de sa fille Pélopia, exposé à sa naissance, recueilli et élevé par des bergers, allaité par une

chèvre, finalement adopté par son oncle Atrée qui lui demanda de tuer Thyeste. Egisthe, ayant reconnu son lien de parenté avec ce dernier, égorgea Atrée et régna avec son père sur Mycènes et Argos. Ils furent détrônés par Agamemnon et Ménélas, aidés par leur beau-père Tyndare, le roi de Sparte. Lors de la guerre de Troie, ils se réconcilièrent avec Agamemnon qui confia à Egisthe le gouvernement du royaume. Egisthe profita de son absence pour séduire son épouse Clytemnestre et les amants égorgèrent le roi à son retour. Egisthe régna sur Mycènes pendant sept ans puis il fut tué par Oreste.
— Cette légende inspira des poètes (Eschyle, Sophocle, Euripide) et des auteurs tragiques.

ÉGYPTOS

Fils de Bélos (ou d'Héphaïstos ou de Poséidon), dont les cinquante fils épousèrent les cinquante Danaïdes; héros éponyme de l'Egypte.

EK CHUAH
le capitaine guerrier noir

Dans la mythologie maya, dieu de la guerre et des marchands, représenté avec des lèvres épaisses et pendantes, chargé de ballots de marchandises (67).

EL
le taureau puissant

Dieu créateur des Phéniciens, qui fit sortir des profondeurs de l'océan primordial les rivières assurant la fertilité de la terre et déterminant la durée des années. Père et protecteur de l'humanité, il était aussi le créateur des dieux nés de son union avec Asherat (ou Astarté, désignant la planète Vénus, la plus brillante étoile du ciel).

El avait pour fils Mot, le dieu des moissons (qui était mis à mort à l'époque de la récolte, pour renaître presque aussitôt : mythe d'Adonis). Il était représenté avec une tiare à cornes, symbole de ***force***, de ***puissance*** et de ***fertilité***.

ÉLECTRE
l'ambre

Fille d'Agamemnon et de Clytemnestre, sœur d'Iphigénie, de Laodicé et d'Oreste. Pendant l'absence de son père parti au siège de Troie, elle fut maltraitée par sa mère et son amant Egisthe et mariée malgré elle à un laboureur de Mycènes qui, craignant Oreste, ne consomma jamais cette union (1-332). Lors du meurtre d'Agamemnon, elle parvint à sauver son jeune frère Oreste qu'elle envoya en Phocide, où le roi Strophios l'éleva avec son fils Pylade. Devenu adulte, Oreste, accompagné de Pylade, revint à Mycènes, se présenta au palais sous un déguisement, tua Egisthe et Clytemnestre, leur seconde fille Hélène et les fils de Nauplios qui avaient tenté de secourir Egisthe.

◆ Les diverses versions de ce mythe, exploitées par les auteurs dramatiques de la période classique, prouvent qu'ils *n'étaient pas prisonniers de la tradition. Leur version était une nouvelle conception du mythe... Il est peu probable qu'Oreste tua Clytemnestre. S'il l'avait fait, Homère aurait certainement mentionné le fait et se serait abstenu de l'appeler « semblable au dieu » : il rapporte seulement qu'Oreste tua Egisthe, dont il célébra la fête funèbre en même temps que celle de sa détestable mère* dans l'Odyssée. Quant au nom d'Electre, *« ambre », il rappelle le culte du père d'Apollon Hyperboréen, contraste avec le nom Chrysothémis... qui rappelle que la conception ancienne de la loi matriarcale était encore en faveur dans la majeure partie de la Grèce...* (1-336).

• Fille d'Atlas et de Pléioné qui, aimée de Zeus, tenta de lui résister et se réfugia auprès du Palladion déposé dans l'Olympe par Athéna. Mais comment échapper à un amant omnipotent ? Zeus s'unit à elle près de la statue qu'il jeta par terre et qui, recueillie par les Troyens, servit de talisman à la ville. De leur union naquirent des jumeaux : Dardanos, qui devint le premier roi de Troie, et Iasion qui aima Déméter et fut le père de Ploutos.

ÉLECTRYON
le rayonnant

Fils de Persée et d'Andromède, roi de Mycènes qui épousa sa nièce Anaxo dont il eut une fille, Alcmène, et plusieurs fils qui furent tués par les Téléboéens. Electryon avait promis la main de sa fille à celui qui les vengerait; ce fut son neveu Amphitryon qui y parvint. Mais il tua involontairement son beau-père peu après son mariage.

Eleusis

Ville de l'Attique, située sur la baie d'Eleusis au nord-est du golfe d'Egine, formant un royaume particulier, où fut semée pour la première fois l'orge donnée aux Athéniens par Déméter. On y venait de loin pour célébrer les Mystères de la déesse, qui devinrent une source inépuisable de richesses, jusqu'à ce que la ville fût prise et détruite par Alaric, en 396. Au XVIIe siècle, on y éleva un village.

Elide
les bas-fonds

Contrée du Péloponnèse, sur la mer Ionienne, où se tenaient les jeux Olympiques.

ELPÉ

Fille du cyclope Polyphème, qui fut enlevée par Odysseus, et retrouvée par les Lestrygiens, alliés de son père, auquel elle fut rendue.

ELPÉNOR
l'espoir de l'homme

Compagnon d'Odysseus qui fut métamorphosé en pourceau par la magicienne Circé. Après avoir recouvré sa forme humaine, il s'endormit sur le toit de la maison, tomba et se tua.

EMPUSA ou EMPUSE
celle qui force

Spectre féminin apparaissant au mois d'août, voilant le soleil, écrasant impitoyablement les os de ceux qui refusaient de la vénérer. Cet incube, envoyé par Hécate, changeait de forme à volonté et s'attaquait surtout aux voyageurs.

ENCÉLADE
celui qui bourdonne

Géant, fils de Gaïa et du Tartare (ou de Titan), qui fit la guerre aux dieux. Après la victoire de ces derniers, il fut arrêté dans sa fuite par Athéna et foudroyé par Zeus. Selon une autre tradition, Zeus l'enferma sous l'Etna et lorsqu'il se retournait, il ébranlait la Sicile tout entière : ce mythe tend à expliquer les éruptions du volcan et les tremblements de terre les accompagnant.

• Nom de l'un des satellites de Saturne, découvert en 1789.

ENDYMION
celui qui séduit naturellement

Fils de Zeus et de la nymphe Calicè, originaire de Carie, réputé pour sa grande beauté. De sa femme Iphianassa (ou Hypérippé ou Chromia), il eut quatre fils. Un soir qu'il s'était endormi dans une caverne du mont Latmos, Séléné le vit, s'éprit de lui, embrassa doucement ses yeux fermés et demanda à Zeus de lui accorder une éternelle jeunesse. On dit qu'il ne se réveilla jamais et que, chaque nuit, elle revient contempler son beau visage. D'autres disent qu'elle eut de lui cinquante filles.

Un des fils d'Endymion, Aetolos, concourut dans une course de chars aux premiers Jeux funèbres grecs, son char renversa et tua accidentellement Apis, le fils de Phoronée. Aetolos fut exilé vers le golfe de Corinthe, tua Doros et ses frères, et conquit un territoire auquel il donna son nom, l'Etolie.

— On doit à Girodet *Le sommeil d'Endymion,* à John Keats un poème en quatre chants, *Endymion,* et à lord Beaconsfield un roman du même nom.

ÉNÉE

Descendant d'Ilion, fils d'Anchise et d'Aphrodite, élevé par les nymphes et le centaure Chiron, époux de Créüse, la fille de Priam. Pacifique, il avait tenté d'éviter la guerre, en conseillant de rendre Hélène aux Grecs et ne participa pas aux premiers combats. Selon certains, lors de la prise de Troie, il se trouvait à Lyrnissos qu'il dut quitter pour échapper à Achille qui lui volait son bétail et se rendre à Troie. D'autres affirment qu'il défendit courageusement sa patrie, puis se retira dans la citadelle de Pergame. Après un deuxième combat, il se rendit sur le mont Ida avec sa famille et ses partisans (emportant son vieux père Anchise sur ses épaules) et s'embarqua ensuite pour la Thrace. On dit encore que Néoptolème le fit prisonnier sur son navire et réclama une rançon qui fut payée par les Dardaniens. Pendant une tempête, son vaisseau fut jeté sur la côte de Carthage où il fut aimé de Didon qu'il quitta peu après pour retourner dans son pays.

Suivant certains récits, il mourut à Orchomène, en Arcadie, mais les Romains racontent qu'il se retrouva finalement au Latium, où le roi Latinus lui donna un territoire et la main de sa fille Lavinie, qu'il fonda la ville de Lavinium, trouva la mort au cours d'un combat et fut transporté au ciel. Une autre tradition offre un récit différent : il s'allia au roi d'Arcadie, Evandre, pour lutter contre le roi Turnus qu'il vainquit. Ascagne, qui fondit la ville d'Albe-la-Longue, fut l'ancêtre de Romulus, le fondateur de Rome. Enée disparut pendant un orage, emporté au ciel. Il fut adoré sous le nom de *Jupiter indiges*.

Enfers

Lieu de tourments destiné aux méchants après leur vie terrestre. Dans la Grèce ancienne, on croyait que tous les morts se présentaient devant les trois juges du monde souterrain (Minos, Rhadamanthe et Eaque).

• **L'enfer des Grecs,** où régnait Hadès, comprenait :

— *l'Erèbe,* ses palais de la Nuit, du Sommeil et des Songes. Là se trouvaient Cerbère, les Furies, la Mort et ceux qui étaient morts sans sépulture.

— *l'Enfer des méchants,* qui étaient dévorés par le Remords et soumis au froid glacial des lacs et aux vapeurs brûlantes des flammes.

— *le Tartare,* ou prison des dieux, ceint d'un triple mur d'airain qui soutenait les fondements des océans et de la terre.

— les *Champs Elysées,* séjour des bienheureux après la traversée de l'Erèbe.

• **Les Romains** le divisaient en sept parties, suivant les catégories de défunts : les enfants mort-nés, les innocents condamnés à mort, les suicidés, les amants infidèles et les amantes trompées, les êtres cruels, le Tartare et les Champs Elysées.

• **L'enfer des Celtes,** l'*Ifurin,* était un lieu terriblement froid, peuplé de bêtes venimeuses, de serpents et de fauves. On y enchaînait les grands coupables, les criminels dans un étang où grouillaient des couleuvres, où un poison dégoulinant de la voûte les brûlait constamment. Les gens inutiles, les fainéants étaient enveloppés de vapeurs épaisses.

• **Les Scandinaves** divisaient le monde en neuf régions, la neuvième étant réservée aux méchants et aux sorciers. Il y avait le monde des lutins des ténèbres *(Svartalfaheim),* le monde du brouillard *(Neffheim)*, la demeure d'Hel *(Hel-*

heim), ou monde des morts, où aboutissent ceux qui meurent de maladie ou de vieillesse. Les héros et les bons vont au *Valhalla* où Odin les accueille parmi les bienheureux qui attendent le moment de soutenir les dieux dans le *Ragnarok*, le dernier combat ou *crépuscule des dieux*, qui précédera la régénération.

• **L'enfer des Shintoïstes** japonais consiste à tourner sans cesse autour du paradis habité par les âmes vertueuses, sans pouvoir y pénétrer.

• **En Inde,** celui des Brahmanes, le *Naraka,* qui comprenait vingt-huit régions, est situé au-dessous de la terre et des résidences des démons *(Patalas)*. Les damnés y demeurent quelque temps avant la métempsycose.

• **L'enfer bouddhique** comprend également des divisions affectées aux diverses fautes et celui des Djaïns comporte une dizaine d'étages où les pécheurs sont répartis selon la gravité de leurs fautes.

Engastrimandres
et *Engastrimythes*

Devins et prophétesses qui prononçaient les oracles sans remuer les lèvres (par ventriloquisme).

ÉNIPÉE

Dieu-fleuve thessalien, qui fut aimé de Tyro, fille du roi d'Elide Salmonée. Mais Zeus se transforma en taureau et séduisit Tyro, la rendant mère de Pélias et Nélée.

ENKI

Dieu sumérien, seigneur des eaux souterraines et du sol, maître des sciences, des industries, de la sagesse, de la magie, et de la médecine. Il distribua aux autres dieux leurs attributions : le tonnerre à **Ishkur** (Adad pour les Sémites); le Tigre et l'Euphrate à **Enbilulu;** la mer à la déesse **Sirara;** l'irrigation des champs au dieu-fermier **Enkimdu;** les étables et bergeries au dieu-berger **Dumuzi;** le bétail à **Lahar,** les briques à **Kabta** et le grain à la déesse Ashnan.

Il avait son sanctuaire, l'Apsu, dans la ville sainte d'Eridou. Prototype du héros, il tue le dragon-démon Kur, auteur du rapt de la déesse Ereshkigal. Celle-ci apparaîtra plus tard comme la reine des enfers et l'assistante de son époux **Nergal** (ancêtres d'Héphaïstos et de Perséphone). Ce thème se retrouve dans la cosmogonie akkadienne qui décrit la lutte du dieu de la guerre Ninurta contre le démon de la maladie Asag.

La fille d'Enki, **Nanshe,** déesse des sources et des rivières (également déifiées), vénérée à Eridu et à Lagash, avait pour symbole un vase dans lequel nageait un poisson.

ENKIDU

Héros babylonien, ami de Gilgamesh.

ENLIL

Dieu sumérien, maître de l'air et des tempêtes dont l'arme était le déluge (symbole de la violence des éléments). Responsable de la vie sur terre et du destin de l'humanité, il dispensait faveurs ou calamités (le déluge qui détruisit l'humanité). Enlil, qui avait pour compagne **Ninlil,** fut assimilé à Mardouk par les Babyloniens qui le nommèrent Bel *(Seigneur)* et lui donnèrent Belit pour compagne. Zeus est son homologue grec.

ENYO
la guerrière

Cruelle et sanguinaire messagère d'Arès, qui fut identifiée à la Bellone romaine.

ÉOLE

Fils de Poséidon (ou de Zeus) et d'Arné, dieu des vents, qui régnait sur les îles volcaniques appelées éoliennes *(Lipari),* où il emprisonnait ou libérait suivant son humeur, les vents, personnifiés par ses douze enfants, six filles et six fils.

Lorsqu'une tempête obligea Odysseus à s'arrêter dans ses îles, Eole l'accueillit, et au moment de son départ, lui fit don d'une outre merveilleuse où il avait enfermé tous les vents contraires à la navigation. Mais une curiosité malsaine poussa les marins à l'ouvrir : aussitôt, les vents s'échappèrent en mugissant et déchaînèrent une violente tempête. Certains auteurs prétendent qu'Eole était un prince des îles Lipari, féru d'astronomie et de météorologie, qui donnait des conseils aux navigateurs. — Du nom du dieu des vents dérivent : l'*éoline,* instrument à vent, à clavier et clavettes d'acier, inventé vers 1816 par l'Allemand Eschenbach; l'*éolipyle,* inventé par le mathématicien-mécanicien Héron en l'an 120 avant J.C. (boule de métal creuse qui, chauffée, produit de la vapeur); *l'éolien,* jeu d'orgue dans les jeux de fonds à tuyaux à demi-ouverts; la *harpe éolienne,* instrument de musique vibrant au souffle du vent, comprenant deux tables harmoniques carrées, sur lesquelles deux cordes de métal sont tendues à l'aide d'un chevalet. Sous l'action de l'air, ces cordes font résonner les notes de l'accord parfait, et lorsque plusieurs harpes éoliennes sont tendues à de courtes distances, elles produisent, en se répondant, des résonances étranges et mystérieuses. C'est peut-être un phénomène identique qui produisait les sons harmonieux émis par la fameuse statue de Memnon, dans la haute Egypte. Une légende raconte qu'aux premières lueurs de l'aurore, juste avant le lever du soleil, cette statue faisait entendre une mélodie extraordinaire qui cessait dès l'apparition du soleil à l'horizon. Des inscriptions sur le piédestal de la statue attestent que l'empereur Adrien a entendu cette surprenante mélodie, phénomène que certains expliquent par la rétraction des cordes d'une harpe (laissée dans le voisinage par les prêtres égyptiens), après l'humidité nocturne, dans la chaleur du matin.

• Un roi tyrrhénien, époux de la divinité marine Amphitea, fut souvent confondu avec le dieu des vents.

EÔS
l'Aurore

Fille des Titans Hypérion et Théia, sœur d'Hélios et de Séléné, qui vivait avec son époux Tithon dans l'océan. Chaque matin, elle émergeait à l'Est, s'élevait dans les airs sur un char tiré par les chevaux ailés Lampos et Phaéton, annonçant l'arrivée de son frère Hélios qu'elle acompagnait sous le nom d'Héméra jusqu'au soir, où, devenue Hespéra, elle continuait son voyage vers les rives occidentales d'Océan.

Elle eut pour amant le dieu de la guerre Arès, aimé d'Aphrodite. Celle-ci prit ombrage de cette liaison et condamna Eôs à de continuelles amours avec des mortels. Ainsi, bien que mariée à Astraeos, le vent de l'Aube, dont elle eut les vents du Nord, de l'Ouest et du Sud, Eôsphoros et toutes les autres étoiles du ciel, Eôs séduisit Orion, Céphale, Clitos, petit-fils de Mélampous, Ganymède, que Zeus lui reprit, et Tithonos auquel les dieux avaient accordé l'immortalité mais non l'éternelle jeunesse, et qui devenait de plus en plus vieux et grisonnant et ridé, si bien qu'Eôs dut l'enfermer dans sa chambre où il devint cigale (1-126). Ces amours perpétuelles sont des allégories : *l'aurore donne aux amants de minuit un renouveau de passion et c'est aussi le moment où généralement les hommes sont emportés par la fièvre. L'allégorie de son union avec Astraeos, le vent de l'aube, est assez claire : les étoiles apparaissent à l'aurore, à l'est, et Astraeos, le vent de l'aube, s'élève comme s'il émanait d'elles. D'où le vent étant considéré comme un agent de fécondation, Eôs devient la mère, par Astraeos, de l'Etoile du matin, solitaire dans le ciel...* (1-126).

– L'art grec ne différencie pas Eôs, Héméra et Hespéra et représente l'Aurore par une jeune femme ailée répandant la rosée sur le terre.

ÉPAPHOS
l'attouchement

Io, touchée par Zeus, eut Epaphos qui fut enlevé dès sa naissance par Héra et confié aux Curètes. Plus tard, devenu roi d'Egypte, ce fils de Zeus épousa Memphis, la fille du Nil, et devint l'ancêtre de Libye, d'Agénor, de Bélos, d'Aegyptos et de Danaos. Ce mythe *implique que les Achéens, adorateurs de Zeus, revendiquaient la souveraineté sur toutes les populations maritimes de la Méditerranée orientale* (1-159).

ÉPÉIOS
le successeur ou *l'assaillant*

Fils d'Endymion et d'Hyperimné, qui succéda à son père en dépassant ses frères lors d'une course à pied. Il fut l'ancêtre des Epéens d'Elide.

• Fils de Panopée, qui construisit le cheval de bois qui décida de la victoire des Grecs sur les Troyens et fonda la ville de Métaponte; à l'origine présenté comme un guerrier courageux, il devint, par ironie, un symbole de ***lâcheté.***

Ephèse

Ville ionienne d'Asie Mineure, à une soixantaine de kilomètres de Smyrne, célèbre par le temple d'Artémis élevé en 620 avant J.C. où les pèlerins venaient en foule d'Asie Mineure et de Grèce continentale. La déesse y était représentée par une statue en or aux nombreuses mamelles, symbolisant la fécondité et la fertilité.

Epidaure

Ville d'Argolide, fondée par les Ioniens, où se trouvait le *Hiéron d'Asclépios,* sanctuaire où les malades accouraient pour trouver la guérison. On y voyait la *Tholos,* renfermant la source sacrée.

Les *asclépieia* d'Epidaure, grande fête locale donnée en l'honneur d'Asclépios tous les cinq ans, neuf jours après les jeux Isthmiques, furent parfois appelées *épidauries.* Ce nom fut également donné à la fête athénienne intercalée au milieu des éleusinies, en souvenir de l'initiation d'Asclépios aux mystères de Déméter et Perséphone.

ÉPIGONES
les fils nés postérieurement ou *les descendants*

Fils des sept chefs qui assiégèrent Thèbes, afin de venger Polynice, et qui périrent tous, à l'exception d'Adraste. C'étaient: Alcméon et Amphiloque, les fils d'Amphiaros; Diomède, fils de Tydée; Aegialée, fils d'Adraste; Euryale, fils de Mécissée; Promaque, fils de Parthénopée; Sthénélos, fils de Capanée; Thersandre, fils de Polynice. Dix ans après le siège, ils s'emparèrent de Thèbes.

ÉPIMÉTHÉE
celui qui se ravise

Fils de Japet et de Clymène, frère imprévoyant de Prométhée. Lorsque celui-ci eut dérobé le feu du ciel, Epiméthée, ne tenant pas compte des conseils de prudence de son frère, accueillit la messagère du dieu, la belle Pandore et sa fameuse boîte qui, ouverte, déversa sur l'humanité tous les maux qui l'affligent depuis lors. Il fut le père de Pyrrha qui devint l'épouse de Deucalion.

ÉPONA

Divinité gauloise qui fut introduite tardivement à Rome où elle était vénérée comme la protectrice des écuries. Elle serait le fruit de l'union de Fulvius Stellus avec une jument.

ÉRATO

Fille de Zeus et de Mnémosyne, l'une des neuf Muses qui présidait à la *poésie érotique* et *lyrique,* mère de Thamrys, l'un des plus célèbres poètes de la Grèce antique qui fut amoureux d'Hyacinthos. Apollon, jaloux, ayant raconté aux Muses que Thamrys s'était vanté de les surpasser en talent, celles-ci le rendirent aveugle et aphone, désespérant Thamrys qui jeta sa lyre dans le fleuve Balyra.

On la représentait couronnée de myrte et de roses, tenant une lyre dans la main gauche ou une cithare et un archet dans la main droite.

ÉRECHTHÉE

celui qui se trouve au-dessus de la bruyère

Petit-fils d'Erichtonios, fils de Zeuxippe et de Pandion auquel il succéda sur le trône d'Athènes. Il combattit Eumolpe qui, à la tête des Eleusiens, menaçait la ville et, pour s'assurer la victoire, sacrifia une de ses filles, mais mourut pendant le conflit. D'après une autre tradition, il fut foudroyé par Zeus ou frappé par Poséidon et enseveli sur l'Acropole là où fut érigé l'*Erechthéion,* temple qui lui fut consacré ainsi qu'à Athéna.

ERGINOS

celui qui retient prisonnier

Fils de Clyméné, que le Thébain Périérès tua. Il vengea son père en déclarant la guerre aux Thébains, les vainquit et les condamna à lui fournir un tribut annuel de cent taureaux. Héraklès coupa le nez aux soldats chargés de percevoir ce tribut, provoquant une seconde guerre au cours de laquelle Erginos fut vaincu et tué par le héros grec.

ÉRICHTHONIOS

la terre de bruyère

Fils de Gaïa et d'Héphaïstos confié par Athéna à la fille de Cécrops, Pandrosos. Il était représenté par le serpent qui gardait le temple d'Athéna sur l'Acropole.

ÉRIGONE
la fille de la dissension

Fille d'Icarios, qui fut tué par des bergers ivres. Sa chienne Maera, qui l'accompagnait, dirigea les pas d'Erigone vers l'endroit où ils avaient enterré son père. Désespérée, elle se pendit à un pin, en priant pour que toutes les filles d'Athènes subissent un sort identique jusqu'à ce que son père soit vengé. L'une après l'autre, les Athéniennes se pendirent au pin, jusqu'à ce que, l'oracle de Delphes ayant révélé la cause de leur mort, les meurtriers d'Icarios fussent punis. La chienne Maera, placée dans le ciel, devint la *constellation du Chien* et certains certifient qu'Icarios est devenu le *Bouvier* et Erigone la constellation de la *Vierge*.

Selon une autre tradition, Erigone fut aimée de Dionysos auquel elle donna un fils, Staphylos.

ERINNYES
les furies

Filles de la Nuit et de Cronos, divinités du monde souterrain qui habitaient l'Erèbe et remontaient sur terre pour punir les coupables et accomplir les malédictions. Elles s'appelaient Alecto, Mégère et Tisiphone. Plus tard, elles s'humanisèrent, et au Ve siècle avant J.C., devinrent des gardiennes de la morale, adorées en Attique sous le nom d'*Euménides* ou bienveillantes, à Argos, Sicyone et en Arcadie.

— Elles inspirèrent les *Euménides* d'Eschyle, les *Erinnyes* de Leconte de Lisle, drame antique représenté en 1873 à l'Odéon.

ÉRIPHYLÉ
la guerre tribale

Fille de Talaos et de Lysimaché, épouse du devin Amphiaros. Lorsque celui-ci, prévoyant sa propre mort au siège de Troie, se cacha lors du départ des Grecs, elle se laissa tenter par le collier d'or offert par Polynice auquel elle révéla la cachette de son mari. Elle fut tuée par Alcméon qui avait promis à son père de le venger dès qu'il apprendrait sa mort.

ÉRIS
la discorde

Fille de la Nuit, mère de tous les maux (la douleur, la famine), qui combattait aux côtés d'Arès et Enyo. Elle fut oubliée lors des noces de Thétis et Pelée et se vengea en lançant au milieu des invités la pomme d'or portant l'inscription *à la plus belle,* provoquant une vive querelle entre Athéna, Aphrodite et Héra, le jugement de Pâris, l'enlèvement d'Hélène et la guerre de Troie.

ÉROS
le désir érotique

Fils de la Nuit et d'Erèbe, chargé de l'harmonie cosmique, présenté par Hésiode et les Orphiques comme l'un des éléments primordiaux du monde, un dieu créateur. Plus tard, on lui attribua pour père Zeus, Arès ou Hermès, pour mère Aphrodite. On le représente comme un enfant ailé, muni d'un arc et de flèches destinées à éveiller les affres de la passion chez les humains. Turbulent et malicieux, il fut cependant victime de ses propres armes : il tomba amoureux de la belle Psyché.
— **Le culte d'Eros** remonte à la plus haute antiquité; il était célébré en Thrace et en Béotie où tous les cinq ans, avaient lieu les *Erotia,* ou *Erotidies,* ou *Eroties.* A Thespies, les Béotiens l'adoraient sous la forme d'une colonne phallique. En Grèce, son culte était associé à celui d'Aphrodite, de Dionysos, d'Héraklès, de Psyché.

◆ Le dieu au carquois, force primordiale dominant le cosmos, est le symbole de ***la passion sexuelle***. Pour Hésiode, il *était* *une pure abstraction. Les Grecs primitifs le décrivaient comme un* Ker *ou « calamité ailée » comme la Vieillesse ou la Peste, désirant faire entendre que la passion sexuelle désordonnée pouvait être cause de troubles dans une société organisée...* (1-53).

• Les Romains l'identifièrent à **Cupidon**.

ÉRYTÉ

Nymphe qui fut aimée de Poséidon, auquel elle donna un fils, Halirrhothios, qui fut tué par Arès dont il avait enlevé la fille Alcippe : meurtre qui entraîna une querelle entre ces deux divinités et l'institution du tribunal d'Athènes, afin de régler le litige.

ERYX
la bruyère

Fils d'Aphrodite et du berger Boutès, qui régna sur une partie de la Sicile qui fut appelée Erycie. Fier de sa force peu commune, il osa défier Héraklès qui le vainquit et fut enterré sur le mont Eryx (mont San Giuliano), où se trouvait un temple dédié à Aphrodite.

ESCULAPE : voir ASCLEPIOS.

ESPÉRANCE

Divinité allégorique latine, vénérée en Grèce sous le nom d'*Elpis,* sœur du Sommeil et de la *Mort.* Elle consola les hommes lorsque fut ouverte la boîte de Pandore. Elle est représentée par une jeune nymphe ailée souriante, couronnée de boutons de fleurs, tenant un bouquet; la couleur verte lui était consacrée.

ÉSUS : voir MARS.

ÉTÉOCLE et POLYNICE
la gloire véritable et *les dissensions nombreuses*

Fils d'Œdipe et de Jocaste qui s'emparèrent du trône après le départ de leur père, qui les maudit et prédit qu'ils s'entretueraient. Ils convinrent de régner alternativement pendant un an. Mais Etéocle, à la fin de son règne, refusa de céder la place à Polynice qui avait épousé Adraste, la fille du roi d'Argos. Celui-ci assiégea Thèbes assisté de six autres chefs (la guerre des Sept Chefs) et, las de cette lutte interminable, les frères ennemis résolurent de s'affronter dans un combat singulier où ils périrent. Créon, le frère de Jocaste, devenu roi, fit de magnifiques funérailles à Etéocle, refusant ce rite à Polynice qui avait conduit une armée étrangère devant Thèbes. Malgré l'interdiction de Créon, Antigone, la sœur d'Etéocle et Polynice, rendit les derniers honneurs à Polynice et fut condamnée à mort par le nouveau roi.
— Plusieurs tragédies furent inspirées par cette légende : *les Sept contre Thèbes* d'Eschyle, *Antigone* de Sophocle, *la Thébaïde ou les frères ennemis* de Racine…

ÉTHER

Divinité allégorique, fils de l'Erèbe et de la Nuit, qui correspondait à la partie supérieure du ciel.

EUMÉE ou EUMAEOS
celui qui cherche bien

Fils de Ctésios, roi de l'île de Syria, qui fut enlevé par un esclave et vendu à Odysseus dont il devint le fidèle porcher. Lorsque le héros revint à Ithaque déguisé en mendiant, Eumée le reçut avec bonté, lui raconta les agissements des prétendants de sa femme Pénélope et pleura la prétendue mort du héros. En le conduisant à la salle des banquets, il le défendit contre les quolibets des prétendants de Pénélope, puis il l'aida à se venger des courtisans.

EUMOLPOS
la bonne mélodie

Fils de Poséidon et de Chioné, la fille de Borée, et frère d'Ebuleos, que sa mère, redoutant la colère paternelle, jeta à la mer à sa naissance. Retrouvé par Poséidon, il fut élevé en Ethiopie par Benthésicymé dont il épousa une fille. Mais il s'éprit d'une autre de ses filles et fut exilé en Thrace où il complota contre le roi Tégyrios, son protecteur; il dut se réfugier à Eleusis. Là, il participa aux mystères de Déméter et de Perséphone auxquels il initia Héraklès. Il devint roi de Thrace à la mort de Tégyrios.

Lorsque les Grecs, conduits par le roi Erechthée, attaquèrent Eleusis, Eumolpos se battit vaillamment à la tête d'un important contingent de Thraces et réclama le trône d'Attique au nom de Poséidon. Mais pendant la bataille, il fut tué par Erechthée que Zeus, appelé par Poséidon, anéantit de sa foudre; d'autres disent que d'un coup de trident, Poséidon le tua et ouvrit dans les Hautes Roches une immense crevasse qui l'engloutit.

Les principaux prêtres des mystères éleusiniens étaient choisis dans la famille des Eumolpes.

EUNOMOS
l'homme méthodique

Fils d'Architélès qui, au cours d'une fête, versa de l'eau si maladroitement sur les mains d'Héraklès, que celui-ci lui tira les oreilles, mais avec une telle conviction qu'il les lui arracha et qu'il en mourut (1-433).

EUPHORBOS
les bons pâturages

Troyen, fils de Panthos, célèbre par sa force, qui blessa Patrocle, fut tué par Ménélas et se serait réincarné en Pythagore. Son bouclier fut suspendu dans le temple d'Héra à Mycènes.

EUROPE
celle qui a le visage large

Fille d'Agénor et de Téléphassa, sœur de Cadmos, Philée, Phoenix et Cilix, dont la beauté séduisit Zeus qui l'avait aperçue jouant au bord de la mer avec ses compagnes. Il se transforma en un superbe taureau blanc aux cornes dorées qu'Europe caressa, puis chevaucha. Aussitôt, l'astucieux dieu s'élança sur les flots et disparut, emportant en Crète sa cavalière qui donna naissance à Minos, Rhadamanthe et Sarpédon. En échange, Zeus fit don à la jeune Phénicienne du Talos, géant d'airain capable de repousser les assaillants, d'un chien qui ne ratait jamais sa proie et d'un épieu de chasse. Par la suite, Europe épousa le roi de Crète, Astérion.

Selon une autre tradition, elle fut transportée en Béotie et donna le jour à Carnaos, l'ancêtre des Aegides.

En Crète et dans la Grèce continentale, elle était célébrée lors de la fête appelée *Hellotia*.

• Fille de Tityos, mère de l'argonaute Euphemos.

• Le nom d'Europe fut donné à une partie du monde et au deuxième satellite de Jupiter découvert en 1858.

EUROTAS
celui qui coule agréablement

Dieu-fleuve et roi de Laconie, fils de Lelex et de la naïade Eléocharie, père de Sparte. Lorsqu'il subit une défaite honteuse de la part des Athéniens, il se jeta dans le fleuve qui porte son nom.

EURYALE
celui qui fait de longs voyages

Argien, frère d'Adraste, qui combattit contre Thèbes, fit partie de l'expédition des Argonautes et accompagna Diomède à la guerre de Troie.
• Jeune Troyen d'une extraordinaire beauté, ami de Nisus avec lequel il fut tué en essayant de rejoindre Enée.
• L'une des trois Gorgones.
• Reine des Amazones.

EURYDICE
la grande justice

Epouse d'Orphée qui, en tentant d'échapper aux avances d'Aristée, fut mordue mortellement au pied par un serpent. Inconsolable, son époux descendit la chercher aux Enfers, obtenant d'Hadès son retour à la vie, à condition de ne pas essayer de la regarder avant la sortie des enfers. Mais Orphée se retourna et Eurydice disparut pour toujours.
— Ce sujet a été traité par des peintres : Ary Sheffer et Erasme Quellyn *(la Mort d'Eurydice)*; sculpteurs (Rouhaud, Canova...).
• Fille d'Adraste, épouse d'Ilos auquel elle donna Laomédon et Thémisté.
• Nom d'une planète télescopique découverte en 1862.

EURYLOCHOS ou EURYLOQUE
la grande embuscade

Compagnon d'Odysseus au siège de Troie, qui aborda avec lui dans l'île de Circé, refusa le breuvage magique de l'enchanteresse et ne fut pas changé en pourceau. En Sicile, il égorgea les taureaux d'Apollon et périt dans le naufrage du vaisseau d'Odysseus, foudroyé par Zeus.

EURYNOMÉ
la grande loi

Fille d'Océan et de Téthys, qui fut aimée de Zeus auquel elle donna les Charites, adorée en Arcadie où des fêtes étaient célébrées en son honneur.

EURYPYLOS
la large cuirasse

Fils de Télèphe et d'Astyoché, qui dut combattre dans les rangs des Troyens avec les Mysiens, tua des héros grecs (Machaon, le fils d'Asclépios), et mourut de la main de Néoptolème lorsque les Troyens incendièrent la flotte grecque.

EURYSTHÉE
celui qui oblige à reculer très loin

Fils du roi d'Argos, Sthénélos, et de Nicippé, la fille de Pélops, descendant de Persée, célèbre par sa haine contre Héraklès qu'il soumit à de dures épreuves : les *douze travaux*. Il poursuivit de sa haine les Héraclides, les chassa d'Argos, les suivit en Attique où ils s'étaient réfugiés. Thésée vint au secours des opprimés et attaqua Eurysthée auprès de l'isthme de Corinthe, où Hyllos, le fils d'Héraklès, le tua.

EURYTOS
qui coule à ras bords

Roi d'Œchalie, en Etolie, qui promit la main de sa fille, Iole, à celui qui le battrait au tir à l'arc. Héraklès l'emporta sur lui mais se vit refuser la récompense promise. Ses flèches percèrent Eurytos et ses quatre fils.

EUTERPE
celle qui se réjouit

Muse de la **poésie lyrique** et de la **musique**, qui faisait partie du cortège de Dionysos avec lequel elle inventa le dithyrambe, base de la tragédie grecque. Du dieu-fleuve Strymon, elle eut Rhésos qui fut tué par Odysseus et Diomède pendant le siège de Troie. Elle était représentée sous les traits d'une gracieuse jeune femme tenant une flûte, parfois un cahier de musique.

EVADNÉ
la fleurie

Fille de Philacos (ou de Pitané), qui fut désirée par Poséidon dont elle eut un fils, Iamos, qu'elle abandonna dans les bois sur un lit de violettes (*ion : violette*) et qui fut nourri par deux serpents avant d'être adopté par l'Arcadien Epytos. Apollon lui ayant conféré le don de prophétie, Iamos prédisait l'avenir sur l'autel de Zeus à Olympie. Il fut l'ancêtre des Iamides.
• Fille d'Arès ou d'Iphis, épouse de Capanée. Lorsqu'au siège de Thèbes son mari qu'elle aimait passionnément fut foudroyé par Zeus, elle se jeta dans le bûcher où son corps se consumait.

EVANDRE
celui qui fait du bien aux hommes

Pélasge d'Arcadie, fils d'Echenius et de Timandre (ou de Carmenta). Ayant tué son père au cours d'une émeute, il dut quitter l'Arcadie et s'établir dans le Latium en Italie, soixante ans avant la guerre de Troie. Il tua le roi de Préneste, Hérilus, bâtit la ville de Pallantée au pied de l'Aventin. Considéré comme un héros civilisateur, il s'est vu attribuer l'introduction de l'alphabet latin, l'agriculture, etc.

ÉVHÉMÈRE

Mythographe grec originaire de l'île de Cos, qui raconte dans l'*Histoire sacrée* son voyage le long des côtes d'Arabie et de l'Inde, au cours duquel il découvrit, dans l'île de *Panchaia,* des inscriptions lui révélant l'origine des dieux.

Un système philosophique, fondé sur ses explications, fut créé et appelé l'*évhémérisme,* selon lequel les figures mythologiques sont regardées comme des êtres humains divinisés par les peuples.

ÉVIPPE

Fille de Tyrimmas, roi d'Epire. Aimée d'Odysseus, elle eut de lui un fils, Euryale, qui, adulte, se rendit à Ithaque, et que son père, à l'instigation de Pénélope, fit mourir.

Evoé ou Evohé

Cri des Bacchantes lors des orgies dionysiennes.

Extiscipes ou Extispicine

Méthode de divination par l'examen des entrailles des victimes immolées dans les sacrifices, pratiquée autrefois par les Romains.

F

FAIM

Divinité allégorique, fille de la Nuit, personnifiant la faim et la famine, représentée sous les traits d'une femme squelettique, aux joues creuses, aux lèvres pâles, au regard éteint, les mains liées derrière le dos. Ovide lui donne pour résidence les déserts de la Scythie.

FAMA

Divinité latine, personnification de la renommée.

FARFADET

Lutin, esprit malin, qui se plaît à tourmenter les humains dans leurs rêves.

FAUNA

Divinité indigène latine, fille ou femme de Faunus, vénérée sous le nom de *Bona Dea*.

FAUNES

Dieux champêtres des Latins, bienveillants, protecteurs des troupeaux, représentés velus et cornus, souvent avec des pieds de bouc et des grandes oreilles. Si leur présence portait bonheur aux fermiers, leur vue provoquait la mort.

FAUNUS
celui qui favorise

Dieu champêtre des Latins, fils de Picos, petit-fils de Saturne, troisième roi d'Italie, garant de la fécondité des troupeaux qu'il protégeait contre les loups. Personnification de la ***puissance génératrice***, considéré comme un prophète, Faunus est lié aux origines de la civilisation romaine : il est le père de l'agriculture et l'initiateur au culte des dieux. On lui attribuait également l'invention du vers saturnien.
– **Son culte** était célébré dans les campagnes et, sous le nom de *Lupercus,* au Palatin lors des *lupercalia* dans le sanctuaire appelé *Lupercal.* Les représentations de ce dieu se rapprochent de celles de Pan, Silène ou Marsyas : petit homme barbu portant une couronne de feuillage, tenant une corne d'abondance d'une main, une corne à boire de l'autre.

FAUST

Personnage du *Livre populaire,* sorcier et magicien assoiffé de plaisir et de science, qui vendit son âme au démon et s'engagea à le servir fidèlement pendant vingt-quatre ans, en échange de toutes les voluptés. Il reçut également de lui des notions de cosmogonie, d'alchimie, sorcellerie... Il rencontra Hélène, reine de Sparte, qui lui donna un fils, Justus Faustus, et fut mis en pièces par le démon.

Cette légende fut le sujet de pièces populaires, drames, romans, poèmes épico-dramatiques, opéras (Gounod, Wagner), du chef-d'œuvre de Goethe, de plusieurs tableaux de peintres contemporains.

FAUSTULUS

Divinité latine, époux d'Acca Larentia, gardien des troupeaux de Numitor (ou d'Amulius, le roi d'Albe), qui découvrit, recueillit Romulus et Rémus et les éleva.

Fées
fata : destinée

Divinités secondaires présidant à la naissance des individus dont elles déterminent le cours de l'existence. Ce sont les *Tria Fata* romaines, les trois *Parques* ou *Moires* grecques, responsables de la vie, du mariage et de la mort, les *matres* ou matronae gallo-romaines, les lugubres *nornes,* germaniques et scandinaves, et leurs nains : *gnomes, trolls, kobolds, elfes, pixies...* En Perse, c'étaient les *ferix, dives, djinors.* Les Gaulois avaient les *saynètes,* qui vivaient dans l'île de Sayne, sur la côte des Osismiens, bienfaisants lorsqu'ils guérissaient les malades, mais néfastes lorsqu'ils provoquaient des tempêtes. En Ecosse, on les nommait *water-elven, fairies,* en Irlande *banshee, daonie-see,* en Angleterre *klabbers, tylwithteg,* en Allemagne *alfen, still-volk,* en Flandre *withewroukin,* les trois Dames Blanches dont parlent les légendes du Moyen Age, qui apparaissent à la naissance de quelques enfants privilégiés, les *fadas* provençaux, *fades* gascons, *fadets* et *fadettes.*

Immatérielles ou dotées d'un corps humain, méchantes ou bienfaisantes, belles ou laides, les fées possédaient des pouvoirs magiques : elles effectuaient des prodiges d'un coup de baguette, se déplaçaient à volonté et à la vitesse de la pensée, pouvaient se trouver simultanément en plusieurs endroits. Vulnérables, animées de sentiments humains, elles s'unissaient à des humains, exigeant le secret ou disparaissant la nuit. Immortelles, elles mènent une existence heureuse au fond de grottes ou dans les forêts.

◆ Ces personnages fantastiques symbolisent les pouvoirs extraordinaires, quasi illimités de ***l'imagination.***

FÉLICITÉ

Divinité allégorique romaine figurée par une femme corpulente tenant le caducée (symbolisant *la santé*) et une corne d'abondance (figurant *la prospérité*), facteurs indispensables au bonheur.

FENRIR

Loup de la mythologie scandinave, né de l'union du principe du mal *Loki* et de la géante *Angourbada,* en même temps que la déesse de l'enfer *Hel* et le serpent *Jormoungandour.* Les *Ases* le gardèrent au Valhalla, mais expédièrent Hel au *Nifflheim,* le pays des brouillards et du serpent au fond de la mer.

Fenrir était si féroce que seul le dieu *Tyr* pouvait l'approcher. Il grandissait si vite qu'on dut l'enchaîner au rocher *Gjol,* avec un lien magique, le *gleipner,* fabriqué par les nains noirs. Un jour viendra où sa mâchoire supérieure atteindra le ciel, sa mâchoire inférieure reposera sur la terre, y provoquant destruction et terreur. Même *Odin* sera anéanti.

FÉRONIA

Divinité sabine et latine vénérée en Campanie comme la protectrice des affranchis, célébrée à Capena chaque année, par une fête au cours de laquelle les officiants marchaient pieds nus sur des charbons ardents sans se brûler.

— Une planète télescopique découverte en 1861 porte son nom.

Fétiche

Objet auquel on attribue une influence protectrice, vénéré à l'égal d'une idole, dont le culte est dirigé par un prêtre. Le féticheur était (il l'est toujours dans certaines peuplades) consulté avant toute entreprise ou décision.

FINN MAC CUMAIL

Héros de la mythologie celte, fils de Cumail, père d'Ossian, mortel doté de qualités surnaturelles, guerrier et chasseur, qui passait pour un défenseur de l'Irlande.

Fleuve

Facteurs de fertilité, les fleuves ont été divinisés par les anciens et représentés par un dieu à forme humaine : la mythologie grecque cite trois mille fleuves, frères des nymphes, fils d'Océan et de Téthys, dont le plus célèbre est Acheloos. Les fleuves des enfers sont le Styx, l'Achéron, le Léthé, le Cocyte, le Phlégéthon.

FLORE

Déesse vénérée en Italie centrale, qui présidait à l'épanouissement des fleurs, appartenant au groupe des douze divinités qui exigeaient des sacrifices expiatoires lors d'événements extraordinaires. Divinité printanière associée à l'aubépine, son culte était célébré chaque année, le 28 avril, par des jeux et des fêtes appelées *floralies.* A l'origine divertissement champêtre, elles prirent rapidement un caractère érotique, avec la poursuite d'animaux symboliques, boucs, lièvres, et le lancement de graines, symbolisant la fécondité... Dès l'an 173 avant J.C., on y adjoignit des jeux du cirque qui duraient six jours, du 28 avril au 3 mai, et des représentations théâtrales réputées pour leur extrême licence.

• Flore fut identifiée à tort avec Chloris, la nymphe grecque épouse de Zéphyre, qui offrit à Junon une fleur pouvant la rendre féconde par simple attouchement. Ainsi naquit Mars; c'est pour cette raison que le nom du dieu de la guerre fut donné au premier mois du printemps.

• Une autre légende fait de Flore une courtisane divinisée par les Romains.

FONS
la fontaine

Dieu latin des sources et des eaux courantes, fils de Janus.

FORNAX
le four

Divinité romaine symbolisant l'habitude de faire griller le blé avant d'en faire la bouillie appelée *pulmontum*. Certains la considéraient comme l'homologue d'Hestia, préposée à l'entretien du foyer et du feu dans les fours.

FORTUNA

Divinité romaine de la chance, du hasard, de l'imprévu, identifiée avec la Tyché des Grecs, adorée à travers l'Italie et à Rome dans le temple du *Forum boarium*. On l'invoqua sous diverses appellations : *Fortuna equestris, Fortuna publica, Regina, Felix, Virgo, Virilis, Augusta,* épithètes correspondant à des particularités de son culte. Elle était représentée sous les traits d'une femme tenant une corne d'abondance ou le gouvernail ou la proue d'un navire, parfois une roue ou le caducée. La *Fortune* d'Albert Dürer est une femme nue ailée, tenant d'une main un vase précieux, de l'autre une bride.

Foudre

La foudre est l'arme et l'attribut des *dieux de l'atmosphère :* le *vajra* d'Indra, le *Chakra* de Vishnou, le *trident* de Rudra (dieu de l'orage), la *flèche* de l'archer Krishna, les lances de tous les dieux, symbolisant l'éclair. *Zeus, Jupiter pluvius* l'utilisaient.
— L'observation de la foudre servit de base à la *science fulgurale,* pratiquée par les Etrusques et les Romains.

FREYJA

Déesse scandinave de la fertilité, de l'amour (homologue d'Aphrodite), fille de Njord, sœur de Freyr, possédant un collier magique qui la rend irrésistible (identique à la ceinture d'Aphrodite). Epouse d'Odhr, elle lui a donné la plus belle des filles, Hnoss; mais Odhr part souvent en voyage et elle verse des larmes d'or, puis se console avec Ottar, fils de héros. Freyja est le symbole de l'***amour passionné et agité,*** qui recueille dans son palais les amants fidèles, après leur mort.

FRIGG

Déesse scandinave, épouse d'Odin, reine des Ases et de leurs femmes, les Asynjes, correspondant à Héra et à Junon. Symbole de l'***amour conjugal calme et fidèle,*** mais aussi de l'***amour maternel :*** elle tenta l'impossible pour ramener à la vie son fils *Balder*.

FU-HI (2953-2838)

Roi-serpent ou minotaure de la mythologie chinoise, le premier des *Trois Augustes,* empereurs mythiques qui créèrent le monde. Il apparut lorsque la terre se fut solidifiée et les hommes établis sur ses rives. Il fut le premier des Trois Grands Souverains de la Chine, conçu miraculeusement à la suite d'une gestation de douze ans, avec un corps de serpent, une tête de bœuf et des bras d'homme. Les humains seraient issus de son union avec sa sœur-épouse Niou-Kia qui façonna d'abord la race des seigneurs avec de la terre jaune jusqu'au moment où, lasse, elle se contenta de secouer une corde trempée dans la boue pour créer le peuple. Le monstre cornu Kong-Kong, le génie du Vent, combattit le souverain Thouan-hiu. A la suite de cette lutte féroce, le pilier situé au nord-ouest du monde, le mont Pou-tchéou, fut ébranlé, « les

Quatre Pôles renversés, les Neuf Provinces fissurées... le Feu incendiait sans s'éteindre jamais, les Eaux inondaient sans jamais s'apaiser, les Bêtes féroces dévoraient les hommes valides, les Oiseaux de proie enlevaient les débiles» (c'est la version chinoise du *déluge*).

Alors Niou-Kia (dont l'attribut est le compas) entreprit de réaménager le monde: «elle fondit les pierres de cinq couleurs pour réparer le Ciel azuré; elle coupa les pieds de la Tortue pour dresser les Quatre Pôles; elle tua le Dragon noir...», arrêta les «Eaux licencieuses» et l'ordre régna de nouveau. «Fu-Hi inventa le système des cordes nouées et la divination par les *baguettes* d'achillée»; aussi a-t-il pour attribut une équerre. Il partagea le monde en neuf régions, enseigna aux hommes l'art de la chasse, la pêche au filet, l'élevage des animaux domestiques, institua le mariage et organisa la division de la nation en clans. Une tortue surgit des eaux de la rivière Meng pour lui décrire le *Ho t'ou* ou *Trigrammes divinatoires,* «représentation concentrée de l'Univers» (36-154) qui sert de base à la philosophie chinoise traditionnelle. Voilà pourquoi «les tortues sont *une image de l'Univers*» (36-147).

FURIES

Divinités infernales romaines personnifiant le remords et la vengeance divine, homologues des Erinnyes grecques: les Romains confondirent l'*Erinus* grecque avec une ancienne déesse appelée *Furina,* une nymphe du Tibre.

G

GAÏA
la Terre-Mère

Dans la mythologie grecque, Gaïa donna naissance au ciel Ouranos, à la grande famille des dieux, et par descendance indirecte, aux êtres vivants. Elle est donc la mère cosmique universelle, indestructible, la plus ancienne des divinités qui régnait sur les volcans, les rivières, les océans, la végétation, les troupeaux qu'elle a créés. Ses colères produisent les séismes et cataclysmes destructeurs.

Mais elle est avant tout la mère « qui engendre des formes vivantes en les tirant de sa propre substance » (43-219), « qui pénètre en nous jour après jour avec chaque bouchée que nous mangeons » (Paracelse). Le culte qui lui était rendu par les hommes primitifs a précédé tous les rites de fertilité liés à l'agriculture.

– Gaïa fut chantée par les poètes sur tous les continents, adorée à Delphes comme la maîtresse de l'espace et du temps, et la déesse de la procréation. Les Romains l'adorèrent sous le nom de Tellus, le principe de la fécondité, de l'abondance associée aux dieux infernaux, la protectrice de l'espèce humaine et des récoltes. Elle est le symbole de l'***amour maternel.***

– Progressivement, on en vint à mépriser cette vision primitive de la nature, et l'homme moderne, imbu de cartésiasnisme et de matérialisme, oublia le rôle fondamental joué par la Terre *vivante en tout premier lieu parce qu'elle est fertile* (43-219), dans son existence. Il l'a négligée et maltraitée. Cependant, il semble qu'une prise de conscience s'opère actuellement et que l'homme retrouve une vision globale de lui-même comme partie intégrante du cosmos, celui-ci étant considéré comme voie d'accès au sacré.
– Personnification de la terre en « voie de développement », Gaïa forma, avec Ouranos qu'elle avait conçu, la première hiérophanie, le premier couple divin qui engendra une multitude de dieux : les Titans et Titanides, les Cyclopes, les Hétaconchires, les dieux de la mer (Nérée et Thaumas, nés de son union avec son fils Pontos, le flot). De son accouplement avec le Tartare (le monde souterrain), naquirent le monstre Typhon et d'autres dieux terribles.

GALANTHIS
la belette

Fidèle suivante d'Alcmène (l'épouse d'Amphitryon, séduite par Zeus, dont Héra retarda l'accouchement afin que son fils ne régnât pas sur la noble maison de Persée), qui annonça faussement à Ilithye, messagère ou avatar d'Héra, la naissance d'Héraklès, arrêtant l'enchantement et permettant la délivrance d'Alcmène. Héra la changea en belette.

GALATÉE
celle qui est aussi blanche que le lait

Néréide, fille de Doris et de Nérée, qui fut aimée du cyclope Polyphème mais lui préféra Acis, le berger. Un jour, l'amoureux délaissé surprit les amants dans une grotte et écrasa Acis sous un rocher, pendant que Galatée se jetait à l'eau pour rejoindre ses sœurs.

Selon d'autres auteurs, Galatée accepta l'amour de Polyphème et lui donna trois fils : Galos, Ilyrios et Celtos.

• Statue en ivoire sculptée par Pygmalion à l'image d'Aphrodite, qu'il gardait dans son lit, suppliant la déesse de venir à son secours. Prise de pitié, Aphrodite la pénétra et l'anima. Devenue Galatée, elle enfanta Paphos et Métharmé (1-174).

Pygmalion, marié à la prêtresse d'Aphrodite à Paphos, avait sans doute gardé dans son lit la statue blanche de la déesse comme moyen de conserver le trône de Chypre (1-174).

GALÉOS ou GALÉOTIS

Fils d'Apollon et de Thémisto, qui devint le dieu protecteur des Hybléens, en Sicile. Les *galéotes,* devins siciliens, se disaient ses descendants.

GAMBRINUS

Roi qui, en Flandre et en Allemagne, passe pour l'inventeur de la bière et le fondateur de la ville de Cambrai.

GANESHA

Divinité hindoue, fils de Shiva et de Parvâti, créé par la déesse avec sa sueur mélangée à de la poussière, pour garder sa porte. Un jour, il empêcha Shiva d'entrer et fut décapité par le dieu, puis Shiva, magnanime, demanda qu'on lui mît la tête du premier animal qui passerait par là. Ce fut un éléphant. Toujours accompagné d'un rat (don d'un démon qu'il a vaincu), qu'il chevauche parfois, le dieu-éléphant est représenté avec un abdomen énorme, symbole de sa gloutonnerie, tenant un rosaire et un bol à aumônes. Considéré comme le dieu de la *littérature* et de la *science,* on l'invoque avant toute entreprise nouvelle. Très populaire, il possède de nombreux sanctuaires où l'on lui offre des fleurs rouges et des gâteaux. Ganesha est le symbole de l'***illusion,*** *il évoque toutes les possibilités de la vie et toutes ses expressions, jusqu'aux plus burlesques, dans le temps et dans l'espace* (33-472).

GANYMÈDE

celui qui apprécie la virilité (1-642)

Prince troyen, fils de la nymphe Callirhoé et de Tros, qui devint l'échanson de Zeus à la place d'Hébé, la fille d'Héra. Le maître des dieux conçut une folle passion pour le bel adolescent, se transforma en aigle pour l'enlever et l'emporter dans les cieux où il le plaça parmi les étoiles. Eternellement souriant, Ganymède lui verse le nectar et l'ambroisie, car il est devenu la *constellation du Verseau* et se fait parfois aider par Hébé. A l'origine, le Verseau représentait un dieu égyptien qui présidait aux sources du Nil et versait de l'eau et non le nectar. Cette boisson qui, selon les mythographes, passait pour un vin rouge surnaturel, était en réalité de l'hydromel. Quant à l'ambroisie, c'était une bouillie d'orge, de fruits et d'huile, mets favori des rois, tandis que leurs sujets se contentaient *de glands, de mauves et d'asphodèles* (1-100).

◆ Ce récit, très populaire dans la Grèce ancienne et à Rome, *constituait une justification religieuse de l'amour passionnel d'un homme mûr pour un jeune garçon... Cette nouvelle passion, dont l'inauguration a été attribuée à Thamrys par Apollodore, souligne la victoire du système patriarcal sur le système matriarcal... les hommes avaient découvert un nouveau champ d'expériences : l'homosexualité...* (1-100).

GÉANTS

Personnages d'une taille monstrueuse, nés de l'union du Tartare et de Gaïa, doués d'une force prodigieuse, qui se révoltèrent contre l'Olympe parce que Zeus avait enfermé les Titans dans le Tartare. La lutte fut difficile. Ils se battirent avec des torches enflammées, des quartiers de roc qui, en tombant sur la terre et dans la mer, formèrent des montagnes ou des îles. Les dieux eurent recours au mortel Héraklès pour venir à bout de ces monstres, car à chaque fois que l'un d'eux était blessé par un dieu, il retrouvait ses forces en touchant le sol. Héraklès donna le coup mortel au chef ennemi *Alcyonée,* à *Porphyrion,* foudroyé par Zeus après avoir atteint l'Olympe en escaladant une pyramide de rochers, à *Ephialtès,* blessé à l'œil par Apollon, *Eurytos* frappé par le thyrse de Dionysos, *Clytios* brûlé par la torche d'Hécate, *Mimas* sur lequel Héphaïstos avait versé une louche de métal en fusion, *Pallas* abattu par la pierre lancée par Athéna.

Ayant perdu la partie, les Géants s'enfuirent, poursuivis par les Olympiens; *Encélade,* aplati par l'énorme projectile lancé par Athéna, devint l'île de la Sicile; *Polybotès,* atteint par la moitié de l'île de Cos lancée par Poséidon, tomba à l'eau et forma l'île de Nisyros. Hermès, rendu invisible par le casque d'Hadès, abattit *Hippolytos,* pendant qu'Athéna perçait *Gration* d'une flèche et que, d'un coup de massue, les Parques brisaient le crâne d'*Agrios* et de *Thoas.*

◆ La révolte des Géants relate l'attaque et la défaite de montagnards étrangers voulant s'emparer de certaines forteresses helléniques, défendues par les alliés des Hellènes (1-112).

◆ Dans les mythes orientaux, les premiers hommes sont des géants.

GEB

Divinité égyptienne, frère de la déesse Nout dont il fut séparé par Shou à la demande du dieu soleil Râ, personnifiant la surface de la terre. Il était représenté couronné de l'oie qui avait pondu l'œuf cosmique.

GÉNIES

Esprits créateurs, anges gardiens, entités bienfaisantes ou maléfiques, les génies se rencontrent dans toutes les mythologies : babylonienne, slave, hindoue, grecque… Ils étaient particulièrement vénérés par les Romains qui les regardaient comme des esprits « auxiliaires », bons ou mauvais, qui errent dans les campagnes ou les sous-bois, certains pouvant même diriger la vie des êtres humains : les *genii* étaient les protecteurs des hommes, les *junones* veillaient sur les femmes. La famille bénéficiait elle aussi de la tutelle d'un génie (notion qui donna naissance à l'allégorie *Fortuna*). A l'heure de la mort, ces tuteurs abandonnent le corps pour rejoindre les âmes des morts ou *manes* (« bonnes »). Le génie était fréquemment figuré par un serpent.

– Il y avait des génies protecteurs des troupeaux, des jardins, des campagnes, des fruits *(Pomona),* de l'agriculture *(Mellonia),* du défrichement *(Vervactor);* de l'ensemencement (*Saturnus,* qui fut assimilé à Cronos et élevé à la dignité d'un dieu); de la moisson *(Messor);* des montagnes; des eaux *(Oréades, Néréides);* des sources, des lacs, des fleuves, des torrents, de la mer; les « dames blanches » des bois et des arbres *(dryades, hamadryades, nymphes meliai...)* qui dansent la nuit dans les clairières.

– Parmi les génies, on peut classer les fées et les elfes germaniques (8-219).

GÉRYON ou GÉRYONÈS
le corbeau

Fils de Chrysaor et de Callirhoé, géant à trois corps et trois têtes selon certains. Hésiode le décrit comme le puissant roi de l'Hespéride ou de l'île Erythye, doué d'une force extraordinaire. Ce roi possédait un immense troupeau de bovidés, gardé par un dragon à sept têtes, par Eurytion et le monstrueux chien bicéphale Orthros, fils d'Echidna et de Typhon. La dixième mission d'Héraklès fut de s'emparer de ce troupeau, de tuer le chien, le dragon, le berger et Géryon.

GILGAMESH
également appelé Izdoubar ou *Gishdoubar*

Il existe plusieurs versions de la légende de ce héros sumérien d'un cycle de poèmes. Les plus anciens documents connus datent du XVIIIe siècle avant notre ère (version babylonienne). Ce sont des tablettes comportant des textes réunis sous le nom d'*Epopée de Gilgamesh,* qui partit à la recherche du *cresson d'immortalité,* plante qui empêche de vieillir.

A l'opposé des dieux de la tradition mésopotamienne, abstractions ou idées personnifiées, Gilgamesh apparaît comme un être réel, un mortel capable d'éprouver des sentiments, avec les *tendances et problèmes... communs aux hommes de tous les pays et de tous les temps : le besoin d'amitié, le sens de la fidélité, la volonté de renommée et de gloire, l'amour de l'aventure et des hauts faits, l'angoisse de la mort et, surtout, qui domine tous les autres thèmes avec l'irrésistible désir de l'immortalité* (22-227).

Roi d'Ourouk (ou Erech), arrogant et tyrannique, Gilgamesh irrite les dieux par sa conduite, et la grande déesse-mère Aruru crée Enkidou (ou Eâbani), personnage destiné à dompter et discipliner le turbulent roi. Celui-ci, averti en songe de sa venue, l'invite à participer à une orgie nocturne. Indigné, Enkidou tente d'interdire l'entrée du lieu de réunion à Gilgamesh. Les protagonistes commencent à se battre mais soudain la colère du roi tombe, et cet abandon marque le début d'une amitié inaltérable et légendaire. Les deux amis affronteront ensemble des dangers et accompliront des exploits héroïques.

Ils suivirent un itinéraire dangereux et pénible et arrivèrent à la montagne des Cèdres, domaine de la déesse Ishtar. Il s'agit probablement de l'Amanus, montagne qui sépare la Syrie de l'Asie Mineure, et l'expédition des héros commémore les premières incursions des habitants de Babylone dans la vallée de l'Euphrate, à la recherche de bois et de pierre de construction. Les deux amis affrontèrent et tuèrent le monstre Kumbaba, gardien de la montagne, et rencontrèrent Ishtar qui, frappée par la beauté de Gilgamesh, s'éprit de lui. Mais il repoussa les avances de la déesse, qui, offensée, obligea les amis à combattre le Taureau céleste et à le tuer. Alors les dieux, sollicités par Ishtar, condamnèrent à mort Enkidou qui, après douze jours de maladie, rendit le dernier soupir sous les yeux de son ami, qui, dès lors, fut obsédé par le chagrin et par l'idée de la mort.

Gilgamesh décida alors de se rendre à Shuruppak, demander le secret de l'immortalité au roi Utanapishtim, rescapé du Déluge primordial (archétype du père). Au cours de ce long voyage, il souffrit les affres de la faim, lutta contre des bêtes sauvages et les hommes-scorpions qui soutiennent le ciel, avant d'arriver dans un jardin de délices et de franchir la Mer primordiale, les « Eaux de Mort » et d'arriver épuisé à Shuruppak. Il présenta sa requête à Utanapishtim qui lui expliqua comment il avait échappé au Déluge en s'abritant dans un grand navire qu'Ea, le dieu de la sagesse, lui avait suggéré de construire. Il lui parla de l'immortalité, don des dieux reconnaissants et, lorsque Gilgamesh eut dormi six jours d'affilée, le conduisit à une source où il se rafraîchit. Ensuite Utanapishtim lui révéla l'endroit où croissait la *plante de la jeunesse éternelle,* au fond de la mer cosmique.

Le héros plongea jusqu'au fond des eaux profondes, parvint à la cueillir et reprit le chemin du retour. Après avoir marché longtemps, il s'arrêta pour se reposer, et pendant qu'il se rafraîchissait à une source, un serpent envoyé par les dieux lui déroba la précieuse plante, y goûta et acquit le pouvoir de changer de peau et de retrouver la jeunesse. (Ce serpent survivra dans d'innombrables légendes et mythes, symbole à la fois du principe divin de la vie et de la tentation qui incite l'homme au péché, le privant de la sagesse et de la connaissance de Dieu.)

Ainsi, en même temps que la précieuse plante, Gilgamesh perdit à jamais l'espoir de rendre immortels les habitants d'Ourouk et de ressusciter son ami dont l'âme alla rejoindre celles des héros morts sur les champs de bataille. Il garda la hantise de la mort.

◆ Le mythe aborde des sujets essentiels : le ***désir de s'élever*** au-dessus de sa condition et la ***recherche de l'immortalité*** physique. Ainsi, pour se la procurer, les alchimistes taoïstes de la Chine ancienne préconisaient des pilules à base de cinabre pur et de miel blanc et d'autres recettes permettant d'*obtenir un corps alerte et magnifique* (15-345).

La quête de Gilgamesh, entreprise par de nombreux personnages de contes et légendes, est celle de tout être humain : la recherche d'un *élixir ou d'une fontaine de Jouvence,* de la jeunesse, mythe dont l'actualité ne se discute pas !

GLAUCOS
l'homme gris-vert (1-642)

Fils de Sisyphe et de Méropé, frère d'Ornytion et de Sinon, père de Bellérophon, roi d'Ephyre, Glaucos déplut à Aphrodite, en refusant de laisser s'accoupler ses juments, pensant les rendre plus rapides dans les courses de chars. La déesse leur fit manger d'une herbe magique, et dès que Glaucos les attela à son char, elles s'emballèrent, le char se renversa, son conducteur fut traîné sur le sol et dévoré vivant par ses proches cavales. On dit que son ombre continue à hanter l'isthme de Corinthe.

◆ Ce mythe explique une tentative de suppression des fêtes érotiques célébrées à Thèbes, due à l'instauration du système patriarcal (1-190).

• Fils de Poséidon et de Naïs (ou d'Eubée et de Polybe), ancien pêcheur béotien. Un jour, il déposa sur la rive les poissons qu'il avait pris, et ils retournèrent aussitôt à la mer. Attribuant ce fait à l'herbe qui y poussait, il en mangea et à son tour, se jeta à l'eau. Purifié de son enveloppe charnelle par Téthys, il fut admis parmi les dieux marins, s'éprit de la nymphe Scylla qui dédaigna son amour et alla trouver la magicienne Circé. A son tour, elle tomba amoureuse de lui et transforma Scylla en monstre marin. Plus tard, il désira Ariane, enlevée par Dionysos; celui-ci le lia avec des sarments de vigne, mais il parvint à se libérer.
• D'autres récits font de Glaucos un compagnon des Argonautes, qui tomba à l'eau et fut métamorphosé en monstre marin.
• On dit aussi qu'il était le fils de Minos et Pasiphaé, qu'il disparut en poursuivant une souris, fut retrouvé par le devin Polydos noyé dans une jarre de miel. Le devin massa le corps de l'enfant avec une herbe magique et le ramena à la vie.

Gnomes

Petits êtres bienfaisants habitant le sol, gardiens des trésors et minerais précieux, symbolisant l'*esprit de la terre.*

GORDIAS ou GORDIOS
celui qui grogne (1-644)

Roi de Phrygie, père adoptif de Midas. Il n'était qu'un laboureur lorsqu'un jour, un aigle royal se percha sur le timon de son char à bœufs, ce qui signifiait qu'il serait roi. En effet, le roi de Phrygie étant mort, les habitants le choisirent pour souverain. Gordias dédia à Zeus son char et le joug attaché au timon par une corde en bois de cormier. Un oracle déclara que celui qui serait capable de défaire ce nœud régnerait sur toute l'Asie. Alexandre, qui passait par là, n'y parvint pas et trancha le nœud d'un coup d'épée; d'où le symbolisme du ***nœud gordien,*** qui désigne une difficulté presque insurmontable. Cela eut lieu dans le temple de Zeus situé sur l'acropole de la ville de Gordium ou Gordion en Asie Mineure.

GORGONES
les femmes farouches (1-644)

Filles de Phorcis et de Ponto (ou de Céto), elles étaient trois : Sthéno, Euryalé et Méduse, monstres terrifiants qui vivaient près du pays des Hespérides.

A l'origine, elles étaient belles et désirables, mais Athéna, furieuse parce que Méduse s'était unie à Poséidon dans un de ses temples, la changea en monstre ailé au regard menaçant qui pétrifiait les hommes, lui donna des griffes de bronze et une chevelure de serpents. Persée lui trancha un jour la tête et de son cadavre naquirent Chrysaor et Pégase, les fils de Poséidon; Athéna fixa sa tête sur son égide. Le sang de Méduse pouvait tuer instantanément s'il provenait de sa veine droite, ressusciter les morts s'il provenait de sa veine gauche. Elle en donna au fondateur de la médecine, Asclépios.

Les Gorgones, qui représentaient probablement la Triple déesse, *portaient des masques de protection — avec des yeux étincelants et exorbités, la langue pendante et des dents menaçantes — pour effrayer et écarter ainsi tous ceux qui étaient étrangers au Mystère* (1-108).

*Détail d'une fresque de Giotto représentant l'*ESPÉRANCE.

Gorsedd Digor

Cérémonie rituelle druidique au cours de laquelle on récitait des prières (19).

GRÉES

les femmes grises (1-644)

Filles de Phorcis et de Céto, sœurs des Gorgones, nées aussi blanches que la cire, mais avec des cheveux gris; et à elles trois, elle n'avaient qu'un œil et une dent. Elles avaient pour noms Enyo, Péphrèdo et Dino.

Gui du chêne

Plante parasite du chêne, vénérée par les Gaulois et les Germains (qui l'appelaient *gutheyl*), à laquelle on attribuait des pouvoirs merveilleux : éviter les blessures, l'épilepsie.

GYGES

celui qui est né de la terre (1-644)

Un des premiers fils d'Ouranos et de Gaïa, à moitié humain.
• Roi de Lydie, propriétaire d'un anneau magique qui rendait invisible celui qui le portait. Il conquit un grand nombre de cités de l'Asie Mineure, dont Milet, Colophon, Smyrne, et fonda la dynastie des Mermnades au VIIe siècle avant J.C.

H

HADÈS
l'invisible

L'enfer des Grecs, lieu souterrain clôturé par le fleuve Styx, où les âmes des morts, privées de la lumière du soleil, passent un séjour mélancolique. C'est le *Hel* scandinave situé au centre de la terre, le *Niflheim* ou « maison des ombres » des Germains (8-228) où se trouve le fleuve *Gjôll.*

Hadès ou *Aidôneus* était, à l'origine, une divinité bienfaisante protectrice des semences, garante de la prospérité agricole, surnommée Plouton (abréviation de Ploutodotès : « dispensateur des richesses »). Puis on fit de lui le fils de Cronos et de Rhéa, le frère de Zeus et de Poséidon. Lorsqu'ils détrônèrent leur père et se partagèrent l'univers, Hadès reçut le monde souterrain, sa demeure, qu'il ne quitta que dans des occasions exceptionnelles : par exemple, pour enlever Perséphone (fille de Déméter), dont il fit la Reine des enfers, ou pour quérir Sisyphe, condamné par Zeus à descendre au Tartare. A cette occasion, il fut fait prisonnier par le malin Sisyphe et délivré par Arès.

L'enlèvement de Perséphone se réfère à *la mainmise des hommes sur les mystères de l'agriculture, pratiqués jusque-là par les femmes, dans les temps primitifs* (1-81).

Hadès apparaît comme un dieu détesté, orgueilleux, cruel, fier de ses prérogatives et grand séducteur : un jour, il fit virevolter son magnifique char d'or tiré par quatre chevaux noirs, afin d'éblouir la nymphe *Menthé* qu'il désirait, mais Perséphone la changea en menthe odorante. Une autre fois, il tenta de violer la nymphe *Leucé* qui fut changée en peuplier blanc.

Ces tentatives s'inspirent de l'utilisation de la menthe, du romarin, du myrte dans les rites funèbres dans le but de *« couvrir l'odeur de putréfaction des cadavres »* (1-105). On l'imaginait comme un homme barbu, à l'aspect farouche, coiffé du *kunéè,* casque qui le rend invisible (don des Cyclopes qu'il avait libérés sur l'ordre de Zeus), tenant un sceptre ou la corne d'abondance (symbole des richesses procurées par Pluton), assis sur un trône, son chien Cerbère assis à ses pieds. Il fut identifié avec de nombreuses divinités infernales : le *Sérapis* des Egyptiens, le *Dis Pater* des Romains, le *Dagda* (le dieu bon) des Gaulois, le *Bran* des Celtes...

HALIRRHOTIOS
le grondement de la mer

Fils de Poséidon et d'Euryté la nymphe, qui, accusé d'une tentative de viol sur Alcippé, la fille d'Arès et d'Aglauros, fut tué par le dieu de la guerre. Meurtre qui entraîna une querelle entre les deux divinités et l'institution du tribunal d'Athènes, afin de régler le litige. Arès fut jugé et acquitté par le tribunal des dieux sur la colline qui fut appelée l'*Aréopage.*
Ce mythe évoque le viol de Déméter par Poséidon et *se réfère à la conquête d'Athènes par le peuple de Poséidon et à l'humiliation infligée à la déesse, mais il a été altéré pour des raisons patriotiques et amalgamé à une légende concernant un procès pour meurtre qui avait eu lieu autrefois. « Aréopage » signifie probablement « la colline de la Déesse propitiatrice », Areia étant un des noms d'Athéna* (1-66).

HAMADRYADES
les nymphes du chêne (1-645)

Nymphes protectrices des arbres, avec lesquels elles naissaient et mouraient.

HANUMAN

Dieu-singe hindou, fils de la reine des singes Anjanâ, célèbre pour son agilité, sa force physique, sa science et sa fidélité envers Rama (incarnation de Vishnou dont Hanuman est l'assistant). Il eut pour père Vayu, le dieu du Vent : aussi pouvait-il se déplacer dans les airs. Guerrier incomparable, il précéda Rama à Lanka lors du siège auquel prirent part une armée de singes et d'ours, retrouva Sitâ, l'épouse de Rama emprisonnée par le dieu du mal Ravana, s'envola pour l'Himalaya chercher les plantes magiques qui guérirent les blessures mortelles de Rama et Lakshma... Après la victoire, Rama lui accorda de vivre aussi longtemps que les hommes célébreraient ses hauts faits, c'est-à-dire l'immortalité, puisque la mémoire de Rama est immortelle (63-15).

Il est représenté avec un visage large et rouge et une immense queue.

HARMONIE
la concorde

Fille d'Arès et d'Aphrodite que Zeus donna en mariage au fondateur de Thèbes, Cadmos. Les douze dieux de l'Olympe assistèrent à ses noces et lui firent de somptueux présents : Hermès lui fit don d'une lyre; Déméter lui promit une extraordinaire récolte d'orge en s'unissant, durant la cérémonie, avec Iasion dans un champ labouré trois fois; Electre (mère d'Iasion) lui enseigna les rites secrets de la Grande Déesse. Athéna lui offrit un péplos tissé par elle et une paire de flûtes, et d'Aphrodite, elle reçut le collier d'or magique ciselé avec art par Héphaïstos, offert autrefois à Europe par Zeus, qui conférait à celle qui le portait une beauté irrésistible. Ce furent des noces magnifiques : les Muses chantèrent et dansèrent au son de la flûte jouée par Apollon.

Le couple vécut heureux pendant quelques années et donna naissance à Sémélé, Ino, Autonoé, Agavé et Polydoros. Harmonie demeura aux côtés de son mari lorsque des événements tragiques mirent fin à leur félicité, provoqués par le collier d'Aphrodite et le péplos d'Athéna, objets maléfiques qui firent le malheur de leurs descendants. Le péplos fut remis à Eriphyle puis à son fils Alcméon, qui périt à la guerre de Troie, après avoir tué de sa main Laodamas, le fils d'Etéocle, puis sa mère, parce qu'elle l'avait incité ainsi que son père, le devin Amphiaros, à participer à des combats avec l'espoir qu'ils n'en reviendraient pas.

Le collier et le péplos échurent ensuite à Arsinoé, fille de Phégée, qui avait purifié Alcméon du meurtre de sa mère; puis ils furent repris par Alcméon qui les offrit à sa seconde épouse, Callirhoé, fille du dieu-fleuve Achéloos. Furieux, Phégée fit tuer Alcméon par ses fils Agénor et Pronoos. Tous trois, maudits par Arsinoé, furent exterminés par les deux fils de Callirhoé, Amphotoros et Acarnan. (On connaît le sort tragique d'Œdipe, petit-fils d'Harmonie, et celui de Sémélé, amante de Zeus.)

Agavé épousa le roi d'Illyrie, Lycothersès. Un jour, elle dénonça la liaison de Zeus et de Sémélé et, frappée de démence par le roi des dieux, démembra son fils Penthée qui avait succédé à son père sur le trône de Thèbes. Plus tard, lorsqu'elle apprit que ses parents régnaient sur les Enchéléens, elle tua son mari avec l'aide de sa sœur Autonoé et remit son royaume à son père Cadmos.

En effet, selon la prédiction de Dionysos, Cadmos et sa fidèle épouse émigrèrent chez les Enchéléens qui les choisirent pour souverains. Ces peuplades barbares pillèrent de nombreuses villes grecques et le temple d'Apollon qui voulut les punir sévèrement. Mais Arès vint à leur secours, et les transforma en serpents tachetés de bleu et ils furent envoyés par Zeus dans l'île des Bienheureux (1-164).

◆ Le mythe du mariage de Cadmos et d'Harmonie présidé par douze dieux olympiens relate la reconnaissance *par les Hellènes des conquérants cadmiens de Thèbes, après la garantie des Athéniens et après qu'ils eurent été sérieusement initiés aux Mystères de Samothrace* (1-164).

HARPYES

celles qui saisissent en arrachant (1-644)

Filles de Thaumas et de l'Océanide Electra, qui vivaient en Crète dans une caverne, grands oiseaux au vol rapide qui enfantèrent les coursiers de certains héros. On les considérait comme des divinités funéraires, messagères du dieu des enfers Hadès, souvent confondues avec les Erinnyes, ou les Sirènes. Héraklès les tua près du lac de Stymphale.

Originellement représentées par des femmes ailées, elles devinrent rapidement de « grands oiseaux d'orage », monstres à corps d'oiseau avec des serres, des bras, des ailes qui lançaient des flèches, et une tête humaine munie d'oreilles d'ours.

HATHOR ou ATHYR

Adorée comme la Grande Mère dans les régions africaines bordant la mer Erythrée jusqu'à la pointe de la côte des Somalis, elle était à l'origine une déesse de la fécondité et de la fertilité, la *Mère cosmique* qui enfanta le monde et le soleil, la protectrice de la vie, la vache qui nourrissait les vivants de son lait et assurait la nourriture céleste aux morts qu'elle transportait sur son dos, s'ils savaient le lui demander, fonction symbolisée par un sycomore : on l'appelait la *Dame du sycomore.*

Elle fut ensuite considérée comme la déesse de la ***joie,*** de la ***danse*** et de l'***amour*** (fonction qui sera conférée à Aphrodite chez les Grecs), représentée un sistre à la main, instrument de musique qui avait le pouvoir de chasser les démons.

Plus tard, elle se confondit avec Isis lorsque celle-ci donna naissance à Horus, prototype du roi vivant, et lui transmit ses cornes. On disait qu'elle était la mère d'Horus enfant (le soleil), qui s'enfermait dans son sein chaque soir (son nom signifie *la maison d'Horus*) sous la forme d'un aigle, pour renaître le matin. Elle apparaît aussi comme l'épouse d'Horus l'Aîné auquel elle donna un fils, Ihi ou Harsomtus. Pendant la période hellénistique, au moment du Festival, on célébrait leur mariage le dix-huitième jour du dixième mois (payni) : les prêtres emmenaient sa statue sur un navire de son temple de Denderah jusqu'à Edfou, sur la rive ouest du Nil. Elle y cohabitait pendant quinze jours avec son époux Horus, pour *consommer son union avec lui.* Horus était conçu le quatrième jour du Festival, le vingt-huitième jour du huitième mois (pharmuthi).

On célébrait également en son honneur d'autres fêtes qui se terminaient en orgies (il s'agit probablement de la prostitution rituelle couramment pratiquée à cette époque), notamment le premier jour de l'année, anniversaire de sa naissance. — Les cornes coiffent également la déesse grecque Io, transformée en vache par Zeus afin de la protéger de la vengeance de son épouse Héra.

On lui consacra les villes d'Itfou, d'Atfih et de Denderah, où son temple était célèbre.

HÉBÉ
celle qui soustrait aux regards

Fille de Zeus et de Héra, qui précéda Ganymède dans la fonction d'échanson des dieux de l'Olympe. Homère la présente versant le nectar dans une coupe d'or, soignant Arès blessé, aidant Héra à atteler son char... Elle épousa Héraklès lorsqu'il devint immortel et eut de lui Alexiarès et Anicétos.

◆ Elle passait pour *« la déesse enfant »,* le symbole de la ***jeunesse.***

HÉCATÉ
qui frappe à volonté, agit comme il lui plaît

Originaire de Thrace, fille d'Astéria et du Titan Persès, elle apparaît comme une divinité polyvalente, une déesse tricéphale (une tête de lion, une de chien et une de jument, symbole des trois *phases de la lune — des trois niveaux de l'évolution vitale*), un aspect négatif terrifiant de la Terre-

Mère; elle est parfois assimilée à la terrible Artémis, ou à Perséphone, divinité du monde souterrain et associée aux femmes et à la lune, considérée comme le séjour des morts. On lui élevait des statues *(hécatées)* ou des autels aux carrefours, auprès des tombeaux ou sur les lieux des crimes, où la déesse magicienne se livrait à des opérations de magie et de divination. Maîtresse de l'ombre, elle suscitait les cauchemars (on appelait *hécatées* les fantômes qui se manifestaient pendant les fêtes de la déesse) et terreurs nocturnes (symbole des *désirs secrets* ou refoulés dans l'inconscient). Elle avait pour compagnes les Erinnyes (personnification des remords de conscience). Les peupliers noirs lui étaient consacrés.

A Athènes, elle était considérée comme une déesse lunaire liée aux cultes de la fertilité, la déesse des accouchements, la protectrice de la germination et des moissons qui accordait la richesse matérielle et spirituelle, les honneurs et la sagesse. Selon Hésiode, elle procurait l'inspiration, la victoire, la gloire, assurait bonne chasse, intervenait dans les courses de chevaux, assurait la prospérité des troupeaux selon son caprice. Elle était aussi la conductrice des âmes emportées par la tempête (8-226).

Hécaté était vénérée à Egine, à Samothrace... Lors des *hécatésies,* en Asie Mineure, on lui immolait des chiens et des mystères étaient célébrés en son honneur.

• On donna son nom à une planète télescopique découverte en 1868.

HÉCATONCHIRES

Fils géants d'Ouranos et de Gaïa, au nombre de trois : Cottos, Gyès et Briarée (ou Egéon), ayant chacun cinquante têtes et cent bras. Ils se révoltèrent contre Zeus qui les avait enchaînés dans le Tartare, puis délivrés au moment de la guerre contre les Titans qu'ils vainquirent et furent chargés de garder dans le monde souterrain.

HECTOR
le tuteur

Héros troyen, fils aîné de Priam, le plus valeureux héros de la Troade est le symbole de l'***amour filial et conjugal*** et de la ***générosité***. Il était l'époux d'Andromaque.

Selon un oracle, la sécurité de l'empire de Priam était liée à sa survie. Aimé et vénéré de ses concitoyens, c'est à lui que fut confié le commandement de l'armée troyenne. Il parvint à tenir en échec pendant dix ans les assaillants grecs... Il tua Protésilas, lutta contre Diomède et Ajax, incendia la flotte ennemie, et tua Patrocle, l'ami d'Achille, ce qui sonna le glas de ses prouesses. En effet, ce dernier, voulant venger la mort de son alter ego, le provoqua en duel. Malgré les prières des siens qui le suppliaient de refuser le combat, Hector releva le défi. Il fut vaincu et eut la gorge percée par la lance du Grec qui lui troua les chevilles, y passa une courroie de cuir, attacha son corps à son char et le traîna trois fois autour des murailles de Troie. Achille finit par céder aux supplications de Priam et lui rendit le corps de sa victime. Sa veuve et son fils Astyanax le pleurèrent longtemps. Quant à ses concitoyens, ils conservèrent longtemps sa mémoire et lui rendirent un culte.

HÉCUBE
celle qui se déplace au loin

Fille d'un roi phrygien, femme de Priam, roi de la Troade, dont elle eut dix-neuf enfants; Hector, Pâris, Créüse, Laodicé, Polyxène, Déiphobos, Hélénos, Cassandre, Pammon, Politès, Antiphos, Hipponoos, Polydoros, Troïlos... Les jumeaux Cassandre et Hélénos possédaient le don de prophétie qui leur fut donné par un serpent en leur léchant les oreilles alors qu'ils étaient endormis. Une autre version attribue ce geste à Apollon qui, en embrassant Cassandre, lui cracha dans la bouche, afin que ses prédictions ne soient pas crues (1-488).

Hécube est le symbole de la *Mater Dolorosa,* car tous ses enfants eurent une fin tragique pendant le siège de Troie ou furent massacrés sous ses yeux. Elle-même échappa à la mort pour devenir l'esclave d'Odysseus.

Conduite en Thrace, elle aperçut sur le rivage le corps de Polydoros exécuté par le roi Polymnestor à qui Priam avait confié son fils porteur de trésors considérables. Pour le venger, Hécube creva les yeux du meurtrier et tua ses deux fils. Poursuivie par la foule, elle mordait rageusement les pierres qu'on lui lançait et allait être mise à mort, lorsqu'elle fut métamorphosée en chienne et se jeta dans l'Hellespont (détroit des Dardanelles) en un lieu appelé depuis *Cynossema* (le tombeau du chien).

Les Latins l'appelaient **Hécabe.**

— Mentionnée plusieurs fois dans l'*Iliade,* Hécube joue un rôle important dans des tragédies grecques : *les Troyennes* et *Hécube* (Euripide).

• Une planète télescopique découverte en 1869 porte son nom.

HÉLÈNE
la lumière

Ancienne déesse de la lumière, liée au culte lunaire, qui naquit d'un œuf de cygne pondu par Léda, fertilisée par Zeus qui avait pris l'aspect d'un cygne lui aussi. Sœur des Dioscures, élevée par son père nourricier Tyndare, roi de Sparte, elle était célèbre pour sa beauté. A peine âgée de dix ans, elle fut enlevée par Thésée qui l'emmena en Attique où, peu après, elle enfanta Iphigénie. Ses frères, les Dioscures, la délivrèrent et la ramenèrent à Sparte où tous les princes grecs la courtisèrent : Odysseus, Diomède, Ajax, Philoctête, Idoménée, Patrocle, et bien d'autres encore. Mais Tyndare, qui la destinait à un riche Achéen, le prince Ménélas, suivit le conseil d'Odysseus, et obtint de tous les prétendants d'Hélène la promesse de s'unir contre celui qui s'élèverait contre son époux. Ils sacrifièrent un cheval, se tinrent debout sur les *« morceaux sanglants et répétèrent le serment qu'Odysseus avait suggéré »,* puis enterrèrent les morceaux dans un lieu qui fut appelé « le Tombeau du Cheval » (1-491).

Hélène épousa Ménélas, qui succéda à Tyndare sur le trône de Sparte. Ils vécurent heureux pendant trois ans, eurent une fille, Hermione, et trois fils, Aethiolas, Maraphios et Plisthène. Mais leur union était placée sous de mauvais auspices, car elle était menacée par le courroux d'Aphrodite, que Tyndare avait négligée lors d'un sacrifice aux dieux. La cruelle déesse avait promis de se venger en rendant les trois filles de Tyndare, Clytemnestre, Timandra et Hélène, coupables d'adultère. Un jour, lors d'une absence de Ménélas, Hélène s'éprit de Pâris, le fils du roi de Troie, et s'enfuit avec lui, abandonnant Hermione et ses fils à l'exception de Plisthène, et emportant la majeure partie des trésors du palais, de l'or dérobé au temple d'Apollon et cinq servantes (parmi lesquelles Aethra, ancienne reine et mère de Thésée). Une violente tempête, soulevée par Héra, s'éleva, les obligeant à faire escale à Chypre d'où ils se rendirent à Sidon, où Pâris tua le roi et déroba son trésor. Ils reprirent la mer après avoir vaincu les Sidoniens lancés à leur poursuite, passèrent plusieurs mois en Phénicie, à Chypre, en Egypte, et arrivèrent à Troie où il épousa Hélène qui fascina les Troyens par son extraordinaire beauté.

Hélène eut de Pâris une fille, Héléna, et trois fils, Bounicos, Aganos et Idaeos, qui furent tués à Troie lors de l'effondrement d'une maison.

Mais Ménélas, ne pouvant laisser impuni un tel outrage à son honneur, convoqua les signataires du fameux serment. C'est ainsi que débuta la meurtrière *guerre de Troie,* sous la conduite d'Agamemnon. Les Troyens, menés par le vaillant Hector, se battirent comme des diables pendant dix ans et, si les Grecs n'avaient eu l'idée de s'introduire dans la ville dans le cheval de bois, les vaillants habitants de Troie n'auraient probablement pas perdu la guerre ! Alors que Ménélas bénéficia de la protection d'Aphrodite durant les hostilités, le malheureux Pâris y trouva la mort, après avoir abattu de nombreux guerriers et blessé Achille au talon d'une de ses flèches. (Alors qu'il n'était que blessé, la première femme de Pâris, Œnoné, avait refusé de le soigner, puis prise de remords, se pendit).

Après la mort de Pâris, Hélène voulut s'enfuir, mais fut reprise par les gardes qui la conduisirent à Déiphobos (fils de

Priam et frère de son défunt mari), qui l'obligea à l'épouser, suscitant la colère des autres Troyens. Aussi, elle n'hésita pas à le livrer à la fureur des Grecs lors du pillage de Troie, dans l'espoir de se faire pardonner son adultère.

Elle reprit la vie commune avec Ménélas qui, toujours amoureux de l'irrésistible reine de beauté, lui pardonna ses erreurs. Au bout d'un voyage de retour qui dura huit ans, ils régnèrent sur Sparte dans la paix, la prospérité et le bonheur jusqu'à la mort de Ménélas qui, ayant reçu des dieux l'immortalité, fut transporté aux Champs Elysées.

Les tribulations de la veuve n'étaient pas terminées, car elle fut chassée par Mégapenthès et Nicostrate, fils illégitime de Ménélas, et se retira à Rhodes, où la veuve du roi Tlépolèmos, Polyxo, l'étouffa dans son bain et la pendit. (Les amours de la belle Hélène rappellent les aventures de l'Aurore dans certaines mythologies.)

— Il existe deux autres versions de la fin d'Hélène : elle accompagna Ménélas aux Champs Elysées, ou elle se rendit en Tauride et fut sacrifiée à Artémis par Iphigénie.

◆ Tous ces récits tentent d'expliquer le culte voué à Hélène et Ménélas dans différentes régions de la Grèce. En effet, Hélène, qui demeura toujours un symbole de ***beauté*** et de ***séduction,*** accéda au rang des dieux grâce à Zeus et fut vénérée à Rhodes, Memphis, Athènes, Therapnae. A Sparte, on célébrait, en son honneur, les *hélénies.*

• Cette héroïne a donné son nom à l'*hélénie,* plante composée à fleurs jaunes qui, paraît-il, naquit de ses larmes, et à une planète télescopique découverte en 1868. Sa légende est le sujet de la tragédie d'Euripide *Hélène.*

HÉLÉNOS
l'homme de la lune

Fils de Priam et d'Hécube, frère jumeau de Cassandre qui lui enseigna l'art de la prophétie. Amoureux d'Hélène, s'étant vu refuser sa main, il alla vivre sur le mont Ida. C'est là qu'il trahit sa patrie en révélant à Odysseus les moyens d'obtenir la victoire. Après la prise de Troie, il devint l'esclave puis l'ami de Pyrrhus, fils d'Achille, en Epire, hérita du pouvoir, épousa Andromaque, la veuve d'Hector et de Pyrrhus. Après sa mort, son fils Cestrinos partagea le trône avec le fils de Pyrrhus, Molossos.

HÉLIADES

Filles d'Hélios et de Clymène, sœurs de Phaéton, au nombre de trois, Lampétie, Phaétuse, Phébé, ou sept, les précédentes et Méropé, Hélia, Aetheria, Dioxippé. A la mort de Phaéton, elles eurent tant de chagrin que leurs larmes devinrent des grains d'ambre et qu'elles furent changées en peupliers.

• Fils du roi de Rhodes ou du dieu Hélios et de la nymphe Rhodé. On en comptait sept : Atis, Tenagès, Ochimos, Macarée, Cercaphos, Triopas et Phaéton. On leur doit la division de l'année en saisons, des jours en heures et le perfectionnement de l'architecture navale.

Hélicon

Montagne de la Grèce, en Béotie, près du golfe de Corinthe, où se trouvait l'*Hippocrène,* source chantée par les poètes. A son sommet se dressait un autel de Zeus. On y situait le *Vallon des Muses* où, au centre d'un bois sacré, les nymphes avaient leur sanctuaire, le *Hiéron.* Cette région riante et verdoyante abrita de nombreux poètes.

HÉLIOS
le soleil

Fils d'Hypérion et de Théia, frère d'Eôs et de Séléné, qui demeurait en Ethiopie ou dans l'île d'Ea. Il conduisait le char du soleil, assurait la protection des dieux et des hommes. C'est lui qui dénonça les amours coupables d'Aphrodite et d'Arès et avertit Déméter de l'enlèvement de Perséphone. L'*Odyssée* mentionne ses troupeaux gardés par les nymphes Phaétousa et Lampétie dans l'île de Trinacrie.

On lui prête de nombreuses passions : pour l'océanide *Clymène,* qui fut la mère de Phaéton; *Perséis,* qui lui donna Aetès et Circé; la nymphe *Rhodé,* mère des Héliades...

Souvent confondu avec Apollon et Phoebus, il était représenté avec une abondante chevelure blonde et adoré à Corinthe, Argos, Elis, Trézène, dans l'île de Rhodes. On célébrait en son honneur les *héliaques* comportant des sacrifices de chevaux.

• Fils de Persée, qui donna son nom à la ville d'Hélos, en Laconie.

HELLÉ
la brillante

Fille du roi de Thèbes Athamas et de Néphélé. Pour échapper à la haine de sa belle-mère, elle s'enfuit en Colchide, en compagnie de son frère Phrixios, sur le dos d'un bélier à la toison d'or. Mais elle tomba à la mer en traversant le détroit séparant la Chersonèse de Thrace de la Troade, qui prit son nom : *l'Hellespont.*

Hellé est une variante locale de la déesse-Lune dont le culte remplaça celui des Grées (1-120).

HELLEN
l'homme brillant

Fils de Deucalion et de Pyrrha, ancêtre éponyme de la race grecque, qui régna sur la Phthiotide, et épousa Orséis. Ses fils devinrent les chefs des principales tribus helléniques : Doros, qui émigra au mont Parnasse et fonda la première communauté dorienne; Xouthos, qui se rendit à Athènes, et y épousa Créüse, fille d'Erechthée, dont il eut Ion et Achaeos, ancêtres des Ioniens, Aelos, qui succéda à son père et fut l'ancêtre des Ioniens. On dit qu'il fut aussi le père d'Amphyction.

Hellènes

Peuple primitif de la Grèce, venant d'Asie Mineure sous la forme d'essaims errants qui conquirent la Grèce et certaines contrées voisines, qui absorbèrent progressivement les Pélasges pour former un peuple homogène. Ces populations étaient constituées d'*Eoliens,* de *Doriens,* d'*Ioniens* et d'*Achéens* ayant un fonds commun de croyances.

HÉPHAÏSTOS

celui qui brille pendant le jour

Fils d'Héra par parthénogénèse, dieu-gnome, difforme, boiteux, si débile à sa naissance que sa mère le précipita à la mer du haut de l'Olympe. Recueilli par Thétis et Eurynomé, il vécut neuf ans dans une grotte sous-marine et y installa sa première forge (de nombreuses traditions font état d'un dieu forgeron boiteux : en Afrique occidentale, en Scandinavie... Par ailleurs, il est possible *que dans les temps primitifs, on ait mutilé volontairement les forgerons pour les empêcher de s'enfuir et de gagner les tribus ennemies)* (1-77).

Héra ramena alors son fils dans l'Olympe, lui installa une magnifique forge avec vingt soufflets qui fonctionnaient jour et nuit. Ne pouvant lui pardonner son abandon, Héphaïstos s'empressa de fabriquer un trône pour elle; mais une fois assise, elle ne put se relever qu'après avoir promis de le réintégrer dans l'assemblée des dieux. Il fabriqua de superbes bijoux pour les déesses, les armes des dieux (le trident de Poséidon, l'égide et le sceptre de Zeus, l'arc et les flèches d'Athéna...) et les accessoires des soldats : cuirasses, cuissards, protège-épaules, boucliers, chars...

Mais un jour, Héphaïstos assista à une des querelles qui opposaient sa mère à Zeus. Celui-ci, excédé par les reproches de son épouse, la suspendit dans les airs par les poignets. Indigné, le fils tenta de défendre sa mère. Mal lui en prit ! Car Zeus l'attrapa par le cou et le précipita sur la terre. Sa chute dura un jour entier et il se brisa les jambes pour la seconde fois en atterrissant sur l'île de Lemnos où les habitants le découvrirent. Doublement boiteux, Héphaïstos ne pouvait plus marcher qu'à l'aide de béquilles. Mais, en compensation, il avait acquis une force peu commune dans les bras, les épaules et une extrême habileté dans les arts métallurgiques.

Accompagné de son fidèle ami, Cédalion, il construisit le quatrième autel de Delphes dont le toit était orné d'oiseaux en or (le premier était en cire d'abeilles et plumes, le second en tiges tressées de fougères et le troisième en branches de laurier, 1-148). Il façonna la couronne d'or étincelante, ornée de rubis taillés en forme de roses, que Dionysos plaça sur la tête d'Ariane le jour de leur mariage. (Cette couronne semble avoir existé, les fouilles ont mis au jour des couronnes en or serties de fleurs en pierres précieuses dans le trésor de Mochlos, 1-278.)

Pour surmonter son handicap et communiquer plus facilement avec les dieux, l'ingénieux artisan fabriqua vingt tables à trois pieds, auxquelles il plaça des roues en or, qui faisaient le va-et-vient de la forge à l'Olympe. Ces tables évoquent les disques solaires en or à trois pieds des Cyclopes-Gastérochires, qui participèrent à la construction de la ville de Tirynthe, en Argolide (1-77). Il exerçait son art sur terre, avec l'aide des Silènes et des Satyres, dans les régions volcaniques : dans les souterrains de l'Etna en Sicile, dans les îles Lipari, provoquant par ses colères de violentes éruptions de lave et des secousses sismiques. Sur l'ordre de Zeus, il forgea *Talos,* destiné à servir le roi de Crète Minos. Ce robot, qui avait une seule veine qui descendait de son cou à sa cheville, faisait chaque jour trois fois le tour de l'île au pas de course et avait pour mission de lancer à la mer les navires étrangers qui mouillaient sur la côte. Lorsqu'au cours d'une tentative d'invasion, les habitants de la Sardaigne mirent le feu à l'île, Talos se jeta dans les flammes jusqu'à devenir incandescent, puis il serra dans ses bras en feu les envahisseurs qui périrent jusqu'au dernier. La veine unique de Talos explique le processus de la coulée du bronze par *la méthode de la cire perdue,* nécessitant l'utilisation préalable d'une statue en cire recouverte de plâtre qui était mise à cuire au four. Ensuite, le forgeron pratiquait, entre le talon et la cheville, une ouverture par laquelle la cire s'écoulait, laissant seulement le moule en plâtre dans lequel il introduisait le métal fondu. Cette méthode fut introduite en Sardaigne en même temps que le culte de Dédale, l'architecte du célèbre labyrinthe (1-255).

Héphaïstos créa la vierge Pandore, d'une éblouissante beauté, égale à celle des plus belles déesses olympiennes, puis *deux femmes articulées* en or qui le secondaient dans ses travaux et pouvaient même parler.

Epoux de la belle et sensuelle Aphrodite (on ne peut s'empêcher de songer au conte de fées *la Belle et la Bête*), il aima aussi plusieurs déesses; l'une d'elles fut Athéna. En cette occasion, il fut victime de sa naïveté : le facétieux Poséidon lui fit croire que la déesse n'attendait qu'une invite de sa part pour tomber dans ses bras. Il lui fit une cour pressante et, comme elle se dégageait, il éjacula sur sa cuisse. Dégoûtée, la déesse essuya le sperme avec un chiffon de laine qu'elle lança au loin et qui atterrit près d'Athènes et féconda la Terre-Mère. Ainsi naquit Erichthonios *(erion* = laine) que sa mère remit à Aglauros, fille du roi athénien Cécrops. Cette étreinte brûlante *évoque peut-être les victimes humaines jetées au feu en sacrifice à Moloch, alias Melkarth, qu'on adorait à Corinthe, comme Mélicerte, et qu'on connaissait aussi probablement en Crète.*

On cite aussi parmi ses amantes : l'une des Grâces, *Aglaé; Charis; Cabiria* dont il eut les Cabires, protecteurs des navigateurs; l'Océanide *Etna* qui lui donna les jumeaux siciliens appelés Paliques. De différentes déesses, il eut : Ardalos, Palaemon, Pylios et Périphétès, boiteux lui aussi, détrousseur de voyageurs qui fut tué par Thésée.

• Les Celtes avaient un dieu forgeron, ***Gobniu,*** équivalent du ***Govannan*** britannique.

HÉRA
la protectrice

Fille de Cronos et de Rhéa, qui fut la grande déesse préhellénique des phénomènes célestes, dont, selon les Arcadiens, le culte était contemporain de celui de l'ancêtre du Grec Pelasgos, né de la terre. Elle perdit progressivement sa dimension cosmique pour devenir le type de la ***femme idéale***, la protectrice de la femme dans les différentes étapes de sa vie, la déesse du mariage et de la maternité, adorée dans tous les pays grecs.

Primitivement adorée sous la forme d'un tronc d'arbre, d'une colonne, d'une planche ou d'un *xoanon* (gaine enveloppant tout le corps), elle fut plus tard vêtue d'une tunique et coiffée du *polos*.

Son nom signifie généralement en grec « dame »; il *représente peut-être à l'origine une Herwä (protectrice)* (1-48). En sanscrit, il signifierait *svar : ciel*.

— Elle se trouvait en Crète lorsque son frère tenta de la séduire en se transformant en coucou mouillé. Touchée, Héra recueillit l'oiseau sur son sein, l'oiseau-Zeus qui la viola ! Elle en conçut une telle honte qu'elle l'épousa. Ce mariage *commémore les conquêtes de la Crète et de la Grèce mycénienne — c'est-à-dire crétoise — et la fin de sa suprématie dans ces deux pays* (1-48) *et explique la fusion de deux cultes différents, crétois et grec. On raconte qu'à leurs noces, la Terre-Mère offrit à Héra un arbre couvert de pommes d'or dont la garde fut confiée aux Hespérides sur le mont Atlas, que leur nuit de noces dura trois cents ans et que Héra renouvelait régulièrement sa virginité en se baignant dans la source de Canathos, près d'Argos* (1-47).

— Zeus et Héra donnèrent le jour à Arès, Hébé, Héphaïstos et Illithye. Certains prétendent qu'Héphaïstos fut conçu par parthénogenèse (autofécondation) et que son époux soupçonneux l'attacha à une chaise mécanique qui la maintenait assise et l'obligea à jurer par le Styx qu'elle disait la vérité, légende peut-être *née de la coutume grecque d'attacher les statues divines à leur trône pour les empêcher de s'enfuir. En perdant la statue de son dieu ou de sa déesse, une cité risquait de perdre la protection divine* (1-48).

— Héra est le prototype de la femme ***jalouse et rancunière*** qui se vengeait des constantes et humiliantes infidélités de son époux en persécutant ses rivales et leur progéniture; *les rapports de mari et femme entre Zeus et Héra sont le reflet de ceux qui existaient chez les barbares de l'âge dorien* (1-50). Parmi ses victimes, on cite : Héraklès, fils de Zeus et d'Alcmène, sur le berceau duquel elle envoya deux serpents qui furent étranglés par le nouveau-né; Sémélé, fille de Cadmos et d'Harmonie, mère de Dionysos, qui sur les conseils d'Héra osa regarder Zeus dans toute sa gloire et fut foudroyée; la nymphe Io, que Zeus transforma en vache pour la protéger, mais qui fut malgré tout rendue folle par les piqûres persistantes d'un taon envoyé par Héra; Léto qui erra à travers la terre jusqu'au jour où elle atterrit sur l'île errante d'Ortygie, où, après neuf jours et neuf nuits de souffrances atroces, elle mit au monde les jumeaux Apollon et Artémis; Europe, fille du roi phénicien Agénor et de l'Océanide avec laquelle il eut Minos, Rhadamanthe et Sarpédon, qui fut abandonnée de son divin amant...

Un jour les dieux, exaspérés par les incartades de Zeus, décidèrent d'agir : ils le lièrent pendant son sommeil avec des lanières de cuir pour l'empêcher de rejoindre les mortelles sur la terre. Mais la Néréide Thétis, voulant éviter un combat entre les dieux, envoya Briarée aux cent bras le délivrer. Zeus punit Héra en la suspendant dans le ciel par une chaîne d'or avec une enclume à chaque cheville (confectionnée par Héphaïstos), et la libéra contre la promesse de sa soumission.

— Héra fut aimée de mortels, qui ne manquèrent pas de subir la colère et la jalousie de son féroce époux : le géant Porphyrion fut foudroyé; Ixion s'unit à un nuage, croyant qu'il s'agissait d'Héra (de cette union illusoire naquirent les Centaures); et Hermès, sur l'ordre de Zeus, le lia par des serpents à une roue qui tourne éternellement au fin fond des Enfers.

— On la considérait comme une ***protectrice*** à laquelle on avait recours dans les moments difficiles : elle vint au secours des Argonautes lors du passage entre Charybde et Scylla (Charybde était un gouffre dangereux et redouté des marins, situé dans le détroit de Messine au nord-est de la Sicile, Scylla, un rocher situé en face près de l'Italie, d'où le proverbe : tomber de Charybde en Scylla, de mal en pis).

— Elle était vénérée dans la plupart des villes grecques, et au printemps, on célébrait en son honneur le *hieros gamus,* ou « mariage saint ». Elle fut identifiée à la JUNON romaine.

HÉRAKLÈS
la gloire d'Héra

Zeus choisit Alcmène (épouse d'Amphitryon, descendante de Persée), qui fut sa seizième femme et sa dernière mortelle, pour donner naissance à un héros super-puissant, capable de protéger les dieux et les hommes de la mort, et surtout qui régnerait sur la noble maison de Persée. Pour la séduire, il prit les traits de son mari Amphitryon et la combla de caresses. Héra lui arracha la promesse que ce privilège serait accordé au premier prince qui naîtrait d'un descendant de Persée. Puis elle retarda la naissance du fils d'Alcmène et précipita la naissance d'Eurysthée, fils de Nicippé (épouse du roi Sthénélos), qui devint roi. En retour, Zeus arracha à Héra la promesse qu'Héraklès serait roi lorsqu'il aurait surmonté douze épreuves exigées par Eurysthée.

Dès sa naissance, à Thèbes, Héraklès fut abandonné dans un champ; Zeus lui donna le sein de sa mère pendant qu'elle dormait. Nouveau-né, il fit preuve d'un courage « héroïque », en étouffant les deux serpents envoyés par Héra pour le dévorer, tandis qu'Iphiclès, son frère jumeau (mortel, fils d'Amphitryon) s'enfuyait terrifié.

Héraklès eut une enfance privilégiée : d'Amphitryon, il apprit à conduire un char; d'Eurytos, le tir à l'arc; d'Eumolpos, l'art du chant et la pratique de la lyre. Castor lui enseigna l'art de la guerre et Linos, la littérature. Il avait aussi des connaissances en astronomie et en philosophie.

Jusqu'à l'âge de dix-huit ans, il garda les troupeaux d'Amphitryon, puis s'en alla sur l'Hélicon chasser le lion de Cithéron qui ravageait le bétail d'Amphitryon et du roi Thespios. Ce dernier, qui avait cinquante filles, décida que chacune d'elles aurait un enfant d'Héraklès. Il l'accueillit chez lui pendant cinquante nuits et lui offrit Procris, sa fille aînée. Mais chaque nuit, une de ses sœurs la remplaçait dans le lit d'Héraklès.

(Ces cinquante filles auxquelles s'unit le héros, comme les cinquante Danaïdes, correspondaient au nombre de lunaisons séparant une fête olympique de la suivante, la création de ces jeux étant attribuée à Héraklès. Elles étaient sans doute *un collège de prêtresses consacrées à la déesse-lune, auprès de qui avait accès le roi sacré revêtu de la peau de lion, une fois par an, au cours de leurs orgies sexuelles autour du phallus de pierre appelée Eros (désir sexuel).* La mythologie celtique parle également de l'union du dieu Bran avec cinquante jeunes filles la même nuit (1-361).

Avec sa massue taillée dans un olivier sauvage, il tua le lion, se revêtit de sa peau, et utilisa sa mâchoire en guise de casque. Puis il délivra ses compatriotes d'Erginos qui leur imposait un tribut et le roi Créon lui donna en mariage sa fille Mégara dont il eut deux fils (ou quatre, ou huit), les Alcaïdes. Le héros vainquit ensuite le roi des Eubéens Pyraechmès qui attaquait Thèbes, le fit écarteler par des poulains et exposa son corps près de la rivière Héracléios à l'endroit *où l'écho fait entendre un hennissement quand les chevaux viennent boire* (1-364).

Mais Héra, qui ne désarmait pas, frappa de folie le héros qui s'attaqua à ses propres fils et à ses neveux, fils d'Iphiclès. Plus tard, on célébra chaque année une fête, en mémoire de ces huit victimes : le premier jour, on offrait des sacrifices; le second jour était consacré à des jeux funèbres, dont le vainqueur était couronné de myrte blanc.

Lorsqu'il eut retrouvé la raison, Héraklès se fit purifier par le roi Thespios et alla consulter l'oracle de Delphes. La pythonisse lui conseilla de se mettre à la disposition d'Eurysthée pendant douze ans et d'accomplir toutes les corvées (combats rituels et exploits magiques) qui lui seraient demandées, s'il voulait devenir immortel (plus tard, ces travaux furent assimilés aux signes du zodiaque).

Les douze travaux d'Héraklès

1. Le combat contre le lion de Némée

La première mission imposée par Eurystée fut de tuer et d'écorcher le lion gigantesque né des amours d'Echidna (femme-serpent, fille de Gaïa et Pontos) et de Typhon (monstre aux cent gueules engendré par Gaïa), qui terrorisait la région de Némée. Ses flèches, son épée ni sa massue n'ayant aucun effet sur la peau de la bête, Héraklès dut l'étrangler de ses mains.

— Dans la Grèce antique, en Asie Mineure, en Babylonie et en Syrie, le couronnement d'un roi était précédé d'un combat rituel contre des bêtes sauvages. *Chaque animal représentait une saison de l'année et le nombre des animaux variait selon le calendrier : dans une année à trois saisons, c'était le lion, une chèvre et un serpent; ou bien c'était un taureau, un lion et un serpent; ou bien un lion, un cheval et un chien... Mais dans une année à quatre saisons, c'était un taureau, un bélier, un lion et un serpent, ou bien un taureau, un lion, un scorpion et un serpent aquatique, les quatre signes du Zodiaque qui devaient correspondre un jour aux équinoxes et aux solstices* (1-368).

2. L'extermination de l'Hydre de Lerne

L'Hydre était un autre rejeton monstrueux d'Echidna et de Typhon, élevé par Héra près d'Argos, à Lerne, région sacrée où chaque année se tenaient des rites nocturnes en l'honneur de Dionysos; les Danaïdes étaient les prêtresses de l'eau dans cette région (non loin de là, on célébrait les mystères de Déméter). L'Hydre, qui dégageait une odeur fétide, avait un corps de chien, neuf têtes de serpents (ou cinquante ou cent); sur les anciennes pièces de monnaie grecques, il figure avec sept têtes *certainement en rapport avec l'embouchure à sept branches du fleuve Amymoné* (1-371) dont l'une était immortelle. Il vivait sous un platane dans un marais.

Conseillé par Athéna, Héraklès lança des flèches embrasées dans la caverne puis asséna vainement des coups de massue sur la tête de l'Hydre, parvint à se débarrasser du crabe géant qui tentait de le secourir, incendia la forêt, parvint à décapiter le monstre (en récompense, Héra plaça le *crabe* parmi les signes du Zodiaque). Il trempa ses flèches dans le venin émanant des entrailles de l'Hydre, pour rendre leurs blessures mortelles.

Certains mythographes de l'époque classique pensaient que l'Hydre était un énorme serpent venimeux vivant dans les eaux courantes, auquel on donna plusieurs têtes pour le rendre plus terrifiant. D'autres disent qu'il s'agissait d'une *source de rivières souterraines qui faisaient irruption à la surface et inondaient le pays; si l'une de ses issues se trouvait obstruées, les eaux se forçaient un passage ailleurs; c'est pourquoi Héraklès eut recours d'abord au feu pour assécher le terrain, puis obstrua les canaux* (1-370). De nombreux personnages mythologiques affrontèrent des monstres ou serpents polycéphales : Gilgamesh, Jason, Persée. Quant à la mise à mort du monstre, il évoque *la tentative pour supprimer les rites de fertilité pratiquée à Lerne. Mais de nouvelles prêtresses apparaissaient toujours dans le bois de platanes sacrés... jusqu'au moment où peut-être les Doriens le détruisirent en le brûlant* (1-371).

3. La capture de la Biche de Cérinye

Consacrée à Artémis, cette biche aux sabots d'airain et aux cornes d'or avait échappé à la déesse lorsqu'elle était enfant. Héraklès la poursuivit pendant un an en Istrie et chez les Hyperboréens, la captura sur les rives du fleuve Ladon, et l'emporta vivante à Mycènes.

— Cette troisième mission pourrait évoquer la prise du temple d'Artémis par les Achéens; *son char tiré par quatre cerfs représente les années de l'Olympiade et à la fin de chacune d'elles une victime, vêtue de peaux de cerf, était pourchassée jusqu'à ce que mort s'ensuive* (1-372).

4. La prise du sanglier d'Erymanthe

La capture de cette bête gigantesque, qui vivait sur le mont Erymanthe en Arcadie (consacré à Artémis), n'était pas chose aisée ! Durant la poursuite, Héraklès fut reçu par le Centaure Pholos, et au cours d'un banquet, il se battit contre les Centaures, en tua plusieurs et blessa par mégarde son ami Chiron qui, las de sa longue vie, fit don de son immortalité à Prométhée avec l'accord de Zeus. Arrivé sur les rives de l'Erymanthe, Héraklès poussa des cris puissants pour faire sortir le sanglier du fourré où il s'était réfugié, le dirigea vers un fossé et sauta sur son dos. Puis il l'attacha avec des chaînes et l'emporta sur son dos à Mycènes. En chemin, il rencontra les Argonautes qui partaient pour la Colchide et se joignit à eux, abandonnant l'animal qui fut tué par un inconnu. On conserva ses défenses dans le temple d'Apollon à Cumes.

— Ce mythe pourrait évoquer des guerres de frontières entre les peuplades montagnardes préhelléniques et les Hellènes de la Grèce occidentale. Et le combat contre les Centaures pourrait représenter le combat rituel qui opposait un roi nouvellement intronisé contre ses adversaires travestis en animaux.

5. Le nettoyage des écuries d'Augias

Homme le plus riche de la terre, Augias, roi d'Elide, fils

d'Hélios et de Naupiadamé, possédait un nombre incalculable de taureaux. Mais ses écuries, laissées à l'abandon depuis de nombreuses années, répandaient une odeur infecte, et ses pâturages étaient recouverts d'une telle couche de bouse qu'il était impossible de les labourer pour y semer du grain. Augias lui promit un dixième de son bétail s'il parvenait à nettoyer ses écuries avant la nuit. Héraklès dévia le cours des deux fleuves voisins, l'Alphée et le Pénée, dont les eaux se déversèrent dans les écuries et les champs qui furent nettoyés en peu de temps. Mais Augias dénonça le marché et Héraklès le tua, ainsi que tous ses fils, à l'exception de Phylée.
— Ce mythe est basé sur une légende selon laquelle les candidats à la royauté devaient nettoyer, labourer et ensemencer une colline en un seul jour.

6. L'extermination des oiseaux du Stymphale

Dans les marais entourant le lac Stymphale s'étaient rassemblés des oiseaux mangeurs d'hommes consacrés à Arès, dont le bec, les pattes, les ailes étaient en bronze, et dont les fientes empoisonnaient les récoltes. Athéna lui remit des castagnettes qu'il fit claquer, faisant un tel vacarme que les oiseaux, épouvantés, s'envolèrent par bandes. Il les abattit avec ses flèches.
— Les oiseaux symbolisent les *démons de la fièvre* qui sévissait dans les marais à cette époque. *Et dans l'ancien temps, on utilisait des castagnettes ou des crécelles (utilisées encore chez les peuplades primitives) pour chasser les démons de la fièvre. C'est la déesse Artémis qui avait le pouvoir d'imposer ou de guérir la fièvre avec ses flèches de miséricorde* (1-379).

7. La capture du taureau de Crète

Poséidon avait rendu fou un taureau blanc, que le roi de Crète Minos avait refusé de lui sacrifier, et l'animal dévastait les récoltes et menaçait la population de famine. Après un long combat, Héraklès le captura et le ramena vivant en Grèce où Thésée l'offrit en sacrifice à Athéna.
— Les candidats à la royauté devaient affronter un homme déguisé en taureau; ce combat, qui apparaît également dans la légende de Thésée et de Jason, devint un rite courant en Arcadie et en Lydie. *Le contact avec la corne du taureau conférait au roi sacré le pouvoir de fertiliser la terre au nom de la déesse-Lune, en amenant la pluie. L'explication magique*

était que le mugissement du taureau présageait l'orage, que les rhomboi ou mugisseurs étaient, par conséquent, chargés de provoquer (1-381).

8. La capture des juments de Diomède

Le roi de Thrace, Diomède (fils d'Arès et de Cyrène), nourrissait ses cavales de la chair de ses hôtes. Héraklès maîtrisa les valets, conduisit les juments à la mer et les confia à son favori Abdéros. Pendant qu'il combattait les Bistoniens qui le poursuivaient, les juments dévorèrent Abdéros. Héraklès assoma Diomède avec sa massue et donna sa dépouille en pâture à ses propres juments.

— Dans certaines régions de la Grèce, la lutte contre un cheval sauvage qui allait être sacrifié faisait partie des rites de couronnement. Ce rite *mythique a été associé à une légende montrant comment Héraklès abolit la coutume d'après laquelle des femmes sauvages portant des masques de chevaux pourchassaient et mangeaient le roi sacré à la fin de son règne; au lieu de cela, on le tuait dans un accident de char préparé à l'avance* (1-382).

9. La prise de la ceinture d'Hippolyté, la reine des Amazones

La reine des Amazones portait une ceinture magique, cadeau d'Arès, qu'Héraklès devait rapporter à Admète, la fille d'Eurysthée. Ces femmes guerrières vivaient sur les rives du fleuve Thermodon, gouvernées par Hippolyté, Antiopé et Mélanippé. Hippolyté, séduite par la musculature du héros, lui offrit sa ceinture. Mais Héra, déguisée en Amazone, fit courir le bruit qu'Héraklès voulait enlever la reine. Furieuses, les Amazones attaquèrent le navire et Héraklès, se croyant trahi, les extermina. Sur le chemin du retour, il boxa le champion Mariandynien Titias et le tua, soumit de nombreuses peuplades (les Phrygiens, les Mysiens), sauva Hésioné d'un monstre marin, tua Sarpédon, un fils de Poséidon, en Thrace, et rentra à Mycènes où il fit don du butin des Amazones au temple d'Apollon à Delphes.

— Les voyages et aventures d'Héraklès en Mysie et en Phrygie ne sont pas dénués de fondement historique. Ils relatent les épisodes du commerce grec en mer Noire au IIe millénaire avant J.C.

10. La capture du troupeau de Géryon

Connu comme l'homme le plus fort de la terre, Géryon, fils de Chrysaor et de Callirhoé, demeurait sans aucune autorisation à Erythie, île située près de l'Océan. Cet être extraordinaire muni de trois têtes, six mains et trois corps joints à la taille, possédait des troupeaux d'une beauté merveilleuse, gardés par Eurytion, fils d'Arès, et par Orthros, un chien bicéphale. Au cours de son voyage, Héraklès sépara les montagnes de Calpé et d'Abyla qui, depuis, s'appellent les *colonnes d'Hercule* situées de chaque côté du détroit de Gibraltar; il menaça de ses flèches Hélios dont les rayons l'accablaient; puis il s'embarqua pour Erythie dans une coupe d'or en forme de nénuphar remise par ce dieu. Arrivé au terme de son voyage, il tua Géryon et les gardiens, s'empara du troupeau et rentra en Grèce en passant par l'Italie et la Thrace. Tous les animaux furent offerts en sacrifice à Héra.

— La dixième mission d'Héraklès rappelle une coutume hellénique patriarcale : le futur mari devait payer sa fiancée avec un troupeau volé. La valeur des femmes était estimée en têtes de bétail — c'est toujours le cas dans certaines régions d'Afrique.

11. La cueillette des pommes d'or des Hespérides

Ces fruits merveilleux du pommier d'or, offert par la Terre-Mère à Héra lors de son mariage avec Zeus, croissaient dans le jardin de la déesse sur les pentes du mont Atlas, là où aboutissaient chaque soir, épuisés, les chevaux tirant le char solaire. Héra, s'étant aperçue que les Hespérides volaient les pommes, commanda au dragon Ladon, le fils d'Echidna et de Typhon, de s'enrouler autour du tronc pour en interdire l'approche. Parvenu au jardin suivant les indications de Nérée (ou de Prométhée), Héraklès confia la cueillette à Atlas (il avait promis à Prométhée de ne pas cueillir les pommes lui-même), pendant qu'il se chargeait provisoirement du poids de l'univers. A son retour avec les fruits, le géant refusa de reprendre son fardeau et Héraklès dut user d'une ruse pour se libérer. Les fruits furent offerts à Athéna.

— L'explication du mythe se trouve dans une coutume obligeant un futur roi à vaincre un serpent et à s'emparer de l'or qu'il protégeait.

12. La capture de Cerbère

La douzième mission, la plus difficile, consistait à ramener le chien Cerbère des Enfers. Héraklès dut être initié aux Mystères d'Eleusis par Musée, le fils d'Orphée, pour parvenir au

Tartare. Il traversa le Styx, moisit en prison pendant un an sur l'ordre de Hadès, et arriva finalement aux portes du monde souterrain. Là, il délivra Ascalaphos et Thésée immobilisé dans le fauteuil de l'Oubli, vainquit Ménoetès, le berger du troupeau infernal, rencontra Perséphone et Hadès, s'empara de Cerbère et le transporta en Argolide.

— Après avoir exécuté ses douze travaux, Héraklès donna sa première femme Mégara en mariage à son neveu Iolaos, et, dans le but d'épouser Iolé, la fille d'Erytos, roi d'Œchalie, remporta un concours de tir à l'arc dont elle était l'enjeu. Mais le roi refusa de lui donner sa fille et le chassa du palais. Pour se venger, Héraklès tua Iphito, le fils du roi, et fut envoyé comme esclave chez la reine de Lydie, Omphale, qui l'obligea à filer la laine et à porter des vêtements féminins. Elle lui donna plusieurs enfants : Lamos, Agelaos (ancêtre de Crésus), Laomédon et Tyrrhénos (l'inventeur de la trompette).

Pendant son séjour, il captura les deux Cercopes d'Ephèse surnommés « culs blancs » (expression devenue depuis lors *synonyme de lâche, vil ou débauché*) qui, déguisés en mouches, l'empêchaient de dormir. Les Cercopes étaient des cauchemars angoissants, représentés comme des fantômes. Il aida Daphnis à retrouver sa bien-aimée Pimpléa, débarrassa la région de plusieurs brigands, tua un serpent gigantesque qui détruisait toutes les récoltes. Reconnaissante, Omphale lui rendit sa liberté. Rentré à Tirynthe, il s'apprêta à partir contre Troie, délivra Hésioné, la fille de Laomédon enchaînée à un rocher par son père, victime propitiatoire destinée à être dévorée par un monstre marin envoyé par Poséidon. Héraklès pénétra tout armé dans le ventre du monstre et au bout de trois jours, en sortit victorieux. Mais il était devenu complètement chauve. Ce thème représente l'aventure intérieure vécue par l'être humain à une période de sa vie : l'entrée dans le ventre du monstre correspond à la descente dans les profondeurs de l'inconscient, la prise de conscience de soi suivie du *passage du seuil* prélude à la métamorphose, à une seconde naissance. Le héros laisse à l'intérieur ce qui est mort en lui : sa chevelure, symbole de sa nature animale. Ensuite Héraklès abattit Laomédon et ses fils, pilla la ville de

Troie (légende se rapportant au pillage de la sixième ville de Troie par des Grecs éoliens), s'en alla conquérir l'Elide pour se venger d'Augias qui lui avait refusé son salaire lors du nettoyage des écuries (légende qui évoque l'invasion malheureuse du Péloponnèse par les Achéens, suivie au XIIIe siècle par une seconde tentative réussie). Après sa victoire, il institua les *Jeux Olympiques* en l'honneur de Zeus. Ces fêtes, qui avaient lieu tous les quatre ans, duraient cinq jours; les vainqueurs étaient couronnés d'une branche d'olivier coupée avec une serpe d'or (à Olympie, l'olivier était remplacé par le gui).

Continuant ses exploits, Héraklès captura et pilla la ville de Pylos (événement lié à l'invasion achéenne du Péloponnèse au XIIIe siècle). Il s'arrêta à Stymphale où Parthénopé, fille de Stymphalos, lui donna un fils, Evérès, puis il séduisit Phialo, fille du héros Alcimédon, qui lui donna un fils, Aichmagoras; il se rendit à Calydon, où il épousa Déjanire, la fille de Dionysos et d'Althée (épouse d'Œnée), après avoir vaincu un de ses prétendants, le dieu-fleuve Achéloos, transformé en serpent (cette lutte fait partie du rituel de mariage royal : le futur roi devait tuer un taureau ou un serpent symbolisant la croissance et la décroissance de l'année).

A Ephyra, il tua le roi Phylée, et accidentellement Eunomos, un page d'Œnée, et dut quitter le pays en compagnie de Déjanire. Durant le voyage, celle-ci fut molestée par le Centaure Nessus qui, mortellement blessé par Héraklès, eut le temps de donner à Déjanire un philtre destiné à lui assurer la fidélité de son époux.

On retrouve le héros à Trachis où il accomplit sa dernière vengeance contre Eurytos qui avait autrefois refusé de lui céder Iolé. Ayant abattu le roi et ses fils, il enleva la princesse, suscitant la colère de Déjanire qui versa sur la tunique de son mari le philtre remis par Nessus. Mais le prétendu talisman était en réalité un poison provenant de l'Hydre qui consuma le corps du héros. Dans sa rage, il précipita à la mer Lichas qui lui avait remis le vêtement empoisonné, puis il dressa un bûcher sur le mont Œta et se jeta dans les flammes.

Epouvantée, Déjanire se suicida. Le fils aîné d'Héraklès, Hyllos, fit brûler le corps de son père au sommet du mont Oeta et Zeus transporta la partie immortelle de son fils dans l'Olympe où tous les dieux l'accueillirent solennellement. On dit qu'il devint le portier du ciel. (A l'origine, on disait que son âme s'était rendue *au paradis occidental des Hespérides ou bien au château d'argent, la « Corona borealis » située derrière le Vent du Nord... Son admission dans le Paradis de l'Olympe est une conception récente*) (1-443).

— En raison de ses nombreux voyages, Héraklès eut d'innombrables descendants, à travers toute la Grèce : les *Héraclides* de Thessalie, Macédoine, Corinthe, Syracuse... Il découvrit et fit connaître de nombreuses plantes médicinales : l'*origan sauvage* ou « héracléon-guérit-tout », l'*« héracléon sidérique »,* remède pour les blessures provoquées par le fer, l'*hyoscyalos* ou haneba, autre nom de la jusquiame, l'*héracléon-nymphe,* dont la racine en forme de massue provoque l'impuissance pendant douze jours.

— Exterminateur des tyrans, brigands et monstres, séducteur auquel sont attribuées maintes aventures amoureuses, immortel, Héraklès fut vénéré comme un héros et comme un dieu. les *héraklées* étaient célébrées tous les cinq ans à Athènes, tous les ans à Cos et à Rhodes, au mont Œta. On le représentait vêtu d'un pagne et d'un manteau en peau de bête tombant des épaules jusqu'à moitié des cuisses, accoutrement habituel des anciens Grecs des montagnes (8-127), avec son arme favorite, la massue, symbole de sa force (d'où dérive le *sceptre,* emblème de la puissance royale).

— Héraklès est sans doute l'homologue du héros égyptien *Som* ou *Chon,* qui vivait environ dix mille ans avant la guerre de Troie, personnage sur lequel on a greffé un grand nombre de mythes contradictoires et entremêlés. *Pour l'essentiel, il est cependant le type du roi sacré de la Grèce hellénique primitive, consort d'une nymphe tribale incarnation de la déesse-Lune; son jumeau, Iphiclès, agissait en tant qu'alter ego* (1-355).

— Sa légende est probablement une variante primitive de celle du héros de l'épopée babylonienne, Gilgamesh, qui parvint en Grèce via la Phénicie. Il fut identifié avec des héros de nombreux pays, voire avec des dieux : l'Hercule des Latins et des Gaulois, le Phénicien Melkarth ou l'Héraklès tyrien, le Celte Ogmios...

— Il inspira de nombreux poèmes épiques : l'*Herakléide* de Pisandre de Camiros, l'*Héraklée* de Panyasis, des tragédies : les *Trachiniennes* de Sophocle, *Héraklès furieux* d'Euripide.

Ses *Travaux,* qui sont le sujet d'innombrables sculptures, ornent des monnaies et des vases antiques.

◆ Dompteur de fauves, symbole de ***la force physique*** et de ***l'héroïsme,*** héros-type des Grecs qui pratiquaient le culte de la beauté corporelle, il apparaît courageux, bon, naïf, *violent mais généreux, imprévoyant mais téméraire, mais aussi persévérant qu'infatigable... sublime par ses travaux gigantesques et ses bontés formidables... mais plein de défi et d'indomptable espérance... C'est le génie de l'action immédiate, libératrice, qui va droit à l'ennemi pour l'étrangler et ne recule devant aucune tâche, ne craignant ni le ciel ni l'enfer»* (18-206). Il devint pour les stoïciens (partisans de la doctrine de Zénon prônant la fermeté d'âme, la raison) l'idéal du sage.

HERCULE

L'Héraklès grec.

HERMAPHRODITE

Fils bissexué d'Hermès et d'Aphrodite (il avait de longs cheveux et des seins de femme), élevé par les Naïades sur le mont Ida. A l'âge de quinze ans, il se mit en route pour la Carie et s'arrêta à une fontaine près d'Halicarnasse, pour se baigner. Salmacis la nymphe s'éprit de lui, l'enlaça amoureusement et demanda aux dieux que leurs deux corps n'en fassent qu'un.

HERMÈS
colonne ou *cairn*

Fruit du viol de Maïa, la fille du géant Atlas, par Zeus, né dans une caverne en Arcadie, sur le mont Cyllène. Le mythe de sa naissance provient d'un culte de fertilité préhellénique des phallus de pierre. En effet, à l'origine, Hermès *n'était pas un dieu mais... la force qui résidait dans la pierre phallique... la puissance totémique d'une colonne phallique ou cairn,* autour de laquelle avaient lieu les danses orgiaques en l'honneur de la déesse-Terre, dont Maïa représente l'aspect de Vieille Femme (1-52). Puis il fut considéré en Arcadie comme le protecteur des troupeaux, un *esprit de la fécondité* responsable de la prospérité des cultivateurs. Il était aussi le « démon des bornes ou tas de pierre » (8-212).

De nombreux mythographes l'ont considéré comme un *dieu du vent* à cause de sa rapidité : il était représenté avec un grand chapeau, symbole des nuages qui surmontent les sommets avant un ouragan (8-213), et un bâton à la main comme Wodan, son homologue germanique doté des mêmes attributions.

— Il était le *guide des voyageurs,* exerçant son pouvoir souverain sur les routes, le protecteur du commerce et des commerçants. Par extension, il est devenu psychopompe, conducteur d'âmes dans l'au-delà qui régnait aussi sur les rêves.

Le jour même de sa naissance, ce dieu *argeiphontès* (plein d'éclat) se fit remarquer par des exploits pas toujours avouables : sa mère le déposa dans un panier d'osier et dès qu'elle eut le dos tourné, il fabriqua un instrument de musique avec une carapace de tortue et des boyaux de génisse, en joua pour bercer et endormir sa mère. Puis, ayant grandi subitement, il partit à l'aventure. On raconte qu'il déroba le trident de Poséidon, l'épée d'Arès, la ceinture d'Aphrodite...

En Thessalie, sur le mont Piéros, il captura et cacha dans une caverne cinquante bœufs blancs aux cornes d'or appartenant à Apollon qui se trouvait exilé sur la terre. Les ayant chaussés de sandales en écorce de chêne afin d'effacer les traces de leurs pas, il s'enfuit avec eux jusqu'à la caverne de Cyllène. Là, il se mit à jour de sa lyre, dont les sons attirèrent Silène et les Satyres, et charmèrent tellement Apollon qu'il troqua sa lyre contre son troupeau diminué de deux bêtes égorgées et offertes en sacrifice aux « douze dieux » de l'Olympe, le douzième étant Hermès lui-même ! Ce fut *le premier sacrifice sous forme de chair qui ait jamais été fait* (1-58).

Le rusé Hermès échangea également sa flûte de berger en roseau contre une houlette en or qui le consacrait dieu des pâtres (*Hermès Nomios* ou *Criophoros*). Conduit dans l'Olympe par Apollon, il séduisit Zeus par ses talents, sa verve et son savoir-faire. Muni d'un chapeau rond, de sandales ailées en or aussi rapides que le vent et de sa houlette à trois cordons blancs (ces trois cordons furent confondus par la suite avec des serpents, *parce qu'il était le messager d'Hadès; d'où le nom d'Echion,* attribué à l'un de ses fils (1-60), il fut nommé messager de l'Olympe, responsable *de la sécurité de toute propriété divine,* de l'établissement des contrats, du commerce, de la libre circulation des voyageurs sur toutes les routes du monde, à condition de ne jamais mentir. Promesse qu'il esquiva habilement: *Je ne ferai jamais de mensonge, bien que je ne puisse promettre de dire absolument toute la vérité.*

— Hermès veillait aussi sur les carrefours et les routes (*Hermès Agetor* ou *Hégémonios* ou *Enodios*); les marchés *Agoraios),* les voyages, la navigation, les gymnases et... les voleurs. Il présidait aux sacrifices en tant que *Kadmilos;* accordait l'éloquence *(Logios);* le succès dans les concours *(Enagonios),* assurait des relations pacifiques et harmonieuses... Il apprit aux dieux de l'Olympe à *faire du feu* en faisant tourner vivement un bâton à feu.

— Par ailleurs, les Thries du Parnasse lui enseignèrent l'art de *prédire l'avenir* en lançant des cailloux dans une bassine d'eau, méthode pratiquée à Delphes. Par la suite, Hermès inventa une méthode de prédiction à l'aide d'osselets divinatoires.

— D'Hadès, le dieu de l'enfer, il apprit à conduire les morts avec douceur, en leur fermant les yeux avec sa houlette d'or, d'où son surnom *Hermès Psychopompos.* Ainsi Hermès rejoint-il le mythe du dieu égyptien de l'intelligence, Thot, et celui d'Anubis, le dieu cynocéphale qui guide les âmes dans le monde souterrain.

— Il composa *l'alphabet* avec l'aide des Trois Parques; celles-ci avaient inventé les cinq voyelles et Palamède, fils de Nauplios, avait imaginé les onze consonnes. Hermès convertit ces sons en caractères cunéiformes, en se basant sur « le vol en formation triangulaire des grues, et introduisit cette écriture de Grèce en Egypte ». Cet alphabet des Pélasges fut ensuite introduit en Béotie par Cadmos et en Italie par Evandre, dont la mère Carmenta « composa les quinze caractères familiers de l'alphabet latin ». Les prêtres d'Apollon ajoutèrent par la suite d'autres consonnes et deux voyelles (O long et E bref), « de sorte que sa lyre sacrée possède une voyelle pour chacune de ses sept cordes. On utilisait probablement ces voyelles dans la musique thérapeutique produite par la lyre dans les sanctuaires d'Apollon. » En fait, les érudits affirment que le premier alphabet écrit fut élaboré en Egypte au XVIIIe siècle avant notre ère. Avant l'introduction de l'alphabet phénicien modifié, il existait un « alphabet secret conservé par les prêtresses de la Lune-Io ou par les Trois Parques »... dans lequel les caractères étaient figurés par de petites branches d'arbres correspondant aux mois de l'année (1-151).

— Hermès *« inventa l'astronomie, l'échelle musicale, l'art de la boxe* et les *arts gymniques, les poids et mesures* (dieu des commerçants) et la *culture de l'olivier »*.

— En raison de ses nombreuses attributions, il apparaît dans un grand nombre de mythes : il réclame à Achille le corps d'Hector en compagnie de Priam, pendant la guerre de Troie; il vole au secours d'Odysseus, offre à Héraklès et Persée les armes qui les rendent invincibles; il organise le jugement de Pâris entre les trois déesses, Athéna, Aphrodite et Héra; il assiste au jugement de Marsyas, à la lutte de Persée contre la Gorgone; il délivre Io de son gardien, Argos, qu'il tue sur l'ordre de Zeus; il guide Héraklès aux enfers, en ramenant Orphée et Alceste...

— Séducteur impénitent, Hermès eut de nombreuses aventures et une descendance impressionnante : de *Chioné,* il eut Autolycos, grand-père d'Odysseus; d'une nymphe, un fils, Daphnis; *Hersé,* fille de Cécrops, qu'il violenta, lui donna Céphalos et Céryx; *Polymélé* fut la mère de Polydoros. D'*Aphrodite,* il eut Hermaphrodite, qui possédait les attributs des deux sexes.

Il aima des mortelles : *Pénélope,* la mère de Pan (qui passe parfois pour le fils de Dryopé ou d'Œné); *Acacallis,* fille de Minos et de Pasiphaé. Echion, héraut des Argonautes, qui participa à la chasse au sanglier de Calydon, était également son fils.

— Hermès était adoré dans la plupart des pays grecs, mais surtout en Arcadie, Laconie, Achaïe, à Délos, Samothrace, Athènes et Eleusis. Sa statue ou *hermès* surmontait les bornes, les poteaux indicateurs aux carrefours, bordait les routes et se trouvait dans les gymnases. Et les voyageurs y déposaient des ex-voto représentant des pieds ailés. En son honneur, on célébrait les *hermaia,* ou fêtes des gymnases comportant des sacrifices de coqs ou de veaux dont on lui offrait la langue, symbole de son éloquence. Il avait aussi un oracle en Achaïe. Plus tard, on institua à Délos, à Rhodes et à Cos des corporations de marchands appelées *hermaïstes.*

◆ Intermédiaire, prestidigitateur, comédien ou tricheur, il symbolise l'***ingéniosité,*** l'***habileté,*** la ***transmission,*** la ***communication,*** les ***échanges;*** tout ce qui est mobile, insaisissable ou fuyant. En astrologie, il caractérise les natifs des signes des Gémeaux et de la Vierge.

• Equivalent du **Mercure** latin, et du dieu celtique **Lug** qui a donné son nom à la ville de Lyon (autrefois appelée Lugdanum, Loudun). Hermès était appelé **Wodan,** le voyageur, par les Germains, et **Vellaunos** (le très bon) par les Gaulois qui lui rendaient un culte important, sous les noms d'**Adsmerios :** le distributeur, de **Magniacos :** qui amène la prospérité, ou de **Cimiacinos :** le maître des chemins. De son nom dérivent l'anglais Wednesday (Wodan) et le français Mercredi (Mercure), jour qui lui était consacré.

Hermès Trismégiste

Hermès fut aussi assimilé au dieu lunaire égyptien Thot et les néo-platoniciens ont fait de lui l'*illuminateur,* le guide, le dieu du *mystère* et des *révélations* sous le nom d'Hermès Trismégiste, le trois fois grand, parce qu'il était roi, législateur et prêtre, à une époque où la religion, la magistrature et le gouvernement étaient associés. Ce terme générique désignerait *à la fois un homme, une caste et un dieu. Homme, Hermès est le premier initiateur de l'Egypte; caste, c'est le sacerdoce dépositaire des traditions occultes; dieu, c'est la planète Mercure, assimilée avec sa sphère à une catégorie d'esprits, d'initiateurs divins...* (16-118).

Au IIIe siècle de notre ère, on parlait beaucoup de sa doctrine, basée sur la science occulte, expliquée dans une quarantaine de livres grecs dont le plus cité, « Hermès Trismégiste », renfermait des reliquats de l'antique théogonie qui fut la base de l'initiation égyptienne. Certains de ces documents ont servi aux alchimistes pour leurs recherches, notamment la **Table d'Emeraude** (ainsi nommée parce que ces préceptes étaient gravés, dit-on, sur une grosse émeraude portée au doigt par le grand-prêtre du collège des mages). En voici le texte :

1. Il est vrai, sans mensonge et très véritable.
2. Ce qui est en bas est comme ce qui est en haut et ce qui est en haut est comme ce qui est en bas pour faire des miracles d'une seule chose.
3. Et comme toutes les choses ont été et sont venues d'un, ainsi, toutes choses sont nées dans cette chose unique par adaptation.
4. Le soleil en est le père, la lune en est la mère, le vent l'a porté dans son ventre, la terre est sa nourrice.
5. Le père de Tout, le Thélème est ici. Sa force est entière si elle est convertie en Terre.
6. Tu sépareras la Terre du Feu, le subtil de l'épais, doucement, avec grande industrie.
7. Il monte de la Terre au Ciel et derechef, il descend en terre et il reçoit la force des choses supérieures et inférieures.
8. Tu auras par ce moyen toute la gloire du monde et toute obscurité s'éloignera de toi.
9. C'est la Force forte de toute force, car elle vaincra toute chose subtile et pénétrera toute chose solide.
10. Ainsi le monde a été créé.
11. De ceci seront et sortiront d'innombrables adaptations desquelles le moyen est ici.
12. C'est pourquoi j'ai été appelé Hermès Trismégiste, ayant les trois parties de la Philosophie du Monde.
13. Ce que j'ai dit de l'opération du Soleil est accompli et parachevé (52-55).

La doctrine d'Hermès, qui procède par analogies, suppose des correspondances intimes et mystérieuses entre toutes les parties de l'univers visible et invisible. Elle a donné naissance à l'hermétisme, science en honneur durant le Moyen Age, embrassant tous les phénomènes de la vie universelle : occultisme, magie, ésotérisme, astrologie, alchimie (la cornue dans laquelle les métaux subissaient la transmutation, symbole de la transfiguration de l'homme par l'esprit, le surnaturel, était *hermétiquement* close).

Lorsque, 2 000 ans avant notre ère, l'Egypte fut envahie par les Hyksos corrompus qui pratiquaient le culte du taureau Apis, les prêtres se réfugièrent au fond des temples, afin de protéger les traditions et la science d'Hermès, celle-ci, qui représentait la Vérité, fut rendue ésotérique, entourée d'un « triple voile » et communiquée à un nombre restreint d'initiés dans le secret des sanctuaires. Cet enseignement secret, constituant les *Mystères,* était accompagné de terribles épreuves morales, du serment du silence (la peine de mort était appliquée contre ceux qui divulguaient le moindre détail des Mystères).

Parallèlement à cet enseignement ésotérique, les prêtres égyptiens répandirent dans la foule la légende d'Osiris et d'Isis : le démembrement du dieu, les lamentations de son épouse, la recherche de ses membres épars par son fils Horus et sa résurrection prochaine. Le culte d'Isis, assimilé à celui de Déméter, fut introduit à Eleusis par une colonie phénicienne.

Les livres d'Hermès, qui expliquent la doctrine du verbe solaire, sont la base de la sagesse de l'Egypte.

HERMIONE
la reine qui sert de pilier

Fille de Ménélas et d'Hélène, qui fut abandonnée par sa mère à l'âge de neuf ans. Fiancée à Oreste par son père, elle épousa Néoptolème, fils d'Achille.

Héros

Les héros étaient des morts auxquels on rendait un culte particulier : les fondateurs d'une cité, d'une famille, devenus des ancêtres divinisés et vénérés. On faisait des pèlerinages à leurs tombeaux, on leur élevait des temples (8-227).

Dans les mythes primitifs, le héros apparaît comme un être mi-homme, mi-animal, doté d'une force extraordinaire suffisante pour créer l'univers. Puis il apparut sous l'aspect d'un être humain capable de dépasser les limites qui bornent l'horizon des êtres ordinaires. Son existence est vouée à la quête de l'Esprit, que ce soit le Graal ou un élixir d'immortalité...

Magicien, prophète ou patriarche, le héros mythologique présente des caractéristiques particulières :

— Il se manifeste grâce à une *force procréatrice* miraculeuse : un souffle de vent, d'une feuille ou d'un fruit avalés par mégarde... Il vit une enfance hors du commun symbolisant la manifestation de l'esprit, du *principe divin immanent incarné dans le monde.*

— *Détenteur de la force cosmique,* il est doué de pouvoirs extraordinaires, dès sa venue au monde ou sa conception.

— Cet être prodigieux a *un rôle à remplir :* sauver l'univers ou l'humanité, fonction qui implique des aventures à sa mesure, des actions d'éclat, des épreuves indicibles symbolisant, *d'une part, les descentes dans la mer obscure de la psyché et, d'autre part, les domaines où se joue le destin de l'homme, les aspects que celui-ci peut revêtir, et dont les existences respectives des héros témoignent* (15-256). Pour parvenir au but final, le *retour,* il reçoit souvent le secours magique de guides (dieux ou déesses), dans les *épreuves* qu'il doit surmonter.

— Sa victoire est fréquemment assimilée à une seconde naissance, et finalement il reçoit une récompense digne de ses exploits, dont l'*apothéose* est la divinisation.

◆ Au point de vue *psychologique,* le but final de toute épopée héroïque est la ***conquête de soi.***

HERSÉ

celle qui est aspergée de rosée (1-646)

Fille de Cécrops et d'Aglauros, qui, avec ses sœurs Aglauros et Pandrosos, fut une des premières prêtresses d'Athéna. Séduite par Hermès, elle lui donna deux fils : Céphale (qui fut aimé d'Eôs) et Céryx (le premier messager des mystères d'Eleusis). On dit qu'elle avait pour suivantes les *Arrhéphores,* porteuses de rosée.

HERSILIE

Divinité romaine, cette Sabine fut victime du fameux enlèvement et épousa Romulus auquel elle donna deux enfants : une fille, Prima, et un fils, Aollius (qui devint Avilius). Après la mort de son mari, Junon la fit transporter dans les cieux. Elle était vénérée sous le nom d'Harta.

HÉSIONE
la reine d'Asie (1-646)

Fille de Laomédon, roi de Troie, et sœur de Priam, que son père enchaîna à un rocher sur le rivage de Troie pour être dévorée par un monstre qui dévastait le pays. Elle fut sauvée par Héraklès qui la ramena au palais et offrit de tuer le monstre en échange de deux chevaux blancs immortels. Le héros passa trois jours dans le ventre de l'animal, en ressortit victorieux, mais chauve, récit témoignant du *caractère solaire du mythe :* à la fin de l'année, le roi était rasé pour symboliser *l'abolition de sa puissance magique* (1-418). Mais Laomédon substitua des chevaux ordinaires aux chevaux sacrés et Héraklès, furieux, saccagea Troie.

Hésione épousa Télamon, le fils d'Eaque, auquel elle donna un fils, Teucé, puis s'enfuit en Asie Mineure où elle fut recueillie par le roi Arion qui éleva comme son propre fils le second fils qu'elle eut de Télamon, Trambelos.

HESPÉRIDES
les nymphes de l'Occident (1-646)

Filles de la Nuit et d'Hespéros (fils d'Atlas), elles étaient trois : *Aeglé, Erytheia, Hespéra* (on en cite parfois quatre ou sept); elles occupaient, à l'extrémité occidentale de la terre, une île voisine de l'Atlas, à l'endroit où se couche le soleil, et vivaient dans un jardin où s'épanouissaient les pommes d'or gardées par Ladon (fils d'Echidna et de Typhon), un dragon à cent têtes. L'extermination de ce dragon constitue l'un des douze travaux d'Héraklès qui, en outre, délivra les Hespérides, enlevées par le roi d'Egypte Busiris, et auquel Atlas, reconnaissant, fit don des pommes. Ces mêmes fruits servirent à Eris, la Discorde, à semer la brouille entre les déesses de l'Olympe.

Selon une autre légende, les Argonautes arrivèrent assoiffés chez les Hespérides, leur demandèrent à boire; aussitôt elles se transformèrent en poussière. Ils se mirent à prier et les nymphes devinrent des arbres verdoyants : Aeglé se changea en saule, Hespéra en peuplier et Erytheia devint un ormeau. Les Grecs considéraient le Soleil couchant comme une pomme d'or du jardin des Hespérides, tradition qui se perpétua chez les Germains qui citaient les pommes d'or d'Idun capables de rendre la jeunesse (8-182).

HESTIA
le foyer

Fille de Cronos et de Rhéa, qui résista aux ardeurs amoureuses des dieux. Lorsque Poséidon et Apollon prétendirent tous deux à sa main, afin de préserver la paix dans l'Olympe, elle jura de demeurer vierge à jamais. En signe de gratitude, Zeus lui accorda la première victime des sacrifices publics. Selon d'autres auteurs, elle devait ce privilège à son droit de préséance sur les autres dieux dont elle était l'aînée.

Malgré son vœu de chasteté, elle fut désirée par plusieurs dieux : un jour, Priape, ivre, essaya de la violer pendant son sommeil. Hestia s'éveilla et vit Priape *à califourchon sur elle :* il s'enfuit *tout penaud* (1-66). La discrète déesse remplit son rôle de gardienne du feu jusqu'au moment où elle céda sa place à la table des dieux, en faveur de Dionysos, pour se rendre dans une ville grecque.

Hestia apparaît comme une déesse pacifique, la seule de l'Olympe n'ayant *jamais pris part à une guerre ni à une querelle* (1-66).

Ayant inventé l'art de construire les maisons, elle était la déesse du **foyer domestique** et son feu dans les temples était sacré. Aussi, dans toutes les demeures l'âtre ne devait-il jamais s'éteindre (on ne le faisait qu'en signe de deuil). Dans la Méditerranée orientale, on représentait la Grande Déesse par *un tas de charbon incandescent dont on conservait le feu en le recouvrant de cendres blanches... ce feu ne dégageait ni fumée ni flamme et constituait le centre naturel au cours des réunions de famille ou de clan. A Delphes, le tas de charbon est devenu la « pierre à feu » que l'on employait à l'extérieur et devint l'*omphalos *ou protubérance ombilicale que l'on voyait fréquemment sur les vases peints grecs; il représentait ce que l'on croyait être le centre du monde* (1-67).

Elle était la protectrice des familles, des villes et des nouvelles colonies fondées par les Grecs, qui emportaient le feu sacré à chaque fois qu'ils s'installaient dans une nouvelle patrie.

Hestia, toujours immuable et inchangée, symbolise ainsi la pérennité religieuse, la continuité d'une civilisation et de ses lumières au mépris des émigrations, des destructions, des révolutions et des vicissitudes du temps (2-156).

Elle était vénérée dans des temples circulaires, dans toute la Grèce, en particulier à Delphes qui passait pour le centre de l'univers.

— **Le culte** qui lui fut voué s'explique par l'importance accordée au feu aux époques primitives, ce feu que le héros Prométhée déroba à Zeus pour le donner aux hommes, encourant la vengeance éternelle du plus grand de tous les dieux.

• Les Romains l'identifièrent à **Vesta,** dont le feu sacré était entretenu par les *Vestales,* prêtresses qui avaient fait le vœu de chasteté et qui étaient enterrées vives si elles venaient à trahir leur promesse. Si le feu, symbole vivant de Vesta, s'éteignait, les Vestales le rallumaient à l'aide des rayons solaires reflétés dans un miroir.

On raconte que la vestale Rhéa Silvia donna naissance à Romulus et Rémus.

HEURES

Les trois filles de Zeus et de Thémis, qui présidaient aux saisons : *Eunomia, Diké, Erêné,* que les Athéniens nommaient *Thallo, Carpo* et *Auxo*. Elles furent les gouvernantes d'Héra, de Dionysos, d'Aphrodite, souvent associées à Hébé, Harmonie et aux Charites. Elles étaient adorées à Olympie, Corinthe, Athènes, où étaient célébrées en leur honneur les *horaia*. On les représentait par des gracieuses jeunes filles tenant des épis, des raisins, des rameaux.

Dans la mythologie romaine, elles sont quatre filles du Soleil et de la Lune, allégories personnifiant les quatre saisons. Quelquefois, on en comptait douze, filles de Cronos, incarnant les heures de la journée ou de la nuit.

HIPPOCOON
l'écurie de chevaux (1-646)

Fils d'Abalos, frère de Tyndare qu'il tenta de spolier à la mort de leur père, en s'emparant du trône. Il fut tué par Héraklès.

HIPPOCRÈNE
la fontaine du cheval

Fontaine qui jaillit des flancs de l'Hélicon, sous le sabot de Pégase, et qui fut consacrée aux Muses appelées *Hippocrénides*. Il s'agit probablement de la *Kryo-Pigadi*, fontaine coulant au sommet de l'Hélicon, dans un bois de sapins.

HIPPODAMIE
la dompteuse de chevaux (1-646)

Fille d'Œnomaos, d'une grande beauté. L'oracle ayant prédit que son père mourrait si elle se mariait, celui-ci, qui était un cavalier émérite, promit sa main à celui qui le vaincrait à la course des chars. Le roi surpassa treize concurrents, mais le treizième, Pélops, fils de Tantale, remporta le prix, et Œnomaos se donna la mort de désespoir.

• Fille d'Adraste, roi d'Argos, épouse du roi des Lapithes Pirithoos, dont le mariage fut la cause de la guerre entre les Centaures et les Lapithes.

HIPPOLYTE

la panique des chevaux (1-131)

Fils du roi d'Athènes Thésée et d'Antiope (reine des Amazones), beau-fils de Phèdre qui conçut pour lui une violente passion qu'il dédaigna. Furieuse, Phèdre l'accusa d'avoir voulu la violenter, provoquant l'indignation de Thésée qui demanda à son père de le venger. Hippolyte, chassé d'Athènes, quittait la ville lorsque ses chevaux, effrayés par un monstre marin envoyé par Poséidon, firent un brusque écart, projetant le char et son conducteur contre la falaise. Hippolyte fut traîné par ses chevaux et son corps se rompit contre les rochers. Certains prétendirent que, transporté dans les cieux, il conduit éternellement son char à travers le ciel étoilé : il est devenu la constellation du *Chariot*.
• Fille d'Arès et d'Harmonie (ou d'Otréré), reine des Amazones qui vivait sur les rives du fleuve Thermodon près du Pont-Euxin, dont la ceinture d'or, don de son père, fut convoitée par Admète, la fille d'Eurysthée. Celui-ci ordonna à Héraklès de la lui enlever. Ce fut sa neuvième mission. Séduite par son physique, la reine lui offrit sa ceinture, mais Héra ayant fait courir le bruit que les guerrières avaient l'intention d'enlever le héros, les femmes attaquèrent le navire. Héraklès tua Hippolyte et massacra toutes les Amazones.

HIPPOMÉDON

le seigneur des chevaux (1-387)

L'un des quatre généraux d'Argos (avec Capanée, Amphiaros et Parthénopaeos), père de Polydore, qui fut tué par Hyperbios pendant le siège de Thèbes.

HIPPOMÉNÈS

la puissance du cheval (1-647)

Fils de Mégaré et de Mérope. Il s'éprit de la chaste Atalante, la plus rapide des mortelles, qui avait promis sa main à celui qui la vaincrait à la course à pied. Avec le concours d'Aphrodite, Hippoménès remporta la victoire en lançant devant elle trois pommes d'or et l'épousa. Peu après leur mariage, ils profanèrent un temple de Zeus (ou de Cybèle) en s'y livrant à de chaudes effusions, et furent transformés en lions.

HORACES

Au VIIe siècle avant J.C., Albe et Rome étaient en guerre et décidèrent de se faire représenter chacune par trois champions : Rome choisit les trois frères Horaces, et Albe les trois frères Curiaces. Dans le combat qui les opposa, deux Horaces furent tués et les trois Curiaces blessés. Le survivant des Horaces tua ses ennemis; mais sa sœur Camille, amoureuse d'un des Curiaces, lui reprocha sa mort, et il la tua farouchement. Condamné à mort, acquitté par le peuple, le héros se vit imposer par son père le supplice du joug de l'infamie, comme un vaincu.

HUANG-TI

L'un des héros civilisateurs de la mythologie chinoise, l'Empereur Jaune (2697-2587 av. J.-C.), conçu par une concubine du prince de Chao-tien et la lumière d'or émanant de la constellation de la Grande Ourse. Dès son soixante-dixième jour, il put parler, et à onze ans, il commença à régner avec une sagesse extraordinaire, due au pouvoir miraculeux de ses rêves (don de divination). Il acquit la maîtrise de ses émotions durant un songe qui dura trois mois. Un second rêve lui communiqua le pouvoir d'enseigner la maîtrise des forces de la nature. Durant son règne, qui correspond à l'*Age d'Or* (attribué à Cronos chez les Grecs et Saturne chez les Romains), il établit le calendrier, institua la propriété privée, fit construire des temples pour les dieux. Huang-ti enseigna aux hommes l'usage des éléments (feu, eau, bois, terre) : le modelage de la terre, la sculpture du bois et du métal; il inaugura le travail des mines, la fabrication des chars et des navires, des instruments de musique en bambou et l'utilisation de la monnaie. Son épouse inventa le tissage de la soie.

Il sema cent variétés de graines et d'arbres, protégea les espèces animales (reptiles, oiseaux, insectes...) et fit apparaître dans les jardins de l'Empire le phénix et la licorne, symboles de la perfection de son règne (15-252).

Huang-ti est le premier des Cinq Souverains de l'histoire traditionnelle chinoise, le « grand patron des sectes taoïstes » (38-21). Les suivants étant *Tchouan-Hiu, Kao-Sin, Yao, Chouen.*

HUITZILOPOCHTLI

La plus importante divinité du panthéon aztèque, dieu du soleil et du feu, qui présidait à la guerre et à la chasse, dont le temple était le centre de la religion et le lieu des sacrifices humains.

HUNAHPU et IXBALANQUÉ

Dieux jumeaux du panthéon maya liés au mythe cosmogonique dans lequel ils exercent une fonction bénéfique en triomphant des géants. Cette lutte exprime *l'antagonisme qui existait entre les forces de la terre et celles du ciel avant le règne de l'harmonie cosmique. Plus tard, les quatre géants vaincus par les jumeaux seront métamorphosés en quatre porteurs du monde et placés aux angles du cosmos pour porter éternellement les quatre Régents qui gouvernent le monde maya* (25-60).

HURAKAN et GUCUMATZ

Les Mayas Quiché du Guatémala croyaient qu'au-dessus de l'océan primordial planaient Hurakan et Gucumatz, créateurs du monde par la parole. Il leur suffit de prononcer le mot « Terre » pour qu'elle apparaisse avec ses montagnes et sa végétation. Ils y mirent les animaux auxquels ils ordonnèrent de leur rendre hommage. Comme ces créatures ne répondaient que par des sons confus, les dieux jumeaux les tuèrent et les mangèrent. Puis, avec de l'argile, ils fabriquèrent des hommes qui ne parlaient pas et ne comprenaient pas leur langage. Ils essayèrent le bois et obtinrent des hommes dépourvus d'intelligence et de sentiments qu'ils détruisirent aussitôt. Ceux qui survécurent ressemblaient à des singes. Alors, avec la farine de maïs blanc, ils créèrent quatre hommes parfaits auxquels ils donnèrent quatre compagnes.

Mais comme l'obscurité régnait sur la terre, ces hommes, ancêtres des Mayas Quiché, se rendirent à Tulla et se plaignirent du froid au dieu Hurakan qui leur donna du feu. Comme il n'y avait toujours pas de soleil et que l'humidité continuait à régner, ils se dirigèrent vers le pays quiché. Le soleil apparut enfin, ainsi que la lune et les étoiles, suscitant la joie des animaux et des hommes qui, reconnaissants, se percèrent les oreilles et offrirent leur sang aux dieux.

— Une autre tradition attribue la création du monde au dieu soleil Hunab et à son fils Itzamna. Ce dernier fit don de l'écriture, du calendrier et des codex (dessinés sur des parchemins).

HYACINTHE
la jacinthe

Prince spartiate, fils d'Amyclas et de Diomède, dont la beauté séduisit le poète Thamrys et le Vent d'Ouest qui furent évincés par Apollon. Pendant que ce dernier apprenait au jeune homme à lancer le disque, le Vent d'Ouest, dans un accès de jalousie, détourna le disque qui s'abattit sur le crâne de l'infortuné Hyacinthe et le tua. De son sang jaillit une fleur dont les pétales portent encore ses initiales, la *jacinthe.*

En son honneur, au mois d'hyacinthios (mai), on célébrait les *hyacinthies,* qui duraient onze jours, à Amyclées, en Laconie, et dans plusieurs villes doriennes.

• Ce mythe n'explique pas seulement la forme de la jacinthe, mais *se rapporte au héros crétois Hyacinthos, qu'on appelait aussi, semble-t-il, Narcisse, dont le culte avait été introduit dans la Grèce mycénienne et qui donna son nom au dernier mois de l'été, Hyacinthios, en Crète, à Rhodes, à Cos, à Thèbes et à Sparte...* (1-72).

HYADES

les faiseuses de pluie ou *les petits cochons* (1-647)

Nymphes, filles d'Atlas et d'Aethra (ou d'Oceanos et de Mélissa...) au nombre de deux *(Boreios* et *Notios),* trois *(Ambrosia, Aesylé, Eudora)* ou sept. Nourrices de Zeus à Dodone, elles amenèrent Dionysos nouveau-né à Ino sur le mont Nysa, furent rajeunies par Médée, et transportées au ciel au milieu de la constellation du *Taureau* où elles forment un groupe de cinq étoiles en Y (dont la principale est *Aldébaran* ou l'*œil du Taureau*) qui apparaissent au lever et au coucher du soleil lorsqu'il va pleuvoir.

— Une autre tradition relate qu'elles pleurèrent tellement à la mort de leur frère Hyas lors d'une partie de chasse, que Zeus, ému, les changea en étoiles.

— Selon Hésiode, leurs noms primitifs étaient *Phaesylé (lumière tamisée), Coronis (corneille), Cleia (célèbre), Phaeo (faiblement éclairée, Eudora (généreuse).*

HYDRE

la créature aquatique (1-646)

Fils d'Echidna et de Typhon, serpent monstrueux à sept têtes qui se régénéraient lorsqu'elles étaient coupées. Sa destruction constitue la neuvième mission d'Héraklès.

Ce mythe, également connu en Mésopotamie (où un héros attaque une hydre à sept têtes et la détruit par le feu), personnifiait la fièvre provoquée par les terrains marécageux qui ne pouvaient être assainis et asséchés que par le feu. C'est l'« héroïsation d'une banale opération agricole ayant pour but d'augmenter la fertilité des sols ».

HYDROMEL

medhu d'où viennent Meduana, la Mayenne, rivière française, et Medona, la Mène, rivière belge

A l'origine, boisson enivrante qui fut remplacée par le jus de la vigne.

Les légendes celtes font état d'un breuvage doué d'un pouvoir infini de régénération et d'un chaudron merveilleux rempli d'hydromel, associé au dieu de la fertilité, Dagda, et à la Lune, car comme elle, il peut faire renaître la vie sans cesse. Avant l'ère chrétienne, ce chaudron était autrefois considéré comme le Graal.

HYGIE

la santé

Primitivement abstraction personnifiée, épithète appliquée à Déméter et Athéna, Hygie devint une divinité distincte à la fin du VIe siècle avant J.C., associée à des dieux guérisseurs (Asclépios dont elle passe pour la fille). Adorée dans l'Asclépeion, sur les pentes de l'Acropole, elle le fut plus tard en Asie Mineure, dans les îles grecques et en Grèce du Nord. On la retrouve à Rome dès le IIIe siècle avant notre ère sous son nom ou celui de *Valetudo* et de *Salus*.

Elle était représentée avec le serpent et la coupe, attributs de son père.

• Une planète télescopique découverte en 1849 porte son nom (d'où dérive le mot *hygiène*...).

HYLAS
les terrains boisés

Il naquit dans un sillon, le fils de la nymphe Ménodicé et de Théodamas roi des Dryopes, tué par Héraklès, dont il devint l'ami, qu'il accompagna lors de la capture du sanglier d'Erymanthe et de l'expédition des Argonautes. Il disparut lors d'une escale sur la côte de Mysie, enlevé par les nymphes d'une fontaine.
— La naissance d'Hylas dans un sillon fait partie d'un rituel d'ensemencement préhellénique (1-437).
— Son aventure a été relatée par Théocrite dans une de ses *Idylles,* et reproduite sur une fresque d'Herculanum.

HYLLOS
le forestier (1-647)

Fils d'Héraklès et de Déjanire, confié à Céyx, roi de Trachine, qui l'éleva. Parti à la recherche de son père, il arriva au moment où celui-ci allait mourir, ayant revêtu la tunique de Nessus. Héraklès lui ordonna de le placer sur un bûcher puis de se rendre à Trézène épouser Iole. Mais Eurysthée (le concurrent de son père au trône de l'Argolide) poursuivit tous les Héraclides, qui se réfugièrent chez Thésée, roi d'Athènes. Celui-ci refusa de les livrer au tyran, ce qui fut la cause de la première guerre entre Athènes et le Péloponnèse, au cours de laquelle Hyllos décapita Eurysthée.

Avec l'aide de Thésée, Hyllos, à la tête des Héraclides, conquit ensuite le Péloponnèse, se retira à Marathon, épousa Iole suivant la promesse faite à son père, fut adopté par Aegimos le Dorien. Trois ans plus tard, il affronta en combat singulier Atrée, roi de Mycènes, qui le tua, et fut enterré dans la ville de Mégare.
— Ce récit est basé sur l'invasion du Péloponnèse mycénien en 1100 avant J.C., appelée *invasion dorienne parce que les chefs venaient de la petite ville de Doris. Trois tribus constituaient cette ligue dorienne : les Hyllées qui adoraient Héraclès, les Dymanes, « les entrants », qui adoraient Apollon, et les Pamphy-*

liens, « hommes de toutes tribus » qui adoraient Déméter... La première tentative échoua... Un siècle plus tard, ils conquirent les territoires situés à l'est et au sud après avoir détruit l'ancienne culture d'Argos. Cette invasion, qui provoqua des émigrations... inaugure une période sombre pour la Grèce (1-447).

HYMÉNÉE

Fils d'Apollon et de Calliope, ou de Dionysos et d'Aphrodite, personnifiant les chants nuptiaux, qui, après sa mort, aurait été ressuscité par Asclépios.

• Une autre légende fait de lui un Athénien, qui, pour suivre son amante aux fêtes de Déméter à Eleusis, se déguisa en femme. En chemin, ils furent attaqués par des brigands et il défendit ses compagnons contre leurs assaillants, puis épousa sa belle.

HYPERBORÉENS

Peuplade qui vivait dans les régions du grand Nord, là où se trouvaient les *montes Hyperborei* ou *Riphées,* chaînes de montagnes élevées d'où émanaient les vents glacés qui descendaient des grands fleuves de la Scythie. Au-delà, on situait un pays au climat idéal, où le jour et la nuit duraient chacun six mois. On a longtemps cru en l'existence des hyperboréens, si bien que la race *hyperborée* désigne les peuples habitant les régions entourant le cercle polaire, reconnaissables à leur visage plat et arrondi au nez épaté, à leur peau basanée, à leurs cheveux noirs et courts.

HYPÉRION
celui qui habite en haut

Fils d'Ouranos et de Gaïa, qui eut de sa sœur Theia, Hélios, Séléné et Eôs.

HYPERMNESTRE

la cour excessive (1-647)

La seule des cinquante Danaïdes qui ne tua pas son mari la nuit de ses noces fut jetée en prison par son père Danaos, jugée et acquittée par les Argiens. En reconnaissance, elle éleva à Aphrodite une statue appelé *Nicéphore (qui accorde la victoire)*.

HYPNOS

le sommeil

Fils de l'Erèbe et de la Nuit, frère jumeau de Thanatos (la Mort), dieu du Sommeil qui épousa Charis Pasithéa. Ami d'Apollon et des Muses, il se promène sur la terre, procurant aux humains un repos bienfaisant et des rêves agréables. On le représente sous les traits d'un jeune homme au front ailé, portant un croissant et la corne du sommeil, ses attributs.

HYPSIPYLÉ

celle de la haute porte (1-647)

Princesse lemnienne, fille du roi Thoas. Les Lemniens ayant pris pour maîtresses des esclaves thraces parce que leurs femmes sentaient mauvais, celles-ci se révoltèrent et les tuèrent. Hypsipylé sauva son père et l'aida à émigrer dans l'île de Chio. Lorsque les Argonautes arrivèrent dans l'île, elle proposa à Jason de régner à ses côtés. Elle eut de lui Eunéos et son jumeau Nébrophonos (ou Deiphilos, ou Thoas le jeune). Plus tard, les Lemniennes ayant découvert la fuite de Thoas, la vendirent au roi de Némée, Lycurgue, qui fit d'elle la nourrice de son fils Opheltès.

Un jour, elle rencontra dans une forêt les sept généraux qui assiégeaient Thèbes et les conduisit à une fontaine. Pendant ce temps, le nourrisson fut mordu par un serpent et mourut. Lycurgue voulut la faire mourir, mais elle fut sauvée par Adraste (le roi d'Argos). Les sept chefs instituèrent les *jeux Néméens* en souvenir de l'enfant.

• Hypsipylé désignait sans doute l'arc décrit par la lune dans le ciel (1-304).

*L'*APOLLON *du Belvédère.*

I

IACCHOS

celui qui a un cri violent

Fils de Zeus et de Déméter, frère de Perséphone, demi-frère de Dionysos avec lequel il fut identifié. Il précédait la procession des mystères d'Eleusis.

IAMOS

Fils d'Evadné (fille de Philacos), que sa mère abandonna dans les bois sur un lit de violettes *(ion : violette)* et qui fut nourri par deux serpents avant d'être adopté par l'Arcadien Epytos. Apollon lui ayant conféré le don de prophétie, Iamos prédit l'avenir sur l'autel de Zeus à Olympie. Il fut l'ancêtre des Iamides.

IASION

le guérisseur (1-647)

Titan dont s'éprit Déméter au mariage de Cadmos et d'Harmonie, auquel elle « s'unit dans un champ trois fois labouré » (rite de fertilité impliquant l'union de la prêtresse au roi sacré lors des semailles d'automne). Zeus, indigné, le frappa de sa foudre. Il fut le père de Ploutos.

Ibis

Oiseau dédié au dieu égyptien Thot (puis à Hermès) qui passait pour l'exterminateur des serpents ailés qui envahissaient le pays au printemps. Ses plumes blanches et noires symbolisaient *l'une et l'autre parole, l'extérieure articulée, l'intérieure implicite* (19-223).

ICARE ou ICAROS

Fils de Dédale emprisonné avec son père par Minos, roi de Crète, dans le labyrinthe. Ils s'enfuirent à l'aide d'ailes formées de plumes et de cire. Au cours du voyage, Icare s'approcha du soleil, la cire fondit, il fut précipité dans la mer et se noya.

◆ Paul Diel voit en ce personnage le symbole de ***la folie des grandeurs, la mégalomanie*** (44-50).

ICARIOS

Fils d'Aebalos, roi de l'Attique, qui vivait dans le bourg d'Icaria et qui apprit de Dionysos l'usage du vin. Ses bergers s'enivrèrent et, se croyant ensorcelés par une boisson magique, tuèrent leur roi et l'enterrèrent sous les yeux de sa chienne Maera. Celle-ci conduisit à la tombe la fille d'Icarios, Erygoné, qui, désespérée, se pendit à un pin. Dionysos vengea la mort de son ami en frappant de folie toutes les femmes de la région. Quant à Icarios et Maera, ils figurent parmi les constellations : le *Bouvier* et le *petit Chien.*

Ichtyomancie

Méthode de divination pratiquée en Grèce, basée sur l'examen des entrailles des poissons.

IDAS
qui vient du mont Ida

Fils de Poséidon et d'Aréné, frère de Lyncée qui s'éprit de la fille d'Evenos, Marpessa, l'enleva sur un char ailé et voulut combattre Apollon également amoureux de la jeune fille. Mais Zeus arrêta le combat, laissant à Marpessa le choix de son mari. Elle préféra Idas auquel elle donna Alcyoné et Cléopatra. Après avoir accompagné les Argonautes, Idas organisa une expédition en Arcadie, avec les Dioscures. Mais ceux-ci ayant refusé à leurs alliés leur part du butin, une lutte s'engagea au cours de laquelle Lyncée fut tué. Idas fut foudroyé par Zeus.

IDMON
celui qui sait (1-648)

Fils d'Apollon et de Cyrène (ou d'Astérie), devin d'Argos, l'un des héros de l'expédition des Argonautes. Il mourut des blessures d'un sanglier en Bithynie. Apollon ordonna aux Béotiens de construire la ville d'Héraklès autour de son tombeau.

• Teinturier, père d'Arachné.

IDOMÉNÉE
celui qui possède la connaissance

Fils de Deucalion, petit-fils de Minos et de Pasiphaé et roi de Crète, qui fut l'un des prétendants d'Hélène. Au retour du siège de Troie auquel il participa, son navire essuya une violente tempête; il promit à Poséidon de lui sacrifier la première personne qui l'accueillerait sur le rivage de Crète. Ce fut son fils. Le cœur brisé, Idoménée dut tenir sa promesse; mais le peuple, horrifié, le chassa de l'île pour mettre fin à une épidémie qui venait d'éclater. Il se rendit dans l'Italie méridionale, en Calabre, où il créa la ville de Salente (en Asie Mineure selon une autre tradition).

– Ce récit est le sujet de l'opéra italien *Idoménée, roi de Crète,* musique de Mozart, représenté à Munich en 1781.

Ilion

Ancien nom de Troie, bâtie au IIIe millénaire avant J.C. sur la côte de Troade, par son fondateur Ilos, fils de Tros.

ILIONE
la reine d'Ilion

Fille de Priam et d'Hécube, épouse de Polymnestor, roi de Thrace, auquel elle donna un fils Deiphobos (ou Deiphilos). Elle se chargea de l'éducation de son demi-frère Polydoros, fils de Priam par Laothé. Selon une tradition, elle tua son mari à cause de ses infidélités et de l'hostilité qu'il témoignait à sa famille.

ILIONEE

Fils d'Amphion et de Niobé qu'Apollon ne put épargner, la flèche qui devait le tuer étant déjà lancée.

ILITHYE
celle qui aide à accoucher

Fille de Zeus et d'Héra, déesse des naissances, protectrice des sages-femmes, dont la présence était indispensable à la venue au monde des nouveau-nés. Elle fut retenue prisonnière neuf jours et neuf nuits dans l'Olympe par Héra pour retarder la naissance d'Apollon et d'Héraclès.

Dans le sanctuaire qui lui était consacré habitait le serpent Sosipolis, qu'une prêtresse nourrissait de gâteaux de miel et d'eau, en commémoration du miracle qui éloigna les Arcadiens qui combattaient contre l'Elide : la transformation d'un enfant en serpent effraya les ennemis et les mit en fuite (1-424).

— L'Antiquité présente deux déesses de ce nom, figurant les phases de l'enfantement qui fusionnèrent sous l'apparence d'une jeune fille portant un flambeau allumé symbolisant ***la vie naissante.***

— Les Egyptiens vénéraient deux répliques d'Ilithye : *Taurt* (Thouéris pour les Grecs) représentée par un hippopotame aux cornes de vache encerclant le soleil (elle fut souvent identifiée à Hathor) et *Bes,* un dieu nain, qui patronnait aussi la musique et les arts en général, dont la parèdre était *Beset* (50-183 et 22).

Immortalité

Privilège des dieux, procurée par l'ambroisie et le nectar, dispensée à certains héros pour leur bravoure ou à des mortels : Glaucos le pêcheur l'acquit en consommant une herbe magique...

INACHOS
celui qui procure la force et la nervosité

Fils d'Océanos et de Téthys, dieu-fleuve d'Argolide, époux de la nymphe Mélia qui lui donna Io, Phoronée. Choisi comme arbitre dans un litige opposant Héra à Poséidon, il choisit la déesse et fut asséché par Poséidon.

INANNA

Déesse-mère des dieux et des hommes de Mésopotamie, productrice de vie, responsable de la fécondité de la nature, du renouveau printanier, également appelée *Ninhursag, Ninmah, Ishtar* ou *Aruru.*

Elle était l'épouse du berger Doumouzi (ou d'Anou, le dieu du ciel), union nécessaire pour ranimer la vie du sol endormi et faire croître la végétation. Symbole du cycle saisonnier, Doumouzi mourait et descendait au pays de la mort en hiver, où Inanna allait le chercher après avoir intimé à Vishubur, son messager, d'assembler les dieux si elle n'était pas de retour au bout de trois jours. A la porte des enfers, on la conduisit à travers les sept portes, perdant progressivement ses atours et ses vêtements, et elle arriva nue devant Ereshkigal, la reine du monde souterrain, et inerte parce que *le regard de la mort s'est fixé sur elle.* Vishubur alerta les dieux comme convenu, et Enki, le dieu de la sagesse, créa deux êtres asexués qu'il envoya aux enfers munis de l'eau de vie dont ils aspergèrent le cadavre d'Inanna et la ramenèrent à la vie. Et la déesse remonta sur la terre avec Doumouzi.

— Inanna était vénérée comme la mère universelle, la source du pouvoir générateur de la nature tout entière, la personnification *de la fécondité dont le symbole est le sol d'où proviennent les végétaux... la dispensatrice suprême des pouvoirs productifs* (57-252).

Tous les ans, à Isin, on célébrait les noces d'Inanna et de Doumouzi aux Fêtes du Printemps, afin de réveiller la nature endormie (57-56).

Inconscient

Les symboles mythologiques de l'inconscient sont : l'enfer, l'Olympe, les cours d'eau (fleuves, rivières...), les fonds sous-marins et leurs habitants...

INDRA
le brûlant

Fils d'Aditi (déesse de l'atmosphère), divinité de la trinité védique (Mitra-Varuna-Indra), roi du ciel, dieu de la foudre qui dispense la pluie, il apparaît aussi comme le jumeau du dieu du feu Agni avec lequel il constitue une *dyade* parfois associée à *Soma.* Tantôt, il délivre des dragons, serpents ou géants, les vaches célestes (symbolisant les nuages) dont il fait couler le lait (la pluie), se faisant aider par les redoutables Marouts ou par Vishnou.

Homologue du Zeus grec, il est figuré par un personnage au teint jaune, dont le costume est orné de mille yeux, armé de la foudre (*vajra*), son attribut, d'une hache (ou d'une massue) et porté par l'éléphant Airâvata.

INO
celle qui donne de la vigueur

Fille de Cadmos et d'Harmonie, qui, séduite par Athamas, roi de Béotie, lui donna deux fils, Léarchos et Mélicerte. Mais Athamas avait eu de sa femme Néphélé (fantôme qu'il avait façonné à l'image d'Héra) deux fils, Phrixos et Leucon, et une fille, Hellé. Ino obtint que Phrixos soit immolé à Zeus afin de mettre fin à la famine qui ravageait le pays. Héraklès survint à temps pour arrêter le sacrifice, un bélier d'or descendu de l'Olympe, et emporta Phrixos et Hellé vers la Colchide. Mais en traversant le détroit séparant l'Europe de l'Asie, la jeune fille, prise de vertige, tomba à la mer. Depuis lors, le détroit s'appelle l'*Hellespont.*

Ino s'enfuit avec Mélicerte, pour échapper à la vengeance d'Athamas, se jeta à la mer du haut des roches Scironiennes et se noya. Zeus la divinisa (en souvenir de sa bonté envers Dionysos) : elle devint une déesse marine sous le nom de *Leucothéa* et Mélicerte devint le dieu marin *Palémon.*

IO
la lune

Fille du dieu-fleuve Inachos et de Mélissée, prêtresse d'Argos à laquelle Rhéa confia Zeus enfant. Plus tard elle fut désirée par Zeus qui, pour la protéger de la fureur jalouse de son épouse, la métamorphosa en génisse. En vain ! Car Héra, loin d'être dupe, réclama l'animal qui fut confié à Argos, le Centaure aux cent yeux qui ne dormait jamais qu'à moitié. Zeus envoya Hermès la délivrer; mais Héra la fit suivre par un taon qui s'attacha à son pelage. Rendue furieuse, Io se rendit à Dodone, gagna la mer qui fut appelée *ionienne,* remonta vers le mont Haemos, passa par le détroit du Danube, contourna la mer Noire, traversa le Bosphore *(bous : bœuf; poros : passage)* en Crimée, suivit le cours du fleuve Hybristès jusqu'à sa source au Caucase où elle vit Prométhée lié à son rocher, rentra en Europe par la Colchide, le Bosphore, erra à travers l'Asie Mineure, fila en Médie, en Bactriane, et parvint aux Indes. Se dirigeant vers le sud-ouest, elle parcourut l'Arabie et, par le Bosphore indien (détroit de Bal-el-Mandeb), aboutit en Ethiopie d'où elle gagna le Nil pour s'arrêter finalement en Egypte. Elle retrouva sa forme humaine, épousa Télégonos, donna le jour à Epaphos, fils de Zeus qui l'avait *touchée* dans le but de concevoir cet enfant, et institua le culte d'Isis à laquelle elle fut identifiée par les Grecs.

— Le récit des voyages d'Io tend à expliquer les *similitudes entre le culte d'Io en Grèce, d'Isis en Egypte, d'Astarté en Syrie et de Kâli aux Indes* (1-159).

• Io est le nom d'une planète télescopique découverte en 1877.

IOBATÈS
celui qui se déplace avec la lune

Roi de Lycie, père de Sthénébée ou Antéia, qui joue un rôle important dans la légende de Bellérophon.

IOLAOS
l'habitant du pays

Fils d'Iphiclès et d'Automéduse, neveu d'Héraklès qu'il accompagna à la chasse au sanglier de Calydon, à l'expédition des Argonautes, et seconda dans son combat contre l'Hydre et lors de la capture des bœufs de Géryon. Il remporta la course de char aux premiers jeux Olympiques institués par son oncle, qui lui donna en mariage sa femme Mégara. Après la mort d'Héraklès, Iolaos lui éleva un tombeau et défendit ses descendants contre Eurysthée jusqu'en Sardaigne, où il mourut.

A Thèbes, où un stade, un gymnase *(iolaeion)* et un *heroon* (sanctuaire) portaient son nom, il était honoré lors des *Iolaeia.*

IOLE
le troupeau du pays

Fille d'Eurytos, roi d'Œchalie, enjeu d'un concours de tir à l'arc remporté par Héraklès, mais que son père refusa de donner au vainqueur. Ce dernier déclara la guerre à Eurytos qu'il tua ainsi que son fils Iphitos, pilla Œchalie et voulut emmener Iole. Mais la fière jeune fille se jeta du haut des remparts de la ville, fut sauvée par sa large jupe qui se gonfla sous le vent et amortit sa chute. Héraklès la fit conduire, avec d'autres femmes d'Œchalie, auprès de son épouse Déjanire qui, croyant être répudiée en faveur d'Iole, envoya la fameuse tunique de Nessus à son mari. Iole épousa le fils du héros, Hyllos.

ION
l'autochtone (1-648)

Apollon s'unit secrètement à Créüse, femme de Xouthos. A la naissance de son fils Ion, le dieu l'enleva et le fit prêtre de Delphes. Plus tard, Xouthos et sa femme, n'ayant pas d'héritier, allèrent consulter l'oracle qui lui répondit qu'en sortant du temple, la première personne qu'il rencontrerait serait son fils. Ce fut Ion, que Xouthos adopta alors comme son fils, provoquant la jalousie de Créüse qui tenta d'empoisonner Ion. Mais celui-ci fit offrande aux dieux du breuvage maléfique, et la colombe qui l'absorba périt. Ion, furieux, allait tuer Créüse réfugiée dans le temple lorsque la prêtresse intervint et lui avoua qu'il était son fils par Apollon. Plus tard, Créüse donna à Xouthos deux fils, Doros et Achaeos; Ion épousa Hélicé, fille du roi d'Aegélie Sélinos, vainquit Eumolpos d'Eleusis, devint roi d'Athènes, eut qua-

tre fils qui donnèrent leur nom aux quatre professions suivantes : *cultivateur, artisan, prêtre et soldat* (1-136).
— Cette légende est le sujet de la tragédie d'Euripide *Ion*.

IPHIANASSA
la puissante reine

Epouse d'Endymion.
• Fille de Proteos, également appelée Cyrianassa, qui fut frappée de démence par Héra, ainsi que ses sœurs Lysippé et Iphonoé, pour avoir dérobé de l'or à la statue de la déesse à Tirynthe. Pour qu'elles recouvrent la raison, Proteos sacrifia des bœufs à Hélios.
• Dans l'*Iliade*, fille d'Agamemnon et de Clytemnestre qui fut confondue avec Iphigénie.

IPHICLÈS
célèbre et puissant

Fils de Zeus et d'Alcmène, l'épouse d'Amphitryon, jumeau d'Héraklès qu'il accompagna en Troade, à la chasse au sanglier de Calydon; il trouva la mort en combattant les fils d'Hippocoon, à ses côtés.

IPHIGÉNIE
celle dont la mère appartient à une race vigoureuse

Fille d'Agamemnon et de Clytemnestre (selon certains, fille d'Hélène et de Thésée, adoptée par Clytemnestre, sa tante). Au moment du départ des Grecs pour la Troade, des vents contraires retenant les navires, le devin Calchas déclara qu'Iphigénie devait être sacrifiée à Artémis; mais la déesse lui substitua une biche, emporta la jeune fille dans les airs en Tauride où elle devint prêtresse d'Artémis Tauropolos, fonction qui l'obligeait à immoler tous les étrangers qui s'aventuraient dans la région. Parmi eux, elle reconnut un jour son frère Oreste, et s'enfuit avec lui en emportant la statue d'Artémis en Attique où elle exerça la fonction de prêtresse jusqu'à la fin de sa vie.

— Cette légende a inspiré un grand nombre d'artistes (Corrado, Ch. de La Fosse, Michel-Ange) et d'auteurs dramatiques : Euripide *(Iphigénie à Aulis),* Racine *(Iphigénie en Aulide)...*

• Son nom fut donné à une planète télescopique découverte en 1870.

IPHIMÉDÉE ou IPHIMÉDIE

celle qui donne de la vigueur aux organes génitaux (1-648).

Fille de Triops, épouse d'Aloeus qui, éprise de Poséidon, avait l'habitude de recueillir l'eau de mer dans ses mains et de la verser dans son sein. C'est ainsi qu'elle enfanta Iphialtès et Otos, les Aloades, géants qui tentèrent d'escalader les montagnes de l'Olympe et furent faits prisonniers par Arès.

IPHITOS

l'homme au bouclier puissant

Fils aîné du roi d'Œchalie, Eurytos, l'un des Argonautes, qui prit le parti d'Héraklès lorsque son père lui refusa Iole qu'il avait gagnée à un concours à l'arc. Il fut précipité du haut de la plus haute tour de Tirynthe par le héros qu'il avait accusé à tort d'avoir volé des bœufs.

IRIS

l'arc-en-ciel

Fille de Thaumas et d'Electre, messagère des dieux, confidente d'Héra dont elle accomplissait tous les désirs. Elle symbolisait l'arc-en-ciel, pont jeté entre le ciel, les dieux et la terre.

IROS

avatar masculin d'Iris

Mendiant géant d'Ithaque réputé pour sa gloutonnerie, chargé des messages des prétendants de Pénélope. Lorsqu'Odysseus revint au palais sous un déguisement, il le provoqua et eut la mâchoire brisée d'un coup de poing.

ISTHAR

celle qui gouverne les hommes

Fille d'Anou ou de Sin, sœur de Shamash et d'Ereshkigal (la reine du monde souterrain), Ishtar était la grande divinité du Proche-Orient, la « parèdre » des dieux ou leur courtisane, la déesse de la reproduction. Primitivement divinité agraire, liée au rite des saisons, elle remplissait une fonction identique à celle des déesses mères des dieux de la fertilité, dont la descente dans le monde souterrain symbolisait le sommeil hivernal de la végétation. On la considérait aussi comme la maîtresse de ces régions infernales, qui provoquait disputes et querelles parmi les humains.

Amoureuse du dieu des moissons Tammuz, à l'origine son fils, dieu de la végétation et des moissons, elle provoque sa mort (comme l'Aphrodite grecque celle d'Adonis), puis descend aux enfers supplier sa sœur Ereshkigal de lui rendre son amant. Mais celle-ci l'emprisonne et la frappe des soixante maladies infernales. Ea, à la demande de Shamash et de Sin, envoie Asushu-Namir (l'hermaphrodite) la délivrer à l'aide de paroles magiques et d'une aspersion d'eau de vie (aspersion qu'on retrouvera des siècles plus tard dans le rite du baptême). Elle repasse les sept portes du monde souterrain et revient sur terre. Cette légende, racontée sur un document cunéiforme (29-37), est commune aux Grecs (Perséphone) et aux Mexicains (Quetzalcoatl).

Par analogie, elle devint la déesse de l'amour et de la mort (à l'instar des plantes se reproduisant par la graine, qui meurent pour renaître).

— Particulièrement vénérée dans toute l'Assyrie et à Babylone, en Phénicie sous le nom d'Astarté, en Akkadie sous

celui d'Innanna, elle reparaît chez les Grecs sous les traits d'Aphrodite.
— A Ninive, elle était considérée comme la déesse de la guerre, figurée debout dans un chariot tiré par sept lions, tenant un arc, tandis qu'à Erech, elle était la déesse de l'amour, voluptueuse et tendre, mais capricieuse et irascible.
— A Sumer, où elle personnifiait la planète Vénus en tant qu'étoile du matin, elle était considérée comme une déesse guerrière représentée montée sur un char tiré par sept lions, armée d'un arc, et étoile du soir, incarnation de l'amour, du désir et de la volupté. On a vu en elle le prototype de la ***femme fatale*** capricieuse et capable des pires violences envers les dieux qui bénéficièrent de ses faveurs. En Occident, on la représentait portant un anneau à la main gauche et tenant un calice dans la main droite, parfois armée comme Minerve, attributs symbolisant la *continuité de la vie, la puissance de l'eau, du lait, du sang ou du soma (en association avec la boisson donnée à Tristan par Iseult) et les difficultés de l'existence* (35-160).

ISIS

celle qui pleure (1-649)

Figure la plus connue du panthéon égyptien (avec Osiris), dont le nom égyptien était *Ahmos, Ast* ou *Eset.* Primitivement, déesse des populations riveraines de la région marécageuse du Delta du Nil (où elle vit le jour le quatrième jour intercalaire de l'année), vénérée à Bouto, sœur épouse du dieu solaire Osiris, symbole des plaines riveraines du Nil fertilisées chaque année par la crue de ses eaux. Elle avait pour attributs le ciste, la croix ansée, le globe, le palmier et le vautour (symbole du pouvoir des Mères célestes).

Incarnation du trône, *siège sacré chargé du mystérieux pouvoir royal qui jouait un rôle important dans le rites du couronnement, une source de pouvoir vital,* elle devint par la suite la bienfaitrice universelle, dont le pouvoir s'étend sur la terre, dans les cieux et dans le monde souterrain. Dans le Tarot, elle est représentée par la Papesse immobile, calme, silencieuse, *impénétrable et hiératique... prêtresse du mystère... déesse de la nuit profonde...* (42-122).

◆ Isis représente le ***principe féminin, source de toute fécondité et de toute transformation*** (33-524), la puissance créatrice de la femme. Apulée, qui fut initié aux mystères de la déesse, la décrit comme *la nature, la mère de la création, l'ancêtre primitive du temps, la première entre les dieux et les déesses du ciel, la reine des ombres, la puissance éternelle, vénérée du monde entier sous une multitude de formes, avec des rites et sous des noms différents...* (32-37).

La légende d'Isis et d'Osiris

Nés du ciel *Nut* et de la terre *Geb* (une autre tradition leur donne pour père le Temps) (32-37), Isis et Osiris s'accouplèrent dans les entrailles de leur mère pour donner naissance à Aroëris ou **Horus** (l'Apollon des Grecs) cet événement miraculeux symbolisant l'union des pouvoirs actif et passif de la création. Père, mère et fils constituent la célèbre triade de la religion égyptienne qui lutta vaillamment contre **Seth** (Typhon grec), dieu du Mal et des forces maléfiques de la Nuit, personnification de la perversité et frère d'Osiris.

Isis et Osiris régnèrent sur l'Egypte, civilisèrent la terre de Kem, enseignèrent à leur peuple l'écriture, le tissage et l'agriculture, et instituèrent le mariage. Puis Osiris partit à la conquête du monde, laissant la régence du royaume à son épouse. Les victoires qu'il remporta suscitèrent la jalousie de son frère Seth qui, avec l'aide de sa femme-sœur Nephtys, déesse des régions humides, lui tendit un guet-apens lors de son retour triomphal. Ayant pris l'apparence d'Isis, Nephtys l'attira dans sa couche sur les bords du Nil. De cette union devait naître *Anubis,* le gardien de l'enfer à tête de chacal qui, abandonné par sa mère, fut élevé par Isis. Lorsque le roi s'endormit, Seth le tua d'un coup de son trident, le dépeça et jeta ses membres dans le fleuve.

Folle de douleur, Isis se coupa les cheveux, se couvrit le corps de cendres, fit construire une barque et partit à la recherche des restes de son époux sur le Nil jusqu'à la côte phénicienne. Lorsqu'elle les eut rassemblés, elle cacha le corps d'Osiris sous un acacia gigantesque et se retira dans la région de Bouto pour accoucher d'Horus.

— ***Le démembrement:*** pendant son absence, Seth, qui s'était emparé de Thèbes, découvrit le cadavre et le découpa en quatorze morceaux. Isis se remit en route, parcourant le pays à la recherche des fragments épars, les retrouva à l'exception du phallus (perte de de la fonction créatrice) qui avait été dévoré par un crabe. Elle reconstitua le cadavre, le momifia (ce fut la première momification de l'histoire égyptienne), le rendit à la vie et le transporta à Ialou, faisant de lui le roi des morts. D'où la croyance qu'Isis guérit les malades, protège les morts et les ressuscite.

Horus fut élevé par sa mère (elle est l'Initiatrice qui détient le secret de la vie et de la mort) dans la retraite d'Abydos et, devenu adulte, entreprit de venger son père et vainquit Seth après une longue lutte. Isis alla rejoindre son bien-aimé dans le royaume d'outre-tombe.

Cette légende qui prône **l'amour maternel et conjugal** et le **dévouement,** *devint l'histoire sainte de l'Egypte et... donna naissance chez les Grecs, par voie d'initiation, aux mystères orphiques et à ceux d'Eleusis* (18-159).

— L'iconographie représente Isis avec des vêtements aux plis compliqués, généralement coiffée d'un vautour ou du disque solaire entouré de cornes de vache (empruntées à Hathor), symboles de sa puissance ou représentée avec une tête de vache, emblème de la fertilité et de la richesse, et un corps humain. A la main, elle tient une croix ansée, symbole de vie.

— **Le culte d'Isis** déborda largement les frontières de l'Egypte, s'étendit jusqu'aux bords du Rhin, fut instauré en Grèce au IVe siècle avant J.C. et à Rome au IIIe siècle avant notre ère. Il se combina dans certaines régions avec celui de la déesse-vache Hathor, de Séléné, Io, Déméter et Aphrodite. Isis devint la *personnification du principe de la maternité et le type le plus élevé de l'épouse fidèle et de la tendre mère* (57-191)... Après son hellénisation, elle devint *la déesse aux mille noms : reine du ciel, mère des étoiles, première-née de tous les temps, procréatrice de la nature, patronne des marins, étoile de la mer, Mater dolorosa, apportant réconfort et consolation à ceux qui pleurent...* (57-196).

Les mystères d'Isis

Basés sur la naissance et la régénération rattachés à la doctrine osirienne de l'immortalité de l'âme, ces mystères avaient pour objectif initial l'instruction et l'amélioration des hommes. Ils constituèrent la base de l'enseignement des Sages de l'Antiquité et du mode de gouvernement des Pharaons. Ces cérémonies annuelles, célébrées en automne, rappelaient le démembrement d'Osiris, la dispersion de ses restes par Seth, leur découverte par Isis et la résurrection du dieu. Les rites (analogues à ceux de Cybèle et d'Attis), comportaient des réjouissances et des lamentations.

ISMÈNE

Fille d'Œdipe et de Jocaste, sœur d'Antigone dont elle voulut partager le sort, lorsqu'elle fut condamnée à mort par Créon, pour avoir enterré leur frère Polynice. Elle inspira Sophocle qui la cite dans *Antigone, Œdipe roi, Œdipe à Colone.*

ITALOS

Fils de Télégonos (roi d'Arcadie), qui devint roi des Sicules, il épousa Electre dont il eut un fils, Rémus. Il donna son nom à l'Italie.

Ithaque

Ile ionienne gouvernée par Odysseus lorsqu'il partit pour la guerre de Troie. Pendant son voyage de retour, qui dura dix ans, l'image de son pays lui apparaissait, mirage suscité par Poséidon, irrité par la victoire du héros.

ITZAMNA
le Seigneur des cieux

Dieu guérisseur, du ciel diurne et nocturne du panthéon maya, fils d'Hunab Ku le créateur, époux d'Ixchel, déesse lune, associé au dieu solaire Kinich Anau, qui introduisit le cacao, le caoutchouc, le maïs, la civilisation dans le monde. Le codex le représente sous l'aspect d'un vieillard barbu édenté, au nez crochu, aux joues creuses (64 et 67).

IXION

l'indigène vigoureux

Fils de Phlégyas, roi des Lapithes, fiancé à Dia, la fille d'Eionée auquel il promit de magnifiques cadeaux de mariage. Ayant invité son futur beau-père à un festin, il creusa, devant le palais, une fosse où brûlait un feu de bois. Le roi Eionée y tomba et périt. Zeus fit preuve d'indulgence, le purifia et l'invita à sa table; mais l'ingrat tenta de séduire Héra. Pendant ses étreintes avec un nuage façonné par Zeus à l'image de sa femme, il fut cruellement flagellé par Hermès. Cette fausse Héra fut nommée *Néphélé,* devint l'épouse d'Ixion et lui donna Centauros qui, devenu adulte, engendra les Centaures dont le plus célèbre fut Chiron.

IXCHEL

la vieille déesse aux griffes de tigre

Dans la mythologie maya, épouse d'Itzamna, déesse des eaux (inondations), de l'enfantement, de la médecine, du tissage et de la lune, représentée sous les traits d'une femme âgée coiffée d'un serpent lové, avec des griffes de félin, des os croisés sur sa jupe.

IXQUIC

Déesse maya de la Pénitence, associée aux déesses lunaires *Ix canil,* responsable des moissons, et *Ix cacau,* déesse du cacao.

IXTAB

Déese maya des pendus, représentée suspendue au ciel par une corde, les yeux fermés et les joues marquées de cercles noirs.

IYNX
le torcol

Fille de Pan et de la nymphe Echo qui, ayant favorisé les amours d'Io et de Zeus (auquel elle fit boire un philtre d'amour), fut métamorphosée en torcol par Héra (cet oiseau était le symbole des amours malheureuses).

IZANAGI et IZANAMI

Couple du panthéon japonais lié au mythe de la création, incarnant les principes masculin et féminin, dieux qui solidifièrent l'univers informe et mobile. Izanami descendit le long de l'arc-en-ciel, agita l'océan avec sa lance, fit tomber une goutte d'eau qui forma la première île, Onokoro, où le couple se construisit une colonne et une demeure. Ils célébrèrent leur mariage en contournant la colonne, Izanami par la gauche et Izanagi par la droite. Ils donnèrent le jour à un enfant-sangsue que les parents abandonnèrent sur un radeau, puis à l'île d'Awa, répudiée également parce qu'elle était difforme. Ils recommencèrent la cérémonie du mariage, et le couple engendra la série d'îles qui constitue le Japon et un grand nombre de dieux : de la mer, du vent, des arbres, des montagnes... le benjamin fut le dieu du Feu qui brûla atrocement sa mère en venant au monde.

D'autres dieux naquirent de l'urine et des excréments d'Izanami, puis elle mourut. Le désespoir de son époux fut si intense que ses larmes donnèrent naissance à la déesse *Rivière des Larmes* et qu'il décapita le fils qui avait causé la mort de son épouse. Le sang du dieu du Feu se métamor-

MINERVE conduisant le Génie des arts à l'immortalité, par Prud'hon.

phosa en huit dieux différents et de son corps sortirent cinq dieux symbolisant des montagnes : *Oyamatsumi, Nakayamatsumi, Hahamatsumi, Masakayamatsumi et Shigiyamatsumi.*

Izanami descendit aux enfers, *Yomi,* et son mari, inconsalable, alla l'y chercher; mais, ayant goûté à la nourriture infernale, elle ne pouvait retourner sur terre et Izanagi dut l'y abandonner et partir sans regarder son épouse. Mais ne pouvant résister au désir de la revoir une dernière fois, le fougueux mari alluma une torche avec une dent du peigne *kushi* qui retenait sa chevelure. Il vit le corps d'Izanami en décomposition, rongé par les vers et s'enfuit terrorisé. Humiliée, Izanami le poursuivit en compagnie des harpyes infernales, des dieux du Tonnerre et des soldats du Yomi. Arrivé à l'entrée de l'enfer, Izanagi lança trois pêches sur ses poursuivants et parvint à obstruer le tunnel avec un rocher de chaque côté duquel les époux prononcèrent les paroles scellant leur séparation (symbole de la lutte éternelle entre la vie et la mort).

Se sentant souillé par le contact de l'enfer, Izanagi se rendit sur l'île de Tsukiji afin de se purifier dans la rivière Tachibana. De la canne qu'il jeta surgit le *Dieu des Carrefours* (l'homologue de l'Hermès grec). De chacun de ses vêtements naquit une divinité. Les impuretés corporelles rapportées des régions infernales donnèrent naissance aux *douze dieux du Mal.* Pour les contrecarrer, il fit naître aussitôt *douze dieux du Bien.* Lorsqu'il se lava l'œil gauche, la déesse du soleil *Amaterasu* se manifesta : le bain de son œil droit fit surgir *Tsukuyomi,* le dieu de la lune, et le lavage de son nez fit naître le dieu des Tempêtes, *Susanoo.*

J

Janides

Devins romains, descendants de Janus, qui prédisaient l'avenir par l'interprétation de l'esprit des peaux des victimes sacrificielles.

JANUS

Divinité romaine à deux visages adossés, également appelée *Quirinus,* qui régna dans le Latium pendant une période correspondant à l'*Age d'or,* et auquel Saturne aurait enseigné plusieurs arts. Dieu des portes *du ciel* qu'il garde avec l'assistance des Heures, il fut plus tard considéré comme le créateur de toutes choses et le père des autres dieux. Ses sanctuaires en forme d'arcs comportaient quatre faces et se trouvaient aux carrefours et à l'entrée des villes. A Rome, les portes du temple du Forum, fondé par Numa, étaient ouvertes en temps de guerre et fermées en temps de paix.

Dieu des *ouvertures* et des *commencements,* on lui consacrait le matin, le premier jour du mois et le premier mois de l'année. Ses attributs étaient la clef et la baguette du portier.

Janvier

Mois consacré à Janus (et à Junon) : les premier et sixième jours étaient néfastes.

JASON
le guérisseur

Héros thessalien de la race des Eolides, fils d'Alcimède (ou de Polymède) et d'Aeson, roi d'Iolcos (qui fut détrôné par son frère Pélias), qui fut élevé par le centaure Chiron sur le mont Pélion. Devenu adulte, il décida de rétablir son père dans ses droits et se mit en route pour Iolcos. En chemin, il perdit une de ses sandales en aidant Héra, déguisée en femme âgée, à traverser une rivière (cette unique sandale signait le guerrier, car les Etoliens ne portaient qu'une chaussure pour combattre, 1-456).

Arrivé à destination, il se présenta à Pélias qui, prévenu par l'oracle du danger que représentait toute personne déchaussée, lui promit son royaume contre la *Toison d'or* du bélier merveilleux, qui avait emmené Phryxos et Hellé, enfants du roi Athamas, en Colchide chez le roi Aetès. Cette toison était suspendue à un chêne sacré et protégée par un dragon terrifiant.

C'est alors que Jason organisa la fameuse **Expédition des Argonautes,** la première entreprise nationale grecque, l'un des trois grands événements qui ont marqué l'âge primitif de la Grèce (avec la guerre de Thèbes et le siège de Troie).

Ils furent cinquante (représentant chacun une ville) à s'embarquer sur l'Argo, ainsi nommé soit d'après son constructeur Argos, soit du mot grec *argos, léger;* le vaisseau fabuleux était muni d'une proue prophétique (qui fut peut-être à l'origine un symbole solaire). Au cours de ce voyage *au pays d'Aetès (puissant), qui était sur toutes les lèvres,* ces héros vécurent bien des aventures, luttèrent contre les éléments dèchaînés et les pirates qui infestaient la mer. On dit même qu'ils ont vu les îles des Sirènes et de Charybde et Scylla avant Odysseus.

— A Lemnos, ils furent accueillis chaleureusement par les femmes qui avaient massacré leurs maris parce que, prétextant leur mauvaise odeur, ils avaient pris des concubines thraces. L'odeur des femmes était due au guède (isatis ou pastel, plante à l'odeur nauséabonde) dont elles faisaient une teinture servant au tatouage. Et ce massacre indique l'adoption par les habitants de l'île du *système gynocratique soutenu par des prêtresses armées dont on avait remarqué l'existence dans certaines tribus libyennes, au temps d'Hérodote; les Hellènes qui arrivaient dans le pays ne pouvaient comprendre cette anomalie que comme une révolte des femmes*... (1).
— Les Argonautes s'engagèrent alors dans la mer de Marmara, et firent escale à Arcton où ils assistèrent aux noces du roi Cyzicos, fils d'Aenée et de Clité. Pendant le banquet, ils maîtrisèrent une attaque des géants-à-six-bras-nés-de-la-terre, puis mirent le cap sur le Bosphore, mais un vent d'est s'étant levé, ils furent déviés de leur route et abordèrent, dans l'obscurité, sur la côte orientale d'Arcton où ils furent attaqués par des soldats armés. Dans la mêlée, ils tuèrent le roi Cyzicos qui les avait pris pour des pirates. En apprenant la mort de son mari, Clité se pendit. Lorsqu'ils s'arrêtèrent en Mysie, Hylas, l'ami d'Héraklès, tombé amoureux des nymphes Dryopé et de ses sœurs, décida de s'arrêter là avec Polyphème qui y créa la ville de Crios.
— Dans l'île de Bébrycos, Pollux se mesura à la boxe avec l'arrogant roi Amycos, fils de Poséidon, et le tua. Puis les navigateurs pillèrent le palais royal avant de reprendre la mer.
— A Salmydessos, en Thrace orientale, le roi Phinée, rendu aveugle par les dieux pour avoir prédit l'avenir de manière trop précise, était tourmenté par deux Harpyes répugnantes. Calaïs et Zétès l'en débarrassèrent, et en témoignage de sa gratitude, Phinée leur indiqua la manière d'éviter les écueils dans le Bosphore. Ils gagnèrent sans encombre la mer Noire, passant sans se faire écraser entre les Symplégades, énormes rochers qui gardaient l'entrée du Bosphore.
— Ils abordèrent dans l'île de Thynias, où Tiphys tomba malade et mourut, dépassèrent le pays des Amazones et abordèrent sur l'île d'Arès où ils abattirent des myriades d'oiseaux qui les bombardaient de plumes d'airain (cette île

était le refuge d'un grand nombre d'oiseaux migrateurs qui, épuisés, se posaient sur les navires. *Comme cette île était consacrée à Arès, les mythographes leur attribuaient des plumes de bronze et des intentions hostiles* (1-466).

— Peu après, ils arrivèrent à l'embouchure du fleuve Phase (aujourd'hui appelé Rion), qui arrose la Colchide (la Géorgie actuelle). La fille d'Aetès, *Médée,* ayant conçu une violente passion pour Jason, décida de l'aider en échange de sa fidélité. Elle lui remit un «philtre d'invulnérabilité» à base de jus de crocus caucasien, dont il enduisit son armure et son corps. Grâce à ce bouclier magique, Jason dompta les *chevaux aux pieds d'airain et à l'haleine de feu,* les fit labourer un champ consacré à Arès, vainquit les géants qui jaillirent des dents d'un dragon, qui s'exterminèrent en combattant les uns contre les autres. Puis Médée charma le dragon par ses incantations, l'endormit avec le suc d'une plante, permettant à Jason de s'emparer de la toison d'or et de regagner l'Argo qui reprit aussitôt le large. (Le philtre d'amour était utilisé dans toute la Grèce. Le crocus de Médée est une plante vénéneuse, le *colchicum,* ou safran des prés utilisé autrefois contre la goutte).

S'étant aperçus du vol, les Colchidiens se mirent à la poursuite des Argonautes. Les guerriers d'Aetès gagnant du terrain, Médée conseilla à Jason de tuer son demi-frère Apsyrtos qu'elle avait enlevé, découpa son corps en morceaux qu'elle jeta dans la mer, obligeant Aetès à s'arrêter pour recueillir les restes de son fils afin de lui donner une sépulture convenable.

◆ Dans les mythes, les héros, pour se protéger ou rentrer sains et saufs, sont souvent obligés de se débarrasser d'objets magiques. De même, l'être humain doit se défaire d'habitudes, de comportements, de sentiments constituant des obstacles à son évolution spirituelle.

— Jason et Médée se rendirent dans l'île d'Aea pour se purifier des meurtres qu'ils avaient commis. Circé, la tante de Médée, les lava avec le sang d'une truie.

— Lors d'une escale dans l'île de Macris, Jason épousa Médée, et l'Argo continua sa route, dépassant l'île des Sirènes auxquelles ils résistèrent grâce à la lyre d'Orphée, dont les accents surpassaient en beauté les modulations de ces enchanteresses. Une violente tempête les fit dévier et échouer sur la côte libyenne.

— Ils atteignirent ensuite la Crète où Médée enchanta *Talos,* la sentinelle de bronze, puis l'île d'Anaphé, Egine, où ils organisèrent une course au pichet qui y était toujours célébrée dans l'Antiquité, et arrivèrent à Iolcos où ils apprirent la mort d'Aeson. Médée ressuscita et rajeunit Aeson grâce à un élixir magique et tua Pélias, que son fils Acaste remplaça sur le trône.
◆ La régénération est un phénomène cité par diverses traditions : ainsi la mythologie celtique fait état de *chaudrons de régénération.*
— La toison d'or fut suspendue dans le temple de Zeus à Orchomène, en Béotie, et l'Argo consacré à Poséidon dans son sanctuaire de l'isthme de Corinthe. Le couple s'installa à Corinthe et vécut heureux pendant dix ans; mais Jason, oubliant sa promesse, voulut divorcer pour épouser Glauké la Thébaine, fille du roi Créon. Médée, qui avait donné à Jason sept fils et sept filles, tua sa rivale et tous ceux qui se trouvaient dans le palais.

A ce moment, Zeus s'éprit de Médée qui repoussa ses avances, s'attirant la reconnaissance d'Héra qui rendit ses enfants immortels et l'emporta dans les airs lorsqu'elle eût légué son royaume à Sisyphe. Elle se rendit finalement à Athènes où elle épousa Egée; mais elle dut s'enfuir en Colchide après avoir tenté d'empoisonner Thésée. Quant à Jason, la légende dit que, las de la vie, il se donna la mort.

De son aventure avec la reine Hypsipyilé, Jason eut deux fils : Eunéos et son jumeau Nébrophonos (ou Deiphilos, ou Thoas le jeune).
— Les aventures de Jason et Médée sont décrites par Euripide dans *Médée* et par Apollonios de Rhodes dans *les Argonautiques.*

Jataka

Recueil de légendes, fables, histoires, racontant les vies antérieures du Bouddha qui, sous différentes formes (humaines, animales ou divines), gravit les degrés de l'échelle des êtres, avant de mériter la dignité de directeur spirituel des hommes et des dieux.

Jeux

Ils étaient nombreux dans l'Antiquité, jusqu'à l'institution des *jeux Olympiques,* fêtes nationales célébrées d'abord par les Eléens du Péloponnèse qui, renonçant aux armes, s'étaient mis sous la protection de Zeus. A l'origine, les jeux Olympiques consistaient en une course à pied à laquelle participaient les jeunes filles qui souhaitaient devenir prêtresses de la déesse-Lune Héra. Cette épreuve avait lieu tous les ans pendant le mois Parthénos *(mois des jeunes filles).* Les jeunes gens qui voulaient devenir le consort de la déesse participèrent plus tard à une autre course, lorsqu'une nouvelle forme de royauté sacrée fut introduite en Grèce.

A partir de l'an 776 de notre ère, ils furent ensuite célébrés tous les quatre ans, marquant le début de l'*ère des Olympiades* (une olympiade était l'espace de quatre années écoulées entre deux célébrations consécutives). Pendant douze siècles, ils furent célébrés régulièrement à Olympie, en Elide, dans une forêt sacrée, vers la fin de juin ou au début de juillet, lors de la nouvelle lune précédant le solstice d'été. Les pèlerins, ambassadeurs des cités, les athlètes venus de toutes les parties du *monde hellénique* (à l'exclusion absolue des hommes d'un autre sang) se rassemblaient au gymnase d'Elis. Pour ouvrir les jeux, « le feu du soleil magnifié par le char d'Apollon et capté par des miroirs était recueilli selon des rites précis et porté par un flambeau » (20-24).

La fête olympique durait cinq jours; le premier jour était réservé aux cérémonies sacrées : sacrifices, offrandes, ablutions, processions, serment prononcé par les athlètes et les juges. Les jeux occupaient les trois jours suivants. Le cinquième jour, les *hellanodices,* juges-présidents, proclamaient les vainqueurs qui, originellement, recevaient une pomme ou une couronne d'olivier ou encore une branche de pommier, gage d'immortalité. D'après Plutarque, un combat singulier se déroulait également, qui est représenté dans la mythologie par le combat entre Zeus et Cronos en vue d'obtenir l'Elide.

Les principaux exercices étaient la course à pied ou *dromos,* la course armée ou *hoplitodromos,* la lutte à main plate ou *palé,* le pugilat ou *pugmé,* le pancrace ou *pancration,* le penthatle ou *penthatlon,* comprenant le disque, le javelot et trois sortes de lutte, la course de chars à quatre chevaux ou *quadrige,* la course de chars à deux chevaux ou *bige,* la course de chevaux montés.

Ces jeux « offraient un ***raccourci palpitant de la vie humaine,*** de ses hasards, de ses alternatives, de ses triomphes subits et de ses chutes profondes » (18-197).

A chaque *olympiade,* le flambeau olympique perpétue la tradition depuis la restauration des Jeux par Pierre de Coubertin.

JOCASTE ou ÉPICASTE

Fille de Ménoikeos, sœur de Créon, épouse du roi de Thèbes Laïos, père d'Œdipe. Selon les prédictions de l'oracle, son fils tua son père et épousa sa mère, sans le savoir. Lorsque l'inceste fut découvert, elle se pendit.

Jours

Chaque jour de la semaine était consacré à une divinité olympienne : lundi à la Lune; mardi à Mars; mercredi à Mercure; jeudi à Jupiter; vendredi à Vénus; samedi à Saturne et dimanche au Soleil

Juillet
Julius : Jules César

Ce mois, placé sous la protection de Jupiter, était représenté par un homme nu, parfois accompagné d'un lion, avec des épis dans sa chevelure rousse, portant des mûres dans un panier.

Juin
juventus : jeunesse

Mercure était la divinité tutélaire de ce mois, figuré par un homme nu (ou vêtu de vert) tenant une torche allumée et montrant du doigt une horloge solaire. On le voit aussi sous les traits de Mercure couronné d'un papillon, tenant le caducée, porté par un nuage qui surmonte une sphère, une houlette et des ciseaux.

JUNON
la jeune

Fille de Saturne et de Rhéa, épouse de Jupiter, reine du ciel, déesse du mariage, identifiée avec la déesse grecque Héra. Ses surnoms : *Juno Lucetia* et *Lucina* (la brillante) indiquent qu'à une époque, elle fut une déesse lumineuse chargée de protéger la sainteté du mariage et de présider aux accouchements sous le nom d'*Eileithya,* vénérée lors des *matronalia.*

Elle était aussi *Juno Regina,* associée à Jupiter et Minerve; *Juno Pronuba,* protectrice du mariage; *Juno Moneta,* qui donnait de bons conseils; *Juno Caelestis,* homologue d'Astarté; *Juno Sospita,* divinité tutélaire des femmes...

On la représentait sous les traits d'une femme majestueuse tenant un sceptre et une patère ou un foudre (attribut de son mari), et les Romains célébraient sa fête au printemps lors des *junonales.*

JUPITER

Divinité des éléments (foudre, lumière, tonnerre...), de la lumière et de l'agriculture, avant de devenir le plus grand de tous les dieux romains, maître du ciel et de l'univers, l'« être suprême » identifié avec le *Zeus pater* de l'Olympe grec, le Ciel-père, dont on lui attribuait les aventures et les caractéristiques.

Il apparaissait sous l'aspect du dieu de la foudre, *Jupiter Fulgur;* des sommets : *Jupiter Penninus,* adoré par les Gaulois dans les Alpes; *Jupiter Elicius,* dieu de la pluie; *Jupiter Terminus,* dieu des bornes; *Jupiter Penetralis,* le protecteur du foyer; *Jupiter Dapalis,* dieu des semailles; *Jupiter Liber,* dieu des vendanges. Sous l'appellation de *Jupiter Juvans,* il était

« l'auxiliaire »; *Jupiter Almus,* le nourricier. Les Romains lui attribuaient le pouvoir de guérir les maladies.

— **Son culte,** célébré sur un grand nombre de collines, notamment sur le Capitole, était présidé par un prêtre nommé *flamen dialis* au cours de différentes fêtes : les *vinalia rustica,* le 19 août avant les vendanges; les *medritinalia,* le 11 octobre, pendant lesquelles on goûtait le vin nouveau. Certaines étaient accompagnées de jeux solennels et de sacrifices : les *Ludi Romani,* les *Ludi Capitolini.*

• Il a donné son nom à la plus grosse de toutes les planètes connues, placée entre Mars et Saturne.

*Le combat d'*ÉTÉOCLE *et* POLYNICE, *reproduit sur un vase grec.*

JUSTICE

Divinité allégorique des Romains, identifiée avec la déesse grecque Thémis. Ses attributs étaient le glaive et la balance.

JUTURNE

Nymphe romaine, sœur de Turnus, le roi des Rutules, qui vivait dans une fontaine du Latium. Elle fut aimée de Jupiter qui la rendit immortelle et lui permit de régner sur les eaux. Les Romains l'invoquaient en période de sécheresse, et les ouvriers qui utilisaient l'eau dans leur travail la célébraient lors des *juturnales*.

JUVENTA

Déesse romaine de la jeunesse, qui fut confondue avec la déesse grecque Hébé. Elle était célébrée par les *juvénalies,* instituées par Néron, la première fois qu'il se coupa la barbe.

K

Ka

Chez les anciens Egyptiens, double éthéré du mort, *substrat vivant et actif, socle de la vie posthume, jouant, après la mort, le rôle du corps terrestre pendant la vie.* C'est pour le préserver qu'ils pratiquaient l'embaumement et la sculpture funéraire : il fallait d'une part reproduire une effigie du mort ressemblant au vivant pour servir de résidence au Ka, d'autre part nourrir le Ka par des offrandes symboliques (pain, viande, bière...).

Le Ka s'opposait au Khaibit ou Ombre, la seconde composante de l'être posthume, ensemble des désirs élémentaires, passions, vices, défauts..., qui se décomposait et se manifestait sous l'aspect d'un fantôme. Le *BA,* jumelé avec le cœur, constituait l'âme supérieure, et l'ensemble du corps physique était appelé le *Khat.* (41 et 50).

KÂLI-DOURGA

Déesse-mère des Hindous, également appelée Uma (*la Lumière*), Dévi (*la déesse*), Parvati, Kali (*la noire*) ou Maha-Kali (*la Grande Kali*), épouses de Shiva, ses *Shakti,* figurant l'aspect féminin de la création. Elle a pour ancêtre une Terre-Mère pré-aryenne, déesse de la fertilité personnifiant le *pouvoir générateur féminin,* adorée dans le culte des déesses villageoises (57-260).

Dispensatrice de la vie, sous son aspect bienveillant, elle permet aux femmes de concevoir, préside à la croissance de la végétation, incarne la force cosmique *en perpétuel état de renouvellement*. Mais elle est, sous son aspect néfaste, le symbole de *la force destructrice universelle* identifiée avec *la maléfique Grama-dévata* capable de détruire l'univers. Elle est éternelle comme *le Temps et l'Au-delà du temps (Akalé)*, noire parce que le Temps est sans couleur... Indomptable, terrifiante par sa colère, *elle dirige la passion de la connaissance, la perfection de l'Amour, la témérité de la Sagesse* (58-119).

KAMA

Divinité hindoue de l'*amour* et du *désir*, antérieur à Brahma, Purusha, Prâjâpâti, qu'il suggéra au Créateur d'engendrer.

On le représente sous les traits d'un adolescent porteur d'un arc et de flèches dont le fer est un bouton de lotus et monté sur un perroquet. Il a pour épouse la déesse de la *volupté, Râti,* l'homologue d'Ishtar, Aphrodite, Vénus... Considéré comme le garant de la félicité conjugale, il est célébré lors des mariages.

Kama-soutra

Dérivé du dieu de l'amour, traité des lois de l'amour, à caractère érotique, intégré à la littérature religieuse de l'Inde. Ses onze chapitres traitent des soixante-quatre arts et talents de volupté que tout homme doit posséder; des règles à observer pour mener une vie décente; des unions licites et illicites; des caresses; des diverses sortes de mariages; des devoirs des conjoints; des rapports extra-conjugaux; des entremetteurs; du comportement des courtisanes.

KAMI

Divinités de la mythologie japonaise, vieilles de plusieurs millénaires (elles remontent à une époque lointaine, plus de

8 000 ans avant notre ère), amalgame de légendes « importées » de Chine et de Corée, composé d'un nombre impressionnant de divinités. En effet, chaque clan avait ses *kami (forces qui animent la nature)* qui habitaient une montagne, un lieu, un animal, un arbre... On les appelle parfois *mikoto (augustes)*.

Karajamea

Recueil d'oracles de la Perse antique, comprenant neuf mille vers de cinquante lettres, qui était consulté en période de crise.

KARTTIKEYA

Divinité de la guerre de l'Inde, fils de Shiva, qui gouverne la planète Mars *(Mangala)* appelée *Subrahmanya* dans le sud du pays. On le représente monté sur un paon, muni de ses attributs : la lance, l'arc et la flèche, le foudre *(vajra)* et le sabre.

Kelby

Génie des légendes écossaises habitant les eaux fluviales, possédant le don maléfique de fascination, qui apparaît parfois sous la forme d'un cheval.

KÈRES
de Ker, la Lune

Génies, filles de la Nuit, associées aux Parques dans la mythologie grecque, qui présidaient aux morts violentes.

KHENSU
le navigateur

Dieu égyptien de la régénération, qui favorisait la conception et accordait la guérison.

KHÉPARA

Dieu égyptien associé au mythe de la création, au soleil levant, représenté avec une tête de scarabée.

Kings

Ensemble de cinq livres sacrés des Chinois, d'essence philosophique : le *Yi-King,* la plus ancienne méthode de divination; le *Chou-King,* méthode de magie; le *Tchun-Tseiou* ou Livre du Printemps et de l'Automne; le *Chi-King,* méthode de prophétie versifiée; le *Li-Ki,* ensemble de préceptes moraux. On peut y ajouter le *Tao-te-King* dû à Lao-Tseu, et le *Nan-Hoa-King* ou livre des fleurs du Midi, de Tchouang-Tseou.

KINICH AHAU
Face du Soleil

Divinité solaire du panthéon maya.

KNÉMU ou KHNÉMU
le potier

Dieu égyptien de la création et de la fertilité représenté avec une tête de bélier.

Kojiki
récit des choses anciennes

Recueil des mythes japonais retraçant l'histoire de l'univers depuis les débuts de la Création, la naissance des dieux, des êtres et de toutes choses, l'institution de la nation japonaise.

Les autres livres sacrés sont : le *Nihongi* ou chronique japonaise, le *Yoro-ryo* comprenant le *Jinji-ryo (lois relatives aux Kami),* le *Kogoshui (recueil de paroles anciennes),* le *Jindaiki (Histoire des dieux),* qui relate les légendes anciennes, l'*Izumo-fudoki,* description des régions consacrées aux premiers kami maîtres de la terre, l'*Engi-shiki,* compilation des prières liturgiques, qui décrit les traditions et rites du Shinto (31).

KORRIGANS

Nains hideux et malfaisants de la tradition bretonne, associés aux monuments mégalithiques qui furent appelés *maisons des korrigans.*

KOUANG-TI

Dieu de la guerre des Chinois.

KRISHNA
le Noir

Huitième avatar de Vishnou, fils de Dévaki et de Vasoudéva. L'oracle ayant prédit qu'il tuerait son oncle Kamas, le tyran de Mathoura, celui-ci fit assassiner tous les enfants mâles nés en même temps que lui. Mais Krishna échappa au massacre et fut confié au pasteur Nanda. Pendant toute son enfance, il fut persécuté par les démons amis de Kamsa : tantôt c'était un serpent qui tentait de l'étouffer pendant son sommeil, que l'enfant prodige étranglait de ses mains, ou le démon femelle Ponta qui lui faisait boire du lait empoisonné, ou encore un vautour cherchant à le déchirer, qu'il mit en pièces. Comme Hermès, il fut un enfant turbulent, malicieux, voire voleur.

A l'âge adulte, il garda les troupeaux de son précepteur, séduisant toutes les bergères par les sons harmonieux de sa flûte (comme Apollon), se rendit célèbre par son adresse et sa force extraordinaire et débarrassa le pays des brigands qui l'infestaient.

Lorsque Kamsa lui tendit un piège lors de jeux du cirque, il massacra tous ses sbires avec le concours de ses amis bergers, tua le roi et rétablit le père de ce dernier, Ougraséna, sur le trône. Ensuite il affronta le roi de Maghada, Jâra-Sandha, beau-frère de Kamsa, dans dix-huit batailles qu'il perdit, se retira dans le Goudjerat, fonda la ville de Dvârakâ. Là, il reçut la visite d'Ardjouna, héros du Mahâbhârata, qui lui donna en mariage sa sœur Soubhâdra et s'allia avec lui contre les ennemis. A la fin de la guerre, il revint à Dvârakâ, étendit ses frontières, civilisa son peuple et fut tué d'une flèche lancée par Jaras, un chasseur maladroit qui le confondit avec un daim.

Selon une autre tradition, il enleva *Roukmini*, la fille de Bishmakâ, roi de Vidarbha, s'établit avec elle à Mathoura et passa le reste de sa vie à conquérir des territoires, lutter contre les bandits, ogres, démons de tous genres.

Représenté sous les traits d'un jeune homme au teint bleu ou noir, jouant de la flûte, ce dieu de l'amour aurait eu seize mille épouses et cent quatre-vingts fils.

KUKULKAN

Dieu des vents du panthéon maya, également appelé Ehecatl et identifié parfois au Quetzalcoatl aztèque.

KUMARBI

Dieu des Hittites équivalant à Cronos, qui arracha, avec ses dents, les organes sexuels d'Anou (homologue d'Ouranos), le dieu du ciel dont il avala une partie de la semence, crachant le reste sur le mont Kansura où elle se transforma en déesse. Il conçut de la même manière le dieu de l'Amour qu'Ea, le frère d'Anou, arracha de son côté. Kumarbi donna ensuite le jour à un autre enfant issu de sa cuisse (Les Grecs ont mêlé ces deux naissances pour faire naître Aphrodite de la mer, imprégnée des organes sexuels coupés d'Ouranos). Kumarbi était aussi le père du géant *Ullikummi* qui fut tué avec le couteau qui servit à séparer le ciel de la terre (1-38).

Kybalion

Ensemble de sept lois fondamentales formulées en Egypte des millénaires avant notre ère, attribuées à Hermès : loi de l'*unité fondamentale,* loi de l'*universalité du mouvement pendulaire,* loi de la *polarité sexuelle,* loi de la *non-opposition des contraires,* loi du *Karma,* loi de la *légalité de la nature,* loi du *Cycle* (10-238).

ŒDIPE et le SPHINX, par Ingres.

L

LABDACOS
celui qui allume les torches

Fils de Polydoros, petit-fils de Cadmos, père de Laïos, ancêtre éponyme de la dynastie des Labdacides parmi lesquels on compte Œdipe, Polynice, Etéocle, Antigone et Ismène.

Labyrinthe

Monument souterrain qui servait de tombeau, comportant de nombreux couloirs se croisant, se dirigeant dans tous les sens ou sans issue. Le plus célèbre fut le labyrinthe à ciel ouvert construit à Cnossos par Dédale à la demande de Minos, le roi de Crète, pour abriter le Minotaure. Thésée seul en sortit, grâce au fil fourni par Ariane. Les Crétois fêtaient cet exploit par la danse du labyrinthe exécutée par des jeunes gens et des jeunes filles dont les évolutions en reproduisaient les méandres.

Aussi célèbre était le *Labyrinthe d'Egypte* (Ve siècle av. J.-C.), nécropole renfermant douze salles parallèles précédées d'un portique de vingt-sept colonnes, trois mille chambres, la plupart souterraines, destinées à la sépulture des crocodiles sacrés.

• Ce terme était autrefois appliqué aux palais crétois (8-131).

LACÉDÉMON
le démon du lac (1-649)

Epoux de Taygété, père d'Himéros. Il introduisit le culte des Charites en Grèce.

Selon une autre tradition, il épousa la fille du roi Eurotas, Sparta, qui donna son nom à la capitale du pays, et eut un fils, Amyclas, et une fille, Eurydice, qui épousa Acrisios.

LACTANS ou LACTURCIA

Dieu romain qui assurait la formation du lait dans le jeune épi de blé.

LADON
l'homme qui étreint

Dragon à cent têtes chargé par Héra de protéger les pommes d'or du jardin des Hespérides, tué par Héraklès et placé parmi les constellations par Zeus.
• Fils d'Oceanos et de Téthys, dieu-fleuve du Péloponnèse, affluent de l'Alphée, époux de Stymphalis dont il eut Daphné et Métopé. La nymphe Syrix se jeta dans ses eaux pour échapper au dieu Pan.

LAËRTE
la fourmi (1-649)

Fils d'Acrisios, époux d'Anticlée (fille d'Autolycos), qui lui donna Odysseus (selon certaines sources, fils de Sisyphe qui avait séduit sa mère un peu avant son mariage). Il fut l'un des Argonautes et participa à la chasse au sanglier de Calydon.

LAÏOS
le possesseur d'un troupeau

Fils de Labdacos, roi de Thèbes, époux de Jocaste, qu'il répudia parce que l'oracle avait prédit que tout enfant né d'elle serait le meurtrier de son père. Jocaste parvint à l'attirer une dernière fois dans son lit, et lorsque, neuf mois plus tard, Œdipe vint au monde, son père l'exposa sur le mont Cithéron. Recueilli par Polybos, le roi de Corinthe, Œdipe, devenu adulte rencontra un jour Laïos qui lui ordonna brutalement de s'écarter pour lui céder le passage. Devant l'inertie du jeune homme, Laïos ordonna à Polyphontès, le conducteur de son char, de passer; une des roues du char écrasa le pied d'Œdipe, qui, furieux, tua Polyphontès d'un coup de lance et jeta à terre Laïos qui se prit dans les rênes, fut traîné sur la route et mourut déchiqueté. Par la suite, Œdipe épousa la veuve du roi, sa propre mère.

LAKHSMI

Divinité du panthéon hindou, épouse de Vishnou dont elle est la force et la puissance, elle se métamorphose en *Radha* pour s'unir à Krishna, avatar de son époux.

LAMIA
la gloutonne

Reine de Phrygie d'une très grande beauté aimée de Zeus, dont Héra fit périr tous les enfants et qui, devenue jalouse des mères, tuait tous les enfants qu'elle rencontrait. On la disait mère de Scylla.

LAMIES

Fantômes féminins d'une grande beauté qui, comme les vampires, étaient friands de sang humain. Ils se déplaçaient en émettant une sorte de sifflement et se transformaient parfois en serpents.

LAMPÉTIE
la splendeur de l'année

Fille d'Hélios qui, avec sa sœur Phaétousa, gardait les vaches sacrées et les moutons de son père en Sicile. Lorsqu'Odysseus et ses compagnons firent escale dans l'île, les marins affamés dérobèrent quelques bêtes, les firent rôtir et festoyèrent pendant six jours. Hélios, averti par ses filles, se plaignit à Zeus. Celui-ci envoya une violente tempête qui fit couler le navire et tua tout le monde, sauf Odysseus.

LAOCOON

Héros troyen, fils de Priam et d'Hécube (ou d'Anténor et d'Acoétès), prêtre de Poséidon (ou d'Apollon), qui s'éleva contre l'envoi du cheval de bois lors du siège de Troie et fut puni par les dieux protecteurs des Grecs. Peu après, il se trouvait sur la plage en compagnie de ses deux fils, lorsque deux énormes serpents marins sortirent de l'eau et les étouffèrent. Sa légende a inspiré des sculpteurs antiques (Agésandre, Polydore, Athénodore).

LAODAMIE
celle qui dompte la foule (1-649)

Fille d'Acaste, épouse de Protésilas auquel l'unissait un amour passionné. Lorsqu'il s'embarqua pour Troie, elle fut tellement malheureuse qu'elle fit fabriquer une statue de lui en cire (ou en bronze) et la mit dans son lit en attendant son retour. Mais il mourut lors du siège de Troie et Laodamie supplia les dieux de lui permettre de le revoir pendant trois heures seulement. Zeus envoya Hermès chercher l'ombre de

Protésilas au Tartare afin de ranimer sa statue. Pendant qu'elle le serrait dans ses bras, Laodamie, ne pouvant supporter l'idée d'être à nouveau séparée de lui, se poignarda afin de le rejoindre dans le monde souterrain.

Selon une autre version, le délai écoulé, Protésilas redescendit au Tartare et Laodamie conserva la statue auprès d'elle. Un soir, un serviteur la surprit et, croyant qu'elle avait un amant, prévint son père. Acaste, ayant découvert la vérité, fit brûler la statue afin qu'elle cessât de se torturer vainement, mais Laodamie se jeta dans les flammes et brûla avec elle.

LAODICÉ
la justice des habitants (1-649)

Fille de Priam et d'Hécube, célèbre pour sa beauté, épouse de Télèphe qui la répudia. Elle s'unit à l'Athénien Acamas lors d'un séjour qu'il fit à Troie et eut un fils du nom de Mounitos (qui fut élevé par Aethra, sa grand-mère). Puis elle épousa Lycaon, qui mourut, et un peu plus tard, Démophon. Il existe différentes versions de sa mort : elle se serait donné la mort en apprenant le décès de son fils, mordu par un serpent… D'autres disent qu'elle s'est précipitée du haut d'un rocher après la chute de Troie afin de ne pas devenir esclave.
• Fille d'Agamemnon et de Clytemnestre, également appelée *Electre.*

LAOMÉDON
le gouverneur

Fils d'Ilos et d'Eurydice, père de Priam (d'Hésioné, de Tithonos) qui, avec l'aide de Poséidon et d'Apollon, érigea les murailles de Troie contre un tribut qu'il refusa ensuite de payer. En représailles, Poséidon provoqua une inondation qui détruisit une partie des murs, et Apollon envoya la peste. L'oracle, consulté, déclara qu'il fallait offrir Hésioné, la fille de Laomédon, au monstre marin responsable des dégâts.

Héraklès, qui passait par là, sauva la jeune fille en échange des chevaux divins donnés par Zeus à Tros et tua le monstre. Mais encore une fois, Laomédon ne tint pas sa promesse, provoquant la colère d'Héraklès qui assiégea et prit la ville, tua le roi et ses fils à l'exception de Priam, et donna Hésioné en mariage à Télamon, fils d'Eaque.

LAPITHES
les éclats de silex (1-650)

Habitants d'une région de la Thessalie, sur les bords du Pénée. Habiles dans le dressage et le maniement des chevaux, ils sont cités dans la légende des Argonautes, la chasse au sanglier de Calydon, mais sont célèbres pour leur lutte contre les Centaures qui vivaient sur des montagnes voisines, combat qui débuta aux noces du roi des Lapithes, Pirithoos, avec la fille de Boutès, Hippodamie (ou Déidamie).

Tous les dieux de l'Olympe étaient présents, sauf Arès et Eris. Les Centaures, qui n'avaient pas l'habitude du vin, s'enivrèrent et molestèrent les femmes; Eurytos et Erytion tentèrent d'enlever la mariée, et Pirithoos et Thésée volèrent à son secours. Le combat, qui dura jusqu'à la nuit, fut le début de la guerre qui opposa Centaures et Lapithes (dirigés par Arès et Eris). A la suite de sérieuses défaites, les Centaures se réfugièrent en Epire, au pays des Aethices, puis envahirent le pays des Lapithes, exterminant leur armée principale et les obligeant à émigrer à Maléa.

◆ Ce combat légendaire, devenu le symbole d'un ***festin qui dégénère en querelle,*** a inspiré un grand nombre de poètes et d'artistes antiques et modernes, notamment Rubens. La lutte entre ces deux peuplades reproduit probablement un *événement rituel très important pour tous les Hellènes.*

LARA

Naïade, fille du dieu-fleuve Almon, qui trahit Jupiter en révélant à Junon sa liaison avec Juturne. Jupiter lui fit couper la langue et conduire en enfer par Mercure qui, en chemin, devint amoureux d'elle et la rendit mère des dieux lares. Lara était vénérée comme la déesse du *silence.*

LARES

A l'origine génies latins qui favorisaient les travaux des champs, ils devinrent les protecteurs de la famille, chacune ayant son propre *lar familiaris* qui se distinguait des *pénates,* gardiens du seuil. Ils dépendaient tous de la déesse du foyer, *Vesta.* Il y avait aussi des lares publics : les *compitales,* protecteurs des carrefours et des quartiers, qu'on célébrait lors de la grande fête des *compitalia.*

Primitivement représentés par une statue grossièrement taillée dans le bois, ils figurèrent ensuite sous l'aspect de génies privés d'ailes, portant une tunique retenue à la taille par une ceinture et des bottes légères, accompagnés d'un chien, symbole de fidélité. Ils avaient pour attributs : la patère (coupe servant aux libations des dieux), la corne d'abondance et le rhyton (corne d'animal servant de coupe).

LARUNDA

Aspect de la Terre-Mère, mère des Lares chez les Sabins et « mère des âmes », déesse du *silence* et de la *fécondité* qui régnait dans un lieu souterrain.

LARVES ou LÉMURES

Spectres des défunts malheureux. Pour racheter leurs âmes, les Romains donnaient une fête annuelle, la *Lemuria,* durant laquelle tous les temples étaient fermés, aucun mariage n'était célébré.

◆ Ces spectres symbolisent les ***terreurs nocturnes*** et les ***névroses.***

LATINUS

Roi d'une peuplade du Latium : les Aborigènes, ancêtre de la race latine, fils de Circé et d'Ulysse ou de Faunus et de la nymphe Marica. Sa femme Amatée lui donna une fille, Lavinia.

Latium

Région de l'Italie centrale située entre l'Etrurie et la Campanie, citée dans un grand nombre de mythes romains. Le Latium avait pour capitale *Albe-la-Longue*.

LATONE ou LÉTO
la pierre

Fille de Céos le Titan et de Phœbé, mère d'Apollon et d'Artémis, qui fut aimée de Zeus. Poursuivie par Héra, elle parcourut la Grèce avant d'aboutir dans l'île de Délos où elle donna le jour à Apollon, puis se rendit à Ortygie où naquit Artémis. On raconte qu'elle métamorphosa en grenouilles des paysans qui troublaient l'eau d'une rivière où elle voulait se désaltérer. Plus tard, ses enfants tuèrent le géant Tityos qui avait tenté de la violer.
– On doit à Jules Romain un tableau représentant *Latone mettant au monde Apollon et Diane dans l'île de Délos.*

LAVERNA

Divinité romaine, associée à l'argent, aux gains licites ou illicites, qui devint la protectrice des voleurs et bandits de grand chemin. Elle fut aussi considérée comme la déesse des morts.

LAVINIA

Fille du roi Latinus et d'Amata, qui fut aimée du roi des Rutules Turnus, mais refusa son amour, lui préférant Enée qui venait de débarquer en Italie. Turnus provoqua le héros troyen qui lui fit la guerre et le tua.

LÉANDRE

Jeune homme d'Abydos amoureux d'Héro, une prêtresse d'Aphrodite, qu'il rejoignait chaque nuit en traversant l'Hellespont à la nage. Une nuit de tempête, le vent éteignit le flambeau tenu par la jeune fille pour le guider et il se noya. Lorsque la mer rejeta son cadavre, Héro se jeta dans la mer pour rejoindre son amant.

LÉARCHOS
celui qui dirige les hommes

Fils du roi d'Orchomène Athamas et d'Ino, auxquels Zeus avait confié son fils nouveau-né, Dionysos, pour le soustraire à la vengeance de son épouse. Mais par un maléfice d'Héra, Athamas devint fou et tua son fils qu'il avait confondu avec un cerf.

Lectisterne

Rite expiatoire grec, consistant à dresser dans les temples des tables sur lesquelles on disposait les images des dieux auxquels on servait un festin.

LÉDA
la dame

Epouse de Tyndare, roi de Sparte, qui fut séduite par Zeus métamorphosé en cygne et pondit un œuf d'où sortirent les

Dioscures et ses filles Hélène et Clytemnestre. En souvenir de cette ruse, Zeus plaça dans les cieux les effigies du Cygne et de l'Aigle.

Lemnos

Ile de la mer Egée à laquelle sont rattachées un grand nombre de légendes : les Argonautes y passèrent; Héphaïstos y atterrit lorsqu'il fut précipité du haut de l'Olympe; Philotecte blessé s'y réfugia. Ses habitantes, les Lemniades (ou Lemniennes), massacrèrent leurs maris qui leur avaient préféré des esclaves thraces.

LESTRYGONS

Géants qui vivaient dans le nord de la Sicile ou le sud de l'Italie. Ils dévorèrent certains compagnons d'Odysseus.

LÉTHÉ

Fille d'Eris, fleuve de l'Enfer, qui procurait l'oubli à ceux qui buvaient de son eau. Les âmes s'y désaltéraient pour oublier les souffrances de leur vie terrestre. Surnommé le *fleuve d'huile,* en raison de son cours paisible, il était aussi *deus tacitus,* le dieu silencieux.

LÉTO : voir LATONE.

LEUCIPPOS
l'étalon blanc (1-650)

Fils de la Gorgone et de Périérès de Mécénie, qui partagea le pouvoir avec son frère Apharée après la mort de leur père et fonda la cité de Leuctres. De son épouse Philodicé, il eut les Leucippides : Phœbé, prêtresse d'Athéna, et Hilaera, prêtresse d'Artémis; fiancées à leurs cousins, les jumeaux Idas et Lyncée, elles furent enlevées par les Dioscures, Castor et Pollux, qui leur donnèrent des fils, provoquant une violente rivalité entre les couples de jumeaux.

• Fils d'Œnamos qui, devenu amoureux de la nymphe Daphné, se déguisa en femme pour demeurer à ses côtés, et fut découvert et mis en pièces par les nymphes.

Ce Leucippos était sans doute *le roi sacré du culte du cheval, mis à mort et déchiqueté tous les ans par les femmes en furie qui se baignaient après leur meurtre pour se purifier, et non pas avant* (1-71).

LEUCOTHÉA
la déesse blanche (1-650)

Divinité personnifiant la lumière matinale, dont le nom fut donné à Ino lorsqu'elle devint une déesse marine.
• Fontaine de Samos.
• Nom d'une planète télescopique découverte en 1855.

Libanomancie

Divination par l'observation de la fumée de l'encens.

LIBER

Très ancienne divinité latine de la *fécondation* et de la *plantation* qui fut identifiée plus tard à Bacchus, l'homologue du Dionysos grec.

LIBÉRA

Surnom de la fille de Cérès, Proserpine.

LIBITINA

Déesse latine de la *volupté* et de la *mort* associée aux pompes funèbres. Son temple renfermait le matériel nécessaire aux funérailles. Elle fut assimilée à Vénus.

LICHAS
la falaise escarpée (1-650)

Compagnon d'Héraklès qui lui apporta la tunique imbibée du sang du Centaure Nessus. Dès qu'il l'eût revêtue, son corps se consuma lentement. Rendu fou par la souffrance, le héros saisit Lichas et le lança dans la mer Eubée, où il fut métamorphosé en un rocher à forme humaine émergeant à la surface de l'eau, appelé Lichas par les marins de l'Antiquité (1-440).

LICORNE
L'unicorne

Animal fabuleux à corps de cheval, portant une longue corne pointue au milieu du front, qui régnait sur les forêts et qui ne pouvait être capturé ou tué. Seule une jeune fille vierge pouvait l'approcher, la caresser; elle posait alors sa tête sur ses genoux et s'endormait... La licorne devint le symbole de la ***pureté.***

LICYMNIOS
l'hymne du vannage (1-650)

Fils d'Electryon et d'une esclave, Midée (ou Média), époux de Périmédé qui lui donna trois fils, Œnos, Argeios et Mélas. Avec ses fils, il accompagna son neveu et allié Héraklès dans certaines de ses expéditions: à Sparte contre Hippocoon, usurpateur du trône de Tyndare, où Œnos fut tué, et en Œchalie contre le roi Eurytos, où Argeios et Mélas trouvèrent la mort à leur tour. Après la mort de son neveu, Licymnios, pourchassé par Eurysthée, se réfugia dans le Péloponnèse, mais un Héraclide, Tlépolémos, le tua par mégarde.

LILITH

Démon féminin de la nuit et des lieux maudits des légendes assyriennes, qui, dans la tradition rabbinique, séduisit Adam avant l'arrivée d'Eve, donnant naissance à une génération de démons.

LINOS
le fil de lin (1-651)

Chant de deuil composé par le premier poète grec du même nom.

• Fils d'Isménios, qu'Héraklès tua d'un coup de lance.

• Fils d'Apollon et de Psamathé, fille de Crotopos d'Argos, qui fut exposé à sa naissance sur une montagne où il fut découvert et élevé par des bergers. Plus tard, lorsqu'il fut dévoré par les molosses de Crotopos, la douleur de Psamathé fut si vive que son père devina la vérité et la condamna à mort. Apollon envoya alors une Harpye, Poiné, enlever les jeunes enfants, puis frappa les habitants de la peste. L'oracle de Delphes ayant déclaré qu'il fallait sacrifier aux ombres de la mère et du fils, les femmes et les jeunes filles chantèrent des hymnes funèbres, les *linoi,* et on célébra en leur honneur les *arnis* qui avaient lieu au mois d'*arneios.*

• Fils d'Œagre (l'Hermès arcadien) et de la muse Calliopé, frère d'Orphée (ou fils d'Apollon et de la muse Uranie ou d'Aréthuse), le plus grand musicien de tous les temps, *inventeur du rythme et de la mélodie,* qui composa une épopée à la Création et des ballades en l'honneur de Dionysos. Professeur d'Orphée et de Thamrys, il fut tué par Apollon jaloux de ses succès. Mais sa complainte, qui continua à être chantée sur toute la terre, constitue le thème du chant funèbre égyptien, le *manérôs.*

Ce récit se rapporte au moissonnage du lin, qui était l'occasion de *chants tristes et de broyages rythmés.* Linos *semble avoir été « l'esprit du lin semé au printemps et moissonné en été... Manérôs est l'esprit égyptien du blé, en l'honneur duquel on entonnait des chants à la période de la moisson »* (1-449).

Livres des morts

Manuscrits que les Egyptiens, les Tibétains et les Mayas plaçaient dans les tombeaux, dans le but de décrire les événements de la vie dans l'au-delà.

LOKÉ ou LOKI

Génie du mal dans la mythologie celtique, figuré par un loup.

LOTIS

Nymphe désirée et poursuivie par Priape. Celui-ci allait la rattraper lorsque l'âne de Silène se mit à braire, distrayant le dieu lubrique et permettant à Lotis de s'enfuir.

Lotophages
les mangeurs de lotus

Peuplade habitant le nord de l'Afrique qui se nourrissait exclusivement de lotus et de fleurs, aliment qu'ils offrirent à Odysseus et à ses compagnons lorsqu'ils débarquèrent dans leur pays, et qui plut tant à ses compagnons que le héros dut employer la force pour qu'ils reprennent la mer.

LUA

Divinité romaine identifiée avec Rhéa ou Ops, à laquelle on offrait le butin de guerre qui était brûlé en expiation des meurtres commis dans les batailles.

LUGH, LLEW ou LUGOS
le dieu au bras long

Dieu solaire celte « omnivalent » : doté de tous les talents, exerçant toutes les fonctions, qui fut admis parmi les *Tuatha De Danann.* Armé d'une lance et d'une fronde, il tua Balor, le chef des Fomoires, oppresseurs des Irlandais, à la bataille de Mag Tuireadh et devint le héros des Tuatha. Il était représenté sous les traits d'un beau jeune homme.

LUPERCUS
le tueur de loups

Ancienne divinité italienne qui fut assimilée au dieu Pan, célébrée à l'occasion des *Lupercales,* fêtes données à Rome le 15 février, en hommage au principe universel de la vie et de la fécondité. Les *luperques* immolaient une chèvre et un chien dont le cadavre était arrosé de sang et lavé avec du lait, puis parcouraient la ville, une peau de bouc (symbole de la lascivité) sur le dos, en frappant les assistants avec des lanières découpées dans la peau des victimes sacrificielles. Les femmes enceintes, pensant s'éviter les douleurs de l'enfantement, s'offraient à leurs coups.

Les Lupercales furent célébrées jusqu'à la fin du Ve siècle de notre ère.

Lycanthropie

Métamorphose d'une sorcière en loup.

LYCAON
le loup trompeur (1-651)

Fils de Pelasgos et de Mélibée (ou de Titan et de Gaïa), père de Callisto, de Dia (il aurait eu vingt-deux ou cinquante enfants). Il passe pour le législateur et civilisateur de l'Arcadie, le fondateur de la ville de Lycosure et l'initiateur au culte de Zeus Lycéen. Mais lui ayant sacrifié un jeune garçon, il encourut la colère du dieu qui le transforma en loup.

LYCOMÈDE
aussi rusé qu'un loup

Roi de l'île de Scyros qui hébergea Achille déguisé en femme pour ne pas participer à la guerre de Troie. Achille s'éprit de Déidamie, la fille du roi, qui lui donna un fils, Nicomède. Plus tard, il reçut Thésée avec les honneurs qui lui étaient dus, mais comme le héros souhaitait s'installer dans son pays, il le jeta du haut d'une falaise escarpée.

LYCOS
le loup

Roi des Maryandiniens qui accueillit les Argonautes, devint l'ami d'Héraklès et construisit, en l'honneur du héros, la ville d'Héraclea.

• Roi de Thèbes, tuteur de Laïos, qui devint roi après la mort de son frère Nyctée. Il exposa Amphion et Zéthos, fils de sa nièce Antiopé, sur le mont Cithéron, et ne s'opposa pas aux mauvais traitements que sa femme Dircé infligea à cette dernière. Après avoir régné une vingtaine d'années, il fut tué par Amphion et Zéthos.

• Fils de Pandion, frère d'Egée, qui le bannit d'Athènes. Après avoir parcouru la Grèce, il s'établit en Messénie, y institua les mystères de Déméter et de Perséphone, puis se rendit en Asie Mineure où il devint roi de Lycie (région qui lui doit son nom).

LYCURGUE
un travail de loup

Fils de Dryas, roi des Edoniens, en Thrace, qui captura les compagons de Dionysos à leur arrivée en Thrace, à l'exception du dieu qui se réfugia dans la grotte sous-marine de Thétis. En représailles, Dionysos lui ôta la raison; il tua son fils Dryas à coups de hache, croyant arracher un cep de vigne, « élagua » son cadavre en lui coupant le nez, les oreilles et les doigts, ce qui eut pour effet de rendre stérile le sol de Thrace. Dionysos ayant déclaré que la fertilité reviendrait si Lycurgue était mis à mort, le roi fut tué par ses sujets.
• Roi de Némée qui reçut les Sept Chefs allant attaquer Thèbes et chargea Hypsipilé de les conduire à un point d'eau.

LYNCÉE
l'œil de lynx

Fils d'Alpharée, roi de Messénie, qui participa à l'expédition des Argonautes et à la chasse au sanglier de Calydon. Il fut tué par Pollux auquel il avait disputé la belle Hilaïre.
• Le seul des cinquante fils d'Aegyptos qui échappa au massacre des Danaïdes, épargné par sa femme Hypermnestre. Plus tard, il tua Danaos et lui succéda sur le trône d'Argos.

LYNCOS
le lynx

Roi des Scythes qui, pour avoir tenté de tuer Triptolème, chargé par Déméter d'enseigner la culture du blé à toute la Terre, fut changé en lynx par la déesse.

Lyre

La lyre est (avec la harpe) le plus ancien instrument de musique qui existait en Phénicie, en Assyrie, en Egypte, chez les Hébreux et les Grecs qui attribuaient son invention à Apollon ou à Hermès, parfois à Linos ou encore à Orphée. La première lyre, faite avec la carapace d'une tortue sur laquelle était tendue une peau d'animal, comportait deux montants réunis par une traverse où étaient fixées sept cordes.

LYSIPPÉ

celle qui détache les chevaux (1-650)

Amazone qui brisait les membres des garçons afin de les obliger à s'occuper des corvées domestiques pendant que les femmes gouvernaient et faisaient la guerre. Elle fonda Thémiscrya et institua le culte d'Arès et d'Artémis, célébré par la danse du bouclier qui consistait à frapper le sol en cadence au son des pipeaux.

LYSSA

Fille de la Nuit, qui personnifiait la rage et provoquait le désespoir et la colère.

M

MAA-AB

Dans la mythologie égyptienne, gardien de la sixième section du monde inférieur.

MA, MAAT ou MAIT

Déesse égyptienne associée au mythe de la création, personnifiant les lois physiques et morales de l'univers, assistante du dieu solaire Râ dans sa course à travers le ciel, qu'on appelait *fille de Râ* ou l'*œil de Râ* (50).

Elle se tenait aux côtés d'Osiris dans la *Salle de la Double Vérité,* où avait lieu le jugement des morts avant leur admission dans le royaume des Ombres, surveillant la pesée des actions dans la balance. Elle était de ce fait considérée comme la *reine du monde souterrain.*

MACARÉOS ou MACARÉE
l'homme heureux

Fils d'Eole qui eut une fille, Amphissa, de ses relations incestueuses avec sa sœur Canacé.

Selon une autre tradition, ils eurent un fils qui fut dévoré par des chiens sur l'ordre d'Eole, qui remit à Canacé une épée avec laquelle elle se poignarda. Quant à Macaréos, chassé par son père, il se réfugia à Delphes et devint prêtre d'Apollon.
• Fils d'Hélios et de Rhodé qui, après avoir tué son frère Ténagès, se rendit à Lesbos qui, depuis lors, s'appelle Macarie. Il eut deux fils qui donnèrent leur nom aux principales villes de Lesbos : Mitylène et Méthymne.

MACHAON
l'homme à la lancette

Chirurgien, fils d'Asclépios et d'Epéiome, frère de Hygie et de Podaliros, époux d'Anticlée qui lui donna cinq fils : Alexanor, Gergase, Nicomaque, Polémocrate, Sphyre. Avec Podaliros, il soigna les blessés au siège de Troie, diagnostiqua la folie d'Ajax, guérit les blessures de Ménélas et les plaies infectées de Philoctète, blessé dix ans auparavant par une flèche d'Héraklès, avec des herbes et la pierre serpentine, et pénétra dans les flancs du cheval de bois. Il fut tué par Euripylos, fils de Télèphe, et Nestor rapporta ses cendres dans le sanctuaire de Gérénia, en Messénie, où fut créée une école de médecine.

MACUILXOCHITL
les Cinq Fleurs

Dieu aztèque de la musique et des aveugles représenté avec un coyote autour du cou (67).

Mages

Il existait, dans la Perse ancienne, une importante tribu de prêtres connus sous le nom de *mogu* ou *magoush* (mage) qui pratiquaient une science relevant à la fois de la magie et de la médecine et revêtant également un aspect moral et mystique. Ces praticiens se retrouvent dans d'autres pays : les *Dru-wida* « au grand savoir » ou druides, irlandais, celtiques et Gaulois (en Gaule, ils formaient une puissante corporation liée à l'aristocratie et soumise à un chef des druides), qui s'occupaient d'astrologie, du calendrier, croyaient à l'immortalité de l'âme et enseignaient des préceptes de morale; les *waidler* de l'ancienne Prusse; les *vedunu* russes…

Les mages iraniens, comme les druides, avaient une théorie pour expliquer aux initiés la création du monde dont ils attendaient le renouvellement par le feu et le métal en fusion; mais les druides celtes prétendaient avoir construit le monde. On retrouve les bases de leur doctrine dans l'enseignement de Pythagore.

En Asie centrale s'étaient constituées des corporations de *chamanes* qui prétendaient posséder la science des choses cachées, connaître le sort des morts et pouvoir capter l'énergie des dieux et des esprits. Leur savoir était transmis par voie orale dans de longues poésies.

Tous ces hommes de science se rendirent indispensables et on finit par requérir leur assistance pour la prière, les sacrifices et pour le culte proprement dit qui, en réalité, revenait aux rois et aux pères. Ainsi, on sait que les druides présidaient aux sacrifices; que les mages récitaient une homélie chez les Perses lors des offrandes. En Inde, le chapelain du roi, le *purohita,* avait acquis une toute-puissance inégalée dans aucune autre civilisation, tandis qu'en Grèce, en Italie et en Germanie, le culte demeura sous le contrôle de l'autorité civile ou des prêtres qui en dépendaient (8-238).

La fonction des officiants, dans la plupart des religions, présente d'ailleurs une grande similitude avec celle des mages, leur science consistant principalement à connaître les « formules sacrées (magiques) » à prononcer suivant les circonstances et les divinités invoquées pour produire un effet particulier.

A Rome, on conservait religieusement, les *indigitamenta,* formules de prières qui évoquent le *mantra* des Orientaux, l'*epôdé* des Grecs, les *runes* (formules écrites en caractères magiques) des Germains, le *bricht* des Irlandais…

MAÏA
la grand-mère

Pléiade, fille d'Atlas et de Pléioné, qui fut aimée de Zeus et devint la mère d'Hermès et la nourrice d'Arcas, fils de son amant par Callisto. En raison de cette complaisance, elle fut persécutée par Héra.

MANÉROS

Fils de Ménès, le premier pharaon d'Egypte qui mourut dans un champ parmi les moissons, considéré comme *« l'esprit égyptien du blé » en l'honneur de qui on entonnait des chants à la période de la moisson* (1-449). Ces hymnes funèbres portaient son nom.

Mânes

Dans la mythologie grecque, âmes des morts *(lémures)* divinisées, considérées comme des dieux infernaux par opposition aux dieux du ciel. On leur voua un culte dans toutes les civilisations antiques (d'où le respect témoigné à l'égard des cimetières).

MANES
traduction grecque de ***Shomsu-Horou*** *: les serviteurs d'Horus ou de Khourou*

Nom donné par les Egyptiens aux dieux et demi-dieux et à la première dynastie humaine débutant par Ménès.

Mani

Pierre précieuse lumineuse qui, selon les Bouddhistes, éclaire le monde, exauce tous les désirs, dissipe les ténèbres de l'ignorance et de l'erreur.

MANIA

Divinité romaine d'origine étrusque, mère des Lares, qui avait le pouvoir de provoquer la folie dans l'esprit des coupables, auxquelles on sacrifiait des enfants. Plus tard, Junius Brutus leur substitua des têtes de pavot.

MANTO
la prophétesse

Elle reçut le don de prophétie de son père, le devin Tirésias. Lors de la prise de Thèbes par les Epigones, elle fut emmenée à Delphes avec le butin enlevé à la ville, y devint une sibylle réputée et selon certains, eut de l'Epigone Alcméon deux enfants qui furent confiés au roi de Corinthe Créon. Plusieurs années plus tard la femme de ce dernier, jalouse de l'extraordinaire beauté de Tisiphoné, fille de Manto, la vendit à Alcméon qui fit d'elle sa domestique, sans savoir qui elle était, mais évita l'inceste.

Manto se rendit à Colophon, où elle fonda l'oracle d'Apollon à Claros et épousa le Crétois Rhacios dont elle eut un fils, le célèbre devin Mopsos.

• La mythologie latine identifie Manto avec une nymphe du même nom qui prédisait l'avenir. Elle épousa Tuscus, auquel elle donna un fils, Ocnus, fondateur de la ville de Mantoue en l'honneur de sa mère.

MARA

Démon figurant l'esprit du mal chez les Bouddhistes.

MARDUK

Dieu babylonien, originellement lié à l'agriculture, la croissance de la végétation et personnifiant l'action fertilisante de l'eau. Plus tard, après avoir assimilé les autres divinités, il devint le dieu suprême *(Bel, le Seigneur,* souvent identifié avec Enlil), intermédiaire entre les hommes et Ea, son père, et personnifia le soleil matinal et printanier. Lié au mythe de la création, Mardouk dirigea les autres dieux dans un combat titanesque contre les monstres nés du chaos, tua la maléfique Tiamat, et utilisa les parties de son corps pour organiser le monde. Il avait pour attribut le cimeterre, arme avec laquelle il trancha la tête d'un dragon ailé, symbole de ses diverses victoires sur Tiamat. Selon d'autres sources, il aurait tranché la tête d'une colombe lors de la Fête du Printemps babylonienne, cet oiseau symbolisant la Lune Iahu *(la colombe d'en haut)* (1-30).

Egalement adoré en Assyrie et en Chaldée, il avait pour compagne *Zarpanit.*

Margaritomancie

Méthode de divination pratiquée à l'aide d'une perle fine qui était soumise à des rites incantatoires pour la rendre « vivante » avant d'être enfermée dans un pot. Lorsqu'on prononçait le nom d'une personne coupable d'un larcin ou d'un crime, elle bondit contre les parois du récipient.

MARICA

Nymphe latine, qui vivait sur les rives du Liris, épouse de Faustus qui la rendit mère de Latinus.

MARON

Fils de Dionysos, personnifiant l'ivresse, qui enivra le Cyclope Polyphème puis lui creva un œil. Il était adoré en Thrace, dans la ville de Maronée.

Marotte

Sceptre portant une tête à deux faces et des grelots, attribut de Momos et symbole de la Folie.

MAROUTS

Dieux de l'Inde, auxiliaires d'Indra et de Vishnou dans leur combat contre les démons Vritra et Ahi. Ils personnifiaient l'*orage et les vents.*

MARPESSA
celle qui arrache

Fille du roi d'Etolie Evenos, petite-fille d'Arès que son père promit à celui qui le vaincrait à la course de chars, les concurrents malheureux devant avoir la gorge tranchée. Idas, épris de la jeune fille, ayant obtenu de son père Poséidon un char ailé, l'enleva et se rendit à Messène où Apollon lui disputa sa belle. Zeus décréta qu'elle choisirait elle-même son mari et Marpessa, craignant d'être plus tard abandonnée par le dieu infidèle, opta pour Idas.

MARS

Transposition de l'**Arès** grec, dieu de la guerre romain auquel étaient consacrés un mois (correspondant au passage du soleil dans la constellation du Bélier, gouverné par la planète Mars) et un jour de la semaine, le mardi *(Martis diem)*. Il était aussi le rassembleur, pour les Germains *Mars Thingsus, Tiwaz Thingsaz* (d'où l'anglais Tuesday), le dieu de l'assemblée (8-175). On le considérait comme une divinité agricole qui protégeait le blé de la rouille (champignon parasite rouge, couleur marsienne) et assurait la prospérité des troupeaux.

Il avait pour homologue le dieu gaulois *Esus* « le Seigneur » (dérivant du sanscrit *asura* et du latin *erux*, seigneur) qui formait avec Teutatès et Taranis la triade personnifiant le dieu suprême, *Alaunios* le « nourricier, *Adsmerios* « qui accorde des grâces ». Esprit bienfaisant qui abat l'arbre dont le tronc déverse la fertilité sur le monde (8-172).

MARSUS

Fils de Circé, roi de Toscane qui inventa la science des augures.

MARSYAS
celui qui combat (1-651)

Fils d'Hyagnis, de Méandre ou d'Olympos, Satyre qui passe tantôt pour un Silène, tantôt pour un compagnon de Cybèle ou encore pour une rivière divinisée de Phrygie. Selon sa légende, liée à l'origine de la musique, Athéna jeta une flûte sous le prétexte qu'en jouer l'enlaidissait et maudit celui qui la ramasserait. Ce fut Marsyas. Dès qu'il l'approcha de ses lèvres, cette flûte enchantée produisit des sons si mélodieux qu'il osa se mesurer à Apollon. Les Muses et le roi Midas, qui arbitraient le tournoi, se prononcèrent en faveur de Marsyas qui, sur l'ordre d'Apollon, fut écorché vif. On cloua sa peau à un pin où elle se trouve toujours « suspendue dans la grotte où le fleuve Marsyas prend sa source (1-68).

Les victoires d'Apollon sur Marsyas et Pan commémorent les conquêtes helléniques de la Phrygie et de l'Arcadie ainsi que le remplacement des instruments à vent par des instruments à cordes... (1-71). Voir Pan.

MAYAHUEL
celle de l'agave

Déesse aztèque du maguey ou de l'agave, du pulque (boisson enivrante), des cultivateurs de pulque et des ivrognes (67).

Mazdéisme

Religion fondée par Zoroastre, qui prit naissance chez les Mèdes vers l'an 250 avant J.C. et se répandit en Perse. (Voir Dieux.)

MÉANDROS
celui qui cherche un homme (1-553)

Fils d'Oceanos et de Téthys (ou de Cercaphos et d'Anaxibie), dieu-fleuve de Phrygie et de Carie, roi de Pessinunte, qui, lors d'une attaque ennemie, promit à Héra, s'il était victorieux, de lui immoler la première personne qui viendrait le féliciter. Ce fut son fils Archelaos qu'il tua, pour tenir sa promesse; mais tenaillé par le remords, il se jeta ensuite dans le fleuve Anaboenon qui prit son nom.

MÉDÉE
la femme rusée

Fille d'Idya (ou d'Eurylyte ou d'Hécate) et d'Aetès, roi de Colchide, le gardien de la Toison d'Or, dont l'histoire est liée à la légende des Argonautes. Lorsque Jason et les Argonautes arrivèrent en Colchide en quête de ce trésor, ils se heurtèrent à l'hostilité du roi, peu soucieux de s'en séparer. Mais Médée s'éprit de Jason et les aida à se protéger des pièges de son père, avec l'aide de son frère, Absyrtos. Puisqu'elle possédait l'art de préparer des potions magiques, elle lui prépara un onguent corporel qui le rendit insensible aux flammes émanant de la bouche du dragon protecteur du trésor (l'amour n'est-il pas la meilleure cuirasse ?), endormit la bête par ses charmes, s'empara de la toison qu'elle remit à Jason. Puis ils s'enfuirent, rapidement poursuivis par Aetès. Afin de retarder son père, elle tua Absyrtos, le mit en pièces et jeta ses membres sanglants dans la mer.

Ils furent accueillis en héros à Iolcos, en Thessalie. Devenue l'épouse de Jason qui lui avait juré une fidélité éternelle,

Médée eut maintes occasions de prouver ses compétences : si elle rajeunit son beau-père en le dépeçant et en plongeant ses membres dans une chaudière d'eau bouillante d'où le vieil Aeson sortit ragaillardi, ses pouvoirs eurent également des effets maléfiques. Pour se débarrasser de Pélias, frère d'Aeson, qui s'était emparé du trône, elle persuada ses filles, les Péliades, d'essayer son procédé de rajeunissement sur leur père, mais se garda bien de le ramener à la vie ! Aussitôt, Acaste, le fils de Pélias, chassa Jason et Médée qui durent se réfugier à Corinthe, où naquirent leurs fils : Médéios, Merméros et Phérès (ou Thessalos). Certains disent qu'elle fut également la mère d'Alciménès, de Tisandros et d'Argos qui furent lapidés par les Corinthiens (évocation des sacrifices d'enfants pratiqués dans les temps anciens). Depuis lors, tous les ans, sept filles et sept garçons vêtus de noir, passaient une année dans le temple d'Héra dans la région où fut commis le meurtre (A-480).

Jason et Médée furent heureux quelque temps, puis le héros se lassa de sa magicienne, oublia son serment, la répudia en faveur de Glaucé la Thébaine, fille de Créon, roi de Corinthe. Ayant médité soigneusement sa vengeance, l'épouse bafouée offrit à la fiancée une cassette, une couronne et une tunique empoisonnées qui brûlèrent le corps de la jeune fille et mirent le feu au palais, tuant Créon et ses invités. On dit que c'est à ce moment qu'elle repoussa les avances de Zeus, plein d'admiration devant ses exploits et qu'Héra, reconnaissante, lui promit l'immortalité pour ses enfants. Puis elle disparut dans un char attelé de deux serpents ailés. En passant au-dessus de Thèbes, Médée guérit Héraklès atteint de folie furieuse, atterrit en Attique où le vieux roi Egée l'accueillit et l'épousa, persuadé que ses pouvoirs magiques lui permettraient d'avoir un héritier. Il avait raison, car ils eurent un fils, Medeios. Mais lorsque Thésée, fils aîné d'Egée, revint de Trézène, Médée, craignant pour Medeios, tenta de lui faire avaler une coupe de liqueur empoisonnée. Thésée s'en aperçut à temps et essaya de poursuivre la magicienne qui s'enfuyait précipitamment, mais elle disparut dans un nuage magique avec le jeune Medeios.

Après un bref séjour en Thessalie, où elle se mesura sans succès à la Néréide Thétis dans un concours de beauté, elle se rendit en Italie. Là, elle enseigna aux Marrubes l'art de charmer les serpents. Puis on la retrouve à Iolcos, en Colchide où son oncle Persès s'était emparé du trône de son père. Medeios tua l'usurpateur, rétablit Aétès sur son trône, incorpora la Médie au royaume de Colchide.

Médée devint immortelle par la grâce des dieux et demeura aux Champs Elysées où, dit-on, elle devint l'épouse d'Achille (ce fut elle et non Hélène!) et fut l'objet d'un culte en Thessalie et à Corinthe.

Plusieurs auteurs tragiques se sont inspirés de cette légende : Euripide, dans sa pathétique *Médée,* représentée en 431 avant J.C., Eschyle, Sophocle, Ovide... Sénèque, Pierre Corneille (1635), Legouvé (1856).

• Les astronomes ont donné son nom à une planète télescopique découverte en 1880 par Palisa.

MÉDUSE
Medousa

Fille de Phorcos, l'une des trois Gorgones, la seule mortelle et pouvant être vue des hommes, dont le regard sinistre pétrifiait l'infortuné qui l'apercevait. Née jeune et belle, sa magnifique chevelure séduisit Poséidon qui, métamorphosé en oiseau, l'enleva et s'unit à elle dans un temple d'Athéna. Courroucée à la suite de cette profanation, la déesse changea ses beaux cheveux en serpents sifflants et repoussants et la relégua aux confins du monde occidental. C'est là que Persée l'attaqua et lui coupa la tête, faisant jaillir de son corps décapité (représentant la nuée) le géant *Chrysaor* ou « lame de feu », symbole de l'éclair, et le cheval ailé *Pégase* qui, d'un coup de sabot, fait jaillir une fontaine ou une source symbolisant la pluie. Athéna, qui avait guidé le bras de Persée, recueillit son sang et donna au guérisseur Asclépios celui qui provenait de la veine droite, capable de rendre la vie, tandis que le sang de la veine gauche provoquait la mort.

A l'origine personnification du nuage d'orage qui, en s'entrouvrant, dévoile l'œil énorme de l'éclair, la Gorgone, rugissante comme le tonnerre, était représentée avec une robe noire (nuage précédant l'orage), planant dans les airs grâce à ses grandes ailes, figurant les nuages chassés par le vent d'orage. Comme ses sœurs, elle avait pour dents des défenses de sanglier et des mains d'airan.

Les peuples du Nord avaient l'habitude de comparer l'orage à un oiseau géant, et le mythe de Méduse (proche de celui des Harpyes) se retrouve chez les Celtes où Cuchulainn attaque la déesse *Morrigan,* la « Grande Reine » qui se présente sous la forme d'un grand oiseau (1).

Un aspect positif se dégage cependant du mythe qui exprime aussi les propriétés fécondantes de l'orage et de la pluie, dons du dieu du ciel.

MÉGARA ou MÉGARÉ

la grande caverne, (1-651)

Fille du roi de Thèbes, Créon. Elle épousa Héraklès après sa victoire sur Erginos, le roi des Minyens d'Orchomène qui imposait un lourd tribut aux Thébains. Elle devint mère des deux Alcaïdes. Lorsqu'Héraklès alla chercher le chien Cerbère aux enfers, un Eubéen, fils de Poséidon et de Dircé, appelé Lycos, envahit Thèbes avec ses hommes et tenta de séduire Mégara, mais le héros revint à temps, tua l'usurpateur et rétablit Créon sur le trône, provoquant la colère d'Héra. Dans un accès de folie furieuse, Héraklès tua sa femme et ses enfants. Cet épisode est raconté par Euripide dans *Héraklès furieux.* Selon une autre tradition, Héraklès donna Mégara en mariage à son neveu Iolaos, le conducteur de son char.

• Une ville de l'Antiquité portait le nom de Mégare, grande productrice d'oignons, avec lesquels, dit-on, ses habitants se frottaient les yeux pour les rougir et les embuer, d'où l'expression ancienne *larmes mégariennes,* désignant les larmes fausses des hypocrites.

MÉGÈRE
la haine

L'une des Erinnyes, sœur d'Alecto et de Tisiphone, personnifiant la haine et l'envie, qui vivait dans l'Erèbe et était chargée de punir ceux qui avaient mérité la colère des dieux.

MEHURT
la grande inondation

Déesse-mère égyptienne, représentée sous les traits de la Vache céleste.

MÉLAMPOUS
l'homme au pied noir

Magicien, fils d'Amithaon et d'Idomène, frère de Bias, cousin de Jason, petit-fils de Créthée qui, initié au culte de Dionysos par les Phéniciens, l'introduisit en Grèce. Il était honoré par une fête annuelle en Mégaride.

MÉLANIPPE
la jument noire (1-651)

Eole avait séduit Thétis, la fille de Chiron, qui se trouva enceinte et fut changée en jument par Poséidon, qui voulait la protéger de la colère de son père. Après la naissance de Mélanippe, Thétis fut placée parmi les étoiles (sous l'aspect de la *constellation* du Cheval) et l'enfant, ayant retrouvé sa forme normale, fut baptisée Arné par son père qui la confia à Desmontès. Plus tard, elle fut séduite par Poséidon, et Desmontès, ayant découvert qu'elle attendait un enfant, l'enferma dans un tombeau après lui avoir crevé les yeux. Elle y mit au monde les jumeaux Boeotos et Eole, que Desmontès fit exposer sur le mont Pélion pour être dévorés par les fauves. Mais ils furent recueillis par un berger d'Icarie.

Devenus adultes, Poséidon leur révéla le secret de leur naissance et leur ordonna de délivrer leur mère et de tuer Desmontès; puis il rendit la vue à Mélanippe qui épousa Métapontos, le roi d'Icarie, qui adopta Boeotos et Eole. Mais peu après, le roi décida de répudier son épouse et de se remarier. Prenant le parti de leur mère, les jumeaux tuèrent la nouvelle reine, Autolyté, et s'enfuirent.

A Sicyone, on célébrait son honneur les *mélanippies*.

— Le viol de Mélanippe par Poséidon se rapporte sans doute à *la prise de possession par les Eoliens des centres préhelléniques du culte du cheval* (1-135).

• Une des Amazones, sœur d'Antiope.

MÉLANIPPOS
l'étalon noir

Fils de Thésée et de Périgouné, la fille du bandit Sinis tué par le héros.

• Fils d'Astacos qui combattit les Sept Chefs aux côtés d'Etéocle, tua Mécistée, blessa Tydée et fut lui-même décapité par Amphiaros qui apporta son crâne à Tydée qui lui dévora la cervelle: ce «mets» passait pour un moyen de décupler l'adresse des guerriers dans les combats. Introduite par les Hellènes, cette coutume était encore pratiquée par les Scythes à la période classique (1-304).

MÉLANTHE

Fils du roi d'Elide Nélée, roi de Messénie, qui, chassé par les Héraclides, se réfugia dans l'Attique, tua Xanthos, le roi des Béotiens, et devint roi d'Athènes. Il érigea un temple à Dionysos et institua les *Apatouries,* fêtes solennelles rappelant l'organisation d'Athènes en phratries (communautés), qui duraient trois jours. Son fils Cocros fut le dernier roi d'Athènes.

MÉLANTHÉOS ou MÉLANTHOS
le basané

Fils de Dolios, ce chevrier d'Odysseus, ayant pris le parti des prétendants de son épouse Pénélope, l'insulta lorsqu'il revint au palais déguisé en mendiant, et arma les prétendants contre son maître. Il fut mutilé, tué et suspendu à une colonne.

MÉLÉAGRE
la pintade

Fils d'Œnée, roi de Calydon, et d'Althée. Lorsqu'il eut sept jours, les Parques décidèrent qu'il vivrait aussi longtemps qu'un tison brûlant dans la cheminée ne serait pas consumé. Aussitôt Althée éteignit le tison et le cacha dans un coffre. Méléagre devint le meilleur lanceur de javeline de Grèce, fut vainqueur aux jeux funèbres d'Acaste, épousa Cléopâtre, également appelée Alcyoné, qui lui donna une fille, Polydora, participa à l'expédition des Argonautes et à la chasse au sanglier de Calydon. Il acheva l'animal blessé par une flèche d'Atalante, écorcha l'animal et offrit sa peau à la guerrière, offensant ses oncles Plexippos, Céphée et Ancée qui réclamaient les dépouilles. Fou de colère, Méléagre les tua, provoquant l'indignation de sa mère qui prit le tison et le jeta dans le feu. Après la mort du jeune homme, Althée et Cléopâtre se pendirent, et Athéna changea toutes ses sœurs en pintades. Dans l'île de Léros et à l'Acropole d'Athènes, on vénérait Artémis en tant que *meleagris : pintade,* les gloussements de ce gallinacé étant considérés comme des cris de deuil. Ce culte était probablement originaire d'Afrique (1-217).
— Les aventures de Méléagre ont été peintes par Poussin, Jordaens, Ch. Le Brun...

MÉLIA
le frêne

Nymphe Océanide, épouse du dieu-fleuve Inachos, auquel elle donna Phoronée, dont le nom fut plus tard changé en

Argos dont il devint le roi, Aegialée, et Phégée qui devint roi d'Arcadie.

MÉLIADES

Nymphes nées du sang des testicules d'Ouranos mutilé par Cronos, qui vivaient dans les pommiers, tandis que les Mélies vivaient dans les frênes (1-234).

MÉLICERTE
celui qui exerce un doux pouvoir

Fils d'Athamas et d'Ino, frère de Léarchos. Ses parents, devenus fous par un maléfice d'Héra, le jetèrent dans un chaudron d'eau bouillante. Selon d'autres, Ino l'entraîna dans sa chute lorsqu'elle se précipita du haut des roches Scironiennes (c'est du haut de ce promontoire que Sciron jetait à la mer les étrangers qui s'aventuraient sur son territoire). Zeus divinisa Mélicerte qui devint le dieu marin Palémon.

MELKART ou MEL-CARTH
le roi de la ville

Divinité phénicienne adorée à Tyr, identifiée avec Baal, guerrier courageux, grand navigateur, homologue de l'Héraklès grec. On lui sacrifiait des victimes humaines : vierges, enfants... Les rochers du détroit de Gibraltar étaient, pour les Tyriens, les *colonnes de Melkart* (les colonnes d'Hercule).

MELPOMÈNE
la chanteuse

Muse associée, à l'origine, à l'harmonie musicale et au chant, qui devint plus tard la muse de la *Tragédie,* lorsqu'on l'associa à Dionysos (qui portait parfois le nom de Melpomenos). De son union avec le dieu-fleuve Acheloos naquirent les Sirènes. Elle était représentée couronnée de pampre et tenant un masque tragique à la main.

MÉLUSINE
du gallois *Melies : femme mélodieuse*

Ou Merlusine : sa légende est contée dans le roman de Jean d'Arras, duc de Berry, écrit en 1387.

Née des amours de Merlin et Viviane (ou d'Elénas, roi d'Albanie, et de la fée Pressine, ou descendante des Lusignan dans le Poitou; elle aurait érigé le château de Lusignan), elle s'éprit du fils du comte de Forez, Raimondin, qu'elle rencontra dans une forêt poitevine, l'épousa et bâtit pour lui de nombreux châteaux, dont le plus connu est celui de Lusignan. Ils eurent huit garçons frappés chacun d'une disgrâce : l'aîné, Vriam, avait le visage trop large, un œil bleu et l'autre rouge. Le visage du cadet, Odon, était déformé par une oreille démesurée. Le troisième, Guion, avait un œil plus haut que l'autre. Antoine avait la joue marquée d'une griffe de lion. Renault n'avait qu'un œil, mais qui lui permettait de voir distinctement à vingt et une lieues. Geoffroi avait une dent qui dépassait sa bouche d'un pouce. Froimond avait le nez velu. Le dernier n'avait pas de nom, mais trois yeux, le troisième situé au milieu de son front; il se fit moine.

Mélusine, qui avait reçu de sa mère le pouvoir de se transformer en sirène, retournait se baigner à la rivière tous les samedis. Lorsqu'elle épousa Raimondin, elle lui avait fait promettre de ne jamais chercher à la voir ce jour-là. Tout alla bien jusqu'au jour où, poussé par son frère le comte de Forez, Raimondin perça un trou avec son épée dans la porte de la chambre et surprit le secret de sa femme, qui, désespérée, s'échappa en pleurant par la fenêtre du château de Lusignan et ne fut jamais revue. Depuis ce temps, à chaque fois qu'un seigneur de Lusignan va mourir, elle reparaît sur les tours du château, à la tombée du jour, vêtue d'une longue robe mauve, accompagnée de biches et de cerfs, et pousse des cris perçants.

En Bretagne et en Vendée, il existait des autels dédiés à la fée Mélusine.

MEMNON
le résolu

Fils d'Eôs et de Tithon, que les dieux envoyèrent au secours de Troie à la tête d'un contingent d'Ethiopiens. Protégé par une armure magique forgée par Héphaïstos, il tua de nombreux guerriers grecs, parmi lesquels le fils de Nestor, Antiloque. Pour venger ce dernier, Achille le défia dans un combat singulier et le tua. A la demande d'Eôs, Zeus lui accorda l'immortalité.

Au premier siècle avant notre ère, on crut reconnaître l'image de ce héros dans l'un des colosses dominant la nécropole de Thèbes. A la suite d'un tremblement de terre, la moitié supérieure de la statue gigantesque avait été détachée et, chaque jour, au lever du soleil, des sons qu'on disait harmonieux s'échappaient du tronçon restant. On tira des présages de ces bruits mystérieux qui, en réalité, provenaient des vibrations sonores produites par la dilatation du grès dur sous l'action de la rosée matinale et des premiers rayons solaires.

MÉNADES
les femmes folles

Nymphes qui suivaient Dionysos, poussant des hurlements, jouant du tambour et agitant le thyrse.

Elles étaient connues pour leurs mœurs curieuses : elles pourchassaient un homme qu'elles utilisaient pour leurs orgies, faveur qu'il payait ensuite de sa vie, s'enivraient à cœur joie au cours de la célébration des mystères et commettaient des actes de cruauté. Ainsi lorsque Dionysos envahit la Grèce, Orphée refusa de l'honorer, mais continua à pratiquer le culte d'Hélios; les Ménades de Macédoine s'emparèrent des armes de leurs maris, pénétrèrent dans le temple où

Orphée officiait et tuèrent tous les hommes, Orphée y compris. Lorsqu'elles voulurent se purifier de ce crime dans l'Hélicon, le dieu-fleuve se retira et émergea six kilomètres plus loin. Pour les punir, Dionysos les changea en arbres.

MÉNÉLAS : voir AGAMEMNON.

MÉNESTHÉE

la force divine

Fils de Pétéos, petit-fils d'Erechtée, Ménesthée revint régner à Athènes d'où son père avait été banni auparavant, détrônant Thésée. Il participa à la guerre de Troie à la tête d'un contingent d'Athéniens et se révéla un habile stratège. Après la prise de la ville, on lui offrit le trône vacant de l'île de Mélos, mais certains disent qu'il mourut à Troie.

MENMENU

Monstre de la mythologie égyptienne, gardien de la quatrième partie du monde inférieur (50).

MÉNOECÉE

la puissance de la maison

Père de Jocaste, né d'une des dents de dragon semées par Cadmos (selon d'autres, petit-fils de Penthée), qui, pour mettre fin à l'épidémie de peste qui sévissait à Thèbes en punition de l'inceste commis par Œdipe, se jeta du haut des murs de la ville.

MENTOR
l'homme patient

Fils d'Alcimos chargé de l'administration des biens d'Odysseus lors de son départ pour Troie. Athéna emprunta ses traits pour accompagner Télémaque à Pylos, et secourir Odysseus dans le massacre des prétendants de Pénélope. Cette légende est le sujet du *Télémaque* de Fénelon. Par la suite, on employa le nom de Mentor pour désigner un guide avisé.

MERCURE

Divinité latine, fils de Jupiter, assimilé à Hermès, à l'origine dieu des céréales associé à Cérès, il devint le patron des marchands et des corporations.

Mère

Le mystère de la génération et de la naissance semble avoir été la préoccupation majeure des hommes primitifs, et la mère, Genitrix, détentrice du don de vie, avoir occupé une place privilégiée dans l'imaginaire humain. En effet, les fouilles ont mis au jour un nombre impressionnant de figurines féminines datant de l'âge du Bronze (ou antérieures) dont l'abdomen distendu, le nombril proéminent, les seins énormes laissent supposer que la maternité était vénérée ou adorée comme principe divin. *A l'âge du Bronze, le culte de la déesse prédominait partout, de l'Inde à la Grande-Bretagne.* (57-275)

De l'Asie occidentale à la Méditerranée, on voua aux déesses-mères un culte fondé sur la fertilité et la productivité de la terre, mère universelle se *reproduisant elle-même*, responsable de la fécondité, de la génération, de la prospérité de l'année nouvelle. Ce culte s'étendit à l'Asie Mineure : en Phrygie et à Ephèse (Cybèle), en Syrie (Anat ou Ashérat), chez les Hourrites (Hébat). La mère fut très tôt assimilée à la ***terre fertile,*** dans laquelle la vie prend naissance et qui, labourée, porte en elle le germe de toutes les moissons. Avec le développement de l'agriculture et de l'élevage, on lui adjoignit un dieu jeune dont la virilité lui était nécessaire pour procréer (Attis, Horus...). Elle s'unissait avec lui dans une union sacrée fécondante, tout en conservant, même en Grèce, la suprématie sur les dieux mâles et sa fonction de mère de la vie et de l'humanité. Le fils-époux, incarné dans un taureau ou dans une forme humaine, est toujours demeuré dans l'ombre de la Magna Mater, relégué dans l'obscure fonction de consort procréateur. Même l'Etre suprême, le Ciel, maître du temps et de la pluie qui s'extériorisait par le tonnerre, les éclairs et les ouragans (Râ, Zeus...), ne fut jamais admis au rang d'époux de la Grande Déesse. Dans toutes les mythologies, on rencontre cette Mère toute-puissante, qui préside au destin des cités et des états, intermédiaire et transformatrice de la semence du procréateur ou Mère Cosmique Universelle, *figure originelle, qui emplit le monde dès le commencement* (15-235).

Quels qu'aient été leurs noms, L'Inanna mésopotamienne, l'Isis égyptienne, l'Astarté phénicienne, l'Ishtar babylonienne, l'hindoue Kâli-Durga, les grecques Gaïa, Rhéa, Déméter ou Héra *avaient pour fonction principale la maternité; elles donnaient naissance aux dieux, allaitaient les rois en leur conférant leur divinité et leur immortalité* (57-67). Intégrée au christianisme, la Magna Mater est toujours vénérée et veille sur l'humanité sous les traits de la Madone, mère de tous les hommes.

— **Le culte** rendu à la Déesse-Mère comportait toujours une *union sacrée symbolique* au moment du Nouvel An, dont le but était de rendre la fertilité aux champs, aux hommes et aux animaux la fécondité, la *mise à mort du dieu et sa résurrection* figurant le cycle régulier des saisons. Le taureau et les cornes, symboles de la puissance génératrice, faisaient partie intégrante de ce culte. Et le bucrâne, tête de taureau décharnée qui orne les monuments antiques, en est peut-être une réminiscence.

MERLIN ou MYRDDHIN

On le dit né dans l'île de Sein d'un consul romain, à la fois guerrier, barde, poète et devin, auxiliaire du roi Arthur dans sa lutte contre les Saxons. Une autre légende lui donne pour parents une vierge et le diable et le fait naître dans la forêt de Brocéliande, en Bretagne, au pied d'un chêne. Lorsque le roi Wortigern fit ériger une tour, chaque pierre, à peine posée, disparaissait mystérieusement. Le mage déclara qu'il fallait sacrifier un nouveau-né au pied de cette tour et arroser de son sang les fondations. Merlin fut choisi, et on vint le chercher à l'âge de seize jours, dans la forêt. Mais dès qu'on l'eût déposé par terre, il se mit à parler avec une sagesse qui stupéfia les mages, leur indiquant la présence d'un lac sous les fondations ensorcelées, où demeuraient deux dragons rivaux, l'un rouge, l'autre blanc, représentant respectivement l'Angleterre et les Saxons. La première prédiction fut vérifiée lorsqu'on creusa le sol; alors un grand oiseau blanc en sortit et emporta Merlin dans les airs jusqu'à sa forêt, où il se nourrissait d'herbes magiques et de fruits.

On lui attribue de nombreux **enchantements**: outre la transmutation de rochers transportés d'Angleterre en géants, la disparition de ceux qui pénétraient à l'intérieur des cercles magiques qu'il traçait avec son épée flamboyante... Un jour, il tomba amoureux de la fée *Viviane* (ou Niniane, de Nianis, roi des Assyriens), magicienne dotée de pouvoirs aussi étendus que les siens. Lui ayant appris l'art de tracer le cercle magique qui protégeait leur amour et les unissait pour toujours, Merlin l'emmena à travers l'Europe sur un cheval plus rapide que le vent. Mais un jour, il oublia son épée et ils furent poursuivis par un ennemi. De sa baguette magique, Viviane toucha un immense chêne qui se transforma aussitôt en un palais de cristal dans lequel ils pénétrèrent pour y disparaître à jamais en même temps que le château. On raconte aussi que Merlin débarrassa le pays de Wortigern le tyran, et qu'il devint ensuite le conseiller de son successeur, le roi Ambroise.

Par ailleurs, Geoffroi de Monmouth, qui rédigea les *Prophéties de Merlin* en 1135, présente Merlin comme un roi sage et un devin qui, après la mort de ses frères, perdit la raison et se retira dans une forêt sauvage, reparaissant de temps en temps pour faire de sinistres prédictions, à la demande de sa femme Gwendoloena et de sa sœur Ganieda.

Toujours selon ce poème, le barde Taliesin le rejoignit dans sa retraite, et leurs entretiens constituent un cours d'histoire naturelle et de cosmogonie. Il prédit les malheurs qui menacent la Grande-Bretagne.

Au début du XIIIe siècle, Robert de Borron, dans un poème, fit de Merlin une sorte d'Antéchrist, fils d'une religieuse et d'un démon. Mais on lui administre le baptême, et il devient le conseiller du roi Uter qu'il aide à combattre et vaincre les Saxons, puis institue la *Table ronde,* dans le but de reconquérir le Saint-Graal, vase taillé dans une émeraude qui servit de coupe au Christ lors de la Cène. Il pourrait s'agir aussi du chaudron de la mythologie celtique, doté de pouvoirs merveilleux, convoité par les dieux et les demi-dieux, qui fut l'enjeu de maintes joutes épiques. Après quoi, il se retire dans les bois où la fée Viviane ou Niniane l'enferme dans un cercle magique qui le retient prisonnier.

Au Moyen Age, comme pour Aristote, Virgile et Hippocrate, Merlin fut considéré comme le prototype de l'***homme supérieur qui se laisse prendre aux ruses d'une femme.***

MÉROPÉ
L'éloquente

Pléiade, fille d'Atlas, femme du mortel Sisyphe auquel elle donna un fils, Glaucos, père de Bellérophon. Métamorphosée en étoile par Zeus, elle refusa de briller. Aussi est-elle la moins brillante des étoiles !

Merveilles

Les monuments du monde ancien qui excitaient l'admiration universelle étaient décrits dans *De Septem orbis spectaculis,* opuscule attribué à Philon de Byzance qui aurait vécu au Xe siècle de notre ère. Ce sont : les *pyramides d'Egypte,* les *jardins suspendus de Sémiramis et les murs de Babylone,* la *statue de Zeus olympien* par Phidias, le *colosse de Rhodes,* le *temple d'Artémis à Ephèse,* le *tombeau de Mausole à Halicarnasse,* le *phare d'Alexandrie.*

Par la suite, divers auteurs (Vibius Sequester...), frappés par le talent et le goût artistique des architectes, ont contesté cette sélection basée sur l'importance en masse des monuments, la dimension des temples, et ont déterminé la liste suivante.

— Le *Capitole de Rome,* qui contenait des statues portant gravé sur leur poitrine le nom de toutes les nations du monde et une sonnette attachée au cou. Celle-ci se mettait à tinter dès que le pays concerné entrait en guerre. Les prêtres allaient aussitôt trouver les consuls pour leur dénoncer la rébellion et des troupes étaient dirigées contre ces ennemis.

— Le *phare d'Alexandrie,* dont les fondations de maçonnerie étaient posées sur quatre piliers de verre larges de vingt pas.

— Le *colosse d'airain de l'île de Rhodes,* mesurant cent vingt-cinq pieds de haut.

— La *statue de fer de Bellérophon à cheval,* dans la ville de Smyrne, pesant cinq mille livres, qui se tenait suspendue dans l'air sans cordes ou charpente, uniquement portée par la force magnétique des pierres d'aimant contenues dans chacun de ses membres qui se soutenaient mutuellement dans un parfait équilibre.

— Le *théâtre d'Héraclée,* taillé dans un seul bloc de marbre, supporté par sept piliers taillés dans ce même bloc. On ne pouvait y parler sans que la voix soit aussitôt entendue de tous ceux qui se trouvaient dans l'enceinte.

— Les *thermes construits par Apollonius de Tyane* qui pouvaient être éclairés par l'allumage d'une seule chandelle qui allumait les thermes de tous les côtés. Ils étaient chauffés par un foyer perpétuel que n'entretenait aucun bois.

— Le *temple d'Artémis à Ephèse:* les fondations des arcades étaient posées sur quatre colonnes; les quatres premières arcades, qui se rétrécissaient progressivement, portaient des pierres qui supportaient à leur tour huit colonnes et huit nouvelles arcades. Sur ces dernières se dressait un troisième ensemble de seize colonnes et seize arcades portant un quatrième groupe de trente-deux colonnes et autant d'arcades. Au-dessus, un cinquième groupe de soixante-quatre colonnes et soixante-quatre arcades. Le tout était couronné par cent vingt-huit colonnes et autant d'arcades.

MÉTANIRE
celle qui vit parmi les jeunes filles (1-652)

Fille d'Amphictyon, épouse de Céléos, roi d'Eleusis, qui donna l'hospitalité à Déméter partie à la recherche de Perséphone. En voulant rendre immortel par le feu Démophon, le fils de son hôtesse, la déesse provoqua involontairement sa mort. Déméter, pour consoler la mère éplorée, conféra des dons merveilleux à un autre de ses fils, Triptolème.

MÉTIS
le conseiller

Fille d'Oceanos et de Téthys, première femme de Zeus, qui prépara le breuvage magique qui obligea Cronos à rendre les dieux qu'il avait avalés. Elle déclara qu'après avoir mis au monde la fille qu'elle attendait, elle aurait un fils qui détrônerait son père. Sans plus attendre, Zeus l'avala. Peu après, il fut pris d'une violente migraine; Héphaïstos lui fendit le crâne d'un coup de hache et Athéna en surgit tout armée et casquée.

METZTLI
la Lune

Dans la mythologie aztèque, déesse lunaire de la végétation croissante.

MICTLANTECUHTLI
le seigneur du pays des morts

Dieu aztèque du monde souterrain, associé à MICTLANCIHUATL, *la dame du pays des morts.*

MIDAS
la graine

Fils de Gordios, ou fils de Cybèle et d'un Satyre, élève d'Orphée, roi de Bromion en Macédoine qui adorait s'occuper des roses de son jardin. Comme Midas accueillit avec bienveillance un Satyre de la suite de Dionysos, le dieu lui accorda le privilège de transformer en or tout ce qu'il toucherait. Au début, Midas fut le plus heureux des hommes : un brin d'herbe, une pierre devenaient immédiatement des pépites d'or. Mais les choses se gâtèrent lorsque les mets et le vin se changèrent en métal précieux et que sa petite-fille devint une statue d'or entre ses bras ! Pour retrouver son état normal, il dut se baigner dans le Pactole, qui, depuis, roule de l'or. Un jour, il arbitra un concours entre Pan et Apollon, joueurs de lyre tous deux, et donna le prix à Pan. Apollon, pour se venger, lui donna des oreilles d'âne qu'il put dissimuler sous un bonnet phrygien à ses sujets, mais pas à son barbier ! Celui-ci lui promit le silence; mais au bout de quelque temps, ce secret devint pesant et le pauvre homme creusa un trou près du fleuve dans lequel il chuchota : « Midas, le roi Midas a des oreilles d'âne », et s'en alla libéré. Mais des roseaux poussèrent à cet endroit et se mirent à chantonner son secret aux passants. Le pauvre Midas condamna à mort son coiffeur et mourut après avoir bu du sang de taureau.

◆ Midas a été identifié avec Mita, roi des Mosches, peuplade venue du Pont qui occupa la Thrace occidentale (la future Macédoine) vers le milieu du second millénaire avant notre ère. Son jardin de roses évoque le culte d'Aphrodite, à laquelle la rose était consacrée. La transformation en or de tout ce qu'il touchait a pour but d'expliquer à la fois la présence d'or dans le fleuve Pactole et les richesses fabuleuses de la dynastie de Mita (1-229).

◆ Ce mythe est une leçon de sagesse : il explique le danger représenté par la recherche de la richesse matérielle aux dépens de la vie spirituelle.

MILÉTOS
celui qui est peint à l'ocre rouge

Fils d'Apollon et de la nymphe Aria, qui, banni de Crète par Minos, se rendit en Carie, en Asie Mineure, où il fonda le royaume de Milet.
– Ce mythe explique l'installation, en Carie, d'un certain nombre d'aristocrates grecs de race éolienne qui émigrèrent pendant une période de désordres sociaux. Le nom de Milétos indique probablement que les Crétois avaient le teint plus foncé que celui des Grecs (1-239).

MIN

Dieu égyptien de la fertilité, des moissons, qui apportait la pluie. Il fut plus tard assimilé à Amen-Ra et au Pan grec.

MINERVE
primitivement *Menerva*

Déesse étrusque et latine des arts, de l'intelligence et de l'industrie, qui fut souvent associée à Jupiter et à Junon. A Rome, elle était vénérée lors des *grandes quinquatries,* célébrées le premier mars par les artisans et les écoles, et des *petites quinquatries* du 13 juin, fête des joueurs de flûte. Identifiée avec la déesse grecque Athéna, elle avait pour attribut le hibou et l'olivier, que les poètes appelaient l'*arbre de Minerve.*
• Nom d'une planète télescopique découverte en 1867.

MINOS
la créature de la lune (1-652)

Fils de Zeus et d'Europe, qui fut adopté, ainsi que ses frères Rhadamanthe et Sarpédon, par Astérios. Lorsqu'il succéda à ce dernier sur le trône de Crète (trois générations avant la guerre de Troie), il dédia un autel à Poséidon et lui demanda de faire sortir de la mer le taureau du sacrifice. Aussitôt, un magnifique taureau blanc apparut sur la plage, si beau que Minos l'envoya rejoindre ses troupeaux et en immola un autre.

Peu après, Minos épousa Pasiphaé, fille d'Hélios et de Crété, qui lui donna Acacallis, Ariane, Androgée, Catrée, Glaucos et Phèdre. Mais Poséidon, pour se venger, suscita chez la jeune mariée une violente passion pour le taureau détourné du sacrifice. Elle confia son secret à Dédale; l'architecte athénien fabriqua une vache creuse en bois revêtue de la peau d'une vraie vache, qu'il posa sur des roues et poussa dans le pré où paissait l'animal. Pasiphaé s'y introduisit, s'unit au taureau blanc et donna naissance au Minotaure, monstre possédant un corps humain et une tête de taureau. Voulant éviter le scandale, Minos cacha Pasiphaé et le Minotaure au centre du labyrinthe construit par Dédale, qui y fut lui-même enfermé plus tard. Son fils Androgée ayant été tué par les Athéniens lorsqu'il eût remporté tous les prix aux Jeux Athéniens, Minos leur déclara la guerre. Il exigea de la Grèce asservie un tribut annuel de sept jeunes gens et sept jeunes filles qui étaient dévorés par le Minotaure. C'est alors que Thésée, guidé par Ariane, pénétra dans le labyrinthe, tua le monstre et en ressortit sain et sauf.

Minos eut de nombreuses aventures : avec la nymphe *Paria* dont les fils colonisèrent Paros et furent tués par Héraklès; avec *Androgénie,* mère d'Astérios. Il poursuivit *Britomaris* pendant neuf mois et la jeune fille, lasse et désespérée, se jeta dans la mer et fut sauvée par des pêcheurs. Pasiphaé, irritée des infidélités de son époux, lui jeta un sort et à chaque fois qu'il s'unissait à l'une de ses maîtresses, il se mit à éjaculer des serpents, des scorpions ou des mille-pattes qui lui dévoraient les organes sexuels.

Minos passait pour un législateur avisé, un excellent gestionnaire qui avait fait de Cnossos *le centre élégant et luxueux d'une des premières puissances commerciales du monde civilisé* (15-23). On lui attribuait également la répression de la piraterie.

MINOTAURE

Monstre à corps d'homme et à tête de taureau né des amours coupables de la reine de Crète, Pasiphaé, avec un magnifique taureau blanc que le roi Minos avait refusé de sacrifier à Poséidon. Pour le dérober aux regards de ses sujets, le roi l'enferma dans le labyrinthe (il existait en effet à Cnossos un labyrinthe en mosaïque, indiquant la place des danseurs qui y exécutaient une danse rituelle appelée la danse du labyrinthe). Tous les neuf ans, les Athéniens devaient envoyer un groupe de sept jeunes gens et sept jeunes filles (terme de la Grande Année) qui servaient de pâture à Astérion ou Astérios, le Minotaure. Ce dernier fut tué par Thésée auquel Ariane avait remis une pelote de fil de lin qui, en se déroulant, le mena au monstre endormi qu'il tua avec sa massue (ou avec une épée remise par Ariane), et en se réenroulant, lui permit ensuite de retrouver la sortie.

◆ Le Minotaure fut originellement l'*aspect nocturne, sombre et terrible d'une antique représentation égypto-crétoise du dieu soleil incarné et roi divin* (15-198). Incarnation de la dualité de la nature humaine (corps-matière et esprit-âme), il est également l'image du *monstre-tyran* avide des prérogatives insatiables du « mien » et du « moi », le symbole du ***développement abusif de l'ego,*** qui est « une malédiction pour lui et pour la société dans laquelle il vit »... Attitude pouvant provoquer des désastres dans la sphère personnelle de l'individu et à « l'échelon du monde ». Le combat de Thésée et du Minotaure représente, comme tous les combats mythiques, la lutte entre le bien et le mal, la victoire remportée sur l'aspect négatif de la personnalité.

MINYAS
l'homme de la lune

Fils (ou petit-fils) de Poséidon, qui régna sur Orchomène en Béotie et fut le premier roi à constituer un trésor. De sa femme, Tritogénie, il eut neuf enfants dont plusieurs firent partie de l'expédition des Argonautes. Ses filles Alcathoé,

Leucippé et Arsippé (ou Aristippé ou Arsinoé), refusèrent de participer aux orgies dionysiaques, et furent privées de la raison par le dieu du vin.

MITHRA

Divinité perse et mazdéiste de la lumière créée, de la vérité et de la bonne foi, protecteur des contrats, médiateur entre les dieux et les hommes et juge des âmes. A l'origine créé par Ormuzd, il finit par le détrôner pour devenir le centre d'un culte particulier, le *mithracisme,* dont l'élément principal était l'*immolation d'un taureau* dans une grotte sacrée. Ce culte, dont les préceptes se rapprochent de ceux du mazdéisme de Zoroastre, fut adopté par les Grecs d'Asie. Puis il s'intégra à celui des divinités solaires de la Grèce et de l'Asie, et les mystères de Mithra se répandirent dans le monde romain.

MITRA *(l'ami)* et VARUNA

Dieux de l'Inde védique, fils omnipotents d'Aditi, dotés de pouvoirs magiques, qui réalisèrent l'ordre universel. Dieu secourable et bienveillant, *assimilé au Soleil,* **Mitra** (proche d'Agni, dieu du feu) brillait durant le jour et présidait aux contrats. Il disparut dans la religion post-védique. **Varuna,** qui fixa les limites de la terre et du ciel, était le dieu de la fécondité et de la fertilité, incarnation de la Lune, un dieu lieur représenté tenant une corde, le magicien maître de l'illusion (la maya). Inflexible, il veillait à ce que les serments soient tenus et provoquait les tremblements de terre. Mais il pouvait également apporter la paix, la fertilité, la prospérité et la santé.

MIXCOATL
le Serpent-Nuage

Dieu de la guerre et de la chasse du panthéon aztèque.

MNÉMOSYNE
la mémoire

Titanide, fille d'Ouranos et de Gaïa, qui reçut Zeus métamorphosé en berger dans son lit pendant neuf nuits, et enfanta les neuf Muses. On la représentait comme une jeune fille enfonçant un clou ou comme une femme sévère tenant un stylet ou un burin.

MOIRES
le destin de chaque être humain

Au nombre de trois, engendrées par l'Erèbe et la Nuit (ou nées par parthénogenèse de Nécessité, appelée « la Puissante Parque » (1-46), auxquelles même Zeus devait obéissance, jusqu'au moment *où il s'empara du pouvoir suprême et du droit de mesurer la vie de l'homme.*

Clotho file sur son fuseau la trame de l'existence, dont **Lachésis** détermine la longueur à l'aide de sa baguette. Avec ses ciseaux, **Atropos** coupe ce fil.

• Les *Parques* ou *Tri Fata* romaines sont les répliques des Moires, les symboles du *destin* représentées comme des fileuses présidant à la naissance (Nona), la seconde (Décima) au mariage et la troisième (Morta) à la mort.

MOLIONE et les MOLIONIDES

Femme d'Actor, qui devint la mère des Molionides (ou Actorides), Eurytos et Cteatos, nés d'un œuf d'argent, qui n'avaient qu'un corps mais deux têtes, quatre bras et jambes. Ils furent tués par Héraklès lors de sa mission contre Augias.

MOLOSSES

Peuple d'origine pélasgienne, occupant l'Epire, en Grèce, qui tire son nom de Molossos, fils d'Andromaque et de Néoptolème. Exposé par sa mère, recueilli par son père (époux d'Hermione), Molossos fut persécuté par sa belle-mère, puis défendu et sauvé par Pélée qui l'envoya, ainsi qu'Andromaque, en Epire. Molossos succéda au roi du pays, Hélénos, qui avait épousé sa mère, et donna son nom aux habitants.

MONETA

Surnom de Junon considérée comme la déesse des richesses à laquelle les Romains avaient élevé un temple. Les pièces de la république y furent frappées et désignées sous le nom de *moneta*, d'où le mot *monnaie*.

Monstres

Les monstres ont joué un rôle important dans toutes les mythologies où ils tentent de contrebalancer l'action des dieux. Ces figures abondent dans les mythologies, contes de fées et légendes de tous les pays, provoquant terreurs, cauchemars, ravages... Certains furent l'objet de la vénération de nombreux peuples, probablement en raison de la terreur qu'ils inspiraient.

Ce sont les *sphinx, griffons, sirènes, dragons, chimères, la Gorgone, le Minotaure, l'Hydre, le Triton, les Furies, les Erinnyes...*

◆ Ils représentent les ***forces cosmiques*** et évoquent le chaos qui a présidé à l'ordre, à l'organisation de l'univers.

◆ Sur le plan *social*, le monstre qui ravage des pays entiers, y causant destruction et ruines, symbolisait le règne d'un chef ou roi qui tyrannisait ses sujets.

◆ Sur le plan *psychologique*, ils symbolisent les ***frayeurs*** qui habitent l'âme humaine. Gardiens du seuil, ils fixent des limites, des frontières non dépourvues de dangers, qui doivent néanmoins être traversées, si l'on veut découvrir l'autre aspect de la psyché demeuré dans l'ombre et vivre une nouvelle expérience psychique. Le combat du héros contre le monstre figure la lutte pénible et douloureuse menée par l'individu au cours de l'***individuation,*** processus menant à la maturité spirituelle, émotive, affective et psychique.

◆ Lorsqu'ils se manifestent *dans les rêves,* ils mettent le rêveur en garde contre le danger d'être « dévoré » par les forces destructrices endormies dans l'Inconscient. Car elles représentent une menace pour sa santé physique et mentale.

Montagnes
l'omphalos

Lieu des naissances, où l'on situait la demeure des dieux dans toutes les mythologies : l'Olympe, Héliopolis, le Sina, le Mérou... La Déesse-Terre était primitivement représentée debout sur une montagne.

En Grèce, la montagne sacrée était symbolisée par l'*omphalos,* grosse pierre sacrée qui soutenait le trépied de la Pythie dans les souterrains de Delphes, point de rencontre entre le ciel et la terre, le nombril du monde, figurant également la terre et la naissance.

MOPSOS
le veau

Fils d'Ampyx et de la nymphe Chloris, il est le devin infaillible de la mythologie grecque, qui vécut quelque temps chez le roi de Colophon Amphimaque qu'il quitta à la suite d'une querelle avec un autre devin, Calchas. Il fonda l'oracle d'Apollon à Claros, avec le concours d'Amphilochos, fils d'Amphiaros, puis se brouilla avec lui. Il fut l'un des Argonautes et mourut en Libye, de la piqûre d'un serpent né du sang de la Méduse.

• Fils d'Apollon et de Manto (fille de Tirésias), qui fut adopté par l'Argien Rhacios.

MORGANE
Morgue en vieux français

Fée de l'île de Sein appartenant également à la mythologie celtique, qui possédait des dons extraordinaires de guérisseuse. Elle recueillit plusieurs héros : le roi Arthur après sa défaite, Garin de Montglane, Ogier le Danois, etc. Morgane devint très populaire, jusqu'en Italie où *Fata Morgana* désignait un phénomène de mirage se produisant sur les côtes de Messine et de Reggio.

MORPHÉE

Fils du Sommeil et de la Nuit, frère de Phantasios et de Phobetor, chargé de procurer des rêves aux hommes. On le représentait avec des ailes de papillon et tenant en main une poignée de pavots.

Mort

Les Egyptiens accordaient à la mort une grande importance. Ils croyaient que le corps devait être conservé afin d'assurer la survivance du *double,* matière vaporeuse et colorée qui adoptait la forme du corps (le tombeau était la « demeure du double ») et de *l'âme.* Celle-ci était représentée par un oiseau ou une flamme. Certains pensaient que l'âme s'envolait au ciel sous forme d'épervier ou rejoignait le cortège des dieux de lumière.

D'autres subordonnaient le sort de l'âme au comportement du défunt pendant son séjour terrestre : elle s'embarquait à Abydos, pour plaider sa cause, et confessait ses fautes devant le tribunal d'Osiris assisté de quarante-deux juges. La pensée de son cœur et de ses actions fournissait les *preuves* de sa bonne foi. Puis la *sentence* était prononcée et l'âme coupable allait en enfer où elle se nourrissait de matières immondes, poursuivie par des scorpions, des serpents jusqu'à l'anéantissement final. L'âme juste traversait une série d'épreuves et entrait dans le royaume d'Osiris qui la nourrissait de mets délicieux; ou bien, elle était absorbée dans la divinité.

La mort était l'objet d'un **culte** extraordinaire et de fastueuses cérémonies qui duraient plusieurs jours : les femmes, le visage souillé de fange, parcouraient la ville en poussant des cris plaintifs, puis se rendaient dans la demeure du défunt. Pendant ce temps, les embaumeurs préparaient le corps qui, débarrassé de ses parties les plus corruptibles (placées dans des vases d'albâtre appelés *canopes*), était plongé dans un bain de *natron* pendant parfois soixante-dix jours. Il était alors rempli de sciure de bois et de linges imbibés de substances aromatiques avant d'être emmaillotté de bandelettes (pouvant avoir 5 000 mètres) et de toiles. On plaçait enfin des amulettes et sa tête était dissimulée sous un masque.

Les pharaons se faisaient construire des pyramides gigantesques et les gens riches avaient des tombes monumentales creusées dans le flanc des collines, les *mastabas*. La dépouille des gens du peuple était déposée dans le sable, sans cercueil, à un mètre de profondeur. Tous les sarcophages renfermaient des provisions pour l'autre monde, et on entourait les momies de feuillages et de fleurs : pavot rouge, lotus blanc et bleu, fleurs d'une variété de chrysanthème (*chrysanthemum coronatum)*, feuilles et fleurs de grenadier, crocus, safran, céleri, oignon, poireau. On a retrouvé des plantes datant de cinq ou six mille ans dans un parfait état de conservation.

— Chez les *Chaldéo-Assyriens,* le culte des morts était fondé sur la crainte. Ils imaginaient un ciel, un enfer et un jugement après la mort : les âmes vertueuses étant reçues dans le séjour des dieux, et les âmes non méritantes soumises à d'horribles supplices pour toujours.

Immédiatement après la mort, les membres de la famille se répandaient en lamentations aiguës. On faisait la toilette du défunt, puis on l'exposait sur un lit de parade et on pratiquait une sorte d'embaumement imparfait. Quelque temps plus tard le cercueil, formé de deux jarres cylindriques emboîtées l'une dans l'autre, était placé dans un tombeau avec des bijoux et des vases contenant des aliments.

— Les *Phéniciens* déposaient les cadavres préalablement embaumés dans des cercueils ou des sarcophages, puis dans des

tombeaux creusés dans le roc qui comprenaient souvent plusieurs chambres.
– Dans la civilisation *médo-perse,* le corps ne pouvait être brûlé, enterré, ni jeté dans une rivière pour qu'il ne souille pas les éléments. Enduit de cire, il était exposé en plein air pour être dévoré par des oiseaux de proie. Aussi n'a-t-on retrouvé en Perse que quelques tombes isolées construites par des rois ou des satrapes.

◆ Au point de vue *psychologique,* la mort est la dissolution, ***prélude à l'éveil de la conscience,*** le passage « du monde phénoménal à celui de la supraconscience ».

MUCIUS SCAEVOLA

Romain qui, voulant assassiner le roi étrusque Porsenna, s'introduisit dans le camp ennemi et, se trompant de personne, tua l'un de ses officiers. Arrêté, il fut conduit devant le souverain et, pour prouver son courage, posa sa main dans un brasier destiné à un sacrifice. Impressionné, le roi Porsenna le libéra, mais Mucius l'avertit qu'une armée entière était disposée à le tuer. Le roi leva le siège et Mucius, qui avait perdu une main, fut appelé Scaevola, le *gaucher,* et considéré comme un héros par ses compatriotes.

MUSÉE

Fils d'Orphée (ou de Linon, ou d'Eumolpe) et de Séléné, poète et musicien, qui vivait en Attique et fut le premier prêtre des mystères d'Eleusis. On lui attribuait de nombreux ouvrages : des *Hymnes,* des poèmes sur les *Oracles,* les *Remèdes* et une *Théogonie.*

MUSES
le tourbillon, la tourmente

Originaires de Thrace, région considérée par les Grecs comme le pays de la lumière : ce nom avait un sens symbolique et signifiait *le pays de la pure doctrine et de la poésie sacrée qui en procède* (16-226). A l'origine, elles étaient trois *déesses de la montagne* sans attributions définies, qui se contentaient d'inspirer les chants, guidées par leur coryphée, Apollon. Ce sont ces Trois Muses qui apprirent au Sphinx installé sur le mont Phicion la devinette qu'il posait à tous les voyageurs.

On en fit plus tard les filles de Zeus et de Mnémosyne, déesse de la Mémoire (ou d'Ouranos et de Gaïa), magnifiques jeunes femmes dont la beauté enchantait les dieux de l'Olympe. Bienveillantes et compatissantes, elles consolaient ceux qui souffrent : ce sont elles qui recueillirent les membres d'Orphée et les enterrèrent au pied du mont Olympe… Sur la terre, ces déesses du rythme et des nombres présidaient aux arts, procuraient l'inspiration poétique aux poètes qui venaient se rafraîchir dans les fontaines situées près de leurs sanctuaires, sur le mont Hélicon, à Sparte et à travers la Grèce. Au moment des batailles, les Doriens les invoquaient parce qu'elles présidaient aux mouvements mesurés des troupes.

Vers le IXe siècle, Hésiode en comptait neuf, présidant chacune à un art spécifique sous la houlette d'Apollon nommé alors « Musagète ».

— Les neuf Muses classiques sont : **Calliope,** qui présidait à la poésie épique et à l'éloquence; **Clio,** muse de l'Histoire; **Erato,** muse de la Poésie érotique; **Euterpe,** qui régnait sur la musique; **Melpomène,** muse de la Tragédie; **Polymnie** qui dirigeait les chants et les hymnes; **Terpsichore,** la muse de la Danse et du Chant choral; **Thalie,** muse de la Comédie et de la poésie joyeuse; **Uranie** associée à l'Astronomie et à la Géométrie. A ces muses célèbres, on peut ajouter **Castalie,** la muse de l'inspiration.

— Les Romains les identifièrent aux *Camènes.*

◆ Dans l'inconscient masculin, les Muses incarnent l'***image nostalgique*** de la fée qui console dans les heures douloureuses, panse les plaies psychiques ou qui inspire les grandes œuvres. Cette image souvent magnifiée, idéalisée est celle de la « vierge », terrain inexploré, tabou qui hanta les rêves de maint séducteur… ou de la ***femme idéale*** et inaccessible.

MUT
la mère

Déesse égyptienne, épouse du dieu Amen-Ra, parfois identifiée à Bast, la déesse à tête de chat, ou à Sekhmet, la déesse à tête de lionne. Elle était représentée avec une tête d'homme ou de vautour, un phallus et des griffes de lion (50).

MYRINE ou MYRINA
la déesse de la mer (1-654)

Ancien nom de l'île de Lesbos d'après la déesse de la Méditerranée orientale, fille de Crétée et épouse de Thoas.

MYRMEX
la fourmi

Nymphe qui se vanta d'avoir inventé la charrue, découverte revenant à Athéna. Pour la punir, la déesse la changea en fourmi.

MYRMIDONS

Peuple de la Phiotidie, en Thessalie méridionale, originaire de l'île d'Egine, descendant de Myrmex ou du roi Myrmidas, dont Zeus séduisit la fille en se métamorphosant en fourmi. D'après Strabon, les Myrmidons se sont donné ce nom parce que le sol de leur pays était caillouteux et qu'ils devaient creuser longtemps, à l'instar des fourmis, avant de pouvoir cultiver leurs champs (1-177).

Mystères

Doctrine secrète réservée aux initiés, impliquant l'idée de purification et d'expiation, qui apparut vers le VIe siècle avant J.C. Les mystères constituaient l'aspect *ésotérique* des mythes qui n'étaient enseignés, par degrés et selon des rites précis, qu'à un certain nombre d'hommes «éprouvés», c'est-à-dire qui avaient surmonté plusieurs épreuves et qui étaient tenus eux aussi au secret le plus absolu. Les principaux furent ceux d'Orphée, enseignés dès le VIIIe siècle avant notre ère, d'Hécate à Egine, de Zeus en Crète, de Dionysos en Béotie et en Attique, de Cybèle; ceux de Bendis, Sabazios, Isis, Adonis, Mithra, s'introduisirent en Grèce vers le IVe siècle avant J.C. Les mieux connus sont ceux de Déméter, célébrés à Eleusis.

Les mystères d'Eleusis

Primitivement, à Eleusis (ville d'Attique près du mont Karata), on adorait une triade de dieux agricoles, Déméter, Koré (Perséphoné), et une divinité chthonienne identifiée plus tard à Ploutos ou Pluton. Le culte s'étendit progressivement à d'autres divinités: Dionysos, Zagreus des Orphiques, Iachos, et incorpora les mystères orphiques et dionysiaques, probablement à partir du Ve siècle avant notre ère jusque sous l'empire romain, lorsqu'en 396, Alaric s'empara de la ville et la détruisit.

Pourquoi Eleusis? Parce que c'est sur ce territoire que fut semé le blé donné par Déméter aux Athéniens (Eleusis formait un royaume indépendant avant d'être incorporée au territoire d'Athènes). Les Eleusiniens obtinrent le privilège de célébrer les mystères de Déméter et Proserpine, qui furent une source de richesses, car on y venait en pèlerinage de toutes les régions de la Grèce. Ils furent par la suite célébrés dans d'autres villes.

Les mystères comprenaient une initiation du premier degré, appelée les *Petites Eleusines* ou mystère «orphique», célébrées à Agré près d'Athènes au mois d'anthestérion, préparation procurant la palingenèse (renaissance) en Zagreos (mythe de la résurrection). Au mois de boedromion avaient lieu à Eleusis les *Grandes Eleusines*, axées sur les mystères de Déméter et Perséphone, qui procuraient l'*époptéia*, la vision suprême couronnant la grande initiation. Ces cérémonies comprenaient des purifications par l'eau (bains mystiques, aspersions...) des jeûnes, des invocations, la représentation de drames symboliques (descente des morts aux enfers, leur retour à la lumière, la résurrection, la vénération d'objets sacrés...).

Le mystère orphique

Importé en Grèce par le poète Orphée de Thrace, le mystère orphique était associé au culte de Dionysos, fils de Zeus et de Sémélé, qui remplaça leur premier fils tué et dévoré par les Titans. La doctrine encourageait l'adepte à se libérer de sa nature instinctive, « titanesque », afin de mettre au jour sa nature dionysiaque. Le rite comprenait sept « actes » : *la prise de conscience, la prise de décision, la participation au repas rituel, la communion sexuelle, l'épreuve, l'identification* à Dionysos, impliquant la flagellation avec un énorme phallus, symbole de la force fécondante du dieu; *la libération,* par la danse. Il est probable que ces mystères comportaient des *épreuves* correspondant au travail psychique intérieur menant à une vie nouvelle.

Les mystères d'Isis

Célébrés dans l'ancienne Egypte, ils avaient pour but l'instruction et l'amélioration des hommes, et ont permis aux Sages de l'Antiquité d'établir leurs doctrines. C'est là que les Pharaons apprirent à gouverner.

Ces mystères comportaient des **épreuves** terribles symbolisant l'univers, les quatre éléments que devait affronter l'aspirant.

— La *Terre.* Une lampe à la main, le néophyte devait traverser seul dans l'obscurité, des galeries très basses l'obligeant souvent à progresser sur les mains et les genoux. Il aboutissait à un immense précipice enduit de ciment poli et, ne pouvant reculer, était forcé de descendre dans l'abîme au moyen d'une échelle en fer scellée dans le mur, qui descendait à soixante pieds de profondeur. Si, pris de vertige, il remontait de quelques degrés, il apercevait une ouverture servant d'entrée à un couloir en spirale menant au fond du précipice. L'aspirant était suivi de loin par un initié qui le prévenait des dangers.

Au fond de cet abîme se trouvait, au nord, une grille d'airain; au sud, une grille de fer barrant une allée s'étendant à perte de vue, bordée d'arcades éclairées par des torches. L'initié conduisait l'aspirant dans le plus grand silence à la grille d'airain, l'ouvrait et la refermait derrière lui.

— Le *Feu*. Alors le néophyte s'engageait dans la première épreuve du Feu. Il errait longtemps dans le souterrain avant de rencontrer trois hommes armés qui lui proposaient soit de revenir en arrière soit de rester à jamais dans cet endroit, s'il ne surmontait pas toutes les épreuves. Il était guidé vers l'entrée d'une voûte enflammée qu'il devait traverser.

La seconde épreuve du Feu consistait à enjamber des grilles en fer rougi disposées en étroits losanges, laissant juste assez de place pour y poser le pied.

— L'*Eau*. A côté, l'eau du Nil coulait avec fracas dans un canal de cinquante pieds. Il devait ôter ses vêtements et le traverser à la nage, sans lâcher sa lampe, pour gagner l'autre bord.

— L'*Air*. Arrivé de l'autre côté, on lui rendait ses habits et il devait essayer d'ouvrir une porte d'ivoire au bout d'un pont-levis. N'y parvenant pas, il saisissait deux gros anneaux fixés au chambranle de cette porte. Aussitôt des roues se mettaient en mouvement; le pont-levis se dérobait sous ses pieds et il se trouvait suspendu en l'air au-dessus d'un gouffre pendant qu'un vent puissant éteignait sa lampe.

Il était ensuite redescendu doucement devant la porte d'ivoire. C'était la fin des épreuves physiques.

Alors l'initié lui bandait les yeux et le conduisait devant les prêtres et l'un d'eux lui posait des questions, lui racontait l'histoire de sa vie profane, lui lisait les statuts des initiés sans négliger la peine terrible qu'entraînait la moindre indiscrétion ou l'inexécution des statuts. Puis il s'agenouillait devant l'hiérophante et prêtait serment de fidélité et de discrétion, la pointe d'un glaive sur la gorge, en invoquant les astres.

On enlevait son bandeau, on le plaçait entre deux colonnes carrées placées au-dessus d'une échelle à sept échelons, devant le trône resplendissant de l'hiérophante. Il était prêt pour les cours de physique, théogonie, anatomie, médecine, écriture symbolique et vulgaire.

• La Franc-maçonnerie dérive des mystères égyptiens dont elle a adopté les épreuves. A l'origine, c'était une association fondée sur les principes religieux, scientifiques et politiques qui avait pour but d'unir les hommes par un lien de charité et de bienfaisance.

• Au Moyen-Age, on célébrait des « mystères » représentant la Passion de Jésus-Christ ou la Nativité, plus rarement l'histoire d'un martyr. Les *Confrères de la Passion* allaient de ville en ville offrir le même spectacle suivi par des spectateurs qui campaient autour du théâtre, avec un intérêt... passionné, y participant activement, couvrant Judas de malédictions, s'indignant ou versant des larmes lorsque le bourreau crucifiait Jésus. Après l'Ascension, un diable cornu sortait de terre et emportait sur ses épaules tous les méchants : Judas, Hérode et les bourreaux.

— Jusqu'au milieu du siècle dernier, on jouait encore en Bretagne des mystères représentant la vie de Sainte Geneviève, ou *le supplice du perfide Golo,* qui rencontrait un énorme succès. Ce Golo était un personnage de la *Légende dorée* de Jacques de Voragine (XIIe siècle).

La NUIT*, médaillon du XIXe siècle.*

N

NABO, NABOU, NEBO

Divinité du panthéon chaldéo-assyrien incarnant la planète Mercure, auquel on donna pour parents Mardouk et Zirbanit (ou Ishtar). On lui attribuait l'invention des tablettes d'argile et de l'écriture. On l'appelait aussi *le dieu Dix,* parce qu'il comptait pour le nombre dix dans la série des nombres.

NAÏADES
les nymphes des eaux

Divinités protectrices des eaux courantes, des ruisseaux, des sources, des fleuves, filles de Zeus, mères des Silènes et des Satyres. Elles furent les nourrices d'Hermès, de Dionysos et d'autres dieux. Vénérées à travers la Grèces, elles étaient représentées sous l'aspect de jeunes filles couronnées de fleurs.

Naissance

Cet acte important était à Rome sous la protection de divinités comme *Alemonia,* la « nourrisseuse », qui assurait la vie du fœtus; *Partula;* « l'accoucheuse », qui présidait à la naissance; *Vagitanius;* « le vagisseur », qui ouvrait la bouche du nouveau-né; *Levana;* « la leveuse », qui le soulevait; *Rumina;* « la nourrice », qui emplissait de lait le sein de la mère; *Ossipago,* « le fixeur d'os », qui faisait pousser les os... (8-217).

NANDA

Dans les légendes bouddhiques, roi des serpents nâgas.

NANNA

Déesse de la mythologie scandinave, fille de Nep, épouse de Balder, mère de Forsete, qui, à l'annonce de la mort de son mari, mourut de désespoir. On plaça son corps sur le bûcher qui consumait celui de Balder.

NARCISSE
narcotique

Fils du dieu-fleuve Céphise et de la nymphe Liriopé, qui, selon l'oracle, devait vivre vieux à condition de ne jamais contempler son image. Un jour, la nymphe Echo le rencontra et tomba amoureuse de lui, mais ne put lui déclarer ses sentiments, car, par un maléfice d'Héra, elle ne pouvait que répéter les paroles d'autrui. Elle se contenta de le suivre dans la forêt. Narcisse s'étant aperçu de sa présence, l'appela, mais ne recevant en retour que ses propres paroles, il s'impatienta et s'en alla.

Le jeune homme ignora l'amour des jeunes filles attirées par son étrange beauté, et celui d'Ameinas (affluent du fleuve Hélicon), qui se suicida devant la porte de Narcisse non sans crier vengeance aux dieux. Artémis entendit cet appel et, au cours d'une partie de chasse, dirigea les pas de Narcisse vers une fontaine où il se désaltéra. En voyant son image reflétée dans l'eau limpide, il en tomba amoureux, mais eut beau essayer de l'embrasser, le visage fuyait toujours. Désespéré de ne pouvoir saisir cet autre lui-même, Narcisse se poignarda, pendant que la voix de la pauvre Echo répétait ses derniers mots. A l'endroit où son sang tomba sur le sol, apparut la fleur qui porte son nom (*plante bulbeuse de la famille des amaryllidacées),* et qui servait autrefois à la préparation d'un baume utilisé dans les affections des oreilles et pour guérir les engelures.

◆ Narcisse, qui inspira un grand nombre de peintres, est devenu le symbole de l'***égocentrisme,*** de l'***amour de soi,*** de la ***vanité.***

NAUPLIOS
le navigateur

Fils de Poséidon et de la Danaïde Amymoné, époux de Clyméné (fille de Catrée, roi de Crète), qui lui donna Œax et l'inventeur Palamède. Ce roi de l'île d'Eubée découvrit l'art de la navigation grâce à la Grande Ourse et fonda la cité de Nauplie dans le Péloponnèse.

Après la mort de Palamède, tué par Odysseus devant Troie, il tenta vainement d'obtenir vengeance des chefs grecs. Il incita alors les femmes de ses ennemis à commettre l'adultère pendant l'absence de leurs maris, puis une nuit, il alluma des feux de signalisation sur les écueils entourant son île; la flotte grecque vint s'y écraser, mais Odysseus eut la vie sauve. Nauplios se noya de désespoir.

NAUSICAA
celle qui brûle les navires (1-653)

Fille d'Arété et d'Alcinoos, roi de l'île de Drépané. Un jour qu'elle jouait à la balle avec ses compagnes, elle aperçut Odysseus nu et endormi sur la plage. Surprise par la présence de cet inconnu, elle poussa un cri. Réveillé en sursaut, le héros se hâta de cacher sa nudité avec une branche d'olivier. Mais la princesse s'approcha de lui et apprit qu'il avait abordé sur le rivage à la suite d'un naufrage provoqué par Poséidon. Elle s'éprit du beau navigateur, hélas déjà marié à Pénélope. Le cœur brisé, elle le conduisit au palais, lui donna de beaux vêtements et demanda à son père d'aider Odysseus à regagner sa patrie. Alcinoos, après avoir entendu le récit de ses mésaventures, lui donna un bateau et il disparut derrière l'horizon, laissant sur la plage Nausicaa et son chagrin. Elle est le symbole de ***la bonté naïve*** et de ***la raison.***

• Planète télescopique découverte en 1879.

NEFERTOUM ou NEFERTEM
Iphtimis pour les Grecs

Divinité solaire adorée à Memphis en Egypte, fils du dieu potier Ptah et de la déesse-lionne Sekhmet, considéré comme le dieu des parfums, qui fut plus tard assimilé à Horus, Thot (50).

NEITH

Déesse libyenne de l'amour et de la guerre, également appelée Anatha ou Athéna, dont le culte était rendu par des prêtresses vierges, appartenant à une époque où *la paternité n'était pas reconnue* (1-41), qui fut détrônée avec l'instauration du système patriarcal. Anticipation d'Athéna, elle était représentée vêtue de peaux de bêtes.

NÉLÉE
l'impitoyable

Fils de Poséidon et de Tyro qu'il avait séduite et abandonnée. Tyro, redoutant la réaction de sa marâtre Sidéro, exposa ses jumeaux Nélée et Pélias sur la montagne. Ils furent recueillis par un gardien de chevaux qui les fit allaiter par une pouliche (Pélias) et par une chienne (Nélée). Devenus adultes, ils retrouvèrent leur mère et, pour la venger, tuèrent Sidéro sur l'autel d'Héra; ils furent adoptés par Créthée, le fondateur d'Iolcos, qui avait épousé Tyro. Après sa mort, les jumeaux, inspirés par Héra, se querellèrent pour la succession au trône. Pélias se déclara roi et bannit Nélée, qui se rendit en Messénie, où il fonda Pylos après en avoir chassé les Lélèges. Il épousa Chloris, qui lui donna douze enfants qui furent tous, à l'exception de Nestor, tués par Héraklès.

NÉMÉSIS
l'équité

Fille de la Nuit et de l'Erèbe selon Hésiode, d'Océanos ou de Zeus selon d'autres auteurs, Némésis fut à l'origine de la déesse de la vengeance divine. A partir du VIe siècle avant J.C. on la considéra comme la *gardienne de l'ordre universel*, responsable de ***la morale,*** l'instrument de la justice qui assure une juste distribution des faveurs divines. En effet, les dieux étaient jaloux de la prospérité excessive ou du bonheur insolent des hommes qui tentent de rivaliser avec eux. Ces heureux mortels devaient, pour se faire pardonner, leur offrir des sacrifices ou soulager la misère de leurs concitoyens. Némésis intervenait lorsque ces conditions n'étaient pas remplies et les ramenaient à la raison et à l'humilité.

Némésis fut désirée par Zeus et, pour lui échapper, se métamorphosa plusieurs fois : en castor, en poisson, puis en oie, mais à chaque fois, il changea de forme et s'unit à elle. Leur union produisit un œuf qui fut confié à Léda et d'où naquirent Hélène et les Dioscures Castor et Pollux (d'autres auteurs font d'eux les fils de Léda avec des pères différents : Tyndare pour Castor et Zeus pour Pollux).

Elle fut populaire en Asie Mineure et en Grèce, et *le concept philosophique de Némésis était vénéré à Rhadamonte* où, avant la bataille de Marathon, le commandant des Perses souhaitait édifier un trophée en marbre blanc célébrant sa victoire en Attique, mais dut se retirer ayant subi une défaite navale à Salamine; on utilisa le marbre blanc pour sculpter une statue de Némésis qui personnifia ainsi ***la vengeance divine*** *et non plus le juste décret du drame annuel de la mort* figuré par les transformations «saisonnières» de la déesse. L'épithète *adrasteia* (celle à laquelle on ne peut échapper) était parfois ajouté à son nom.

Elle était représentée avec une couronne décorée de cerfs, tenant dans une main une branche de pommier et dans l'autre une roue. (Cette roue *était à l'origine de l'année solaire, comme dans la structure du nom de sa réplique latine* **Fortuna,** de Vortumna, *celle qui fait tourner l'année).* De sa ceinture pendait un fouet, *autrefois employé dans les flagellations destinées à féconder les arbres et à fertiliser les champs de blé...* (1-106). Parfois, elle tenait la main droite sur la bouche, conseillant aux hommes *la discrétion* et la *modération.*
• Les Romains lui ont érigé une statue sur le Capitole.
• Les astronomes ont donné ce nom à une étoile sombre (qu'ils n'ont pas encore localisée) qui serait responsable de l'apparition des comètes dans le système solaire. Cette Némésis accompagnerait le soleil, orbitant à deux ou trois années-lumière de distance autour de lui et, tous les trente millions d'années, son orbe elliptique se rapprocherait d'un énorme nuage qui circule depuis quatre milliards et demi d'années, entraînant des centaines de milliers de débris rocheux glacés datant des premiers âges du système solaire. Ceux-ci, déstabilisés par sa proximité, seraient projetés sous forme de comètes vers le système solaire.

NEMROD

Premier roi de la dynastie babylonienne (33 000 ans avant J.C.), qui fit construire la tour de Babel.

NÉOPTOLÈME
la nouvelle guerre

Fils d'Achille et de Déidamie (ou d'Iphigénie), petit-fils de Pélée, surnommé *Pyrrhos* ou *Pyrrhus* en raison de sa chevelure rousse. Très jeune, il dut se rendre devant Troie vers la fin du siège, l'oracle ayant déclaré sa présence indispensable à la victoire des Grecs. Ayant pénétré dans la ville avec les guerriers cachés dans le cheval de bois, il tua Priam et Astyanax. Lors du partage des captives, il reçut Andromaque, la veuve d'Hector, l'épousa et eut d'elle trois fils : Molossos, Pergamos et Piélos. Après avoir sacrifié une des filles de Priam, Polyxène, aux mânes d'Achille, il rentra en Grèce, mais Acaste s'étant emparé de la Phtie pendant son absence, il s'arrêta en Epire, fut nommé roi, et épousa Hermione, fille de Ménélas, ex-fiancée d'Oreste. Celui-ci, pour se venger, assassina Néoptolème à Delphes, où il était venu consulter l'oracle sur la stérilité de son épouse. A Delphes, on célébrait les *néoptolémées* en son honneur.

NÉPHÉLÉ
le nuage

Image façonnée à l'image d'Héra par Ixion, amoureux de la déesse, qui lui donna Centauros, enfant proscrit qui plus tard engendra les Centaures.

NEPTUNE

Dieu romain de la mer, époux de Salacia *(sal : sel),* qui remplace le vieux dieu italique Celsus dans la présidence des courses de chevaux sous le nom de Neptunus Equester. Il fut identifié avec le Poséidon grec, qui était à l'origine un dieu de l'humidité invoqué par les paysans contre la sécheresse (8-201). A Rome, il était vénéré le 23 juillet, par les mariniers du Tibre, lors des *neptunalies,* consistant en régates et en festins. — Neptune fut représenté par de nombreux peintres et sculpteurs : Raphaël (*le triomphe de Neptune, Neptune menaçant les vents),* Le Titien (*Neptune et Amphitrite),* Rubens...
• Ce dieu marin a donné son nom à la planète découverte en 1846. Le processus neptunien est caractérisé par la réceptivité et la plasticité.

NEPHTYS

Nom grec de la déesse égyptienne NEBTHET, personnification de l'obscurité et de la mort, épouse du dieu du mal Seth avec lequel elle forme un couple s'opposant au couple Isis-Osiris.

NÉRÉE ou NÉRÉOS
l'homme mouillé

Fils de Pontos et de Gaïa, le vieux patriarche de la mer ou le vieillard des eaux (*halios gerôn*) possédant le don de se métamorphoser, qui demeurait dans un royaume mystérieux au fond de la mer Egée, et dont le caractère sage et pacifique s'oppose à la fureur de Poséidon. De l'Océanide Doris, il eut cinquante filles, les Néréides. Doué du don de prophétie, il indiqua à Héraklès la voie menant au jardin des Hespérides, et prévint Pâris que les pires malheurs s'abattraient sur sa patrie si Hélène était enlevée aux siens. Certains disent qu'il fut tué par son neveu Télèphe.

NÉRÉIDES
les filles mouillées

Les cinquante filles de Nérée et de Doris, nymphes de la mer, qui accompagnaient Téthys (ou Amphitrite). Personnification des mouvements et des couleurs des vagues, elles auraient été *un collège de cinquante prêtresses de la Lune, dont les rites magiques assuraient une bonne pêche* (1-108).

Elles étaient représentées par de belles jeunes filles à la chevelure ornée de perles, chevauchant des dauphins ou des chevaux marins.

NERGAL

Maître de la planète Mars, dans la mythologie babylonienne, à l'origine dieu de la mort ou de la guerre.

NESSOS, NESSUS
le jeune animal

Centaure, fils d'Ixion et de Néphélé, qui proposa de transporter Déjanire, épouse d'Héraklès, sur l'autre rive du fleuve Evenos, après le combat du héros contre le dieu-fleuve Acheloos, et tenta d'enlever la jeune femme. Héraklès le blessa d'une de ses flèches. Avant de mourir, il confia à Déjanire une fiole contenant son sang et un peu de sa semence, lui assurant que ce mélange lui rendrait l'amour de son mari si jamais il était tenté de l'abandonner; selon une autre tradition, il lui aurait offert sa tunique imprégnée de son sang en guise de talisman. C'est cette fameuse tunique qui provoqua la mort du héros.

NESTOR
celui qui parle le dernier

Benjamin des douze fils de Nélée et de Chloris, qui survécut au massacre de ses frères par Héraklès et monta sur le trône de Pylos. Il épousa Anascibia qui lui donna de nombreux enfants.

Nestor combattit les Eléens qui opprimaient les Pyliens et seconda les Lapithes dans leur lutte contre les Centaures. En compagnie d'Héraklès, dont il était devenu l'ami, il participa à la chasse de Calydon. On le retrouve parmi les conquérants de la Toison d'Or.

Il fut aimé des dieux : Apollon lui accorda une vie s'étendant sur trois générations d'hommes, ce qui lui permit de participer également à la guerre de Troie au cours de laquelle il remplit le rôle de médiateur, apaisant les querelles qui opposaient fréquemment les héros grecs et menaçaient le succès de l'expédition. A la fin du conflit, il rentra sain et sauf à Pylos où il fit régner la justice et la prospérité.

Selon Fénelon, dans *Télémaque,* lorsqu'il quitta Troie, il s'établit dans l'Italie méridionale où il fonda Métaponte.

◆ Nestor est le symbole de l'***ami*** et du ***conseiller*** apprécié pour sa sagesse.

NINHURSAG
la déesse de la montagne

Déesse sumérienne également appelée **Nimmah,** *la Grande Dame,* ou **Nintu,** *celle qui enfante,* **Innini** ou **Goula,** liée au mythe de la création. De son union avec Enki naît une fille, *Nimmu,* qui s'unit à son père pour engendrer une nouvelle déesse, qui à son tour crée une troisième génération de déesses. Ensuite, elle crée huit sortes de plantes qu'Enki s'empresse de dévorer. Furieuse, Ninhursag maudit ce dernier qui se voit affligé de huit maux et menacé d'une mort prochaine. Mais, magnanime, Ninhursag crée huit dieux pour le guérir.

NINOURTA ou NINGOURSU

Dieu de la fertilité et de la guerre sumérien, fils d'Enlil et de Mah, adoré à Lagash, qui fut identifié à la constellation d'Orion.

NIOBÉ
l'enneigée

Fille de Tantale, épouse d'Amphion, roi de Thèbes, qui fut la première mortelle aimée de Zeus alors qu'elle avait déjà sept fils et sept filles, les Niobides. De Zeus, elle eut Argos qui fonda la cité qui porte son nom. Niobé eut un triste sort : s'étant vantée de sa fécondité supérieure à celle de la déesse Latone, mère d'Artémis et d'Apollon, elle vit périr tous ses enfants sous les flèches de ces deux divinités. Folle de douleur, Niobé supplia Zeus de la délivrer et elle fut changée en rocher sur le mont Sipyle, en Phrygie. Cette triste aventure fut contée par une foule de poètes et représentée par de nombreux artistes, et pendant l'Antiquité, on visitait le *rocher de Niobé,* qui ressemble de loin à une femme en pleurs.

- Une planète découverte en 1861 porte son nom.

NISOS
l'émigrant

Egyptien, fils d'Arès et de Pandion, gouverneur de Nisa sur l'isthme de Corinthe. Lorsque Minos assiégea l'île, sa fille Scylla tomba amoureuse de lui et, une nuit, elle s'introduisit dans la chambre de son père endormi, coupa la mèche d'or qui garantissait la sécurité de l'île et du trône, lui prit les clefs de la ville et alla les offrir à Minos en échange de son amour. Le roi de Crète s'unit à elle après avoir pillé la ville, mais refusa de l'emmener avec lui en Crète. La jeune fille suivit le navire à la nage, mais l'âme de son père, incarnée dans un aigle de mer, s'abattit sur elle et la lacéra de ses serres. Scylla se noya et son âme devint une aigrette. Par la suite, Nisa prit le nom de Mégare.

NJOLNER

Marteau du dieu scandinave Thor symbolisant le tonnerre et les tremblements de terre.

NJORD

Divinité de la mythologie slave, époux de Skade, fille du géant Tjasse, dieu de la mer demeurant au pays des navires *Noatun,* ancêtre des dieux maritimes et aquatiques *Vans.*

NORNES

Déesses du panthéon scandinave, maîtresses du temps : passé, présent et avenir qui, au même titre que les Parques ou les Moires, règlent la vie des humains et assurent l'ordre de l'univers.

NOTOS ou NOTUS

Fils d'Eôs, l'Aurore, vent chaud et humide qui vient du midi.

NOUN

Nom donné par les Egyptiens à la mer primordiale qui contenait les éléments en formation, avant la création du monde.

NOUT ou NUT

Déesse égyptienne personnifiant le ciel, épouse du dieu soleil Râ, sœur de la terre Geb. Après ses relations sexuelles avec ce dernier, Râ, mécontent, plaça Shu entre la terre et le ciel afin de les séparer.

NUIT ou NYX

Divinité allégorique, fille du Chaos (ou d'Ouranos et de Gaïa), personnifiant les ténèbres. Elle mit au monde, par parthénogénèse, une foule de divinités, bienfaisantes comme Hypnos, le Sommeil, les Songes, les Hespérides, ou malfaisantes : Eris (la Discorde), Apaté (la Ruse), la Vieillesse, Némésis, les Lamentations, les Moires. Elle s'unit à l'Erèbe pour donner naissance à l'Ether et au Jour.

On lui voua un culte comportant le sacrifice de brebis noires, coqs, hiboux...

Numen

Pour les Romains, force mystérieuse qui dirige les actes des êtres humains, siégeant dans le monde minéral, végétal, animal.

NYCTÉE
celui qui appartient à la nuit

Thébain, fils d'Hyriée et de Clonia, gouverneur de Thèbes, qui déclara la guerre au roi Epopée qui avait accueilli sa fille Antiopé, fut vaincu et tué.

NYMPHES
les femmes voilées, les fiancées

Personnifications des forces vives de la nature, elles étaient des divinités subalternes bienfaisantes, qui veillaient sur la *santé et le bien-être des êtres humains,* protégeaient les jeunes filles, les fiancées et les jeunes mariées. Elles peuplaient la campagne : bois, forêts, montagnes, sources, grottes... Les Grecs leur attribuaient un pouvoir fertilisant qu'elles exerçaient en s'intégrant à la pluie, à l'air, aux rivières, sources et fontaines. De leur union avec les mortels naquirent les demi-dieux, lointains ancêtres de l'humanité, et les héros.

Originellement représentées couronnées de perles et des fleurs à la main, elle furent plus tard demi-nues, tenant une coquille d'où s'échappe de l'eau de source. On leur rendait un culte dans des grottes ou des temples (ou les *nymphées),* situés au bord des sources ou de la mer.

Parmi elles, on distingue :

• Les nymphes des sources, des ruisseaux et des fleuves ou **Naïades,** filles d'Oceanos, qui, grâce aux vertus purificatrices et régénératrices de leur eau sacrée, apportaient aux fiancés la fécondité. Certaines de leurs sources possédaient des propriétés curatives.

• Les cinquante **Néréides** ou nymphes de la mer, mi-poissons, mi-femmes, personnifiant chacune un aspect des ondes. Elles amusaient par leurs danses et leurs évolutions, leurs parents Nérée et Doris, et les Tritons leur servaient de montures. Les plus célèbres furent Amphitrite, épouse de Poséidon; Galatée, qui aima le berger Acis et fut aimée du Cyclope Polyphème, d'une laideur repoussante (certains prétendent qu'elle lui donna trois fils, Gallos, Celtos et Illyrios); Thétis, qui épousa Pélée et donna naissance à Achille.

• Les **Océanides,** filles d'Oceanos et de Téthys, qui résidaient dans les fonds marins inaccessibles. Parmi elles, Clyméné épousa le Titan Japet, et Dioné fut aimée de Zeus.
• Les **Hyades,** nymphes de la pluie, filles d'Oceanos ou d'Atlas et d'Aethra, ou encore d'Hyas et de la nymphe Boétia. Elles étaient trois, ou quatre, ou cinq (on en compte parfois vingt-sept); mais la tradition la plus répandue en compte sept. Ce sont Ambrosia, Aesylé, Coronis, Phaesylé, Cleia, Phaeo, Eudore.

Les Hyades furent les nourrices de Zeus à Dodone, plus tard rajeunies par la magicienne Médée, elles portèrent Dionysos bébé sur le mont Nysa et le confièrent à Ino... Pour les soustraire à la vengeance d'Héra, Zeus les transporta au ciel parmi les constellations.

Une autre légende raconte qu'à la mort de leur frère Hyas tué par un animal féroce, leur douleur fut si grande que Zeus, ému, les plaça dans le ciel où elles continuent de pleurer. C'est pourquoi l'apparition des Hyades au lever ou au coucher du soleil annonce la pluie.
• Les **Oréades** des montagnes, compagnes d'Artémis, qui ignoraient la peur et grimpaient allègrement le long des sentiers les plus escarpés. L'une d'entre elles, Echo, souffrit cruellement de la vengeance de l'épouse de Zeus.
• Les **Dryades** et **Hamadryades** liées aux chênes. Les premières, qui survivaient à la destruction des arbres qu'elles protégeaient des vandales, pouvaient se déplacer, épouser des mortels. Ce fut le cas d'Eurydice qui épousa Orphée.
Les Hamadryades, d'origine arcadienne, naissaient et mouraient avec l'arbre qu'elles protégeaient. L'une d'elles, Dryopé, fut séduite par Apollon qui avait pris la forme d'une tortue et eut Amphissos, fondateur de la cité d'Œta. Les Hamadryades vinrent un jour enlever Dryopé, laissant à sa place un peuplier (1-69).

On les représentait par des femmes robustes dont le corps se terminait par un tronc et les racines d'un arbre.
• Les cinquante **Danaïdes,** filles de Danaos. Une légende raconte qu'elles épousèrent les cinquante fils d'Aegyptos et, que, sur l'ordre de leur père Danaos, elles égorgèrent leurs maris la nuit de leurs noces. Elles furent ensuite purifiées par Hermès et Athéna, se remarièrent et créèrent la race des

*L'*OCÉAN*, fontaine de Jean Bologne, Jardin de Boboli, à Florence.*

Danéens. Elles furent tuées plus tard par Lyncée, envoyées en enfer où elles versent éternellement de l'eau dans un tonneau percé, symbole de tout ce qui est inutile : travail, passion... Cette légende se trouve également dans la mythologie aryenne.

• Les **Méliades** des pommiers, les **Mélies** des frênes, nées de la Terre et fécondées par le sang d'Ouranos mutilé par Cronos.

• Les **Limoniades** des prairies et des fleurs.

• Les **Alséides,** qui fréquentaient les bocages.

• Les femmes romaines en couches invoquaient **Egérie,** nymphe du peuplier, épouse du dieu Virbius (identifié avec Hippolyte), qui conseillait le roi Numa dans le bois d'Aricie. Après la mort de ce dernier, Diane (l'Artémis des Grecs) la transforma en fontaine.

• Dans l'Antiquité, la cinquième heure du jour (onze heures du matin), ou heure du bain, était appelée l'*heure des nymphes.*

A cette liste s'ajoutent deux divinités allégoriques :

• **Peitho** *(la persuasion),* dont le nom fut donné à une planète découverte en 1872.

• **Pothos** ou **Himeros** *(le désir),* fils de Zeus et de la nymphe Taygète (ou de Lacédémon) qui, poussé par Aphrodite, déshonora sa sœur Cléodice qu'il ne pouvait reconnaître dans l'obscurité (union de laquelle devait naître Asopos). Le lendemain, il éprouva un tel chagrin qu'il se jeta dans le fleuve Marathon qui fut nommé Himéros et devint plus tard l'Eurotas.

Les nymphes étaient vénérées dans les nymphées, grottes naturelles (ou sanctuaires), comportant des niches où l'on plaçait leurs statues et une fontaine. Le plus connu était le *nympheion* d'Athènes situé sur la *colline des Nymphes.* Les Romains construisirent d'immenses nymphées, lieux de plaisir entourés de jardins, souvent annexés aux palais ou aux thermes.

◆ Les Nymphes, comme les *Sylphides, Dryades, Ondines...* représentent ***la femme idéale,*** image chatoyante de l'« autre » qui hante les rêves des hommes. On peut y voir également l'expression du mythe de ***la beauté*** et de ***la ligne,*** lancinant, obsédant, chez les femmes du vingtième siècle.

O

OCEANOS

l'homme de la reine rapide (1-654)

Fils d'Ouranos et de Gaïa, dieu-fleuve entourant le monde, qui présida à la création, époux de Téthys, mère de tous ses enfants : Eurynomé, Persée, les nymphes Océanides. Oceanos était la divinité des Eaux.

OCÉANIDES

Elles étaient trois mille selon Hésiode, dont les plus connues sont : Acastée, Admète, Adrastée, Aethra, Asie, Callirhoé, Clymène, Clythie, Dioné, Electre, Eudore, Europe, Eurynomé, Libye, Métis, Parthénope, Perséis, Pleioné, Polydora, Rhodie, Styx, Thrace, Tyché, Uranie, Xanthé.

— Ces figures, qui personnifiaient les vagues, ont été chantées par Eschyle *(Prométhée)* et ont inspiré des artistes, comme Henri Lehman *(Océanides au pied du roc de Prométhée)*…

ODIN

Le plus ancien dieu de la mythologie scandinave, père de l'humanité, fils de Borel et de Besla la géante. Avec l'aide de ses frères Vé et Vile, il fit sortir le ciel et la terre du corps du géant Ymer et aidé de deux autres frères, Hoener et Loder, créa le premier couple : Ask et sa femme Embla.

Odin avait pour chapeau le ciel, pour manteau l'atmosphère, pour demeure le Valaskjalf au toit d'argent et, de son trône le Hlidskjalf, il pouvait voir tout l'univers. Ses compagnons étaient les corbeaux *Hugin (la réflexion)* et *Munim (la mémoire)* et les loups *Gere* et *Freke.* Il avait pour épouses : *Iord,* la terre inhabitée, *Frigg,* la terre cultivée, *Ring,* la terre gelée hivernale.

Inventeur des runes (caractères de l'écriture), de la poésie, de la magie et de toutes les sciences, il était aussi le guide des hommes tout au long de leur existence, et lorsqu'ils succombaient au combat, il les conduisait au Valhalla.

Odyssée

Poème épique attribué à Homère (ou à un groupe d'auteurs d'époques différentes), composé de vingt-quatre chants, racontant les aventures d'Odysseus, de la fin du siège de Troie jusqu'à son retour à Ithaque. A travers les légendes, récits de voyages et d'exploits, se reflète la civilisation hellénique.

ODYSSEUS
l'homme en colère

Héros grec de race divine, fils de Sisyphe et d'Anticlée (descendante d'Hermès par son père Autolycos, épouse de Laërte), roi de l'île d'Ithaque. Pendant son enfance, au cours d'une chasse au sanglier chez son grand-père sur le mont Parnasse, il fut blessé au genou et en garda une cicatrice. Un jour, Laërte l'envoya au palais d'Orsiloque, chez les Messéniens, réclamer trois cents moutons qu'ils avaient dérobés aux bergers d'Ithaque. Il y rencontra Iphitos, archer émérite (qui se fit remarquer aux côtés des Argonautes), qui lui fit cadeau de l'arc de son père Eurytos, dont les flèches meurtrières ne manquaient jamais leur but.

Lorsqu'il atteignit l'âge adulte, Odysseus devint roi d'Ithaque et, songeant à prendre femme, brigua la main d'Hélène, la fille de Tyndare, roi de Sparte, comme bien d'autres héros. Bien qu'il ait remporté la victoire au cours des tournois opposant les soupirants de la jeune belle, Ménélas fut choisi et Odysseus reçut Pénélope, fille du roi Icarios, dont il eut un fils, Télémaque.

Mais Odysseus, comme tous les prétendants malheureux, avait juré de venger tout outrage qui serait fait à Hélène ou à son futur époux ! L'occasion de tenir sa promesse se présenta presque juste après la naissance de son fils, lorsque Pâris, fils du roi de Troie, enleva la jeune femme. Agamemnon et Ménélas demandèrent aux jeunes gens de lever une armée et d'organiser une expédition punitive contre Troie. Odysseus, peu disposé à aller se battre, prétendit avoir perdu la raison et se mit à labourer le sable marin. La ruse fut éventée par Palamède (le fils de Nauplios) qui, pour prouver la supercherie, plaça le petit Télémaque devant la charrue poussée par le présumé fou. Aussitôt, Odysseus détourna ses bœufs. Il dut se joindre à l'expédition et se rendre à Troie pour réclamer Hélène. La mission ayant été un échec, il se dirigea vers Aulis à la tête de douze vaisseaux, comprenant les contingents d'Ithaque, de Zacynthe et des côtes d'Epire.

L'oracle ayant prédit que la présence d'Achille était nécessaire au succès de l'expédition, Odysseus se rendit à Scyros, découvrit le jeune homme déguisé en femme à la cour de Lycomède et le persuada de l'accompagner.

Durant tout le siège de Troie, Odysseus se distingua par son courage, son sang-froid et son audace. S'il tua de nombreux héros troyens, il tenta de rétablir la paix entre les Grecs en usant de diplomatie et de persuasion. Une nuit, il s'empara des chevaux blancs du roi Rhésos le Thrace (père de la muse Euterpe ou Calliopé), plus rapides que le vent; car l'oracle avait aussi déclaré que Troie serait victorieuse si ces chevaux s'abreuvaient dans le fleuve Scamandre : ils seraient nantis d'une force invincible.

Le lendemain, lors d'un affrontement, Odysseus et quelques autres héros furent blessés et Hector, le fils de Priam, pénétra les lignes grecques et fut poursuivi par Ajax qui le blessa d'un coup de pierre. Les Troyens eurent le temps d'incendier l'un des navires avant d'être chassés vers la ville. Au cours de la bataille qui dura jusqu'à la nuit, Hector tua Euphorbos (qui se réincarna plusieurs siècles plus tard dans le philosophe-mathématicien Pythagore) et Patrocle, compagnon inséparable d'Achille.

Puis vint la mort d'Achille, dont les armes, qui devaient être remises au Grec le plus courageux, furent réclamées à la fois par Ajax (fils de Télamon) et Odysseus. Agamemnon les ayant données à ce dernier, Ajax supporta mal l'insulte, perdit la raison et se donna la mort en pointant son épée contre son aisselle, seul endroit vulnérable de son corps. On raconte qu'une fleur naquit de son sang, portant gravées les lettres *Ai-Ai (malheur, malheur)* qu'Homère appelle jacinthe, mais qui est le pied-d'alouette bleu également consacré à Hyacinthos (1-532). Selon d'autres mythographes, la querelle entre Ajax et Odysseus eut pour cause la possession du palladium.

Le désespoir guettant les Grecs, Odysseus et Diomède furent envoyés à Lemnos réclamer à Philoctète l'arc et les flèches empoisonnées qu'Héraklès lui avait confiés avant de se jeter dans les flammes sur le mont Œta, armes indispensables à la victoire des Grecs, toujours selon l'oracle. Lorsque la flotte fit escale dans l'île de Lemnos, Philoctète fut mordu par un serpent, ou blessé par une des flèches, et ses compagnons durent l'abandonner sur l'île où il resta (dix ans, dit-on) jusqu'au moment où Odysseus vint réclamer les armes d'Héraklès, et ramena Philoctète à Troie où il fut guéri par Asclépios. Dès qu'il eût retrouvé la santé, Philoctète défia à l'arc le fils de Priam, Pâris, qui avait blessé mortellement Achille au talon, et le tua, et sa veuve épousa Deiphobos. En compagnie de Diomède (fils de Tydée), Odysseus pénétra dans les lignes troyennes, se glissa dans la ville, et déroba le Palladion, talisman de la cité.

Puis, Prylys, fils d'Hermès, eut l'idée du célèbre cheval creux en bois de sapin, muni d'un côté d'une trappe et de l'autre d'une inscription : *En remerciement anticipé pour leur retour sains et saufs dans leurs patries, les Grecs dédient cette offrande à la déesse»*, prétendant qu'il s'agissait d'une offrande à Athéna. A l'aide d'une échelle de corde, une cinquantaine de guerriers s'introduisirent dans le ventre de la statue (Ménélas, Odysseus, Acamas, Diomède...) pendant que, sur les ordres d'Odysseus, on incendiait le camp grec et que les navires se dirigeaient vers les îles Calydines.

A l'aube, les Troyens, constatant le départ de leurs ennemis, crurent qu'ils avaient oublié ce gigantesque cheval sur le rivage et Priam donna l'ordre de le monter à la citadelle de Troie. Les Troyens célébrèrent leur prétendue victoire toute la journée et tombèrent dans un profond sommeil, permettant aux Grecs de sortir du cheval et de s'emparer de la ville qui fut pillée et brûlée.

Le retour à Ithaque d'Odysseus et de ses compagnons, chanté par Homère dans l'*Odyssée,* fut mouvementé, et de nombreux Grecs n'atteignirent jamais leur patrie; les autres y rencontrèrent bien des difficultés, à l'exception du sage Nestor qui rentra sain et sauf à Pylos où il eut une vie heureuse. Le navire de Diomède fit naufrage sur la côte de Lycie, où il allait être sacrifié à Arès par le roi Lycos, lorsque la princesse Callirhoé vint à son secours. Rentré à Argos, il découvrit que sa femme Aegialée le trompait avec Hippolyte (ou Comètès) et partit rétablir son grand-père Enée sur le trône d'Etolie. Philoctète, chassé de sa ville de Méliboea en Thessalie, se réfugia en Sicile et consacra son arc à Apollon. Quant à Odysseus, le récit de ses pérégrinations par Homère dure vingt-quatre nuits. Il erra d'un rivage à l'autre pendant dix ans.

— Il prit et pilla la ville d'**Ismaros,** en Ciconie, essuya une violente tempête au large de Cythère, débarqua chez les *Lotophages* où les marins mangèrent des lotus aux fruits doux qui ont la propriété de provoquer l'amnésie chez ceux qui les consomment. Odysseus dut les ramener de force au navire.

— Il aborda ensuite à l'île des **Cyclopes,** qui menaient à cette époque une vie de bergers indisciplinés dans des cavernes. Alors qu'il se reposait en compagnie de ses hommes dans une de ces caves, le cyclope Polyphème, fils de Poséidon et de la nymphe Thoosa, l'anthropophage, dévora plusieurs marins.

Odysseus lui offrit du vin fort de Ciconie, et lorsqu'il sombra dans l'ivresse, creva son œil unique à l'aide d'un tison taillé dans une branche d'olivier. Lorsque, hurlant de douleur, le monstre déplaça les énormes pierres fermant l'entrée de la caverne, les Grecs purent s'échapper, ramenant à bord un troupeau de béliers.

— Lorsqu'il fit escale à l'île d'**Eole,** le dieu des Vents lui remit un sac renfermant tous les vents, qui devait demeurer fermé par un fil d'argent jusqu'au moment où il souhaiterait en faire sortir un, pour changer de direction durant son voyage.

Mais les marins, croyant que l'outre contenait du vin, délièrent la corde pendant le sommeil d'Odysseus, libérant tous les vents, qui se ruèrent à l'extérieur et poussèrent le navire vers leur patrie et la flotte se retrouva devant l'île d'Eole qui, furieux, refusa de les aider une seconde fois. Ils durent avoir recours aux rames !

— Une semaine plus tard, Odysseus arriva au pays des **Lestrigons,** gouverné par le roi Lamos. Les habitants bombardèrent ses navires d'énormes pierres et dévorèrent les hommes d'équipage. Seuls les marins du navire d'Odysseus échappèrent au carnage.

— Avec ses derniers hommes, Odysseus, après un long voyage, atteignit Aea, l'île de l'Aurore, domaine de la magicienne **Circé,** fille d'Hélios et de Persée. L'enchanteresse endormit les marins descendus à terre et les transforma en pourceaux. Accouru à leur secours, Odysseus rencontra Hermès qui lui procura un charme destiné à circonvenir les sortilèges de Circé. Il libéra ses compagnons et accepta de régner sur Aea aux côtés de la magicienne qui lui donna trois fils : Agrios, Latinos et Télégonos. Au bout de quelque temps, Odysseus décida de reprendre la mer, et, suivant le conseil de Circé, descendit au **Tartare** demander au devin Tirésias le moyen d'arriver sans encombre à Ithaque.

Dans le monde souterrain, il salua les ombres de sa mère Anticlée, de nombreux personnages illustres et de ses anciens compagnons, Agamemnon, Achille, Ajax le Grand, Minos, Orion, Tantale, Sisyphe, puis reprit la direction du pays natal.

En passant près de l'île des **Sirènes,** il les aperçut au milieu des ossements des marins dont elles avaient provoqué la mort, se boucha les oreilles avec de la cire et se fit attacher au mât de son navire, afin de résister à leurs enchantements.

— Puis il affronta le passage étroit entre les monstres rocheux **Charybde et Scylla,** évita les Roches Errantes que l'Argo n'avait pas pu franchir, et arriva en vue de la Sicile où paissaient paisiblement les troupeaux de vaches d'**Hypérion** le Titan (ou d'**Hélios**). Il fit promettre aux hommes d'équipage d'épargner ces animaux sacrés; mais, talonnés par la faim, Eurycholos et ses compagnons tuèrent et firent rôtir plusieurs vaches, pendant qu'Odysseus était endormi. A son réveil, craignant la vengeance du Titan, il reprit la mer; mais une violente tempête s'abattit sur le navire qui coula; tous les marins périrent, à l'exception d'Odysseus, qui eut le temps de se fabriquer un radeau de fortune avec les débris qui flottaient. Il dériva pendant neuf jours avant d'échouer sur l'île d'Ortygie, une des Cyclades, où vivait **Calypso,** fille de Téthys et d'Océanos. Elle accueillit le naufragé, vécut sept ans avec lui et devint mère des jumeaux Nausithoos et Nausinoos.

— Mais le héros, tenaillé par le mal du pays, se lassa des caresses de Calypso, construisit un radeau avec des écorces d'arbres attachées les unes aux autres, le mit à la mer sur des rouleaux et repartit vers l'aventure. La partie n'était pas jouée, car son ennemi Poséidon provoqua de violents remous qui renversèrent le radeau et son passager. Il parvint cependant à refaire surface, s'accrocha au voile offert par la déesse marine Leucothéa (ex-Ino) et put aborder, épuisé mais vivant, sur l'île de Drépané. C'est là que **Nausicaa,** la fille du roi Alcinoos et d'Arété (qui avaient fait preuve de bienveillance envers Jason), le vit le lendemain matin et l'emmena au palais de son père. Alcinoos lui donna un navire et il *rentra à Ithaque,* après vingt ans d'absence.

— Il apprit que les princes des îles du royaume, le croyant mort, courtisaient **Pénélope,** sa femme, dans le but de s'emparer du trône. Espérant toujours le retour de son époux, Pénélope avait promis d'en choisir un lorsque le linceul qu'elle tissait pour son beau-père Laërte serait terminé. A ce moment, Télémaque, le fils d'Odysseus, parti à sa recherche, rentra de Sparte, ignorant que les prétendants de sa mère voulaient l'assassiner. Le père et le fils se rencontrèrent et se reconnurent puis, déguisé en mendiant, Odysseus se rendit au palais où les prétendants se gavaient de ses moutons et s'enivraient de son vin. Pénélope ne le reconnut pas sous ses guenilles, mais, prise de pitié, elle chargea Euryclée de donner un bain de pieds au pauvre hère. C'est ainsi que la vieille nourrice le reconnut à la cicatrice de son genou. Il conseilla à la reine d'accepter pour époux celui qui serait capable de tendre l'arc donné à son mari par Iphitos vingt-cinq ans plus tôt, et de traverser d'une flèche douze fers de haches plantés côte à côte dans un fossé. Suggestion qu'elle accepta immédiatement, se doutant qu'il s'agissait d'un exploit irréalisable. Tous les prétendants échouèrent naturellement, mais la flèche tirée par Odysseus traversa les douze anneaux. Ayant massacré les prétendants au royaume et s'étant fait reconnaître par Pénélope et son père Laërte, Odysseus affronta et calma une bande de rebelles d'Ithaque et redevint roi.

• Les Latins l'appelèrent **Ulysse,** sujet de nombreuses œuvres d'art signées par Claude Lorrain, Rubens, Lucien Doucet.

◆ Ce célèbre héros du cycle de Troie reflète les qualités des Grecs anciens : ***courage, audace, patience, fermeté, habileté, esprit d'entreprise, ruse*** et ***prudence.***

ŒAGRE

l'homme de la sorbe ou de l'alisier sauvage (1-654)

Roi de Thrace, père d'Orphée et de Linos par la Muse Calliopé.

ŒBOTAS

Athlète qui fut le premier Achéen à remporter le prix aux jeux Olympiques. Ses compatriotes ayant fait preuve d'ingratitude à son égard, il demanda aux dieux de ne plus leur accorder de prix et son vœu fut exaucé. L'oracle ayant révélé la raison de leurs échecs, les Achéens élevèrent une statue à Œbotas et, peu après, leurs compatriotes Sostrate et Pallène furent victorieux aux jeux.

ŒDIPE
l'homme au pied enflé (1-654)

Laïos, le roi de Thèbes, inquiet pour sa succession puisque sa femme Jocaste n'avait pas eu d'enfant, consulta l'oracle de Delphes. Celui-ci lui dit de s'en féliciter, car sa mort serait provoquée par l'enfant qui naîtrait de Jocaste. Aussitôt, il répudia sa femme, qui parvint, en l'enivrant, à s'unir à lui. Neuf mois plus tard naquit un fils que Laïos exposa sur le mont Cithéron après lui avoir percé les chevilles avec un clou et les avoir liées avec une corde.

Recueilli par un berger qui l'appela Œdipe (*pied enflé : son nom se rapproche de celui du héros gallois Dylan,* signifiant *« fils de la mer gonflée »*, 1-300), l'enfant fut amené plus tard à Corinthe, où régnait le roi Polybos. Une autre version prétend qu'il fut enfermé dans un coffre qui dériva sur la mer, et aboutit à Sicyone où l'épouse du roi Polybos le trouva et fit croire qu'il était son enfant.

Devenu adulte, un camarade lui apprit qu'il avait été adopté par le couple royal. Voulant se rassurer sur son avenir, Œdipe alla consulter la Pythie et s'entendit répéter l'horrible prédiction faite à Laïos : « Tu tueras ton père et épouseras ta mère. » Comme il aimait tendrement ses parents, il décida de quitter la cour et de se rendre en Béotie.

Dans le défilé menant à Delphes, Œdipe, qui marchait, rencontra le char de Laïos qui allait consulter l'oracle sur le moyen de se débarrasser du Sphinx. Comme le piéton refusait de s'écarter, le conducteur du char, Polyphontès, obéissant à Laïos, continua d'avancer. Œdipe eut le pied écrasé, se fâcha, tua Polyphontès d'un coup de lance, renversa Laïos qui s'emmêla dans les rênes, fut traîné sur la route et mourut. Ainsi se réalisait la première partie de la terrible prédiction.

En arrivant près de Thèbes, Œdipe rencontra le monstre femelle au corps de lion, à la tête de femme, avec une queue de serpent et des ailes d'aigle, engendré par Typhon et Echidna et envoyé à Thèbes par Héra. Ce sphinx cannibale se nourrissait de la chair des passants qui ne trouvaient pas la réponse à ses devinettes. Mais Œdipe put répondre que « l'homme était l'être qui marche tantôt à deux pattes, tantôt à trois, tantôt à quatre pattes et le plus faible lorsqu'il a le plus de pattes». De dépit, le monstre se jeta du haut du mont Phicion et arriva déchiqueté dans la vallée.

Accueilli comme un sauveur à Thèbes qu'il avait délivrée du monstre, Œdipe, ignorant que la reine veuve était sa mère, l'épousa et devint roi de Thèbes, confirmant la prédiction de la Pythie. De leur union naquirent deux fils, Etéocle et Polynice, et deux filles, Antigone et Ismène.

Quelque temps plus tard, la peste s'abattit sur la ville, et Tirésias, le plus célèbre devin de la Grèce, déclara que ce fléau ne disparaîtrait qu'après l'expulsion du meurtrier de Laïos de la ville. Œdipe, ignorant toujours que c'était le roi qu'il avait tué dans le défilé, maudit le coupable. Mais les révélations de Tirésias se faisant plus précises, la vérité lui apparut. Jocaste, ne pouvant supporter sa situation honteuse, se pendit et Œdipe, dévoré par le remords, se creva les yeux, erra longtemps d'une ville grecque à l'autre, mendiant pour survivre. Finalement il arriva à Colone, en Attique, où il fut mis à mort par les Furies (selon Homère, il eut une fin glorieuse sur le champ de bataille).

— La légende d'Œdipe est racontée dans l'*Œdipodie* de Cinéthon, les tragédies de Sophocle, *Œdipe roi* et *Œdipe à Colone*, les *Phéniciennes* d'Euripide, la *Thébaïde* de Stace, les tragédies de Sénèque, Corneille, Voltaire et des adaptations plus récentes, dans un opéra de Guillard, *Œdipe à Colone* (1787). On doit à Ingres un *Œdipe devinant l'énigme du Sphinx*, à Gustave Moreau *Œdipe et le Sphinx*.

◆ Ce mythe a été choisi par les psychanalystes comme le paradigme du ***conflit œdipien*** de la théorie freudienne, affronté par l'enfant au cours de son évolution psychique de 3 à 6 ans. A ce stade, il éprouve des sentiments complexes à l'égard de ses parents ou de ceux qui les remplacent : désir de rivaliser avec le parent du même sexe, parfois accompagné d'agressivité; désir d'être aimé du parent de sexe opposé (Œdipe, le parricide, tue son père pour épouser sa mère). Cette étape normale de son développement est très importante, et détermine les images paternelle et maternelle qui influenceront sa vie sexuelle.

Le conflit œdipien non liquidé est la cause de nombreux troubles de la personnalité et du comportement sexuel : l'enfant conserve un amour exclusif pour un parent (fixation paternelle ou maternelle) dont il reste dépendant. Chez le garçon, il se prolonge dans le ***complexe de castration*** caractérisé par l'anxiété, l'hostilité envers le père (ou son substitut), l'incapacité de se comporter en homme, et à l'extrême par l'impuissance.

Chez la fille, il peut provoquer une fixation à la mère avec l'impossibilité de s'identifier à elle en tant qu'épouse, la peur de l'homme, ou au contraire une attirance exagérée vers le père, accompagnée d'un sentiment de culpabilité rendant impossible tout rapport amoureux avec d'autres hommes.

L'homosexualité est le résultat d'un complexe d'Œdipe mal vécu et non dépassé.

ŒNÉE
l'aviné

Etolien, fils de Parthaon et d'Euryte, roi de Calydon, où eut lieu la chasse au sanglier. Il épousa en premières noces Althée qui lui donna un fils, Toxée (qu'il tua de ses mains parce qu'il avait franchi le fossé qui défendait la ville), et Méléagre (qui passe pour le fils d'Arès). A la mort d'Althée, Périboea devint sa femme et lui donna Tydée, le père de Diomède et Mélanippos qui fut tué par son frère à la chasse. On lui attribue parfois la paternité de Déjanire (l'épouse d'Héraklès), en réalité engendrée par Dionysos, qui accorda à Œnée le privilège de donner son nom au vin. On dit aussi qu'il fut le premier mortel à recevoir du dieu un plant de vigne.

Dans sa vieillesse, il fut détrôné par ses neveux, les enfants d'Agrios, qui le tuèrent, et fut vengé par son petit-fils Diomède.

ŒNOMAOS
celui que le vin rend violent

Fils d'Arès et d'Harpinna, fille du dieu-fleuve Asopos (ou d'Astéria la Pléiade, ou d'Astéropé...), célèbre pour son amour des chevaux. De son union avec Stéropé, il eut une fille ravissante, Hippodamie. Mais l'oracle l'ayant averti qu'il serait tué par son gendre, il imagina un stratagème pour empêcher sa fille de se marier. Grâce aux chevaux donnés par son père Arès, il défia à la course de char tous les prétendants d'Hippodamie qui, une fois vaincus, furent massacrés impitoyablement. Treize jeunes gens avaient succombé, lorsque Pélops, fils de Tantale et roi de Paphlagonie, accepta le défi. Ayant obtenu de Poséidon un char ailé et la complicité de Myrtillos, le cocher d'Œnomaos, qui dégrada le char de son maître, Pélops fut vainqueur.

Lavé par Oceanos du sang de son crime, Pélops épousa Hippodamie; il succéda à Œnomaos sur le trône et soumit la région avoisinante qui prit le nom de Péloponnèse ou « île de Pélops ». Après sa mort, tous les ans, les Eléens sacrifiaient à Pélops un bélier noir qu'on faisait rôtir sur un feu de bois de peuplier blanc.

ŒNONE
la reine du vin

Nymphe des fontaines en Phrygie, fille du dieu-fleuve Œnée, qui reçut d'Héra le don de prophétie et fut aimée d'Apollon qui lui apprit l'art de guérir les malades. Elle épousa Pâris, qui l'abandonna, mais qu'elle retrouva plus tard blessé par Philoctète et laissa mourir, puis se pendit de désespoir.

ŒNOPION
l'abondance divine

Fils de Dionysos et d'Ariane, frère de Thoas, Staphylos, Latromis, Euanthès et Tauropolos, qui, ayant appris de son père l'art de faire le vin, en introduisit l'usage dans l'île de Chios. Il épousa la nymphe Hélicé, qui lui donna cinq fils et une fille, Méropé. Un jour un chasseur, Orion, fils de Poséidon et d'Euryalé, tomba amoureux de Méropé. Œnopion lui promit de lui accorder sa main s'il débarrassait l'île des bêtes sauvages qui l'infestaient. Lorsqu'il eut rempli sa mission, le roi refusa de tenir sa promesse, et enivra Orion qui pénétra dans la chambre de Méropé et l'obligea à s'unir à lui. Le lendemain matin, Œnopion lui creva les yeux et l'abandonna sur la plage.

OGMIOS

Divinité guerrière celtique, appelée Ogma en Irlande, le dieu fort, le champion auquel on attribuait l'invention de l'écriture « oghamique », assimilé à Héraklès dont il possède les attributs : dépouille d'un lion, massue, arc et carquois (65).

Oiseaux

Présents dans les mythes, les oiseaux sont les attributs des dieux : la *colombe* est l'oiseau de Cithère, consacré à Aphrodite; le *paon* celui d'Héra; l'*aigle* est associé à Zeus; la *chouette* à Athéna... Ils accompagnent les héros dans leurs voyages. Certains personnages sont transformés en cygnes, pigeons...

OLYMPE

Montagne de Thessalie où l'on situait la demeure des dieux, au-delà des nuages. Les dieux y tenaient des séances au cours desquelles ils décidaient du destin des héros et des mortels. C'était une sorte de paradis où, au cours de somptueux festins, étaient servis le nectar et l'ambroisie, par des muses qui chantaient et dansaient pour amuser les dieux.

OLYMPIE

Ville de la Grèce ancienne, située sur la rive droite de l'Alphée, capitale de l'Elide, où étaient célébrés tous les ans les jeux Olympiques.

OMPHALE
le nombril

Fille d'Iardanès, mère de Tantale et reine de Lydie, qui reçut comme esclave du dieu Hermès le héros Héraklès, coupable d'avoir tué son ami Iphitos dans un accès de fureur. La reine s'éprit de son esclave qui devint le père de ses trois fils : Laomédon, Lamos et Agelaos, ancêtre du roi Crésus; selon une autre tradition, ils n'auraient eu qu'un fils, Agésilas. Certains racontent qu'une des suivantes d'Omphale, appelée Malis, eut une aventure avec le héros auquel elle donna Alcée, le fondateur de la dynastie lydienne supplantée sur le trône de Sardes par Crésus et Clelaos.

Pendant ce temps, en Grèce, on racontait que le héros portait des vêtements féminins et filait de la laine assis aux pieds de la reine qui s'amusait avec sa massue et la peau du lion de Némée. C'est dans cet accoutrement qu'un jour Pan surprit Héraklès qui, en compagnie d'Omphale, s'était endormi dans une grotte. Le dieu lubrique souhaita s'unir à celle qu'il croyait être la reine et tenta de lui faire violence. Il se fit expulser brutalement d'un vigoureux coup de pied. On dit qu'à la suite de cette mésaventure, Pan, ne pouvant supporter la vue d'un vêtement, exigea que ses disciples soient nus lors de la célébration de ses rites.

Omphale imposa à son héros-esclave des tâches difficiles, qu'il exécuta brillamment : il débarrassa l'Asie Mineure des brigands qui y semaient la terreur; de Syléos, qui s'emparait des étrangers et les obligeait à travailler dans ses vignes; des pillards d'Itone qui ruinaient le pays, auxquels il reprit tout leur butin avant de raser leur ville; du serpent géant qui détruisait les récoltes et terrorisait les hommes; et des deux Cercopes d'Ephèse qui essayaient de le voler.

◆ Le mythe d'Omphale est *une allégorie* utilisée par les auteurs classiques « *pour montrer combien il est facile pour un homme fort d'être réduit en esclavage par une femme ambitieuse et sensuelle; et le fait qu'ils considéraient le nombril comme le siège de la passion chez la femme, explique le nom d'Omphale* (qui se rattache à l'*omphalos,* centre de la terre) (1-414).

Omphalos
nombril

Grosse pierre sacrée, de forme conique, symbolisant la fécondité de la terre-mère, qui supportait le trépied de la Pythie dans les souterrains de Delphes. La croyance populaire en faisait le centre de l'univers.

OPHELTÈS
l'homme entouré par un serpent

Fils du roi de Némée Lycurgue et d'Eurydice, qui fut mordu et tué par un serpent lorsque sa nourrice Hypsipylé le déposa sur un plant d'ache, pour conduire les guerriers d'Adraste vers une fontaine. En mémoire d'Opheltès, les Grecs célébraient les jeux *néméens* tous les trois ans. Le vainqueur portait une couronne d'ache.

OPS
la terre

Divinité tellurique latine associée à Saturne, qu'on priait assis en touchant le sol, considérée comme la déesse des semences et des moissons sous le nom de *Consiva,* à laquelle on offrait un sacrifice appelé *opeconsiva.*

Oracle

Les devins qui prédisaient l'avenir, ont existé chez tous les peuples d'Orient et d'Occident. Les plus connus sont les oracles grecs : Tirésias, Amphiaros, Cassandre, Melampos, Iamos, Calchas... Ils exerçaient leur art dans des sanctuaires dont le plus célèbre est celui d'Apollon à Delphes, à côté de ceux de Zeus à Olympie et à Dodone, et de Zeus-Ammon en Libye; ceux d'Apollon à Délos, Claros; l'oracle de Dionysos à Amphiclée, d'Asclépios à Epidaure. En Italie, celui de la Sibylle près de Cumes, de Faunus et d'Albunée.

Orage

De nombreux mythes ont pour but d'expliquer le phénomène terrifiant du tonnerre; la plupart l'attribuaient à une lutte entre le dieu du ciel ou de l'orage et un démon de la sécheresse. La nuée était comparée à un être monstrueux qui avale la lumière et ne la rend qu'après avoir été mis à mort. Avec la fin de l'orage, l'éclair, qui semble sortir de la nuée, annonce le retour de la lumière.

La lumière brève mais fulgurante de l'éclair qui déchire la nue a vivement impressionné nos ancêtres. Ainsi, l'imagerie des mythes présente Athéna jaillissant armée de la tête de Zeus à la manière de l'éclair; un héros sortant du flanc de sa mère ou de la cuisse de son père; Méduse pétrifiant les curieux de son regard mortel; les Harpyes lançant des flèches à l'aide de leurs ailes; Héphaïstos, le dieu du feu, venant au monde pendant un orage symbolisant un combat céleste entre Zeus et Héra...

ORÉADES

Nymphes qui habitaient les montagnes et les grottes. Certaines avaient été les nourrices de Déméter et de Dionysos.

ORESTE
le montagnard, (1-655)

Fils d'Agamemnon et Clytemnestre, frère d'Electre et d'Iphigénie. Lorsqu'à son retour de Troie, son père fut assassiné par Egisthe et Clytemnestre, il fut accueilli par Sophocle, le roi de Phanotée en Phocide, où il se lia d'amitié avec Pylade, le fils de Strophios.

Dès qu'il atteignit l'âge d'homme, il retourna à Mycènes avec Pylade, supprima les meurtriers d'Agamemnon avec l'aide d'Electre, et fut poursuivi par les Erinnyes jusqu'à

Athènes. Six jours plus tard, il fut convoqué à Sparte par les chefs de Mycènes, traduit devant l'Aréopage et acquitté, suivant Eschyle. Euripide raconte qu'on l'envoya en Tauride enlever une statue d'Artémis gardée par Iphigénie, prêtresse du temple. Surpris avec Pylade, ils allaient être immolés à la déesse, selon la coutume, lorsqu'Iphigénie reconnut son frère et s'enfuit avec les deux amis en emportant la statue en Grèce, où elle institua le culte d'Artémis Tauropolos. Une querelle s'éleva entre les adorateurs rivaux de la déesse, dont un grand nombre furent tués dans le temple. Oreste reprit le trône de Mycènes, dans le Péloponnèse, usurpé par Aiétès, fils d'Egisthe; il enleva Hermione à Pyrrhus (qu'il tua à Delphes) et l'épousa. Il devint roi de Sparte à la mort de Ménélas, conquit l'Arcadie, se rendit maître d'Argos, quitta Mycènes pour l'Arcadie à l'âge de soixante-dix ans et mourut de la blessure d'un serpent à Oresthon, ville qu'il avait fondée pendant son exil.

— Ses aventures ont inspiré un grand nombre d'artistes et de tragédiens : Eschyle, Sophocle, Euripide, Racine, Voltaire, Goethe...

ORION ou **URION**

celui qui vit sur la montagne ou *le puisatier*

Fils de Poséidon et d'Euryalé, le beau chasseur tomba amoureux de Méropé, la fille d'Œnopion, dans l'île de Chios. Celui-ci lui promit la main de sa fille s'il parvenait à débarrasser l'île des fauves qui l'infestaient. Sa tâche achevée, il se vit refuser la récompense promise et, découragé, avala une gourde de vin et s'endormit ivre. Pendant la nuit, il pénétra dans la chambre de Méropé et l'obligea à s'unir à lui. Le lendemain, Œnopios lui creva les yeux et le jeta sur la plage. L'oracle ayant annoncé qu'il retrouverait la vue s'il se dirigeait vers l'Est, il se fit accompagner par le jeune Céladion et parvint aux confins pour l'Océan où Eôs s'éprit de lui et où Hélios lui rendit la vue.

Orion décida de retourner à Chios pour se venger d'Œnopion, mais Apollon, mécontent de sa liaison avec Eôs, plaça un énorme scorpion sur son chemin. Orion dut plonger dans la mer pour lui échapper. Artémis, le prenant pour un certain Candaon, le frappa d'une flèche et, en reconnaissant son erreur, implora Asclépios de le ressusciter. Mais Orion fut anéanti par la foudre de Zeus ayant que le médecin ait eu le temps d'agir. Artémis plaça son effigie dans le ciel où il est toujours poursuivi par le *Scorpion*. La *constellation d'Orion* comprend quatre grosses étoiles formant un quadrilatère à l'intérieur duquel se trouvent trois étoiles nommées la *ceinture* ou le *baudrier d'Orion* ou encore le Râteau, les trois Rois, les Trois Mages, la Ceinture ou le Bâton de Jacob.

• Une autre tradition fait d'Orion le fils d'Hyriée, fermier misérable qui avait vieilli sans avoir d'enfant. Un jour il reçut la visite de Zeus et d'Hermès qui lui proposèrent de réaliser son vœu le plus cher. Il répondit qu'il aimerait avoir un fils, désir irréalisable, sa femme étant décédée. Les dieux lui ordonnèrent de sacrifier un taureau dont il utiliserait la peau pour puiser de l'eau puis de l'enterrer dans la tombe de sa femme. Il suivit ce conseil, et neuf mois plus tard naquit Orion (1-128).

ORITHYE
la déchaînée qui court sur la montagne

Fille d'Erechthée et de Praxithea, sœur de Protogénie, de Pandore, Procris, Créüse, Chthonia et Cécrops, qui fut enlevée par Borée, le Vent du Nord, et transportée dans un manteau de nuages en Thrace où elle donna le jour à Calaïs et Zéthos.

• Reine des Amazones. Pour se venger d'Héraklès qui avait envahi son royaume et enlevé sa sœur Antiope, elle s'allia aux Scythes, traversa le Bosphore gelé, le Danube, la Thrace, la Thessalie et la Béotie, installa son camp à Athènes sur l'Aréopage, fut vaincue par les Grecs au bout de quatre mois de durs combats et s'enfuit à Mégare où elle mourut de désespoir. Penthésilée la remplaça sur le trône des Amazones.

ORMUZD : voir Dieux.

ORPHÉE
celui qui guérit par la lumière

Fils de la nymphe Calliope et d'Apollon (selon certains du roi de Thrace Œagre), doté d'une extraordinaire beauté, de tous les dons et d'un étrange pouvoir, qui passe pour le plus grand poète et musicien de la Grèce. Il tirait de sa *lyre à sept cordes,* don d'Apollon (ou d'Hermès), des sons si attendrissants et mélodieux qu'ils apaisaient la tempête, que les bêtes féroces, les arbres, les fleuves et les rochers, charmés, le suivaient dans ses déplacements. Comme il séduisait aussi bien les dieux que les hommes, il parvint à adoucir les mœurs sauvages des Thraces et à les initier à la civilisation. Il s'embarqua pour la Colchide avec les Argonautes, encourageant les rameurs par sa musique, calmant la mer déchaînée, surpassant la séduction des Sirènes et contrecarrant leurs sortilèges.

Le jeune prince, qu'on appelait le *fils d'Apollon,* fit un séjour en Egypte où les prêtres de Memphis l'initièrent à leurs mystères (cet épisode tend à expliquer l'introduction du culte du Soleil Père universel introduit en Egée au IVe siècle avant J.C., qui s'est greffé sur des cultes locaux). Il revint en Thrace sous le nom d'**Orphée** ou **Arpha** *(du phénicien aour, lumière et rophae, guérison : celui qui guérit par la lumière)* (16-231) et s'installa parmi les sauvages Cicones.

Il épousa la belle nymphe Eurydice, parfois appelée Agriopé. Un jour, sa femme, en tentant d'échapper à Aristée qui voulait la violer, écrasa un serpent et mourut de la morsure qu'il lui fit au pied. On ne peut s'empêcher de noter la connotation érotique évidente dans l'association vipère (symbole phallique)- pied (attraction sexuelle)-morsure (agression brutale de l'instinct sexuel) et mort (libération, orgasme ?). Inconsolable, Orphée descendit au Tartare, envoûta Charon le passeur, le chien Cerbère, les trois juges des morts, et le maître de l'Hadès, par sa musique plaintive. Le roi des enfers accepta de lui rendre Eurydice à condition qu'il ne tentât pas de revoir son visage avant d'arriver sous la lumière du soleil. Mais, dès qu'il revit la lumière du jour, il se retourna pour s'assurer qu'elle le suivait et la perdit pour toujours.

Orphée ne se consola jamais de sa perte, ne s'intéressa plus aux femmes et se consacra à l'enseignement de ses mystères et du culte d'Apollon au détriment de celui de Dionysos qui avait envahi la Grèce, condamnant les sacrifices humains et les débordements des Ménades. Dionysos, outré, le livra aux Ménades qui firent irruption dans le temple d'Apollon, tuèrent tous les fidèles, décapitèrent Orphée, déchiquetèrent son corps et jetèrent dans l'Hébros sa tête qui flottait en appelant Eurydice avec des accents lugubres et déchirants.

La coutume voulait qu'un roi sacré fût décapité et mis à mort par démembrement. Une coutume similaire existe encore chez les Iban Dayaks dans le Sarawak. *Lorsque les chasseurs de têtes rentraient, après une expédition couronnée de succès, les femmes Iban employaient les trophées pour fertiliser les rivières par des invocations. On faisait chanter la tête, on la faisait se lamenter, répondre à des questions et on la berçait tendrement jusqu'à ce qu'elle consente à entrer finalement dans un sanctuaire oraculaire où elle donnait des conseils sur tous les événements importants...* (1-98).

Le fleuve emporta ses membres sur les côtes de Lesbos, où les Muses éplorées les recueillirent et les enterrèrent au pied du mont Olympe, à l'endroit où, jusqu'à ce jour, le chant des rossignols est plus beau qu'ailleurs. Les eaux avaient également déposé sa lyre à Lesbos et elle fut placée dans le temple d'Apollon qui l'envoya au ciel, où elle figure comme la *constellation de la Lyre.* Quant à sa tête, transportée dans une caverne à Antissa, temple de Dionysos, elle émit des oracles nuit et jour jusqu'à ce que, agacé, Apollon l'obligeât à se taire. On dit qu'après sa mort, l'âme d'Orphée se rendit dans les îles Elyséennes (1-97).

Les Ménades tentèrent de se purifier en se plongeant dans l'Hélicon, mais le dieu-Fleuve, ne voulant pas être complice de ce meurtre collectif, disparut pour reparaître six kilomètres plus loin sous le nom de Baphyra. Elles furent changées en chênes par Dionysos. Les habitants de la Thrace prirent l'habitude de se tatouer les épaules pour se souvenir qu'ils ne devaient pas tuer les prêtres (1-96).

— Il existe une autre version de la mort d'Orphée, selon laquelle il n'entre pas en conflit avec Dionysos, mais avec Zeus, qui le foudroya parce qu'il avait institué les Mystères d'Apollon en Thrace, ceux d'Hécate à Egine et de Déméter à Sparte. Ce récit se rapporterait à la coutume de tuer les rois sacrés au moyen d'une hache double (trait de foudre, arme de Zeus) (1-97).

◆ Symbole de ***la beauté,*** de ***la séduction,*** Orphée semble avoir été un personnage légendaire, bien que certains auteurs anciens le considèrent comme un prêtre d'Apollon qui aurait existé treize siècles avant J.C., à l'époque de Moïse.
— Les aventures d'Orphée et d'Eurydice ont inspiré de nombreux artistes, parmi lesquels Poussin : *Eurydice piquée par le serpent;* Corot : *Orphée,* la lyre à la main droite conduisant son épouse dans un paysage irréel et vaporeux; Erasme Quellyn : *Eurydice expirant dans les bras d'Orphée;* P. Potter : *Orphée charmant les animaux par les accents de sa lyre;* Rubens; Breughel le jeune; le Tintoret : *Orphée aux Enfers...* L'effigie d'Orphée figure sur certains monuments de l'art chrétien primitif. La littérature s'est également enrichie du récit des épisodes de sa légende. On connaît le drame lyrique *Orphée,* sur la musique de Glück, représentée à Vienne en 1764 et à l'Opéra de Paris en 1774, dont le succès se poursuivit jusqu'en 1830, et *Orphée aux enfers,* une opérette bouffe de J. Offenbach représentée aux Bouffes-Parisiennes en 1858 et en 1874.

• L'ancêtre des poètes et des musiciens a donné son nom à **l'orphéon,** ancien instrument à cordes et clavier muni d'une roue qui, en frottant sur les cordes, produisent le son (l'Orphéon était aussi une chorale d'hommes créée à Paris par Wilhem en 1833, dirigée notamment par François Bazin, Pasdeloup...) et à l'orphéoréon, composé de huit paires de cordes métalliques, dont la table, les éclisses et le fond sont généralement richement décorés.
• La constellation d'Hercule porte également le nom d'Orphée.

Au mythe d'Orphée se rattache une doctrine qui apparut en Thrace au VIe siècle avant notre ère, à l'époque où les cultes lunaire et solaire, représentant des religions et organisations sociales opposées, se disputaient la suprématie.

L'orphisme, qui se développa sous l'influence de sectes, et plus tard des néo-platoniciens, influença profondément le gnosticisme chrétien. Il est exposé dans une abondante littérature philosophique et poétique comprenant des *chants de purification,* des *initiations,* des *hymnes (on en connaît quarante-huit),* des *discours sacrés de Dionysos,* des *poèmes,* les *Argonautiques* traitant du grand-œuvre hermétique, le *Voile ou le filet des âmes* expliquant les mystères et les rites, des épopées cosmogoniques ou mythiques : *Théogonie, les Corybantes* ou mystères terrestres et séismes, l'*Anémoscopie* ou la science de l'atmosphère, une *Titanographie,* des *oracles, peplos, cratères, remèdes, testaments, oracles,* composés par des orphéotélestes ou initiés aux mystères orphiques, les *Lithica,* ou *Lapidaire (IVe siècle)* indiquant les propriétés magiques des pierres.

— Le mythe d'Orphée est représenté sur le chaton d'une bague (musée de Berlin) par un crucifié nu, ne portant qu'une ceinture et dont les traits du visage ne sont pas indiqués. La croix est surmontée d'un croissant de lune (61-157), évocation des meurtres rituels dont la coutume régnait autrefois *chez les peuples chasseurs, pasteurs et laboureurs. Quelquefois les malheurs et les péchés de tout le peuple sont placés, pour ainsi dire, sur la tête du dieu mourant afin qu'il les emporte à tout jamais avec lui et qu'après sa mort le peuple se retrouve innocent et heureux. De tels procédés comptent parmi les faits les plus usuels du folklore* (60-98). Des « boucs émissaires » furent exécutés sur tous les continents dans l'Antiquité. A Rome et dans certaines régions d'Italie, le meurtre expiatoire était pratiqué en série lors des épidémies.

— La doctrine orphique, composée d'apports phrygiens, égyptiens, indo-iraniens, assimilait le culte de Dionysos Zagreus à celui d'Apollon et de Zeus. Elle imaginait un univers créé par l'Amour et le Temps dont Zeus était le dieu suprême, la force universelle.

◆ Le récit mythique principal servant à l'enseignement était axé sur la légende du cœur de Dionysos, sauvé par Pallos lorsque les Titans avaient mis en pièces le jeune dieu, et qui renfermait la substance divine de Dionysos. Ce mythe symbolisait ***l'immortalité des âmes et leur migration,*** préoccupation principale des initiés : l'homme était tenu de mener une vie disciplinée, voire ascétique, le préparant à ses futures existences. Il pouvait obtenir le pardon des péchés et le salut de son âme en menant une vie exemplaire et en pratiquant l'abstinence. Les adeptes ne consommaient pas de viande ni d'œufs, l'œuf étant considéré comme le principe de la vie.

Au début du Ve siècle, l'orphisme se confondit avec la doctrine des Pythagoriciens et des mystères d'Eleusis. Le rite principal des mystères était l'*omophagie,* consistant à se partager la chair crue d'un taureau au cours d'un banquet sacré, en mémoire de la mort de Dionysos.

ORTYGIE
la ville des cailles

Nom donné à la ville de Délos où les cailles étaient abondantes, Artémis, qui naquit dans l'île, était parfois appelée *Ortygia,* et les bœufs de son jumeau Apollon, étaient des *Ortygiæ boves.*

OSIRIS
primitivement *Sairi-Siri*

Principale divinité du panthéon égyptien, fils du ciel et de la terre, le premier dieu qui apparut sur la terre et régna sur les hommes. Avec son épouse Isis, il s'opposait au couple Seth-Nephtys.

Osiris passait pour un dieu civilisateur, qui enseigna aux habitants la culture du blé et de la vigne, institua le culte des dieux, et construisit Thèbes et les principales villes égyptiennes. Son œuvre terminée, il fut mis à mort par Typhon qui dépeça son cadavre et jeta les morceaux dans le Nil où ils furent respectés par tous les poissons à l'exception de l'oxyrinque. Isis reconstitua son corps à partir des lambeaux avec le concours d'Anubis, de Nephtys et de son fils Horus, ce qui permit à Osiris de jouir d'une vie nouvelle dans les champs d'Ialou, devenant le dieu des morts.

OUCHAS ou USAS

Déesse de l'aurore du panthéon indien, fille du ciel Diôs et de l'Ether, Adit, sœur de la Nuit. Dans le Rig-Vedâ, son apparition indique le moment du sacrifice.

Ouchnîcha

Un des trente-deux signes *(lakshanas)* de l'intelligence transcendante des Bouddhas, caractérisé par une protubérance arrondie située sur leur crâne.

Oudja

Symbole de l'œil solaire figurant sur de nombreux monuments égyptiens, également utilisé comme talisman.

OUN-TCHANG ou WUN-TCHANG

Divinité du panthéon chinois, qui règne sur les dieux de la science et des lettres.

OURANOS
le roi des montagnes

Fils de la Terre-Mère né pendant son sommeil, qui s'unit à elle pour donner naissance à la végétation, aux animaux, aux cours d'eau, aux mers et aux lacs. Ses premiers enfants, à moitié humains, furent les géants : Briarée aux cent bras,

Le ZEUS olympien de Phidias.

Gygès et Cottos, puis les trois Cyclopes à l'œil unique : Bronthès, Stéropès, Argès, les Hécatonchires. Puis il précipita les Cyclopes dans le Tartare, région souterraine éloignée de la terre, et engendra les Titans. Ceux-ci, encouragés par leur mère Gaïa et dirigés par Cronos, attaquèrent leur père.

A l'aide d'une faucille en silex, Cronos sectionna les organes génitaux d'Ouranos de la main gauche (qui depuis lors, est demeurée de mauvais augure) et les jeta dans la mer près du cap Drépanon. Du sang qui s'en écoula naquirent les trois Erinnyes, Alecto, Tisiphone et Mégère, et les Méliades.

Les Titans libérèrent les Cyclopes et confièrent la direction de la terre à Cronos qui, aussitôt, renvoya les Cyclopes et les géants dans le Tartare, épousa sa sœur Rhéa et se déclara roi de l'Elide.

– Ouranos, père originel, semble avoir été l'homologue du dieu berger des Aryens, Varuna. L'union de Gaïa et d'Ouranos évoque une *invasion très ancienne d'Hellènes en Grèce du Nord, ce qui permit au peuple de Varuna de déclarer qu'il avait donné naissance aux tribus indigènes trouvées sur les lieux, tout en reconnaissant qu'il était fils de la Terre-Mère* (1-33).

La castration d'Ouranos pourrait être le récit imagé d'une alliance entre les divers colons préhelléniques des régions méridionale et centrale de la Grèce, qui pratiquaient le culte des Titans et se révoltaient contre les envahisseurs helléniques venus du Nord. Bien que victorieux, ils *se proclamèrent suzerains des indigènes du Nord qu'ils venaient de libérer.*

Quant à la ***castration*** proprement dite, *elle ne doit pas être nécessairement comprise dans un sens métaphorique* (1-38).

P

Pactole

Fleuve de Lydie appelé *Chrysorrhoos* par les poètes, dont les eaux renfermaient des paillettes d'or, privilège hérité du roi Midas qui s'y était baigné après la transformation en or de tout ce qu'il touchait.

PAIX

Divinité allégorique latine, fille de Jupiter et de Thémis, qui avait pour attributs la branche d'olivier, le caducée et la torche enflammée.

PALAMÈDE

celui qui possède l'ancienne sagesse

Fils du roi d'Eubée Nauplios et de Clymène (fille d'Atrée), frère d'Œax, qui accompagna Agamemnon à Troie et dénonça la prétendue folie d'Odysseus qui ne voulait pas se joindre à l'expédition, s'attirant la haine de ce dernier. Durant le siège, Diomède et Odysseus l'accusèrent de trahison et il fut lapidé. Il avait pour attribut la grue.

Homologue du Thot égyptien, il inventa onze consonnes de l'alphabet, les consonnes B et T, ainsi que les voyelles, ayant été inventées par les Trois Parques (1-151). Certains lui attribuent également l'invention du calendrier et des poids et mesures.

PALÉMON ou PALAEMON
le lutteur

Surnom de Mélicerte, fils d'Ino, qui accompagna sa mère dans sa fuite et se jeta avec elle du haut des roches Scironiennes (promontoire rocheux d'où Sciron précipitait les étrangers à la mer) et fut envoyé par Zeus, sur le dos d'un dauphin, dans l'isthme de Corinthe où il devint le dieu marin Palaémon.

PALÈS

Divinité latine qui protégeait les troupeaux et les bergeries, célébrée le 21 avril, jour de la fondation de Rome.
• Planète télescopique découverte en 1857.

PALESTRE

Fille d'Hermès ou d'Héraklès qui donna son nom à l'art de la lutte qu'elle inventa.

Palingénésie

Nouvelle naissance ou renaissance à la suite d'une initiation.

PALINURE

Pilote d'Enée qui s'endormit, tomba à la mer avec le gouvernail du navire et dériva jusqu'à la côte italienne, où il fut massacré par les habitants. Une épidémie de peste s'étant abattue sur le pays, ceux-ci durent lui élever un monument qui fut appelé le *cap de Palinure* (sur la mer Tyrrhénienne).

PALIQUES ou PALICES

Fils de Zeus et de la nymphe Thalie, adorés en Sicile près des sources sulfureuses de l'Etna, qui étaient considérées comme des divinités souterraines.

Palladium ou Palladion

Statue de bois en forme de gaine vénérée à Troie. Tombée du ciel aux pieds d'Ilos lorsqu'il construisait la ville d'Ilion (la future Troie), elle était conservée dans le sanctuaire d'Athéna, car de sa présence dépendait le sort de la ville. Lors de la guerre de Troie, Odysseus et Diomède l'enlevèrent; mais certains prétendent qu'ils ne dérobèrent qu'une copie, que la vraie statue demeura à Troie jusqu'au sac de la ville, qu'elle fut sauvée par Enée et transportée en Italie.

Il était peut-être en défense de marsouin. « Palladion » signifie pierre, ou tout autre objet vénéré autour duquel dansaient les jeunes filles appartenant à un clan particulier, comme à Thespies, ou autour duquel des jeunes gens sautaient, pallas *servant indifféremment aux deux sexes* (1-488).

PALLAS
la jeune fille

Surnom d'Athéna.

• Titan ailé à corps de bouc, fils de Crios et d'Eurybie, qui épousa Styx, fille d'Oceanos, et eut d'elle quatre enfants: Cratos (la Puissance), Bia (la Force), Nikê (la Vengeance) et Zelos (la Passion). Après avoir participé à la guerre des Géants, il voulut abuser d'Athéna, fut écrasé sous une pierre par la déesse outragée et achevé par Héraklès.

PAN
le dieu du pâturage

Fils d'Hermès qui prit la forme d'un bélier pour séduire Dryopé (fille de Dryops), barbu au buste velu, aux pieds de bouc (ce qui le fit surnommer *Aegipan*), et muni d'une queue (l'iconographie le représente ainsi et agrémenté d'un énorme phallus en érection). Il était si laid que sa mère l'abandonna à sa naissance. Son père le transporta dans l'Olympe pour amuser les dieux.

Il vivait habituellement en Arcadie parmi les bergers, gardant les troupeaux, élevant des abeilles, participant aux jeux et danses des nymphes de la montagne. Insouciant et indolent, il adorait faire la sieste à l'abri des bosquets et effrayait ceux qui le dérangeaient en poussant des cris terribles.

Il participa à la guerre contre les géants, qu'il effraya par les sons de la trompette qu'il avait fabriquée, puis se joignit au cortège de Dionysos.

Malgré sa laideur, Pan se vantait d'avoir séduit toutes les Ménades de Dionysos alors qu'elles étaient ivres, épisode se référant à la licence sexuelle propre au culte de la déesse-Sapin Pitys. Doté d'un appétit sexuel insatiable, il poursuivait les nymphes qui s'enfuyaient, terrifiées par son aspect monstrueux et sa brutalité. Aussi connut-il d'innombrables aventures malheureuses.

Il tenta de violer *Pitys,* qui pour lui échapper fut transformée en pin (il porta ensuite une coiffure faite d'une branche de pin tressée); il poursuivit *Syrinx,* qui demanda à son père, le dieu-fleuve Ladon, de la changer en roseau. Philosophe, Pan coupa un roseau, en fit une flûte qu'il appela *syrinx* ou *flûte de Pan* et devint le dieu de la musique. Mais un jour qu'il avait laissé tomber l'une de ses flûtes, Hermès la ramassa, l'imita et la vendit à Apollon qui lui enleva ce titre, victoire qui *commémore les conquêtes helléniques de la Phrygie et de l'Arcadie ainsi que le remplacement des instruments à vent par des instruments à corde dans ces régions...* (1-71).

Pour séduire *Séléné,* déesse de la Lune, il la métamorphosa en brebis, tandis qu'il prenait l'aspect d'un bélier afin de dissimuler son apparence peu attirante... Séléné consentit à monter sur son dos et se laissa séduire. Ce mythe évoque *une orgie du début de mai, au cours de laquelle la jeune reine de Mai montait sur le dos de son homme dressé avant de célébrer avec lui son mariage dans la forêt nouvelle. A cette époque, le culte du cerf avait remplacé le culte du bouc en Arcadie* (1-89).

Il plut à *Echo,* dont il eut une fille, Iynx, à *Euphémé,* nourrice des Muses qui lui donna Crotos, « le Sagittaire du Zodiaque » (1-88).

— De tous les dieux, Pan est le seul qui soit mort. En effet, Plutarque raconte que sous le règne de Tibère, le marin Thamos naviguait dans le voisinage de l'île de Paxi, lorsqu'une voix mystérieuse lui demanda d'annoncer la mort du grand Pan lorsqu'il aborderait Palodès. Cette nouvelle provoqua les pleurs et gémissements de la population.

Cette désolation est expliquée différemment par une autre tradition : à la suite d'un changement de position de l'axe de la terre, l'île hyperboréenne située aux régions polaires, et jouissant d'un climat subtropical (qui lui valut le nom de paradis terrestre), devint froide et sombre et les habitants clamèrent dans l'obscurité : « Pan est mort », la disparition de la *vie végétale et animale* dont il était le symbole, tuée par le froid et l'obscurité, provoquant une réelle épouvante... Les gens s'aperçurent qu'ils étaient nus et ce fut une fuite *panique* vers le Sud (11-273).

— La tradition chrétienne fait coïncider la « mort de Pan » avec celle du paganisme et la naissance du christianisme en Judée. Cette mort serait le symbole *« de la fin des institutions... de l'ordre social »* (33-724).

◆ En raison de son aspect lubrique et de son association avec Dionysos, il fut considéré comme le symbole de la ***puissance sexuelle exacerbée*** et de la ***bestialité.*** En fait, Pan *représente le « diable » ou l'« homme dressé » du culte arcadien de la fertilité, revêtu d'une peau de bouc, l'amant que les Ménades avaient pourchassé et se réservaient pour leurs orgies en haute montagne; tôt ou tard, il payait cette faveur de sa vie* (1-88).

Pan perdit progressivement ses caractéristiques licencieuses et devint une divinité de la divination — Apollon lui avait enseigné l'art de la prophétie — identifiée par les astrologues avec le Capricorne. Le pin, le chêne et la tortue lui étaient consacrés.

Puis il personnifia le ***dieu universel,*** guérisseur, prophète, dont le culte s'étendit à travers la Grèce et fut pratiqué jusqu'au début de l'ère chrétienne; de son nom dérive la *panacée,* remède universel et le stade du processus alchimique caractérisé par le pouvoir de guérir par simple attouchement ou par la volonté, le rêve des alchimistes.

Dans les litanies orphiques, il est invoqué comme le *grand principe régulateur, le premier principe d'amour, ou créateur incorporé dans la matière universelle et formant ainsi le monde.* Il est «tout», le pouvoir *générateur de l'univers, incorporé dans la matière,* parce que *le ciel, la terre, l'eau et le feu sont ses membres et... il est la source et l'origine de toutes choses* (32-33). La musique émanant de sa flûte est l'emblème naturel de l'harmonie physique selon Plutarque (32-36).

PANACÉE
Pan = tout; akos = remède

Fille d'Asclépios et de Lampétie, déesse de la médecine, qui guérissait tous les maux.

PANDARÉOS
l'écorcheur

Héros crétois, fils de Mérops (le devin de Milet) et époux d'Harmothoé, qui, sur l'ordre de Déméter, déroba le chien d'or fabriqué par Héphaïstos, ayant servi de gardien à Zeus, et le confia à Tantale sur le mont Sipyle. En retour, la déesse lui promit qu'il ne souffrirait jamais de l'estomac. Ce vol indique *une intervention crétoise en Grèce au moment où les Achéens tentèrent de réformer les rites de l'agriculture* (1-81).

Poursuivis par Zeus, Pandaréos et sa femme s'enfuirent à Athènes, puis en Sicile, où ils furent pétrifiés par le dieu.

PANDAVAS
les fils de Pândou

Héros du Mahâbhârata hindou, fils adoptifs du roi Pândou, nés des relations de ses épouses Kounti et Madri avec des dieux. Ces cinq héros sont les dieux eux-mêmes, condamnés à la chaîne des renaissances en expiation de leurs fautes.

PANDION
le prêtre

Fils et successeur d'Erichthonios, roi d'Athènes, père d'Erechthée, Boutès, Procné et Philomèle. Sa fille Procné épousa Térée (fils d'Arès et roi de Daulis) qui, peu après son mariage, tomba amoureux de sa jeune belle-sœur Philomèle. Ayant séquestré sa femme dans une cabane près de son palais, il fit croire à Pandion qu'elle était morte. Compatissant, le roi lui donna Philomèle pour seconde épouse. Lorsque Procné l'apprit, Térée lui coupa la langue, mais elle parvint malgré tout à faire passer un message dévoilant sa présence parmi les esclaves. Libérée par sa sœur, Procné tua son fils Itys, le fit bouillir et servit sa chair à Térée. En apprenant qu'il avait mangé son propre fils, ce dernier poursuivit les deux sœurs qui s'enfuyaient. Il allait les rattraper, lorsque Procné fut changée en hirondelle et Philomèle en rossignol.

PANDORE
celle qui distribue des dons

Première femme fabriquée par Héphaïstos avec un mélange de terre et d'eau, aussi méchante et paresseuse que belle. Certains disent qu'elle avait reçu des dieux tous les dons, et d'Hermès celui de la parole pour tromper.

Elle épousa Epiméthée, auquel son frère Prométhée avait remis une jarre qu'il ne devait ouvrir à aucun prix. Mais un jour, Pandore ouvrit le récipient et tous les maux s'abattirent sur l'humanité : la vieillesse, la maladie, la folie, la passion, le vice, le travail. Heureusement que la jarre contenait aussi l'Espérance, vertu réconfortante, qui conseilla à ses sœurs de ne pas détruire l'humanité.

◆ ***Origine des malheurs de l'humanité*** (comme Eve), Pandore symbolise le danger représenté par la beauté, les *dons des dieux à la beauté féminine* qui renferme *les graines de tous les malheurs et de tous les bonheurs de l'existence.* Mais elle parle aussi d'une *vertu réconfortante : l'espoir* (1-28).

PANDROSOS
celle qui est comme la rosée

Fille de Cécrops et d'Aglauros, sœur d'Aglauros et d'Hersé, qui, ayant ouvert le panier que portait sa sœur Aglauros, découvrit le petit Erichthonios, enfant muni d'une queue de serpent, perdit la raison et se jeta du haut de l'Acropole.

PAN-KU ou HOEN-TUN
le chaos primordial

Premier homme dans la mythologie chinoise, né de l'union du ciel et de la terre, qui organisa l'univers.

Panthéon

Temple consacré à tous les dieux.

PAPHOS
l'écume

Fils de Pygmalion et de Galatée, la statue en ivoire animée par Aphrodite, qui fonda la cité de Paphos à Chypre et y éleva un temple à Aphrodite.

Paradis
ancien persan pairidaêza, « enclos fortifié »

Le *pairidaêza* désignait autrefois les parcs des satrapes persans (–229), puis le séjour idyllique des âmes des trépassés, situé dans des prairies verdoyantes et fleuries ou des palais entourés d'arbres mythiques chargés de fruits (notion qui rejoint celle de l'Age d'Or vécu dans le Parnasse, hors du monde).

– Pour les **Iraniens,** c'est *Yima,* le roi des temps anciens, qui a réuni les ancêtres dans un lieu protégé des rigueurs hivernales. Là, ils ignorent la souffrance et récoltent « dans des prés fleuris la nourriture d'or qui rend invincible ». Là croît le *gaokerena,* le roi des végétaux, contenant toutes les semences que *Semûrg,* l'oiseau mythique, répand généreusement. Mais un lézard ronge sans cesse les racines de cette plante merveilleuse, qui plongent dans la mer mythique, *Vourukasha.*

– En **Inde,** un ancêtre mythique a montré le chemin vers un lieu mystérieux où croît « l'arbre merveilleux qui satisfait tous les désirs ».

– Les **Germains** chantent leur *Walhalla,* où le héros Wodan festoie avec ses guerriers dans un château perché sur la montagne. L'arbre cosmique *Laerad,* identique au frêne *Yggdrasill,* qui abrite un aigle, y répand l'ombre et la fécondité. Ici, c'est un serpent qui ronge le pied de cet arbre dont les racines baignent dans la source de toutes les eaux, le puits de Mimi.

– Le paradis des **Celtes** est celui de *Bran,* séjour de félicité situé au couchant, où souffle en permanence une douce brise et où l'ambroisie est apportée par des oiseaux dans une coupe de fécondité (le croissant de lune).

– Le paradis des **Gaulois** renfermait l'arbre cosmique, le *Tarvos Trigaranos.*

– Les **Grecs** l'appelaient les Champs Elysées.

◆ Le paradis, mythe visant à expliquer la création du monde, est l'archétype de ***l'innocence*** et de la béatitude caractérisant la petite enfance, l'absence de soucis et de responsabilités.

Evocation du printemps éternel, de l'unité avec la Mère nourricière et protectrice, il représente un domaine réservé à l'enfance auquel l'on doit s'arracher pour affronter la réalité et vivre sa vie d'adulte.

PÂRIS
l'homme à la besace

Fils du roi de Troie, Priam, et d'Hécube, également appelé Alexandre, qui fut, à sa naissance, abandonné sur le mont Ida, sa mère ayant rêvé que l'enfant qu'elle portait provoquerait la ruine de Troie. Il fut d'abord allaité par une ourse, puis recueilli et élevé par le berger Agelaos.

Devenu adulte et célèbre par sa beauté, il épousa la nymphe Œnone, puis se fit reconnaître au cours de jeux funèbres par son frère Déiphobos et sa sœur Cassandre, la prophétesse. Son père, qui le croyait mort, l'accueillit avec joie.

Lors du mariage de Pélée et Thétis, tous les dieux furent invités, sauf Eris, déesse de la Discorde, qui, pour venger cet affront, jeta dans l'assistance une pomme d'or portant l'inscription : *« A la plus belle déesse »*. Athéna, Aphrodite et Héra se disputèrent la pomme et, pour les départager, Zeus les conduisit sur le mont Ida et fit appel au jugement de Pâris. Athéna promit au berger la plus grande des gloires. Héra, la souveraineté de l'Asie. Mais il remit la pomme à Aphrodite qui lui avait promis la plus belle femme du monde, suscitant la haine des deux autres déesses envers Troie et ses habitants.

Un peu plus tard, Pâris se rendit à Sparte recueillir l'héritage d'Hésioné, enlevée par Héraklès, et profita de l'absence du roi Ménélas pour enlever son épouse Hélène et voler ses trésors. Ce fut la cause de la guerre de Troie. Au cours du conflit, Pâris se battit courageusement : il blessa Diomède, Antiloque et Palamède, tua Achille d'une flèche au talon, mais fut atteint par une flèche empoisonnée de Philoctète et mourut à Troie, sa femme Œnone ayant refusé de le soigner.
— Le *Jugement de Pâris* est un sujet fréquemment traité par les artistes (Rubens, Raphaël, J. Romain, Luca Giordano, Jordaens).

Parnasse

Montagne de Phocide, près de Delphes, où coulait la fontaine Castalie, entre les deux principaux sommets, le Nysa et le

Cyrrha. Au pied de la montagne s'étendait la vallée du Plistos, traversée par la Voie Sacrée où Œdipe rencontra et tua son père Laïos. Le Parnasse était la demeure des Muses, d'Apollon et de Dionysos, où les poètes puisaient leur inspiration.

PARNASSOS

Fils de Poséidon qui survécut au Déluge, inventa l'art augural et fonda la cité de Lycoréia.

PARQUES

parcae = déesses de l'enfantement

Sinistres figures qui présidaient au destin des hommes, décidaient de la durée de leur vie, de leur profession, de leur mariage et de leur mort. Elles s'appelaient: *Klôthô,* la « fileuse » des jours des hommes; *Lachésis,* qui leur accorde des chances particulières; *Atropos,* « l'inflexible », qui envoie la mort.

— Ce mythe se rencontre également chez les Slaves qui attribuaient ce pouvoir aux *rozenicy;* les Germains, qui avaient les *nornes;* les Romains les appelaient les Moires, ou *Tri Fata.*

PARTHÉNOPAEOS ou PARTHÉNOPÉE

né d'une virginité déflorée (1-656)

Fils de Méléagre et d'Atalante qui fut exposé sur une montagne, survécut et, plus tard, vainquit Idas et accompagna les Sept Chefs dans leur expédition contre Thèbes, au cours de laquelle il périt.

PARTHÉNOPÉ

Une des sirènes auxquelles Odysseus résista, qui, avec ses sœurs, se précipita à la mer. Porté par les vagues, son corps arriva sur les côtes d'Italie où l'on construisit une ville qui porta son nom, fut ruinée, rebâtie et nommée Neapolis, aujourd'hui Naples.

• Une planète télescopique découverte en 1849 porte également ce nom.

PARVÂTI
la montagneuse

Déesse du panthéon hindou, l'une des épouses de Shiva personnifiant les énergies actives de ce dieu, fille d'Hirnâvât (l'Himalaya), mère de Ganesha, le dieu de la sagesse. Elle est le symbole de la ***nature productrice,*** s'opposant à Kâli-Dourga, Kâti et Dévi qui incarnent l'élément destructeur.

PASIPHAÉ
celle qui brille pour tout le monde

Fille d'Hélios et de la nymphe Crété également appelée Perséis, sœur d'Eetès et de Circé, épouse du roi de Crète, Minos, auquel elle donna plusieurs enfants : Acacallis, Androgée, Ariane, Catrée, Phèdre et Glaucos. S'étant éprise du taureau blanc né de la mer que Minos avait refusé d'immoler à Poséidon, elle confia sa passion coupable à l'architecte Dédale. Celui-ci construisit une vache en bois qui abrita ses amours avec le taureau, et Pasiphaé enfanta le Minotaure, monstre à corps d'homme et à queue de taureau que le roi cacha dans un labyrinthe conçu par l'habile architecte.

PATROCLE
la gloire du père

Fils de Ménoetios, roi de Locride, et de Sthénélé (ou de Polymèle), élevé par Chiron avec Achille dont il devint l'ami et le frère d'armes et qu'il accompagna à Troie. Durant le conflit, Achille lui prêta ses armes contre la promesse qu'il ne poursuivrait pas les Troyens au-delà du camp.

Mais il alla jusqu'aux remparts, irritant Apollon qui le frappa de stupeur au moment où Euphorbe lui administrait un coup de lance dans le dos. Hector l'acheva. Achille reprit ses armes et tua son meurtrier, éleva un tombeau à son ami et lui fit des funérailles solennelles.

PÉGASE ou PEGASOS
pégai = sources

Cheval ailé né du corps de la Méduse décapitée par Persée, auquel il servit de monture lors de ses expéditions. Puis il fut donné tout bridé par Athéna à Bellérophon, qu'il aida à vaincre la Chimère, les Amazones, une bande de pirates dirigés par Chéimarrhoos. Le héros lançait des pierres sur ses ennemis en volant au-dessus d'eux, sur le dos de son coursier. Mais un jour, Bellérophon voulut monter au ciel et fut désarçonné par Zeus; Pégase atteignit seul l'Olympe où il devint la monture du dieu.

Une autre légende raconte que Pégase fit jaillir, d'un coup de sabot, la source Hippocrène sur l'Hélicon et que Zeus l'envoya au ciel où il est devenu une constellation; la constellation de Pégase, dans l'hémisphère boréal, représente Persée délivrant Andromède.

◆ Selon P. Diel, Pégase *est le symbole de l'**imagination sublimée**... objectivée qui élève l'homme dans les régions sublimes... Pégase envoyé à Bellérophon par Athéna... signifie que l'homme n'est en mesure de vaincre l'exaltation imaginative qu'à condition que viennent à son aide les qualités spirituelles et sublimes, susceptibles de l'élever au-dessus du danger du pervertissement* (44-86).

Pélasges

Peuple primitif de la Grèce et des contrées avoisinantes, composé d'anciennes tribus venues d'Asie plus de seize siècles avant notre ère, qui adoraient les *dieux Cabires, Saturne,* le centre de leur culte étant Samothrace. Ils précédèrent les Hellènes.

PELASGOS
l'ancien

Le premier homme qui naquit du sol d'Arcadie et fut l'ancêtre des Pélasges. Il apprit aux autres hommes à construire des huttes et à fabriquer des vêtements en peau de porc.

PÉLÉE
le boueux

Roi d'Iolcos, fils d'Eaque, roi d'Egine, et de la nymphe Endéis, fille de Chiron, qui fut chassé d'Egine après avoir tué son frère Phocos avec l'aide de son demi-frère Télamon. Celui-ci se réfugia dans l'île de Salamine, tandis que Pélée se rendait à Phthie, chez le roi Actor, où il fut purifié de son meurtre par le prince Eurytion. Puis le roi lui donna sa fille Polyméla ou Antigone en mariage (à ne pas confondre avec la fille d'Œdipe et de Jocaste). Son bonheur fut de courte durée, car pendant la chasse au sanglier de Calydon, il tua accidentellement son beau-père et fut de nouveau banni. Cette fois, il trouva refuge à Iolcos auprès du roi Acaste, dont l'épouse Astydamie (ou Créthéis) s'éprit de lui. Devant son indifférence, la reine fit croire à Antigone que son mari lui était infidèle. De désespoir, celle-ci se pendit.

Comme Pélée continuait à repousser ses avances, elle l'accusa auprès de son mari d'avoir tenté de la séduire. Ne voulant pas le tuer, Acaste le défia à la chasse sur le mont Pélion. Mais son adversaire possédait une épée magique forgée par Dédale, qui lui assurait la victoire à la chasse comme à la guerre. Acaste rassembla un grand nombre d'animaux sauvages : cerfs, ours, sangliers, et prépara un grand festin. Lorsque Pélée s'endormit, il lui déroba son épée magique, la dissimula sous un tas de fumier et s'enfuit. A son réveil, Pélée se vit entouré de bêtes féroces qui l'auraient dévoré si leur chef Chiron ne s'était interposé. Non content de lui sauver la vie, Chiron retrouva son épée et la lui rendit.

Or Zeus avait prévu que Pélée épouserait Thétis; mais Chiron, prévoyant que cette union avec un mortel déplairait à la Néréide, conseilla au jeune homme de la surprendre dans sa cachette habituelle, une caverne. Dès que Thétis fut endormie, Pélée se jeta sur elle et voulut la posséder; mais Thétis se transforma successivement en feu, en eau, en lion, en serpent, puis en seiche gluante (le cap Sépia doit son nom à cette aventure). Prévenu par Chiron, il ne lâcha pas prise et ils finirent par s'unir dans une étreinte passionnée. Leur mariage fut célébré en présence des dieux de l'Olympe qui firent des dons précieux aux mariés : une armure en or, une lance en bois de frêne et deux chevaux immortels, Balios et Xanthos, nés du Vent d'Ouest et de Podargé, la Harpye. Mais au milieu du festin, Eris, la Discorde, qui ne figurait pas sur la liste des invités, lança sa fameuse *pomme d'or* portant l'inscription bien connue *« A la plus belle »,* dans le but de semer le trouble entre Héra, Aphrodite et Athéna, provoquant par ricochet la guerre de Troie!

Pélée revint à Iolcos où, aidé par une armée de fourmis changées par Zeus en guerriers appelés les *Myrmidons (Myrmeleo : fourmis),* il prit la cité, tua Acaste et Créthéis et devint roi de la ville.

De son union avec Pélée, Thétis eut un fils, Achille, qu'elle rendit immortel en enduisant ses parties mortelles d'ambroisie avant de les mettre dans le feu. Lorsque Pélée lui arracha l'enfant des mains, seul l'osselet avait échappé au traitement. Furieuse, Thétis abandonna son mari pour rejoindre ses sœurs les Néréides, laissant son mari à une vie solitaire et misérable : en effet, détrôné par les fils d'Acaste, il retourna à la caverne où il avait séduit Thétis, conservant le fol espoir de la revoir. Un jour, las d'attendre, il se rendit au pays des Molosses, mais la tempête poussa son navire vers l'île d'Icos, près de l'Eubée, où il mourut, ayant perdu l'immortalité promise par Thétis. — Euripide cite Pélée dans son « Andromaque ».

PÉLIADES

Filles de Pélias qui, après le meurtre involontaire de leur père, furent exilées en Arcadie.

PÉLIAS
l'homme noir et bleu (1-656)

Fils de Poséidon et de Tyro (fille de Salmonée), demi-frère d'Aeson, qui fut exposé avec son frère jumeau Nélée sur une montagne où un gardien de chevaux les recueillit. Pélias fut allaité par une pouliche. Devenus adultes, Pélias et Nélée découvrirent leur véritable identité et vengèrent leur mère en tuant sa belle-mère Sidéro qui la persécutait, dans le temple d'Héra. Puis Pélias chassa son frère, s'empara du pouvoir et épousa Anaxabie qui lui donna Evadné, Amphinomé, Alceste et un fils, Acaste.

Plus tard, il fit mettre à mort tous les Eoliens de haut rang, l'oracle l'ayant averti qu'il serait tué par un descendant d'Eole, n'épargnant que son demi-frère, l'héritier légitime du trône d'Iolcos, qu'il obligea à abdiquer en sa faveur. Puis l'oracle lui conseilla de se méfier d'un homme ne portant qu'une sandale. Ce fut Jason, le fils d'Aeson, qu'il éloigna en le chargeant de rapporter la Toison d'Or de Colchide, espérant qu'il y périrait. Pendant l'absence de Jason, Pélias incita Aeson à s'empoisonner en buvant du sang de taureau; puis ses filles, conseillées par la magicienne Médée, tentèrent vainement de le rajeunir en le dépeçant avant de le plonger dans un chaudron magique (procédé employé par Médée envers Aeson), provoquant sa mort. Bannies par Acaste, Evadné et Amphinomé se rendirent en Arcadie; Alceste épousa Admète de Phères.

• Nom de la lance d'Achille, coupée par Chiron sur le mont Pélion, qui pouvait guérir les blessures qu'elle avait infligées mais ne pouvait être utilisée que par son propriétaire.

Pélion

Montagne de Thessalie, dont le sommet le plus élevé portait le temple de Zeus Akraios, surmontant une caverne appelée l'antre de Chiron. On y situait la résidence des Centaures et le lieu du mariage de Pélée et Thétis. Lors de leur combat contre les dieux, les Géants jetèrent le Pélion sur l'Ossa afin d'escalader l'Olympe.

PÉLOPIA
celle qui a le visage barbouillé de boue

Fille de Thyeste, qui exerçait la fonction de prêtresse d'Athéna chez le roi de Sicyone Thesprotos, qui fut séduite par son père, mais eut le temps de lui prendre son épée qu'elle cacha dans le temple. De cette union incestueuse naquit Egisthe, qu'elle abandonna sur une montagne. Plus tard, en apprenant la vérité, elle se poignarda avec l'épée de son père.

PÉLOPS
celui qui s'est barbouillé le visage de boue

Fils de Tantale et de Clytia (ou d'Eurynassa, ou de Dioné), frère de Niobé et de Brotéas que son père tua et découpa en morceaux qu'il servit aux dieux de l'Olympe lors d'un festin. Saisis de dégoût, ceux-ci refusèrent la nourriture offerte par Pélops, à l'exception de Déméter qui mangea un morceau d'épaule gauche. Zeus ressuscita le jeune homme et remplaça l'épaule manquante par une prothèse en ivoire.

Pélops se rendit à Pise, en Elide, où il accepta le défi du roi Œnomaos dans une course de chars dont l'enjeu était la princesse Hippodamie. Vainqueur, il épousa cette dernière avec l'aide du cheval ailé, don de Poséidon, et grâce à la complicité du cocher Myrtillos, il succéda à Œnomaos sur le trône d'Olympie. Il restaura les jeux institués par Héraklès, conquit l'Arcadie et donna son nom à la presqu'île méridionale de la Grèce, le Péloponnèse ou Ile de Pélops.

Il eut pour enfants Atrée, Thyeste, Pitthée de Trézène, Alcathoos, Hippalcos d'Argos, Pleisthénès, Dias, Cyborosos, Corinthios, Hippasos, Cléon, Argéios, Aelinos, Astydamie, Lysidicé, Eurydice, Nicippé, Antibia et Archippé (1-319).

Pénates

Divinités latines originaires de Phrygie, à l'origine génies du garde-manger, qui devinrent les protecteurs des foyers dont ils assuraient le bien-être et la prospérité. Les *pénates privés,* associés aux dieux lares, étaient responsables d'une seule famille, prenaient part aux repas, recevaient des offrandes et des sacrifices. Les *pénates publics,* chargés de la protection de l'Etat, étaient honorés dans le *penum,* intégré au temple de Vesta. Les Romains vénéraient aussi les *pénates de Lavinium,* importés de Troie par Enée.

PÉNÉE

Fleuve divinisé de Thessalie provenant du mont Pinde et se jetant dans le golfe Thermaïque, entre l'Ossa et l'Olympe, en passant par la vallée de Tempé.

PÉNÉIDE

Nom patronymique de la nymphe Daphné, fille du dieu-fleuve Pénée.

PÉNÉLOPE

qui a le visage recouvert d'un filet (1-656) ou *canard*

Fille d'Icarios et de la Naïade Périboéa, épouse d'Odysseus, roi d'Ithaque; mère de Télémaque, exemple le plus cité de la fidélité conjugale et de la vertu. On raconte qu'à sa naissance, on l'avait appelée Arnacia, qu'elle fut jetée à la mer sur l'ordre de son père et sauvée par une bande de canards qui la nourrirent et la ramenèrent sur le rivage. On la rebaptisa alors Pénélope, qui signifie *canard* (1-498).

Elle fut donnée au héros de l'Odyssée, vainqueur d'une course qui devait départager ses prétendants, et l'attendit sagement pendant les vingt années que dura la guerre de Troie. Pour repousser les nombreux princes qui la pressaient de se remarier, l'assurant qu'Odysseus était mort, elle imagina astuces et stratagèmes. Ainsi, elle tissa le linceul de son beau-père, défaisant la nuit le travail exécuté pendant la journée; mais une servante la dénonça, et elle était sur le point de céder lorsqu'Odysseus revint à Ithaque.

Mais comme dans la plupart des mythes, il existe d'autres versions de l'histoire de Pénélope : certains disent qu'elle fut infidèle à son époux et entretint avec Amphinomos une liaison dont le fruit fut Pan, le dieu-bouc. Honteux, Odysseus s'enfuit en Etolie après avoir renvoyé sa femme chez Icarios. On ajoute qu'il épousa en secondes noces la fille du roi Thoas, et que cette princesse étolienne lui donna un fils, Leontophonos.

— Mentionnée dans l'*Iliade,* la reine d'Ithaque joue un rôle plus important dans l'*Odyssée.* Elle a donné son nom à une planète découverte en 1879.

PENTHÉE
le chagrin

Fils d'Echion et d'Agavé (fille de Cadmos), qui devint roi de Thèbes à la mort de Cadmos. Il s'est opposé à l'institution du culte de Dionysos dans sa ville; le dieu priva de la raison sa mère Agavé qui déchira son fils, croyant qu'il était une bête sauvage.

PENTHÉSILÉE
celle qui oblige les hommes au deuil

Fille d'Arès et d'Otrera, reine des Amazones qui, après avoir tué accidentellement sa sœur Hippolytè, se réfugia à Troie, fut purifiée par Priam, se distingua pendant les combats, tuant un grand nombre de Grecs. Elle mourut, transpercée par les flèches d'Achille qui, en la voyant tomber, pleura sur sa beauté et s'unit à son cadavre, puis tua Thersite, l'Etolien, qui insultait le cadavre parce que la guerrière *avait outrepassé le rôle de la femme.* Penthésilée était *une Amazone que Thésée et Héraklès avaient vaincue : c'est-à-dire une des prêtresses guerrières d'Athéna, vaincues par les Eoliens qui avaient envahi la Grèce* (1-528).

PERCEVAL

Héros du cycle de la Table Ronde, créé par le trouvère Chrestien de Troyes, fils d'un chevalier mort dans un tournoi, élevé par sa mère dans une forêt. A l'âge de quinze ans, il rencontra trois chevaliers, les suivit à la cour du roi Artus (ou Arthur), malgré les supplications de sa mère qui lui remit un anneau magique. A son arrivée à la cour, il tua le Chevalier Rouge, assassin de son père qui l'avait insulté, et connut maintes aventures au cours desquelles il égara l'anneau de sa mère. Celle-ci le retrouva par hasard, crut son fils mort et perdit la raison. Mais Perceval la guérit à l'aide d'un philtre, délivra une belle princesse d'un horrible ennemi, l'épousa et mena une vie heureuse jusqu'à sa mort. Perceval était lancé à la poursuite du Graal.

PERDIX ou POLYCASTE
la perdrix ou *beaucoup d'étain*

Sœur de Dédale et du géant crétois Talos, qu'elle confia aux soins de Dédale. Celui-ci lui enseigna la mécanique et les arts, puis le tua lorsqu'il le surpassa dans son métier. Athéna le changea en perdrix et bannit Dédale.

PERGAMOS
la citadelle

Fils de Néoptolème et d'Andromaque, frère de Piélos, fondateur de la ville de Pergame en Mysie (Asie Mineure).

PÉRIBOEA
celle qui est entourée de troupeaux

Jeune Athénienne faisant partie du tribut destiné au Minotaure, dont Minos devint amoureux et qu'il aurait violée si Thésée ne s'était interposé. Elle devint la mère d'Ajax le Grand.
• Epouse du roi de Sicyone Polybos, elle trouva sur la grève le coffre renfermant Œdipe qui fut adopté par le couple royal. Devenu adulte, le jeune homme s'enfuit en apprenant de l'oracle qu'il devait tuer son père et épouser sa mère.
• Epouse d'Icarios et mère de Pénélope.

PÉRICLYMENOS
le très illustre

L'un des Argonautes, fils de Nélée et de Chloris, qui avait reçu de Poséidon le don de métamorphose. Ainsi, au siège de Pylos, pour échapper à la massue d'Héraklès, il se transforma en lion, en serpent, puis en fourmi et en mouche, puis encore en abeille. Le héros parvint quand même à l'assommer.

PÉRIPHÉTÈS ou CORYNÉTÈS
le célèbre ou *l'homme au bâton* (1-263).

Fils d'Héphaïstos (ou de Poséidon) et d'Anticlée, géant boiteux qui assommait les voyageurs avec une énorme massue de bronze. Thésée la lui arracha des mains et s'en servit pour l'abattre.

PERSÉE
le destructeur

Fils de Zeus et de Danaé, fille unique d'Acrysios. Un oracle ayant prédit que son petit-fils le tuerait, ce dernier l'enferma ainsi que sa mère dans un coffre qu'on jeta à la mer. Ils furent recueillis par le pêcheur Dictys qui les conduisit au palais du roi de Seriphos, Polydectès.

Quelques années plus tard, le roi voulut épouser Danaé. Gêné par la présence de ce fils devenu adulte, il imagina un prétexte pour l'éloigner et l'envoya chercher la tête de la Gorgone Méduse. Persée exécuta sa mission avec l'aide d'Hermès, Hadès et Athéna, qui détestaient la Méduse. La déesse le conduisit à Samos où se trouvaient les statues des trois Gorgones, Sthéno, Euryalé et Méduse, afin qu'il puisse distinguer la Méduse de ses sœurs et l'avertit qu'il ne devait pas la regarder en face, mais uniquement son image reflétée dans un bouclier poli comme un miroir, s'il ne voulait pas être changé en pierre.

Hermès lui fit cadeau d'une serpe en acier et l'envoya chercher les sandales ailées, le casque qui le rendrait invisible et la besace magique qui recevrait la tête de la Méduse chez les nymphes du Styx, dont la résidence n'était connue que des trois Grées, sœurs des Gorgones. Les Grées lui ayant indiqué le moyen d'y parvenir, Persée obtint les objets magiques, se rendit chez les Gorgones qu'il trouva endormies entourées des animaux sauvages et des humains pétrifiés par Méduse. Il trancha la tête de Méduse d'un coup de serpe, faisant jaillir de son corps Pégase, le cheval ailé, et Chrysaor, le guerrier au sabre d'or, conçus tous deux par Poséidon. Il mit la tête dans la besace et s'envola dans les airs sur le dos de Pégase, rendu invisible grâce au casque d'Athéna.

Il s'arrêta au palais du Titan Atlas qui lui avait autrefois refusé l'hospitalité, lui montra la tête fatale, et le changea en montagne; puis il traversa le désert de Libye. En survolant la côte de Philistia, il aperçut une femme nue attachée à un rocher et s'éprit d'elle. C'était Andromède, la fille du roi éthiopien Céphée et de Cassiopée. Celle-ci s'étant vantée que sa beauté et celle de sa fille étaient supérieures à celle des Néréides, Poséidon avait envoyé un déluge et un monstre marin dévaster leurs pays. Pour s'en débarrasser, l'oracle avait conseillé de sacrifier la jeune fille au monstre.

Persée plongea dans la mer, trancha la tête du monstre avec sa serpe d'or et épousa Andromède. Mais il dut combattre les guerriers d'Agénor, frère jumeau du roi Bélos qui réclamait la jeune fille comme épouse. La lutte fut acharnée et Persée allait succomber sous le nombre (ils étaient deux cents) lorsqu'il leur montra la tête de Méduse qui les changea aussitôt en pierre.

Rentré à Sériphos, il découvrit que Polydectès persécutait Danaé. Il se rendit au palais et le pétrifia, puis remit à Athéna la tête de Méduse que la déesse fixa à son épée. Il rendit les sandales, le casque et la besace à Hermès, qui les rapporta aux nymphes du Styx.

Après avoir placé le pêcheur Dictys sur le trône de Sériphos, Persée prit la mer en direction d'Argos. A la nouvelle de son arrivée, son grand-père Acrisios s'enfuit à Larissa où il participa au pentathlon au cours des jeux funèbres organisés en l'honneur du père du roi Teutamidès. Mais son disque, dévié par un coup de vent, l'atteignit au pied et le tua. Persée se rendit à Tyrinthe où il régna sagement, et fonda Mycènes dont le nom dérive d'un champignon *(mycos)* qui poussa un jour pour apaiser la soif du héros.

Poséidon plaça parmi les étoiles Cassiopée et Persée, constellation située dans l'hémisphère boréal, comprenant 59 étoiles parmi lesquelles on compte *Algol* ou *la Tête de Méduse*.

• Suivant une autre version, Polydectès épousa Danaé, et plus tard Acrisios; en apprenant que sa fille et son petit-fils avaient survécu, il se rendit à Serapos dans le but de tuer Persée. Polydectès lui fit jurer de ne pas attenter à la vie de ses victimes; mais lors d'une tempête, Polydectès mourut et au cours des jeux funèbres organisés en son honneur, eut lieu l'épisode du disque qui atteignit à la tête Acrisios et le tua. Persée se rendit à Argos réclamer le trône de son grand-père et y trouva Proetos, l'usurpateur, qu'il changea en pierre à l'aide de la tête de la Méduse, puis régna sur l'Argolide.

◆ Le mythe de Danaé et Persée, abandonnés sur l'eau, est identique au mythe égyptien d'Isis, Orisis et Horus, qu'on retrouve dans la Bible avec Moïse. Les Gorgones à la tête ornée de serpents, aux défenses de sanglier, aux mains de bronze et aux ailes d'or, symbolisent *l'ennemi intérieur à combattre. Les déformations de la psyché sont dues aux forces perverties des trois pulsions : socialité, sexualité, spiritualité...*

La reine des Gorgones, Méduse, doit donc symboliser la perversion de la pulsion spirituelle : la stagnation vaniteuse (44-93).

La destruction de la Méduse grâce aux sandales ailées évoque l'aventure de Bellérophon. *Ces deux exploits racontent l'usurpation du pouvoir de la déesse-Lune par les envahisseurs helléniques; la tête de la Gorgone était un masque protecteur que portaient les prêtresses pour faire fuir les non-initiés et que les Hellènes enlevèrent* (1-199).

La pétrification produite par la vision de la Méduse est, selon Paul Diel, la reconnaissance de *la vanité coupable*, la perception de *sa propre culpabilité vaniteusement refoulée que personne ne tient à s'avouer, dont nul ne supporte la vue... La grande victoire de Persée, c'est d'avoir emporté* la tête de la Méduse et de pouvoir *regarder la vérité à l'égard de lui-même, sa culpabilité accidentelle, sans la déformer perversement, sans la refouler, sans la transformer en vanité stagnante, en pétrification* (44-101).

Quant à la légende d'Andromède, elle a probablement été inspirée *par une représentation du dieu du Soleil Marduk ou son prédécesseur Bel, monté sur un cheval blanc et tuant le monstre marin Tiamat. Ce mythe faisait également partie de la mythologie des Hébreux.* Andromède est identifiée à la déesse Ishtar ou Astarté ou Aphrodite, *la sensuelle déesse de la mer, qui gouverne les hommes* (1-200).

— *Persée tuant la Gorgone* ou *délivrant Andromède* a inspiré de nombreux artistes, peintres et tragédiens. *Persée* fut représenté à l'Opéra de Paris, en 1682.

PERSÉPHONE ou KORÉ
celle qui provoque le destruction

Fille de Zeus et de Déméter, qui devint reine des enfers en épousant son oncle Hadès, qui l'avait enlevée et transportée aux enfers. Sa mère la rechercha pendant neuf jours et neuf nuits, apprit d'Hélios le nom du ravisseur et provoqua la famine sur la terre. Zeus confia alors à Hermès la mission de ramener Perséphone à sa mère, si, durant son séjour souterrain, elle n'avait pas mangé la nourriture des morts. Hadès

s'empressa de donner à sa femme des grains de grenade dans le but de la garder auprès de lui. Mais il dut accepter un compromis, symbolisant le *cycle des saisons* : Perséphone demeurerait pendant six mois aux enfers et les six autres mois sur la terre avec Déméter. Perséphone fut associée au culte et aux mystères de Déméter.
• Les Latins l'appelaient Proserpine.

PERSUASION ou PEITHO

Divinité allégorique, appelée *Suada* par les Romains.

PHAÉTON
le brillant

Fils d'Eôs et de Cephalos (ou d'Hélios et de Clyméné), qui fut aimé d'Aphrodite et enlevé, encore enfant, par la déesse qui fit de lui le gardien nocturne de son temple. Mais ce jeune dieu ayant obtenu la permission de conduire le char solaire, ses chevaux s'emportèrent, le char incendia le ciel et la terre. Puis il fut foudroyé par Zeus, précipité dans l'Eridan où ses sœurs, les Héliades, continuent à le pleurer.
— Ce mythe fut conté par Ovide dans les *Métamorphoses,* par Eschyle dans les *Héliades* et par Euripide dans *Phaéton.* En 1683 fut représentée à l'Opéra, une tragédie lyrique sur une musique de Lulli, *Phaéton,* qui obtint un immense succès.
• La Constellation du Cocher porte le nom de Phaéton, qui fut aussi celui d'une voiture légère au siècle dernier ou de son cocher.

PHÉACIENS

Descendants de Phaeax, qui habitaient l'île de Scheria ou de Corcyre, aujourd'hui appelée *Corfou,* qui passaient pour de bons vivants. Lorsque le vaisseau d'Odysseus échoua sur les côtes de l'île, le héros fut reçu par Nausicaa et son père Alcinoos qui aida le héros à reprendre la mer.

PHÈDRE
la brillante

Fille du roi de Crète Minos et de Pasiphaé, sœur d'Ariane, qui devint l'épouse du héros Thésée, père d'Hippolyte par l'Amazone Antiope.

Phèdre rencontra son beau-fils aux mystères d'Eleusis, conçut pour lui une folle passion et le suivit à Trézène. Elle y érigea le temple d'Aphrodite Catascopia d'où elle pouvait apercevoir le jeune homme s'exercer au gymnase. On raconte que, frustrée et nerveuse, elle perforait les feuilles d'un myrte qui poussait par là, et que c'est depuis qu'elles présentent les perforations qui les caractérisent. Le myrte *symbolisait le dernier mois du règne du héros* (1-288).

Phèdre, qui dépérissait à vue d'œil, finit par avouer son amour à Hippolyte qui, horrifié, l'accabla de reproches. Aussitôt l'amoureuse bafouée déchira ses vêtements et se mit à crier : « Au secours, on me viole ! ». Puis elle se pendit après avoir écrit une lettre à Thésée accusant Hippolyte. Ce dernier fut maudit et banni d'Athènes par son père, qui demanda à Poséidon de punir le coupable.

A peine Hippolyte était-il sorti de la ville dans son char, qui roulait sur l'isthme, qu'il fut secoué par une gigantesque vague surmontée d'un énorme chien de mer. Terrorisés, ses chevaux firent un brusque écart, son char fut projeté contre un rocher, et son corps fut déchiqueté. Artémis le transporta, mourant, à Trézène, où son père eut le temps de se réconcilier avec lui; on raconte que l'ombre d'Hippolyte descendit au Royaume des Morts et que les dieux transportèrent son corps dans les cieux, où il est devenu la *Constellation du Chariot*.

• Les Latins lui ont donné pour nom Virbius (*deux fois homme*), et une fin plus romanesque à sa légende : Artémis fit ressusciter Hippolyte par Asclépios et l'emmena déguisé en vieillard dans son bois sacré d'Aricie, où il épousa la nymphe Egérie. Il y vivrait toujours, caché et incognito, auprès d'un lac entouré de chênes.

— Cette légende, comparable à celle de Thétis et Pélée, Antéia et Bellérophon, Philonomé et Ténès, fut le sujet de pièces (d'Euripide) et de tragédies (de Sénèque, Robert Garnier, Bidar, Jean Racine, Pradon).

PHÉNIX

Oiseau fabuleux au plumage brillant, qui habitait les déserts de l'Arabie et pouvait se régénérer. Lorsque sa fin approchait, il s'exposait aux rayons du soleil qui le consumaient. De sa moelle et de ses os sortait un œuf qui devenait un nouvel oiseau. Ce dernier ramenait les dépouilles du premier sur l'autel du Soleil, à Héliopolis.

PHÉRÈS
le porteur

Fils de Créthée et de Tyro qui fonda la cité de Phérès en Thessalie.

PHILAMMON
l'amateur de courses

Fils d'Apollon et de Chioné, frère d'Autolycos qui eut un fils, Thamrys, de la nymphe Argiopé, poète et musicien réputé comme son père. On attribue à Philammon l'invention des chœurs de jeunes filles et l'institution des mystères de Déméter à Lerne, et à son fils, celle de certaines formes musicales.

PHILÉMON et BAUCIS
l'ami lanceur de fronde

Couple de Phrygie, chanté par Ovide dans ses *Métamorphoses :* malgré leur extrême pauvreté, ils donnèrent l'hospitalité à Zeus et Héra voyageant sous les traits de mortels, alors que les gens du village leur avaient fermé la porte au nez. En récompense, le couple divin transforma leur maison en temple et leur accorda la faveur de n'être jamais séparés. A la fin de leur vie, ils furent métamorphosés, Philémon en chêne et Baucis en tilleul.

Ce mythe est une leçon de morale vantant les lois de l'hospitalité et la fidélité conjugale.

PHILOCTÈTE
celui qui aime posséder

Fils de Poeas et Méthone, qui assista aux derniers moments d'Héraklès. Le héros lui remit son arc et ses flèches, avant de s'immoler sur un bûcher sur le mont Œta, lui faisant jurer de ne jamais indiquer cet endroit. Mais il se parjura et fut puni par les dieux. Car au cours du voyage vers Troie, lors d'une escale dans l'île de Lemnos (ou Ténédos), il se blessa avec l'une des flèches empoisonnées. La plaie s'envenima, et répandait une odeur si fétide que ses compagnons durent l'abandonner sur l'île. Pendant près de dix ans, il souffrit de la fièvre et de la solitude, jusqu'au moment où Odysseus vint le chercher, l'oracle ayant déclaré que Troie ne serait pas prise sans le concours de l'arc et des flèches d'Héraklès. Soigné par Podalirios et Machaon, il guérit rapidement et se fit remarquer par son courage au cours du siège de la ville. Ce fut lui qui tua Pâris. A son retour de la Troade, il se fixa dans l'Italie méridionale et y fonda plusieurs villes.

PHILOMÈLE et PROCNÉ
la douce mélodie et *l'aînée*

Filles du roi d'Athènes Pandion. Procné était l'épouse de Térée, roi des Bistones de Thrace. Celui-ci se rendit en Attique, à la demande de sa femme, afin de ramener sa sœur dont l'absence lui pesait. Au cours du voyage, il conçut une violente passion pour sa belle-sœur et, rentré chez lui, cacha Procné dans une cabane proche de son palais à Daulis et annonça sa mort. Devant sa douleur, son beau-père Pandion lui proposa d'épouser Philomèle et lui donna une escorte pour accompagner la jeune fille à son palais de Daulis où devait avoir lieu la noce.

Arrivé au palais, Térée tua les soldats, abusa de Philomèle et par sécurité, coupa la langue de Procné afin de mettre un terme à ses reproches, car elle avait été informée de l'infamie de son mari. Puis il l'enferma avec ses esclaves.

Pendant un an, Procné broda sur une tapisserie qu'elle fit parvenir à sa sœur le message suivant : « Procné se trouve parmi les esclaves ». Profitant d'une fête donnée en l'honneur de Dionysos, Philomèle délivra Procné qui ne pouvait plus parler intelligemment. Prise d'un accès de démence, la pauvre Procné s'empara de son fils Itys, le tua, fit bouillir ses membres dans un chaudron de cuivre et les servit à Térée à son retour. Puis les deux sœurs s'enfuirent.

Térée finit par apprendre la vérité et soupçonnant son frère Dryas d'avoir participé au complot, le tua d'un coup de hache et se mit à la poursuite des coupables. Il était sur le point de les rattraper, lorsque les dieux compatissants changèrent Philomèle en rossignol, Procné en hirondelle et Térée en huppe. C'est pour cette raison que, selon les habitants de la Phocide, les hirondelles sont dépourvues de langue, poussent des cris perçants et ne font jamais leur nid dans les environs de Daulis; que les rossignols n'y chantent jamais; et que la huppe pousse toujours le même cri : *pou? pou? (où? où?)* (1-139).

— La métamorphose des trois personnages en oiseaux est liée à la méthode divinatoire qui consiste à interpréter les évolutions de ces volatiles. D'autre part, Daulis était le centre d'un culte des oiseaux.

• Les mythographes citent un personnage appelé Philomèle, fils de Jasion et de Déméter, frère de Ploutos, qui inventa la charrue et fut, à sa mort, transporté au ciel où il constitue la constellation du Bouvier.

PHILYRA
le tilleul

Fille d'Oceanos qui s'unit à Cronos, fut surprise par Rhéa et s'enfuit dans les montagnes des Pélasges où elle donna naissance au Centaure Chiron, mi-homme mi-cheval. Elle éprouva une telle répulsion pour son fils qu'elle demanda aux dieux de la métamorphoser et devint un tilleul. A la période classique, les fleurs de tilleul étaient utilisées comme remède; le liber servait de papier pour écrire et, déchiré en lanières, servait de support à la divination (1-467).

PHINÉE
l'aigle de mer (1-657)

Fils d'Agénor et roi de Salmydessos, en Thrace orientale, que les dieux rendirent aveugle pour avoir été trop précis dans ses prédictions. Les jumeaux Zéthès et Calaïs le débarrassèrent des Harpyes qui le tourmentaient sans cesse et dérobaient sa nourriture, en échange de l'itinéraire qui mena Jason jusqu'à la Toison d'Or.

Phlégéton

Dans la mythologie grecque, un des fleuves des enfers qui se jetait dans l'Achéron. Il roulait des flammes.

PHLÉGIAS
qui est plein de feu

Fils d'Arès et de Chrysé, roi des Lapithes, père de Coronis et d'Ixion. Lorsque Coronis fut séduite par Apollon, il incendia le temple de Delphes et le dieu le perça de ses flèches avant de le précipiter dans le Tartare où il fut soumis à un châtiment extrêmement rigoureux. Il passe pour le fondateur de la ville de Phlégias et l'ancêtre des Phlégiens.

PHOBOS
la crainte

Fils d'Aphrodite et d'Arès, frère de Déimos et d'Harmonie, qui engendrait la peur chez les combattants et les incitait à fuir.

Phocide

Contrée de l'Hellade bornée par la Doride, le golfe de Corinthe, la Béotie et la Locride, où se trouvaient les villes de Delphes, Bulis, Daulis (plus tard appelée Phocis), Panopée, territoire sacré renfermant le Parnasse, l'oracle d'Apollon à Delphes.

PHOCOS
le sceau

Petit-fils de Sisyphe qui guérit Antiopé, rendue folle par Dionysos parce que ses fils, Amphion et Zéthos, avaient tué sa fervente adoratrice Dircé. Puis il l'épousa en Phocide.
• Fils d'Eaque et de la nymphe Psamathé, demi-frère de Télamon et Pélée, qui vivait dans l'île d'Egine avec toute sa famille. Il était le favori de son père qui avait l'intention de lui léguer son royaume, ce qui provoqua la jalousie de Télamon et de Pelée qui le tuèrent et cachèrent son corps dans un bois, où Eaque le trouva et l'enterra près de l'Aicéon.

PHŒBÉ
la lune brillante

Surnom d'Artémis.

PHŒBUS
la lumière

Surnom d'Apollon, dieu de la lumière et du Soleil.

PHŒNIX
le palmier

Fils d'Agénor et de Téléphassa, frère de Cadmos, Cilix, Thasos, Phinée et Europe. Lorsque son père l'envoya à la recherche de sa sœur enlevée par Zeus, il s'arrêta dans une région qui prit le nom de *Phénicie.*

• Fils d'Amyntor et de Cléoblé, chassé par son père, qui lui creva les yeux, parce qu'il avait séduit sa concubine Phtia. Le centaure Chiron le guérit et il se réfugia chez Pélée qui le couronna roi des Dolopes et fit de lui le tuteur d'Achille qu'il accompagna à Troie. Après la mort de ce dernier, il alla chercher Néoptolème pour le ramener à Troie, et mourut durant le voyage de retour.

PHOIBÉ

Fille de Leucippé, prêtresse d'Athéna, fiancée à son cousin Idas, qui fut enlevée par Pollux qu'elle épousa.

• Titanide, fille de Gaïa et d'Ouranos, qui épousa Coeos et donna naissance à Léto et Astéria.

PHOLOS
l'homme de bon conseil

Centaure, fils de Silène (ou d'Ixion) et d'une Hamadryade, qui accueillit Héraklès lorsqu'il se rendit à la chasse au sanglier de Calydon. Une querelle opposa ses compagnons au héros; Pholos toucha à l'une des flèches du héros et mourut empoisonné.

PHORCIDES

Enfants de Phorcys. Ce sont Ladon, Echidna, les trois Gorgones, les trois Grées (et selon certains les trois Hespérides).

PHORCYS
le sanglier

Fils de Poséidon (ou de Pontos) et de Gaïa, qui épousa sa sœur Céto dont il eut les monstrueux Phorcides.

PHORONÉE
celui qui obtient le prix

Fils du dieu-fleuve Inachos et de la nymphe Mélia, frère d'Ino, premier roi d'Argos, qui épousa la nymphe Cerdo dont il eut Gar, Pélasgos, Iasos et Agénor. Il fut le premier homme à créer une cité et un marché, découvrit l'usage du feu que Prométhée avait dérobé aux dieux, régna sur le Péloponnèse où il introduisit le culte d'Héra. Ses fils lui succédèrent sur le trône et Gar fonda la ville de Mégare.

Phoronée était probablement un dieu du printemps, comme le dieu celte Bran qui régnait sur le quatrième mois de l'année sacrée au cours duquel était célébrée la Fête du Printemps (1-160).

PHRIXOS
le hérissé

Béotien, fils d'Athamas et de Néphélé dont s'éprit Biadicé, sa tante, épouse de Créthée, dont il repoussa les avances. Pour se venger, elle l'accusa d'avoir tenté de la violer et Phrixos fut condamné à mort. Athamas l'aurait égorgé si Héraklès ne lui avait arraché de la main le couteau sacrificiel, et si un bélier d'or ailé, envoyé par Héra, ne s'était précipité du haut de l'Olympe pour le sauver. Il l'emporta vers la Colchide, ainsi que sa sœur Hellé qui, prise de vertige, tomba dans l'Hellespont.

Arrivé en Colchide, Phrixos sacrifia le bélier à Arès, suspendit dans le temple d'Arès, sous la garde d'un dragon, sa toison qui devint célèbre une génération plus tard, par l'expédition des Argonautes. Il épousa Chalcoipe, la fille d'Aetès de Colchide, qui lui donna quatre fils : Cytirosos, Argée, Phrontis et Mélanion.

Phylloromancie

Méthode divinatoire consistant à frapper sur un pétale de rose posé sur le front du consultant et à interpréter les bruits produits.

PHYLLIS

Fille du roi de Thrace Sithon, qui succéda à son père à l'âge de vingt ans. Lorsque le roi d'Athènes Démophon fit escale en Thrace, à son retour de la guerre de Troie, elle s'éprit de lui, l'épousa et le fit roi. Peu après, il se lassa et décida de rentrer à Athènes, promettant de revenir avant la fin de l'année. Phyllis l'accompagna au port d'Ennéodos et lui remit une cassette qu'il ne devait ouvrir que s'il décidait de ne pas lui revenir. Mais Démophon, qui n'avait nullement l'intention de se rendre à Athènes, mit le cap sur Chypre et s'y établit. Lorsque Phyllis réalisa qu'il ne reviendrait pas, elle s'empoisonna (ou se jeta dans la mer près du cap Pangée, à l'endroit où fut bâtie la ville d'Amphipolis). Au même moment, la curiosité poussa Démophon à ouvrir la cassette et devant son contenu, il perdit la raison, partit au galop sur son cheval qui s'emballa, le projeta à terre sur la pointe de son épée qui s'était plantée dans le sol la pointe en l'air.

• Phyllis est souvent confondue avec une autre princesse de Thrace du même nom qui eut un sort aussi malheureux : s'étant éprise d'Acamas, frère de Démophon, elle l'attendit vainement, mourut de chagrin et fut changée en amandier.

PICUMNUS

Divinité latine de l'agriculture, fils de Jupiter, également surnommé *Sterquilinius* parce qu'il inventa l'art de fumer les terres.

PICUS

Divinité latine, fils de Saturne, adoré dans le Latium. Epoux de la nymphe Canens qui lui donna un fils : Faunus. Ayant dédaigné l'amour de la magicienne Circé, il fut métamorphosé en pivert, tout en conservant la faculté de prédire l'avenir, en particulier d'annoncer la pluie.

Pierres sacrées

Il existait de nombreuses pierres sacrées (bétyles, aérolithes), considérées comme la demeure des dieux et dotées de propriétés merveilleuses. Ainsi la *pierre sacrée* habituellement déposée près de la porte Capène, à Rome, qui était promenée solennellement à travers la ville pour demander la pluie; la pierre *noire,* symbole de Cybèle, apportée de Pessinonte à Rome en l'an 204; la *pierre noire de Romulus,* au Forum, qui dissimulait son tombeau; celle d'Emèse, symbolisant le Soleil, importée à Rome, à laquelle était réservé un culte sanglant.

PIÉTÉ

Divinité allégorique romaine, symbole de l'affection et du respect dû par l'homme à ses semblables, représentée par une femme voilée, brûlant de l'encens devant un autel, parfois avec la corne d'abondance.

PILUMNUS

Dieu latin des moulins, frère de Picumnus.

Pirène

Fontaine située près de Corinthe, sur l'Acrocorinthe, à plus de 500 mètres d'altitude, liée à l'enlèvement d'Egine, fille du dieu-fleuve Asopos, par Zeus. Sisyphe de Corinthe, qui avait été témoin de l'événement, dévoila le nom du ravisseur, lorsqu'Asopos eut amené de l'eau sur l'Acrocorinthe.

PIRITHOOS

celui qui tourne autour (1-658)

Fils de Dia et d'Ixion, ou de Zeus, roi des Magnésiens à l'embouchure du Pénée, ami de Thésée. Lorsqu'il épousa

Hippodamie (ou Déidamie), fille de Boutès, il invita tous les dieux à ses noces, à l'exception d'Arès et d'Eris. Pendant le festin, ses cousins les Centaures s'enivrèrent, essayèrent d'enlever la mariée et de violer les femmes présentes. Ce fut le début de la guerre entre Lapithes et Centaures. Selon certains, il enleva Hélène de Sparte, suivit Thésée aux enfers, pour essayer d'enlever Perséphone, et y resta quatre ans, jusqu'au moment où ils furent délivrés par Héraklès venu chercher Cerbère.

PITTHÉE
le dieu du pin

Fils de Pélops et d'Hippodamie, roi de Trézène, père d'Aethra. Ayant appris que le fils d'Egée aurait un sort glorieux, il enivra ce dernier et mit sa fille dans son lit. De cette union naquit Thésée dont il assura l'éducation. Il passait pour un parangon de sagesse et d'éloquence.

PLÉIADES
la troupe de colombes (1-658)

Les sept filles d'Atlas et de Pléioné, sœur des Hyades, nommées Alcyoné, Astéropé, Electre, Atlas, Maïa, Mérope et Taygète, qui furent aimées des héros et des dieux (Poséidon, Arès, Zeus). A la mort de leur père, elles eurent tant de chagrin qu'elles se tuèrent, furent changées en étoiles et se trouvent dans le signe zodiacal du *Taureau*.

Selon les anciens, les Pléiades comptaient six étoiles principales et une plus petite, Pléioné. La disparition d'Electre, qui semble avoir eu lieu vers la fin du second millénaire avant J.C., représente l'anéantissement de la maison de Dardanos et *la vaine poursuite des Pléiades par Orion, qui se situe dans la constellation du Taureau, réfère à leur présence au-dessus de l'horizon juste avant la réapparition d'Orion* (1-129). Depuis, on a reconnu un grand nombre d'étoiles dans la constellation des Pléiades.

– Le nom des Pléiades *(plei : naviguer)* évoque leur lever au début du beau temps propice à la navigation. Tandis que l'interprétation de Pindare : *peleiades : petite troupe de colombes* était peut-être la forme primitive, *puisque les Hyades sont de jeunes porcs* (1-129).

PLÉIONÉ
la reine voyageuse (1-658)

Fille d'Océan et de Téthys, mère des Pléiades.

PLÉISTHÈNE ou PLÉISTHÉNÈS
la grande puissance

Fils de Pélops et d'Hippodamie, époux d'Aéropé (fille de Catrée, fils de Minos), qui lui donna Agamemnon et Ménélas.

PLOUTOS
la richesse

Fils du Titan Iasios et de Déméter (qui s'était unie à lui « dans un champ trois fois labouré » au mariage de Cadmos). Lorsqu'il demanda à Zeus de lui procurer la science et la vertu, le dieu le frappa de cécité, afin qu'il distribue ses dons sans tenir compte des mérites des humains.

PLUTON ou PLOUTON
du grec Ploutôdès, « dispensateur de richesses »

Dieu de la fécondité du sol et de l'abondance des récoltes, qui fut identifié avec Hadès, le maître des enfers. On lui sacrifiait des animaux au pelage noir, parce qu'il demeurait dans les lieux obscurs. Il était représenté tenant en main la corne d'abondance, symbolisant les biens qu'il procurait.

• En astrologie, la planète Pluton est en rapport avec le monde souterrain, les mines, et avec l'énergie atomique (explosivité).

PODALIROS
celui qui a une triste mort

Médecin, fils d'Asclépios et frère de Machaon, qui soigna les blessures des guerriers grecs pendant le siège de Troie; il diagnostiqua la folie d'Ajax. Après la prise de la ville, son navire ayant échoué sur les côtes de Carie, il eut l'occasion de guérir Scyra, la fille du roi, l'épousa, et reçut de son père la Chersonèse.

PODARCÈS
l'homme aux pieds nus

Fils de Laomédon, roi de Troie, qui prit le parti d'Héraklès contre son père et fut épargné par le héros (qui tua toute sa famille). Racheté par Hésione, il fut appelé *Priam* et mis sur le trône de Troie par le héros.

POLLUX
l'abondance de vin doux

Fils de Tyndare (ou de Zeus) et de Léda, frère jumeau de Castor dont il partagea les aventures (voir Castor).

POLYBOS
celui qui a beaucoup de bœufs

Roi de Corinthe, qui recueillit et éleva Œdipe abandonné par sa mère. Lorsqu'il apprit de l'oracle qu'il devait tuer son père et épouser sa mère, Œdipe s'enfuit.

POLYBOTÈS

L'un des Géants qui tenta d'escalader l'Olympe et fut tué par Poséidon.

POLYDECTÈS
l'homme accueillant

Fils de Magnès, roi de l'île de Sériphos qui recueillit Persée et Danaé. Plus tard, il voulut forcer la jeune fille à l'épouser; Persée le pétrifia en lui montrant la tête de la Méduse.

POLYDOROS

Fils de Priam et d'Hécube, qui fut tué d'un coup de lance d'Achille au cours de la guerre de Troie.
• Fils de Laothé, qui fut fait prisonnier par le Grand Ajax pendant la guerre de Troie.

POLYMNIE

L'une des neuf Muses, mère d'Œagre par Orphée, qui présidait aux *chants et hymnes* honorant les dieux, favorisait l'assimilation des connaissances et la mémoire. Sous l'empire romain, on lui attribua en outre l'art mimique. Cette Muse qui apparaît dans l'attitude de la méditation, serait, d'après certains auteurs, la mère de Triptolème (plus connu comme le fils du roi d'Eleusis, Céléos, et de Métanire).

POLYNICE
celui qui connaît de nombreuses dissensions (1-659)

Fils d'Œdipe et de Jocaste qui, avec son frère Etéocle, s'empara du pouvoir après le départ de leur père. Celui-ci les maudit. Ils convinrent que chacun régnerait pendant un an; mais au bout de la première année, Etéocle refusa de céder la place à Polynice, qui assiégea Thèbes avec le concours de son beau-père Adraste. Ce fut l'expédition des *Sept Chefs contre Thèbes.* La guerre s'éternisant, les frères se mesurèrent dans un combat singulier et périrent tous les deux, laissant le trône à Créon, frère de Jocaste.

POLYPHÈME
l'homme célèbre

L'un des Argonautes.

• Cyclope anthropophage, fils de Poséidon et de la nymphe Thoosa, qui demeurait dans une caverne, près de l'Etna, et possédait un immense troupeau de moutons; il s'éprit de Galatée qui lui préféra le berger Acis. Lorsqu'Odysseus aborda sur l'île, le Cyclope dévora quelques-uns de ses marins et enferma les autres dans son repaire. Odysseus l'enivra et l'aveugla en brûlant son œil unique au fer rouge, puis sortit avec ses hommes en s'accrochant au ventre des moutons.

POLYXÈNE

Fille de Priam et d'Hécube. Après la mort d'Hector, Achille l'aperçut et tomba amoureux d'elle. Priam accepta de la lui donner en mariage s'il persuadait les Grecs de s'en aller sans emmener Hélène. Selon une autre tradition, la condition était la levée du siège; mais Polyxène, ayant appris que la seule partie vulnérable du corps d'Achille était son talon, révéla son secret à Pâris qui lui transperça le talon d'une flèche empoisonnée.

POMONE

Déesse des fruits des Latins et nom d'une planète télescopique découverte en 1854.

PORPHYRION
l'homme de couleur bleu-nuit (1-659)

Géant, fils d'Ouranos et de Gaïa, qui fit la guerre aux dieux de l'Olympe, voulut étrangler Athéna et outrager Héra. Il fut foudroyé par Zeus et mortellement blessé par Héraklès.

PORTUNUS ou PORTUMNUS

Divinité étrusque et romaine, qui présidait aux passages, portes, entrepôts et aux ports.

POSÉIDON
celui qui abreuve dans la montagne boisée (1-659)

Ancienne divinité pélagienne antérieure à Zeus, également appelée Enosichthon *(celui qui fait trembler la terre),* à l'origine personnification de l'humidité du sol et époux de la Terre-Mère Gaïa (57-266).
— En raison de son association avec l'eau, il était considéré comme une divinité agraire responsable de la fertilité des champs. Fils de Cronos et de Rhéa, il fut, comme ses frères et sœurs, dévoré par son père à sa naissance, et dut à Zeus son retour à la vie. Une autre légende raconte que Rhéa donna à son mari un poulain à manger à la place de Poséidon qu'elle confia aux Telchines et à Capheira, fille d'Océanos.
— Parce qu'il était le frère de l'omnipotent Zeus, il fut élevé à la dignité de dieu principal au moment du partage de l'univers, devenant le souverain de la mer, le dieu de la navigation et des tempêtes, invoqué par les marins qui voulaient s'assurer une bonne traversée. Il avait pour attributs le *trident, le dauphin, le cheval et le taureau.*
— Poséidon se battit aux côtés de Zeus contre les Titans et les Géants, tuant Polybotès à l'aide d'un pan de falaise arraché à l'île de Cos, qui plus tard devint l'île de Nisyros.

Lorsque Zeus remplaça son père sur le trône, il accorda à Poséidon la souveraineté de la mer, des lacs et des rivières et il établit son palais au fond des eaux au large d'Aegée, en Béotie. Les sautes d'humeur de ce dieu querelleur et grognon provoquaient inondations et tempêtes, figurés par les terrifiants monstres marins.
— Avide de puissance, il revendiqua la possession de l'Attique en plantant son trident dans l'Acropole d'Athènes, à l'endroit où se trouve encore un puits d'eau salée. Lorsqu'Athéna s'installa près de ce puits, il tenta de s'interposer et ils se seraient battus si Zeus n'était intervenu! Furieux, Poséidon envoya d'énormes vagues envahir la ville d'Athéna. Il les rappela lorsque les Athéniennes abandonnèrent leur droit de vote et qu'il fut interdit aux hommes de porter le nom de leur mère, selon la coutume: ce mythe explique une tentative visant à remplacer le culte d'Athéna par celui de Poséidon et les concessions au système matriarcal.

Le coléreux roi des mers tenta de ravir la cité de Trézène à Athéna, mais Zeus ordonna de la partager entre eux. Ensuite il disputa vainement Egine à Zeus, Naxos à Dionysos, Corinthe à Hélios, l'Argolide à Héra. Zeus lui ayant interdit d'employer ses armes habituelles, les inondations, il se vengea en provoquant une terrible sécheresse. On lui doit néanmoins la construction des murs de Troie (avec l'assistance d'Apollon), des portes du Tartare et le creusement du lit du fleuve Pénée.
— Il eut pour épouse légitime Amphitrite *(la mer)*, fille de Nérée et de Doris, qu'il avait aperçue jouant sur la plage, et fait enlever par un dauphin. Elle lui donna un fils, Triton, et deux filles, dont Rhode qui donna son à l'île de Rhodes.

Mais un dieu aussi puissant ne pouvait se contenter de sa seule épouse; aussi lui attribue-t-on d'innombrables aventures avec des nymphettes et des déesses, dont le sort ne fut pas toujours enviable. De son aventure avec *Gaïa (la Terre-Mère)* naquit le géant monstrueux Antée, qui vivait dans le désert de Libye, se nourrissant de lions et dévorant les voyageurs, qui fut terrassé par Héraklès.

Pour lui échapper, *Déméter* se transforma en jument. Aussitôt Poséidon devint un étalon et la posséda. De leur union naquit le cheval sauvage Arion, muni d'un pied d'homme et possédant le don de la parole.

Après son intervention en faveur d'*Aphrodite,* surprise dans le lit d'Arès, il la désira et eut d'elle deux fils, Rhodos et Hérophilos.

Il séduisit *Méduse* qui était alors belle et désirable, dans le temple d'Athéna. Cette profanation irrita la déesse qui ôta sa beauté à la jeune fille et fit de sa tête un nid de serpents furieux et horribles.

C'est dans son propre temple qu'il séduisit *Aethra,* la fille de Pittheos, roi de Trézène. Certaines traditions leur donnent pour fils Thésée.

La fille de Borée, *Chioné,* lui donna un fils, Eumolpos, qu'elle jeta à la mer et qui, sauvé par son père, fut emmené en Ethiopie.

Il enleva *Théophane,* la fille de Bisaltès, réputée pour sa beauté, et la transporta dans l'île de Crinissa pour la soustraire à ses prétendants. Ceux-ci les poursuivirent et il transforma sa bien-aimée en brebis, les habitants de l'île en moutons et se fit bélier. Leur union produisit le fameux *bélier à la toison d'or.*

L'épouse d'Alœus, *Iphimédée,* eut de lui les Aloades, Ephialtès et Otos, les géants qui tentèrent de monter jusqu'à l'Olympe, et furent faits prisonniers par Arès.

La fille du fleuve Nil, Anippé (la jument reine), fut la mère de son fils Busiris, le cruel roi d'Egypte qui immolait les étrangers jusqu'à ce qu'Héraklès mît fin à ses agissements.

A *Alopé,* la fille de Cercyon (fils d'Héphaïstos et roi d'Eleusis), Poséidon donna un fils, Hippothoon. *Celaeno* la harpye eut deux fils de lui : Lycus qui régna sur les îles Fortunées, et Eurypylos qui combattit au siège de Troie. A la Pléiade *Alcyoné,* il donna une fille, Aethuse. Après avoir sauvé *Amymoné,* la fille de Danaos, des attaques lubriques d'un satyre, il la séduisit et elle enfanta Nauplios.

Comme Zeus, il désira Evadné *(la fleurie),* fille de Philacos (ou de Pitané), qui lui donna un fils, Iamos, que sa mère abandonna dans les bois.

Parmi **les nymphes** on cite *Eryte,* mère de Halirrothios; *Europe* et sa sœur *Astypalae,* qui lui donnèrent respectivement Euphemos, auquel son père conféra le pouvoir de marcher sur les flots et qui participa à l'expédition des Argonautes, et Eurypylos qui régna sur l'île de Cos et fut tué par

Héraklès; *Mélia* et *Thoosa,* qui devinrent respectivement mères d'Amycos et de Polyphème; *Molione,* femme d'Actor, qui devint la mère des Molionides (ou Actorides); *Calyce,* qui lui donna un fils, Cycnos, qui, abandonné, fut recueilli par des pêcheurs et devint roi de Colona (les Troades); *Tyro,* fille de Salmonée et d'Alcidicé, qu'il séduisit en empruntant l'aspect du dieu-fleuve Enipée. Des jumeaux naquirent de leur union : Pélias et Nélée.

Le séducteur eut moins de succès auprès de *Mestra* (ou Metra), la fille du roi de Thessalie Erysichton et la femme d'Autolycos. Tourmenté par une faim insatiable, ce dernier avait pillé les champs sacrés de Déméter et la déesse, irritée, l'obligea à vendre toutes ses possessions, même sa fille. Poséidon lui conféra le don de métamorphose et Mestra put échapper à ses acheteurs et fut ainsi vendue plusieurs fois jusqu'à que sa ruse étant découverte, Erysichton fût condamné à se dévorer lui-même.

Bien qu'Amphitrite soit présentée comme une épouse patiente et tolérante, elle fit preuve d'une jalousie féroce envers la nymphe *Scylla,* la fille de Phorcys et d'Hécate, qu'elle transforma en un chien monstrueux à six têtes et douze pattes.

◆ Ces mythes expliquent généralement des tentatives d'instauration du culte de Poséidon dans les villes ou régions associées à ces déesses ou nymphes. Il était honoré dans la plupart des cités grecques lors des *poséidonies.* Il donna son nom au sixième mois du calendrier athénien correspondant au mois de décembre. On le représentait debout, tenant dans la main gauche le *trident,* un de ses attributs avec le *dauphin, le cheval et le taureau.*

• Poséidon fut identifié avec le Neptune romain (*nare : nager*).

POTHOS ou HIMÉROS
le désir

Fils de Zeus et de la nymphe Taygète (ou de Lacédémon) qui, poussé par Aphrodite, déshonora sa sœur Cléodice qu'il ne pouvait reconnaître dans l'obscurité (union de laquelle devait naître Asopos). Le lendemain, il éprouva un tel chagrin qu'il se jeta dans le fleuve Marathon qui fut nommé Himéros et devint plus tard l'Eurotas.

PRIAM
l'homme racheté

Fils de Laomédon, roi de Troie, primitivement appelé Podarkès, l'*homme aux pieds légers,* qui survécut au massacre de sa famille, fut racheté et nommé *Priam.* Ayant succédé à son père, il épousa Arisbé puis Hécube, fille du roi de Thrace Cissée (ou de Dymas, roi de Phrygie) qui lui donna de nombreux enfants : cinquante filles (dont Créüse, qui fut séduite par Apollon, Cassandre, Polyxène...) et cinquante fils dont certains s'illustrèrent de manière tragique sur le champ de bataille : Hector, Pâris, Hélénos, Déiphobos.

Dans sa jeunesse, il combattit les Amazones aux côtés des Phrygiens; mais au moment de l'attaque des Grecs, il était trop âgé pour participer activement aux combats et dut se contenter de présider les conseils. La légende le présente comme un roi indulgent, doux et conciliant : il avait proposé aux Grecs de leur rendre Hélène après le combat d'Ajax et d'Hector. Et dans *l'Iliade,* on le voit assister à la mort d'Hector et supplier Achille de lui rendre le corps de son fils. Lors de la prise de Troie, il fut tué par Pyrrhos, le fils d'Achille. — *Priam suppliant Achille de lui rendre le corps d'Hector* fut souvent représenté par les artistes de l'Antiquité et par les modernes (Charles Lebrun, Blondel).

PRIAPE
l'élagueur de poiriers

Fils de Dionysos et d'Aphrodite, rendu laid et difforme par Héra, farouche ennemie de sa mère, doté d'organes sexuels énormes, qui fut abandonné à sa naissance sur les rives de l'Hellespont (il doit son aspect obscène aux statues phalliques présidant aux orgies dionysiaques) (1-63).

A l'origine, il était le dieu de la fécondité du sol, responsable de la croissance de la vigne et des jardins que son effigie ou son emblème, le *phallus* (sur le plan spirituel : attribut générateur du créateur), protégeait. Son image consistait généralement en une souche sommairement sculptée, peinte en rouge, représentant le buste du dieu, la tête ornée d'oreilles et de cornes de bouc. Il était aussi une divinité maritime, protectrice des marins, et pastorale, qui veillait sur les troupeaux de moutons et de chèvres. A l'époque romaine, Priape devint la personnification de la *virilité,* de l'*amour physique,* le dieu de la *génération* (son nom signifie *membre viril en érection*), qui participait aux libations effrénées de Dionysos. Le caractère licencieux qui lui fut attribué explique les représentations obscènes du dieu.

Un jour, au cours d'une fête champêtre, Priape, ivre, essaya de violer la déesse du foyer Hestia endormie. Réveillée brutalement et le voyant « à califourchon sur elle, elle le mit en fuite, tout penaud ». Ce récit est *une mise en garde anecdotique contre la conduite sacrilège à l'égard des invitées féminines qui se mettent sous la protection de l'âtre public ou privé* (1-66).

— **Son culte,** pratiqué originellement en Asie Mineure, se répandit dans la Grèce entière et en Italie : les femmes célébraient en son honneur des fêtes appelées *priapées,* mot désignant également des recueils de poésies grivoises célébrant le dieu lubrique.

• Priape est représenté au Yucatan par le dieu maya Backlum-Chaam.

PROCNÉ
l'aînée

Voir PHILOMÈLE.

PROÉTIDES

Filles de Proétos, roi de Tyrinthe : Iphianassa (ou Cyrianassa), Iphioné (ou Hipponoé), Lysippe, qui se prétendirent aussi belles qu'Héra, furent frappées de folie par la déesse. Se prenant pour des vaches, elles parcoururent le Péloponnèse, et furent guéries par Mélampos avec de l'ellébore noir *(melampodion)*.

PROÉTOS
le premier homme

Fils d'Abas, qui régnait avec son frère Acrisios sur l'Argolide. Renversé par ce dernier, il se réfugia en Lycie, où le roi Iobatès lui donna sa fille Sthénébée (également appelée Antéia) en mariage. Elle lui donna les trois Proétides. Il accueillit Bellérophon, le purifia du meurtre de Belléros et, sur une fausse accusation de sa femme, l'envoya à Iobatès avec une lettre demandant sa mort. Le roi de Lycie ne le tua pas, mais lui confia des missions très dangereuses.
– Proétos, qui fut aussi appelé Anaxagoras, était peut-être *un autre nom d'Ophion, le Démiurge* (1 193).

PROMÉTHÉE
l'homme habile et prévoyant

L'un des sept fils du Titan Japet et de la nymphe océanide Clyméné, combattus par Zeus qui voulait acquérir la suprématie sur l'Olympe, et sévèrement punis après leur défaite : Ménoetios, tué par la foudre de Zeus, fut expédié dans le Tartare. Atlas fut condamné à porter à jamais l'univers sur ses épaules. Plus avisés, Epiméthée et Prométhée se rangèrent du côté du vainqueur et jouèrent un rôle important dans la genèse de l'humanité. Admis parmi les immortels, Prométhée devint un favori d'Athéna, qui lui enseigna un grand nombre d'arts utiles : l'architecture, l'astronomie, le calcul, la médecine, la navigation, la métallurgie… Mais n'oubliant pas l'anéantissement de sa race par le maître des dieux, il utilisa la ruse ou le hasard pour se venger.

Il sculpta avec de l'eau et de l'argile (ou avec ses larmes lorsqu'il pleura ses frères) le premier homme, qu'Athéna anima de son souffle. Cet acte de création se situe après le déluge et la destruction quasi totale de l'humanité (voir les âges de l'humanité, avant l'âge des héros).

Un jour, Prométhée dut arbitrer un conflit opposant les dieux, au sujet du partage des morceaux d'un taureau sacrifié entre eux et les hommes. Après avoir dépecé et découpé l'animal, le Titan, qui avait plus d'un tour dans son sac, fit un paquet renfermant la chair, la moelle, les entrailles enveloppés de la peau de l'animal et un second paquet avec les os enrobés de graisse. Puis il demanda à Zeus de choisir une part et d'abandonner l'autre aux hommes. Alléché par la graisse blanche, le dieu souverain sélectionna le sac d'os et de graisse. Lorsqu'il réalisa qu'il avait été joué, il priva les hommes du feu et décida : *Qu'ils mangent leur viande crue!* (1-121).

Mais Prométhée, voulant assurer à ses créations et à sa descendance un moyen de défense, entra secrètement dans l'Olympe avec la complicité d'Athéna, alluma une torche au char de feu du Soleil, en détacha une braise qu'il dissimula dans une tige de fenouil sauvage et rapporta aux hommes ce feu divin. Ce défi au roi de l'Olympe ne pouvant être impuni, Zeus ordonna à Héphaïstos de créer une femme en argile, la fit animer par les quatre vents et parer par toutes les déesses olympiennes. Puis il envoya cette *Pandore,* la plus belle créature jamais créée, à Epiméthée, qui, prévenu par son frère, refusa poliment ce présent. De plus en plus courroucé, Zeus se retourna contre Prométhée et le fit enchaîner, tout nu, sur le mont Caucase où chaque jour un oiseau de proie venait ronger son foie, qui se régénérait pendant la nuit. Ce terrible supplice infligé au père de l'humanité dura jusqu'à sa délivrance par Héraklès. Il conserva néanmoins au doigt un morceau de fer attaché à un anneau du même métal.

— La version talmudique de la Création présente la réplique de Prométhée avec l'archange Michaël qui fabrique Adam avec de la poussière, sur l'ordre de Iahvé, puis lui insuffle la vie avant de lui octroyer une compagne, Eve (réplique de Pandore).

— La légende de Prométhée, qui fut une source d'inspiration pour de nombreux peintres et auteurs lyriques, illustre l'un des plus vieux mythes, celui du rapt du feu par un dieu ou un héros commun à toutes les mythologies. Le Prométhée grec dérobe le feu de Zeus, l'apporte aux hommes, leur permettant de développer les arts et de se civiliser. Il apparaît comme un véritable *héros civilisateur,* puisque le feu fut à l'origine du développement de la métallurgie, et par voie de conséquence de la vie civilisée.

◆ Pour Paul Diel, il est en outre le symbole de ***la révolte,*** non pas une révolte aveugle des sens, mais de l'esprit voulant rivaliser avec l'intelligence des dieux. Créateur de la matière, il figure l'*intellect capable de défaillance...* opposé à *l'esprit-Zeus, figuration du principe suprême de toute création.* Ce mythe *raconte l'histoire spécifique de l'éveil de la conscience* (36-235).

Il illustre également le ***désir de surpasser autrui,*** parents, maîtres ou ceux qui détiennent des connaissances spécifiques ou ont atteint un certain niveau d'intellectualité. Cette tendance, appelée par Gaston Bachelard le *complexe de Prométhée* (33-787), peut être la compensation à un sentiment d'infériorité.

PROSERPINE

Divinité romaine de l'agriculture, qui fut assimilée à Perséphone (Cérès pour les Latins) et devint la reine des enfers. On la confondit également avec Libera. Ces trois déesses étaient célébrées au printemps, du 12 au 19 avril, lors des *Cerealia.* L'*Enlèvement de Proserpine* a été peint par Le Titien, Breughel, Rubens... et a inspiré maints auteurs dramatiques.

PROTÉE
le premier

Fils de Poséidon et de Phénice (ou d'Oceanos et de Téthys), gardien des troupeaux de phoques de Poséidon, qui avait reçu de ce dieu le don de prophétie et de métamorphose le rendant insaisissable. Divinité marine représentée avec un buste d'homme et une queue de poisson. Protée était si grincheux qu'il refusait d'utiliser ses dons. Pour le faire parler, il fallait le surprendre pendant sa sieste et le lier pour l'empêcher de s'enfuir ou de se métamorphoser en lion, sanglier, panthère, serpent, en eau courante ou en arbre. C'est ainsi que Ménélas, à son retour de Troie, le contraignit à lui dévoiler ce qui l'attendait dans son pays, et que le berger Aristée apprit à se procurer un essaim d'abeilles pour repeupler ses ruches détruites par les Dryades.

PROTÉSILAS
le premier à se battre

Thessalien, fils d'Iphiclos et d'Astioché, roi de Phrygie, époux de Laodamie (fille d'Acaste), qui dirigea une flotille de vingt vaisseaux lors de la guerre de Troie. En arrivant devant la ville, personne n'osait descendre, car l'oracle avait prédit que le premier Grec qui aborderait sur le rivage de Troie serait tué. Protésilas se sacrifia et fut atteint par une flèche d'Hector ou d'Enée. Laodamie obtint des dieux le retour sur terre de son mari pour une dernière entrevue, puis il mourut une seconde fois et fut suivi dans la tombe par son épouse inconsolable.

PRUDENCE

Divinité allégorique latine représentée par une figure à double visage, l'un d'une jeune fille, l'autre d'un vieillard.

PSAMATHÉ

celle de la rive sablonneuse

Fille du roi Crotopos qui eut de son père un fils, Linos, qu'elle abandonna. Recueilli par des bergers, Linos fut dévoré par des chiens. Crotopos eut vent de l'affaire et fit mettre à mort sa fille, provoquant la fureur d'Apollon qui envoya une Harpye tourmenter les habitants d'Argos, qui furent également frappés par la peste. Il fallut instituer un culte à Linos et à Psamathé pour faire cesser ces fléaux.

Pséphomancie

Méthode divinatoire dédiée à Hermès qui se pratiquait à l'aide de lots de pierres, de fèves, de pois ou de noyaux, mis dans une urne dont le contenu était jeté sur une table. Les présages dépendaient des figures formées par ces objets.

PSYCHÉ

Allégorie personnifiant l'âme, présentée comme une princesse dont la beauté provoqua la jalousie d'Aphrodite. A la suite de la prédiction d'un oracle, elle fut exposée sur un rocher et destinée à être dévorée par un monstre. Eros s'éprit d'elle, la transporta dans un palais magique, lui rendit visite chaque nuit, mais exigea l'anonymat : elle n'avait pas le droit de voir son visage. Encouragée par ses sœurs, une nuit, Psyché contempla, éblouie, le visage de son amant à la lumière d'une lampe, mais laissa tomber une goutte d'huile bouillante sur lui, le réveillant. Eros s'enfuit, le palais disparut et Psyché demanda l'aide d'Aphrodite. Celle-ci la prit à son service et lui imposa des tâches humiliantes, dont elle s'acquitta avec l'aide occulte d'Eros : des fourmis l'aidèrent à trier des graines de toutes sortes; un aigle, à puiser l'eau du Styx... Avec le concours de Zeus, elle retrouva finalement Eros qui l'épousa.

— Cette légende fut chantée par La Fontaine *(Les Amours de Psyché)*, Corneille et Molière, et reproduite par des peintres : Gérard *(l'Amour embrassant Psyché)*, David *(Psyché abandonnée par l'Amour)*, Canova, Prud'hon…

◆ P. Diel voit en Psyché le symbole de la ***séduction sous sa forme perverse***, de *la perte de l'aspiration*, de l'aveuglement. La disparition du palais et la fuite représentent la libération des chaînes de la jouissance physique. Les travaux pénibles figurent les *difficultés à surmonter afin de laver la souillure de la débauche*. La réapparition d'Eros symbolise *la vision sublime de l'amour physique… la vision vraie de l'amour* (44-134).

PTAH ou PHTAH

Dieu créateur des Egyptiens qui modela les autres dieux et organisa l'univers. A Memphis, il était adoré en compagnie de Sekhmet, la déesse de la guerre, et de leur fils Neferteus. Il était représenté par un homme barbu coiffé d'un bonnet et revêtu d'une tunique épousant la forme de son corps.

Selon certains, les Grecs l'identifièrent à **Héphaïstos** et les Romains à **Vulcain.**

Purification

Expiation des crimes qui se pratiquait par l'eau de mer ou, à défaut, des fleuves, des fontaines (on y ajoutait habituellement du sel).

Pyanepsies

Fêtes célébrées par les Athéniens en l'honneur d'Apollon, le septième jour du mois de pyanepsion, durant lesquelles on mangeait une bouillie de fèves, en mémoire du repas de fèves fait par Thésée après sa victoire sur le Minotaure.

PYGMALION
celui dont le poing tremble

Roi-sculpteur de l'île de Chypre, qui, indigné de la conduite des femmes d'Amathonte livrées à la prostitution dans le temple d'Aphrodite, se voua au célibat. Pour venger cette insulte à la féminité, la déesse lui inspira une œuvre admirable : la statue d'ivoire d'une femme extrêmement belle et gracieuse, *Galatée,* dont il tomba éperdument amoureux. Puis la déesse l'anima de son souffle, Pygmalion l'épousa et Galatée devint la mère de Paphos, fondateur de la ville de Paphos, consacrée aux amours.
— Ce personnage inspira artistes et poètes : *Pygmalion* (musique de Rameau) présenté à l'opéra en 1748; un ballet-pantomime à l'Ambigu-Comique, puis à l'opéra en 1800... Au Louvre, on peut voir un tableau de Jean Raoux : *Pygmalion amoureux de sa statue,* au moment où Galatée est animée par Aphrodite.

PYGMÉES

Cités dans l'*Iliade,* les Pygmées étaient une race de nains qui vivaient en Thrace ou en Ethiopie ou en Inde. Ils attaquèrent Héraklès endormi après avoir combattu le géant Antée, furent écrasés sous sa peau de lion et emmenés par le héros au palais d'Egisthée... On raconte qu'ils vivaient dans des trous creusés dans la terre, sortant à l'époque de la moisson pour couper les blés à l'aide de cognées.

PYLADE

Fils d'Agamemnon recueilli par Strophios, roi de Phocide, et son épouse Anaxibia (sœur d'Agamemnon), célèbre par l'amitié qui le lia à son cousin Oreste. Il fut fidèle à ce dernier lorsqu'il perdit la raison après le meurtre de Clytemnestre. Pour le récompenser de sa fidélité, lorsqu'ayant retrouvé la raison il devint roi d'Argos, Oreste lui accorda la main de sa sœur Electre qui lui donna deux fils, Médon et Strophios.

PYRAME

Jeune Babylonien amoureux de Thisbé, à laquelle il donna un jour rendez-vous sous un mûrier. Pendant qu'elle attendait, une lionne surgit la gueule ensanglantée, et la jeune fille, effrayée, s'enfuit, abandonnant son voile. Peu après, Pyrame arriva, et à la vue du vêtement ensanglanté, la crut morte et se poignarda au moment où Thisbé revenait en courant sur le lieu du rendez-vous. Elle se tua auprès de son cadavre. C'est depuis lors que le mûrier produit des fruits rouge sang.

PYRRHA
celle qui est d'un rouge feu

Fille d'Epiméthée, épouse de Deucalion, roi de Thia, avec lequel elle s'embarqua sur l'arche, au moment du grand déluge. Ils survécurent et repeuplèrent le monde en lançant des pierres par-dessus leur épaule; *depuis lors, « un homme » (laos) et « une pierre » (litos) sont le même mot dans beaucoup de langues* (1-118).

PYRRHOS

Surnom de Néoptolème, fils d'Achille et de Déidamie.

PYTHAGORE

Législateur né à Samos vers l'an 500 avant notre ère, qui aurait rencontré Zoroastre à Babylone, visité l'Inde, l'Egypte, l'Asie Mineure, la Chaldée, la Thrace où il fut initié aux mystères, etc. Il passait pour le fils d'Apollon et de la vierge Pythaïs.

Il fonda une communauté basée sur la concorde et le partage, une doctrine en partie ésotérique basée sur les vertus du nombre, s'intéressa à la musique, l'astronomie, l'architecture, la métempsycose (il se souvenait de ses vies antérieures). Le pythagorisme influença de nombreux mouvements ultérieurs dirigés par Pacioli, Paracelse, Kepler, Platon (66).

On lui attribue l'invention d'une table de multiplication dite *table de Pythagore,* portant sur la première ligne horizontale les neuf premiers chiffres, sur la deuxième, chacun de ces nombres ajoutés à lui-même, sur la troisième, ces derniers augmentés de ceux de la première et ainsi de suite. Au point de rencontre des colonnes, on obtient le produit des nombres paraissant en tête de chacune d'elles.

PYTHIE
de Puthios : surnom d'Apollon

Devineresse choisie à l'origine parmi les plus belles et chastes jeunes filles. A la suite d'un enlèvement, on les remplaça par des femmes d'âge mûr qui se relayaient pour rendre les oracles à Delphes dans le temple d'Apollon. Ce sanctuaire était érigé au-dessus d'une crevasse naturelle d'où montait une vapeur froide qui produisait une sorte de délire momentané. Pour consulter l'oracle, on offrait un sacrifice afin de s'assurer la faveur des dieux, puis la prêtresse procédait à des ablutions et à des purifications, buvait de l'eau de la fontaine Kassotis, mâchait des feuilles de laurier avant de s'asseoir sur le siège reposant sur un trépied au-dessus de la crevasse. Elle entrait dans une sorte de transe hystérique, et les prêtres ou prophètes qui lui servaient d'assistants recueillaient et interprétaient de manière sensée les paroles incohérentes qu'elle prononçait. L'oracle fut rédigé en vers jusqu'à l'époque romaine.

On appela *Jeux Pythiens* des jeux célébrés à Delphes et dans d'autres villes, en l'honneur d'Apollon et d'Artémis, *pythions,* les temples d'Apollon, et *une pythiade,* l'espace de quatre années séparant deux célébrations de ces jeux.

PYTHON
le serpent

Serpent monstrueux enfanté par Gaïa, muni de cent têtes et cent gueules crachant des flammes, qui vivait sur le mont Parnasse, où Apollon le blessa d'une flèche forgée par Héphaïstos. Le dieu le poursuivit jusqu'à Delphes où il s'était réfugié et le tua. Certains disent qu'il vola alors l'oracle à la Terre-Mère et que des prêtres hyperboréens y établirent son culte (1-148).

Suivant une autre tradition, sur l'ordre d'Héra, Python poursuivit Léto jusqu'à l'île d'Ortygie où elle fut protégée par Zeus et Poséidon, puis il retourna à Delphes où il fut tué par Apollon. Le dieu institua alors les *Jeux Pythiens.* On célébrait également tous les neuf ans à Delphes les *septeria,* comportant un drame symbolique reproduisant la victoire du dieu. Python fut *à la fois le Vent du Nord fécondant et l'ombre du roi sacré tué par son rival Apollon* (1-266).

Q

QUETZALCOATL
le Serpent à Plumes

Dieu du Soleil du panthéon mexicain, patron des nobles et des guerriers dont on renouvelait la jeunesse par des sacrifices humains, afin qu'il pût continuer sa course à travers le ciel (ce qui explique la terreur provoquée par les éclipses dans cette partie du monde, comme en Chine et en Chaldée). Il était en constante lutte avec Tezcatlipoca, ancienne divinité tribale des Toltèques, adopté par les Olmèques (peuplades qui précédèrent les Aztèques). Il passait pour un démiurge : il descendit aux enfers dérober les ossements des morts à partir desquels il créa les hommes qu'il anima de son sang. On le représentait par un serpent emplumé.

Quirinal

Une des collines sur lesquelles fut bâtie Rome, située au nord-ouest de la ville, qui fut occupée par les Sabins. On y voyait le temple du Soleil et des autels dédiés à quinze divinités, notamment à Quirinus.

QUIRINUS

Dieu des Curies, qui fut confondu avec Mars et identifié avec Romulus.

ORPHÉE – *Catacombe de la voie Ardéatine.*

R

RA

Dieu du soleil chez les Egyptiens, créateur et organisateur de l'univers, père des autres dieux, qui fut identifié avec Horus.

Chaque matin, il sortait du sein de la déesse *Nout (le ciel)* sous le nom de *Khepara (celui qui devient),* puis faisait le tour du monde en partant de l'est vers le sud, puis remontait à l'est, tout en combattant le serpent *Apophis* qui voulait l'empêcher d'éclairer le monde.

Pendant la nuit, il mourait et son ombre, *Afou,* passait de l'ouest au nord et du nord à l'ouest, puis allait renaître à l'est. Il changeait de barque à chaque fois qu'il abordait les *maisons* situées aux quatre points cardinaux.

Il régna sur les hommes pendant des siècles, puis céda le pouvoir à son fils *Shu.*

RAMA

Incarnation du dieu suprême des Hindous, Vishnou, héros de l'épopée et du poème épique Râmâyana. Fils de Dakaratha, roi d'Ayodhya, septième avatar de Vishnou chargé de délivrer la terre des maléfices des démons Râkshasas, et de tuer leur chef Ravana qui menaçait de détrôner les dieux. Dans le Râmâyana, il apparaît comme le symbole de la piété filiale, de la justice et du sens du devoir poussé à l'extrême.

Râmâyana

Poème épique hindou (IVe siècle avant J.C.) en sept livres, qui raconte les aventures de Râmâ et sa victoire sur Ravana : l'incarnation et l'enfance de Râmâ; sa jeunesse, son mariage avec Sita qu'il obtient en brisant l'arc de Shiva, son exil de douze ans; sa vie dans la forêt, l'enlèvement de sa femme par Ravana, le roi des Râkshasas; son séjour au pays des singes et son association avec le roi Sougriva; son départ pour Ceylan; le siège et la prise de Ceylan, la délivrance de Sita et le retour à Ayadhya; la fin de sa vie et son ascension au ciel.

RANA

Déesse de la mer, épouse d'Aeger, le dieu géant de l'Océan dans la mythologie scandinave.

RAVANA

Roi des démons du Râmâyana, possédant dix têtes et plusieurs bras, symbolisant sa puissance multiple, fils de Vishravas et de Nikachâ, frère du dieu de la richesse, Kouvéra dont il usurpa le trône (à Ceylan).

RÉMUS

Frère de Romulus, fondateur de Rome.

RENOMMÉE
Phêmé en grec; latin : *Fama* ou *Rumor*

Déesse allégorique, messagère de Zeus, qui eut pour mission, après la guerre des Géants, de dénoncer les crimes des dieux.

On la représentait sous les traits d'une femme ailée tenant une double trompette ou un clairon.

RHADAMANTHE

celui qui prédit l'avenir à l'aide de baguettes

Fils de Zeus et d'Europe, qui, ainsi que ses frères Sarpédon et Minos, fut adopté par le roi de Crète Astérios, qui épousa leur mère abandonnée par Zeus. Après la mort d'Astérios, Minos réclama le trône, chassa Sarpédon, donna à Rhadamanthe un tiers des territoires du roi et le nomma juge. Tous les neuf ans, Rhadamanthe se rendait à la caverne de Zeus qui lui remettait de nouvelles lois. Mais, s'étant rendu coupable du meurtre d'un parent, il dut s'enfuir à Ocalée où il épousa Alcmène, la veuve d'Amphitryon. Après sa mort, il devint Juge des enfers.

RADHA

Déesse de l'Inde, bergère préférée de Krishna.

RHÉA

la terre

Fille de Gaïa et d'Ouranos, déesse-mère considérée comme la source de la vie, de la fécondité, de la prospérité et l'incarnation du principe féminin.

Rhéa épousa Cronos, et le célèbre couple donna le jour aux grandes divinités grecques : Hestia, Déméter, Héra, Hadès, Poséidon et Zeus. Son époux, craignant d'être détrôné par ses fils, les dévorait l'un après l'autre dès leur naissance. Ce mythe s'explique ainsi : ... *à l'époque où se rapportent ces mythes, les rois qui voulaient rester sur le trône, offraient en sacrifice à leur place, de jeunes garçons; ainsi Cronos est figuré mangeant ses propres enfants pour éviter d'être détrôné.*

Porphyre (de l'Abstinence: II.56) rapporte que les Curètes crétois avaient coutume d'offrir autrefois à Cronos des sacrifices d'enfants... Plus tard on substitua un chevreau, un taureau ou un poulain à la victime humaine (1-40).

Lorsque Zeus vint au monde, Rhéa lui présenta une pierre enveloppée de langes que le père avala sans la regarder. Plus tard, elle fournit à Zeus la faucille (plus tard les Druides utilisèrent une faucille en or pour la cueillette du gui sacré), avec laquelle il émascula son père, qu'il chassa, et il devint le dieu suprême de l'Olympe.

RHÉA SYLVIA

Fille de Numitor, roi d'Albe, descendante d'Enée, que son oncle Amulius obligea à devenir vestale, et qui, séduite par Mars, donna le jour à Romulus et Rémus et fut enterrée vive. Selon une autre légende, elle fut jetée dans le Tibre.

RHÉSOS
celui qui casse

Fils du fleuve Strymon et roi de Thrace, qui alla au secours des Troyens dans la dernière année du siège. Il possédait deux coursiers ultra-rapides qu'il avait cachés, car l'oracle avait déclaré que s'ils buvaient l'eau du Xanthe, Troie serait victorieuse. Mais il fut trahi par Dolon, et Odysseus et Diomède pénétrèrent de nuit dans le camp troyen, égorgèrent Rhésos, s'emparèrent de ses chevaux et les emmenèrent dans le camp des Grecs.

RHIANNON
déformation de Rigantona, la grande reine

Déesse celte des chevaux, souvent assimilée à Epona.

Rites funéraires

Les rites funéraires varient suivant les civilisations, les mœurs, les races et surtout selon les idées sur la métaphysique des peuples, leur conception de l'au-delà, de la vie après la mort, leur croyance à l'immortalité de l'âme...

Les morts étaient ensevelis de différentes manières : dans un puits, une urne, un cercueil, un panier, sur une natte, sous un tas de pierres , à même la terre. Parfois ils étaient incinérés (en Ukraine, les cadavres étaient placés dans des boîtes d'argile avant d'être incinérés). Le corps était placé sur le dos, sur le côté, accroupi, en chien de fusil, recroquevillé en fœtus... et orienté vers l'un des points cardinaux.

ROBIGUS et ROBIGA

Couple de divinités latines agraires, qui protégeaient la végétation contre les parasites.

ROMULUS

Héros latin qui forme avec son frère jumeau Rémus le couple le plus célèbre de la mythologie romaine. Fils de Rhéa Sylvia (prêtresse vierge de Vesta), ils furent exposés sur les collines environnantes, allaités par une louve puis recueillis et élevés par le berger Faustulus et sa femme Acca Larentia.

Devenus adultes, les jumeaux, qui fréquentaient les brigands, volèrent une partie du troupeau de leur oncle Amulius. Rémus fut arrêté et emprisonné. Romulus, ayant découvert leur véritable origine, obligea Amulius, qui avait détrôné leur père Numitor, roi d'Albe-la-Longue, à démissionner, rétablit le souverain légitime sur le trône et délivra son frère. Les jumeaux décidèrent alors de s'établir à l'endroit où le fleuve les avait rejetés; mais ils se querellèrent au sujet de l'emplacement de la ville qu'ils souhaitaient construire. Rémus sauta par-dessus le mur érigé par son frère et fut tué (ce qui évoque l'antique coutume, très répandue, de sacrifier un prince royal lors de la fondation d'une ville) (1-217).

La ville bâtie, Romulus institua un asile pour les vagabonds, les proscrits et tous les fugitifs. Mais il fallait peupler la nouvelle ville et il n'y avait que des soldats! Romulus invita les Sabins à des jeux et enleva leurs femmes, provoquant une guerre sanglante. Pendant le siège des Sabins devant la citadelle, la fille du gardien, Tarpéia, s'éprit du chef ennemi, Tatius, et lui livra la place (selon une autre version, son amour de la parure fut responsable de sa trahison: éblouie par les bracelets d'or portés par les soldats, elle leur remit la clef de la citadelle contre ces bijoux). Lorsqu'ils furent maîtres de la place, ils l'écrasèrent sous leurs boucliers sur la *roche Tarpéienne* située non loin du mont Capitolin (d'où l'expression: «il n'y a pas loin de la roche Tarpéienne au Capitole», signifiant que le châtiment suit de près la faute). Mais les femmes intervinrent pour faire cesser la guerre et les ennemis s'allièrent; Tatius et Romulus régnèrent sur Rome.

Chef querelleur et cruel, détesté et redouté de ses voisins, Romulus disparut un jour pendant un orage (d'autres sources affirment qu'il fut agressé par ses compagnons). Certains affirmèrent qu'il fut transporté au ciel par Mars (l'Arès grec). — Le fondateur légendaire de Rome fut adoré sous le nom de Quirinus, et on conserva longtemps à Rome une cabane de roseaux qui avait été, dit-on, la demeure des jumeaux, lorsqu'ils étaient des bergers. Le sujet *Romulus* et *Rémus allaités par la louve* se retrouve sur des médailles, pierres gravées et monuments de l'antiquité romaine. Il a été traité par Rubens et J. Romain.

RUDRA
le rouge ou le hurleur

Dieu du panthéon de l'Inde védique, le cinquième en importance, personnifiant le pouvoir dévastateur de l'orage.

RUTULES

Peuplade qui habitait le Latium, au sud du Tibre, et avait pour capitale Artée. Lorsque leur chef Turnus fut vaincu par Enée, ils se soumirent et s'intégrèrent aux Latins.

S

SABAZIOS
celui qui brise en morceaux (1-661)

Dieu phrygien de la bière, auquel fut superposé Dionysos, le dieu du vin.

Sabéisme

Culte des astres pratiqué à Babylone et dans les contrées adjacentes, qui considérait le soleil, la lune et les planètes comme des puissances divines et l'incarnation des principes de la vie et de la mort, de la chaleur, de la fécondité. Il était centré sur l'orbite solaire symbolisée par un serpent auquel on sacrifiait des victimes humaines.

Sacrifices

L'immolation d'un être humain, puis d'un animal, aux dieux, constituait le centre de certaines liturgies des peuples anciens. Parallèlement, ils offraient des sacrifices non sanglants de céréales, lait, huile, vin, fruits...

— Le feu y jouait un rôle important chez les Grecs et les Romains comme en Orient. En Perse, la viande était détaillée en petits morceaux, qu'on faisait cuire et qui étaient offerts à la divinité sur un tapis d'herbe ou de trèfle, pendant qu'un mage récitait une formule sacrée invitant les dieux à accepter l'offrande. Peu après, le sacrificateur reprenait la viande et l'utilisait comme il lui plaisait.
— Les Slaves étalaient la viande cuite sur un tapis de foin ou la suspendaient à des arbres ou encore la plaçaient aux quatre coins de leur maison et invitaient le dieu à l'accepter.
— Après avoir tué la victime, les Germains recueillaient son sang dans un chaudron, en aspergeaient les idoles et les murs du temple, offraient le cœur au dieu. Quant à la viande, elle était cuite et consommée. En même temps, on buvait en l'honneur de la divinité en lui demandant d'accorder des faveurs en rapport avec sa fonction : la victoire, la fécondité...

Le feu remplissait un rôle primordial en Inde où le sacrifice, divinisé, était le dieu *Yajna*, le premier acte de la création divine, l'origine et le support de l'univers. Les offrandes, consumées dans le feu (incarnation du dieu *Agni*) sont « consommées » par ce dernier en compagnie des autres dieux. Aussi s'efforçait-on de choisir des offrandes susceptibles de plaire à chaque divinité suivant la loi des correspondances entre les dieux et les animaux : noirs aux dieux demeurant dans les lieux obscurs...
— Les sacrifices étaient fréquemment accompagnés de boissons enivrantes (hydromel en Europe, soma en Inde...), dont la consommation avait pour but de rapprocher les adeptes des dieux par l'ivresse dans laquelle on voyait une manifestation divine. La cérémonie était parfois accompagnée ou suivie de danses.

SAGESSE

Divinité allégorique personnifiée et représentée par Athéna (Minerve chez les Romains), tenant un rameau d'olivier.

SALMACIS

Nymphe résidant dans une fontaine de Carie, près d'Halicarnasse, qui s'éprit d'Hermaphrodite malgré l'indifférence qu'il lui témoignait. Elle le poursuivit de ses avances et demanda aux dieux de les réunir dans un seul corps. Elle fut exaucée et ils formèrent un être asexué d'une beauté sans pareille.

SALMONÉE

celui qui est aimé de la déesse Salma (1-661)

Fils d'Eole, père de Tyro, qui s'empara du trône de Thessalie. Son père Sisyphe, l'héritier légitime, se vengea en devenant l'amant de Tyro. Lorsqu'elle apprit que son oncle s'était uni à elle pour assouvir sa vengeance, Tyro tua les fils qu'elle lui avait donnés. Sisyphe accusa Salmonée du meurtre et le bannit de Thessalie. Réfugié dans le Péloponnèse, ce dernier fonda une ville qui prit son nom. Mais, voulant égaler Zeus, il tenta de contrefaire sa foudre en lançant des torches allumées du haut de son char posé sur un pont métallique et fut foudroyé, et expédié dans le Tartare où il est constamment brûlé sans être consumé par les flammes.

SALUS

Divinité romaine de la santé, de la guérison et du bien-être public.

SANCUS ou SEMO SANCUS

Dieu romain des serments, d'origine sabine, qui fut identifié avec Dius Fidus.

SARASVÂTI

Déesse du panthéon hindou, épouse et fille de Brahma, considérée comme la mère de l'humanité, la déesse de l'éloquence, de la science et de tous les arts.

SARPÉDON
celui qui repose dans une arche en bois (1-248)

Fils de Zeus et de Laodamie, qui soutint la lutte des Troyens contre les Grecs à la tête d'une armée de Lyciens. Il fut tué par Patrocle lors d'une attaque. Lorsque Zeus vit mourir son propre fils qu'il n'avait pas pu sauver, il fit tomber une pluie de sang. Apollon parfuma d'ambroisie le corps de Sarpédon, le revêtit d'habits immortels, le confia au Sommeil et à la Mort qui le transportèrent au pied du trône de Zeus en Lycie (probablement dans un coffre en bois).

• Fils de Zeus et d'Europe, frère de Rhadamanthe et de Minos. Il disputa à ce dernier le trône de Crète, fut vaincu et exilé en Silicie, en Asie Mineure, où il s'allia à Cilix contre les Milyes dont il conquit le pays, devint roi et reçut de Zeus le privilège de vivre trois générations. A sa mort, le royaume prit le nom de Lycie d'après son successeur, Lycos, banni d'Athènes par Egée.

SATURNE

Dieu agraire, protecteur des semailles et des semences, représenté avec la faucille et la serpette, qui fut assimilé au Cronos grec et adoré comme un créateur, époux d'Ops (la Rhéa grecque).

A l'instar de Cronos, son règne fut comparé à l'*âge d'or*, période d'abondance et de liberté. Il était célébré le 16 janvier lors des *saturnales*, qui duraient sept jours (et remontaient, disait-on, au temps du dieu des portes, Janus). Pendant ces célébrations, on cessait les activités et les hostilités, les distinctions sociales disparaissaient, les esclaves étaient servis par les maîtres, avaient le droit de s'enivrer. On purifiait les maisons et on y célébrait de magnifiques festins accompagnés d'orgies. Certains riches réglaient les dettes de leurs amis. Ceux qui préféraient le calme évitaient ces réjouissances et se rendaient à la campagne.

• Il a donné son nom à une planète du système solaire, à laquelle on attribuait une influence importante et plutôt maléfique en Chaldée, en Perse, chez les Hébreux, les Arabes, les Grecs et les Romains.

SATYRES

Frères des nymphes selon certaines traditions, considérés primitivement comme des esprits des rivières symbolisant la *force expansive de la nature et des êtres vivants*. Sensuels, paresseux, lubriques, lâches et malicieux, ils taquinaient les humains et participaient activement aux orgies dionysiaques. On les représentait avec un corps poilu terminé par une queue, une tête cornue, une barbiche négligée, de longues oreilles pointues et des jambes de bouc. Ils finirent par devenir des divinités de la danse et de la musique (les Satyres sont à l'origine du *drame satyrique*).

◆ Comme tous les personnages équivoques qui forment le monde dionysiaque, les Satyres personnifient **la *brutalité* de l'instinct** et **les débordements de la nature.** Ils symbolisent l'animal qui se cache au fond de l'homme, se manifestant, en *concupiscence charnelle, avec toutes ses violences brutales, qui rend l'homme semblable aux bêtes, quand elle n'est pas équilibrée par la puissance spirituelle* (33-188).

SCAMANDRE
l'homme tordu

Ou Xanthe, qui fut appelé plus tard Kirké-Keulen : père de Glaucia, dieu-fleuve de la Troade qui se jetait dans l'Hellespont, auquel les jeunes filles faisaient don de leur virginité en se baignant dans ses eaux la veille de leur mariage.

SCIRON
l'homme du parasol

Brigand qui ravageait l'isthme de Corinthe, précipitant les voyageurs à la mer, du haut des roches *scironiennes,* afin d'engraisser les tortues qui lui servaient de nourriture. Il fut tué par Thésée. On appelait également Sciron l'ombrelle blanche portée par les prêtres d'Athènes.
• Vent du nord-ouest qui soufflait des roches scironiennes vers l'Afrique.

SCYLLA
celle qui déchire (1-661)

Fille du roi de Mégare Nysos, qui s'éprit de Minos qu'elle aperçut du haut de la tour de garde, lorsqu'il faisait le siège de la ville. Une nuit, elle coupa la mèche d'or qui garantissait le trône et la vie de son père auquel elle prit les clés de la ville pour les offrir à l'ennemi contre son amour. Minos s'unit à elle, pilla la ville et l'abandonna. Scylla se jeta à l'eau, s'accrocha au gouvernail, mais l'âme de son père s'abattit sur elle sous la forme d'un aigle et la tua. Elle lâcha prise, se noya et son âme s'envola sous forme d'une aigrette.

SEKHMET
la puissante

Déesse égyptienne, épouse du dieu Ptah, personnifiant la chaleur destructrice du soleil qui naquit dans le but de combattre le dieu du mal, Seth.

SÉLÉNÉ
la lune

Fille de Théia et d'Hypérion, sœur d'Hélios, qui personnifiait la lune, illuminant les cieux chaque nuit de sa chevelure argentée. Parfois un dragon tentait de la dévorer : alors, elle se cachait, provoquant une éclipse, et les magiciennes qui la protégeaient faisaient fuir le monstre.

Elle fut convoitée par *Zeus* qui lui donna trois filles : Erse (la Rosée), Néméa et Pandia et, selon certaines traditions, le célèbre *Lion de Némée* qui fut abattu par Héraklès. Le dieu-bouc *Pan* dissimula ses poils noirs et rudes sous une magnifique toison, l'attira dans une forêt. Elle monta sur son dos et se laissa séduire par lui (légende évoquant les orgies qui avaient lieu au début du mois de mai, pendant lesquelles la reine de Mai *montait sur le dos de son homme dressé avant de célébrer avec lui son mariage dans la forêt nouvelle, à l'époque où le culte du cerf avait remplacé le culte du bouc en Arcadie* (1-89).

Mais son grand amour fut le beau berger *Endymion (sommeil imposé)*, fils de Zeus et de la nymphe Calycé, qui, refusant de vieillir, avait demandé aux dieux de lui accorder une éternelle jeunesse. Zeus y consentit, à condition qu'il soit plongé dans un sommeil éternel. Une nuit, Séléné le surprit endormi dans une caverne du mont Latmos. Charmée, elle se coucha à côté de lui, l'embrassa tendrement et revint chaque nuit le caresser et on raconte qu'elle lui donna cinquante filles.

◆ Ce mythe raconte l'invasion de l'Elide par un chef éolien qui épousa la prêtresse incarnant la déesse lune et qui dirigeait un collège de cinquante prêtresses (1-173).

SÉMÉLÉ

Fille d'Harmonie et de Cadmos (fondateur de Thèbes), amante de Zeus. Elle eut une fin tragique perpétrée par la jalouse Héra qui, empruntant l'identité de sa nourrice Béroé, suggéra à Sémélé de demander à son amant de lui apparaître dans toute sa splendeur.

Dès qu'elle vit Zeus avec sa foudre et ses éclairs, elle fut foudroyée. Zeus enleva de son sein Dionysos, le fils qu'elle avait conçu, et le cacha dans sa cuisse. Plus tard, ce dernier alla chercher sa mère aux enfers, la transporta dans l'Olympe où elle fut immortalisée sous le nom de *Chioné* (ou *Thyoné*).

Certains voyaient en Sémélé la transposition de la déesse de la terre des Thraces, amante de Zeus auquel elle s'unissait pendant les orages (8-215).

SÉMIRAMIS

Reine d'Assyrie et de Babylonie, fille de la déesse Derkéto et d'un mortel, exposée par sa mère dans le désert où elle fut nourrie par des colombes, puis recueillie par le berger Simas. Elle épousa Pannès, gouverneur de la Syrie, qu'elle accompagna dans l'expédition de Bactriane, puis le roi de Syrie Ninus, qu'elle fit assassiner. Devenue reine d'Assyrie, elle étendit Babylone, l'embellit par des palais et de magnifiques jardins suspendus (classés parmi les merveilles du monde ancien). Puis elle conquit la Médie, la Perse, l'Arabie, l'Arménie, l'Egypte, la Libye, toute l'Asie jusqu'à l'Indus où elle fut vaincue. Après avoir régné quarante-deux ans, elle s'effaça devant son fils Ninias et fut emportée au ciel sous la forme d'une colombe.

SEPT CHEFS
guerre des Sept contre Thèbes

Coalition des Sept Chefs, Polynice, Adraste, Capanée, Tydée, Amphiaros, Hippomédon et Parthénopée, qui assiégèrent Thèbes pour venger Polynice, lésé par son frère Etéocle. Fils d'Œdipe et de Jocaste, après le départ de leur père, ils avaient décidé de régner chacun pendant un an; mais à la fin de l'année, Etéocle refusa de céder la place à Polynice. Ce dernier, qui avait épousé la fille du roi d'Argos Adraste, s'allia

avec la Messénie, l'Arcadie et l'Argolide et alla assiéger Thèbes. Tous les chefs périrent au cours de l'affrontement, à l'exception d'Adraste, et les frères ennemis s'entretuèrent.
— Cet épisode a été le sujet de nombreux poèmes (Eschyle, Stace, Racine...).

SETH

Dieu du panthéon égyptien, frère d'Osiris et d'Isis, fils du ciel et de Geb, la terre, personnifiant les ténèbres, la sécheresse, le mal. Il s'opposait à Râ et essayait de l'empêcher d'apparaître chaque matin, en prenant l'aspect du serpent *Apophis.* Celui-ci était détruit par les rayons solaires, et le serpent, qui pouvait se régénérer, se préparait pour la lutte du lendemain.

SHAMASH

Dieu-soleil babylonien qui émergeait chaque matin de la montagne de l'Est, ouverte par les hommes-scorpions. Dans un chariot conduit par son cocher, *Buenene,* il traversait le ciel, arrivait à la montagne de l'Ouest le soir et pénétrait dans les profondeurs de la terre, voyageant toute la nuit pour arriver à l'Est à temps le lendemain matin.
— Il passait également pour le dieu de la justice, figuré assis sur un trône tenant un sceptre et un anneau dans la main droite. Son temple babylonien était appelé la «Maison du Juge de l'Univers».
— Il était aussi, comme son homologue grec Apollon, le dieu de la divination, qui dévoilait l'avenir aux devins suivant les formes dessinées par de l'huile versée dans l'eau, ou celle du foie des victimes sacrificielles.

SHEN-NONG

Héros créateur des légendes chinoises, successeur de Fu-Hi, appelé l'Empereur Terrestre ou le Divin Agriculteur (2838-2698 avant J.C.), mesurant plus de huit pieds de haut. Conçu miraculeusement d'un dragon, avec un corps humain et une tête de taureau, il fut abandonné sur une montagne où les animaux sauvages le nourrirent jusqu'au moment où sa mère revint le chercher. Shen Nung passait pour le « Roi des remèdes » (37-17), car il étudia les soixante-dix plantes vénéneuses dont il découvrit les antidotes, créa une pharmacopée (encore utilisée de nos jours), et inventa les neuf aiguilles d'acupuncture. On lui doit en outre l'écriture, l'usage de la charrue et du système de troc.

SHIVA

Divinité hindoue qui emprunta les caractéristiques de Rudra, dieu védique du feu et de l'orage destructeurs. Mais il est un créateur représenté par le *lingam,* le dieu du sacrifice qui enseigne aux ascètes la pénitence, le jeûne, les mortifications, la méditation abstraite *(samhadi)* menant à l'union avec la divinité. On le représente sous une forme humaine, avec une, trois ou cinq têtes portant le troisième œil au milieu du front, ou dansant à l'intérieur d'un cercle de flammes, parfois le corps partagé en deux parties, l'une féminine à gauche, l'autre masculine à droite.

Sibylle

Prêtresse d'Apollon possédant le don de prophétie. Le culte des sibylles serait né en réaction contre les prêtres d'Apollon devenus trop puissants (19). On cite plusieurs sibylles qui vivaient à Délos, Delphes, mais la première sibylle fut probablement Cassandre.

— On attribuait les oracles *sibyllins* à Saba, la sibylle de Cumes en Italie, qui les aurait reçus des dieux et apportés au roi Tarquin, qui fonda des collèges destinés à leur conservation au Capitole. D'Apollon, elle avait reçu le privilège de vivre un nombre d'années égal à celui des grains de sable que pouvait contenir sa main. Elle vécut si longemps qu'il ne lui resta plus que le son de sa voix.

— L'oracle de Dodone avait été institué par la volonté de Zeus qui y envoya une colombe dotée du don de la parole qu'il avait offerte à la ville de Thèbes en Epire. L'oiseau s'arrêta dans la forêt de Dodone et transmit le désir du dieu aux habitants.

La sibylle de Dodone interprétait le bruit d'une fontaine qui y coulait, ou celui de vases d'airain s'entrechoquant autour d'une statue du même métal qui les soutenait.

— Mais en général, les prophétesses demeuraient dans les temples et, avant de rendre l'oracle, absorbaient des herbes possédant des vertus spécifiques ou inhalaient des vapeurs d'origine volcanique, qui les mettaient dans un état de transe. Ainsi, le devin de Lébade commençait par se purifier dans une source, puis il se penchait sur un gouffre en tenant des galettes de miel destinées aux démons qui s'y cachaient. Violemment précipité dans cet abîme, il était au bout de quelques minutes, projeté à l'extérieur, inconscient et, en reprenant ses sens, décrivait les visions prophétiques qu'il avait eues et que des prêtres interprétaient.

— Calchas, le devin qui interprétait le vol des oiseaux, vit un jour, un serpent dévorer neuf oisillons et leur mère avant d'être changé en pierre et prédit la durée du siège de Troie : dix ans. Il devait mourir s'il était dépassé par un autre devin, et ce fut le cas lorsque Mopsos résolut des énigmes qu'il n'avait pu expliquer.

— Consultés par les gouvernants et les chefs militaires, les sibylles et les devins, qui avaient dominé le monde hellène, firent preuve de tant de partialité qu'ils perdirent tout crédit.

SICYON
le concombre

Fils d'Erechthée (ou de Pélops ou de Marathon), qui régna sur la ville de Sicyone qui lui doit son nom.

SIDÉRO
l'étoilée

Seconde épouse de Salmonée, roi d'Elide, qui maltraita Tyro, fille de la première femme du roi. Lorsque la jeune fille mit au monde Pélias et Nélée, fils de Poséidon, craignant la colère de sa belle-mère, elles les abandonna. Lorsqu'ils devinrent adultes, les jumeaux vengèrent leur mère en tuant Sidéro et la tuèrent dans le temple d'Héra où elle s'était réfugiée.

Sidéromancie

Méthode divinatoire pratiquée en jetant sur un fer rougi au feu, un nombre impair de brindilles de paille. On tirait des présages selon les figures formées par les étincelles.

SIGURD

Héros de la mythologie scandinave et germanique, cité dans l'*Edda,* la *Volkungasage* et les *Niebelungen,* fils du roi Siegmund et de Hjaerdi, élevé par le roi du Danemark Hjaelprek. Il reçut du roi le cheval Grane, du forgeron Regen l'épée Gram avec laquelle il tua le frère de ce dernier, Fafner, dragon qui gardait le trésor d'Odin, d'Heone et de Loke (ou Loki).

Son meurtre accompli, Sigurd fit rôtir le cœur de Fafner, le mangea et put comprendre le langage des oiseaux. Ceux-ci lui apprirent que Regen complotait sa mort. Aussitôt, il égorgea ce dernier, s'empara du trésor, se rendit au château de la walkyrie Segerdrifva qu'il arracha à son sommeil magique, et apprit d'elle les runes. Puis il se fiança à Brunhilde, la quitta pour se rendre chez le roi Gjuke où, après avoir bu le philtre magique préparé par la reine Grimhild, il oublia complètement sa fiancée, épousa la fille de Gjuke, Gudrun. Muni des armes de son beau-frère Gunnar, il traversa les flammes pour retrouver Brunhilde qui allait épouser Gunnar. Mais Gudrun apprit à la jeune femme qu'elle avait été trompée par Sigurd et incita ses frères à tuer son mari. Sigurd fut alors massacré par Guttorn, et Brunhilde se lança sur le bûcher qui consumait le défunt et l'accompagna dans la mort.

SILÈNE

l'homme-lune (1-661)

Dieu phrygien, fils d'Hermès et de la Terre (ou de Pan), grand-père des Silènes et époux de Naïs, qui arriva en Grèce en même temps que Dionysos dont il était le fidèle compagnon. Il passait pour l'inventeur de la flûte à plusieurs tuyaux (il est souvent confondu avec Marsyas), un sage, un philosophe et un prophète qui n'utilisait guère ses talents, préférant l'ivresse et le plaisir. Pour l'obliger à lui révéler le secret de la vie humaine, Midas dut l'enchaîner.

◆ Symbole de ***la tentation,*** il était représenté sous les traits d'un vieillard obèse chantant à gorge déployée, perché sur un âne (la *puissance génésique* de l'âne est célèbre). On raconte que Zeus, ayant accordé l'insigne faveur de l'éternelle jeunesse aux hommes, chargea son âne de la leur apporter. En chemin, l'âne, fatigué, se désaltéra à une source. Le serpent gardien des Eaux exigea le « trésor » en échange de l'eau et l'âne, sans réfléchir, troqua le précieux « élixir » contre quelques gorgées d'eau. Depuis ce temps, les serpents possèdent la propriété de changer de peau, retrouvant ainsi la vigueur et l'éclat de la jeunesse.

SILÈNES

Fils (ou petit-fils) de Silène qui passaient pour des êtres insouciants, paresseux, grands buveurs de vin et consommateurs de nymphes, qui animaient par leurs rires le cortège de Dionysos. Ils se confondent parfois avec les Satyres.
• Les Romains les appelaient les Faunes.

SILVANUS SILVAIN

l'habitant des bois

Dieu des Romains, qui vivait dans les bois et effrayait les passants.

SIN

Dieu-lune qui était vénéré à Ur sous le nom de Nannar, représenté par un vieillard coiffé d'un turban et portant une longue barbe émaillée de lapis-lazuli. Chaque soir, il traversait le ciel nocturne dans sa barque en forme de croissant, qui, périodiquement, devenait un grand disque brillant suspendu dans le ciel, comme un diadème, illuminant la nuit. Aussi était-il considéré comme l'ennemi des malfaiteurs qui perpétraient leurs coups dans l'obscurité. Sin, le *mesureur du temps,* était le père de Shamash et d'Ishtar (la planète Vénus) et du dieu du feu *Nusku.*

SINIS
le voleur

Brigand qui se tenait à l'embouchure de l'isthme de Corinthe, détroussait les voyageurs, les écartelait en les liant à la cime de deux pins qu'il courbait et laissait se redresser. Il fut tué par Thésée.

SIRÈNES
celles qui lient avec une corde ou *celles qui font périr*

Filles du fleuve Acheloos et de la nymphe Calliope (ou de Terpsichore), divinités marines redoutables qui ressemblaient à de grands oiseaux à têtes de femmes. On raconte, pour expliquer ces formes étranges, qu'Aphrodite (ou Cérès) leur mit des pattes et des plumes d'oiseaux tout en leur conservant leur visage de jeunes filles parce qu'elles avaient refusé de donner leur virginité à un dieu ou à un mortel. Elles ne pouvaient voler, parce qu'ayant été surpassées par les Muses à un concours de musique, celles-ci s'étaient fait des couronnes avec leurs plumes.

Cette forme composite existait déjà en Egypte où l'âme était symbolisée par un oiseau à tête et pieds humains. Les

Germains avaient aussi leurs sirènes engendrées par le malfaisant, les *Nixinnes,* qui enjôlaient les hommes pour les attirer dans les flots afin de satisfaire l'appétit de leur père (8-201).

Au nombre de trois, quatre ou huit selon les auteurs, elles vivaient sur une ou plusieurs îles vertes situées à l'ouest de la Sicile : Anthemusa et les îles des Sirènes (selon les Siciliens, près du cap Péloros, aujourd'hui Faros; tandis que les Latins les situent à Capri), se montrant particulièrement redoutables à l'heure de la sieste, par temps calme.

Musiciennes dotées d'un talent exceptionnel, elles séduisaient les navigateurs qui, attirés irrésistiblement par les accents magiques de leur voix, de leurs lyres et de leurs flûtes, perdaient le sens de l'orientation et venaient se fracasser sur les récifs où ils étaient dévorés par ces fourbes enchanteresses. On leur attribue des noms divers : *Aglaopé* (celle au beau visage), *Aglaophonos* (celle qui a une belle voix), *Leucosia* (la blanche); *Ligéia* (celle qui a un cri perçant); *Molpé* (la musicienne); *Parthénopé* (celle qui a un visage de jeune fille); *Peisinoé* (celle qui persuade); *Raidné* (l'amie du progrès); *Télès* (la parfaite); *Thelxépéia* (l'enchanteresse); *Thelxiopé* (celle qui persuade).

Mais l'oracle avait prédit qu'elles disparaîtraient si un seul navigateur résistait à leur envoûtement. Un jour, les Argonautes, en quête de la Toison d'Or, passèrent près de leur île. Les chants mélodieux des Sirènes les auraient ensorcelés ainsi que leurs belles promesses, car elles leur proposaient le don de voyance entre autres plaisirs ! Odysseus, averti par la magicienne Circé du danger mortel qui le guettait ainsi que son équipage, ordonna à ses marins de se boucher les oreilles avec de la cire, de l'attacher solidement au mât de son navire (symbole de la ***dure réalité***) et de ne le détacher à aucun prix, même s'il les menaçait de mort (image symbolique qu'on retrouve dans le mythe de Dionysos). Orphée le musicien, qui se trouvait à bord, se mit à jouer de sa lyre et à chanter. Le pouvoir extraordinaire de sa voix ne put être égalé ou surpassé par le chant des Sirènes et, selon la prédiction, ces dernières perdirent tout pouvoir sur les hommes. Vexée, l'une d'elles, Parthénopé, se jeta à l'eau; les vagues emportèrent son corps sur la côte. Plus tard, on éleva un monument en son honneur à l'endroit où fut érigée la ville de Naples.

— Le mythe des sirènes est quasi indestructible. L'iconographie antique les représente comme des femmes à queue de poisson tenant des instruments de musique ou des oiseaux à visage et seins de femme. Sur les monuments funéraires, elles figuraient des anges de la mort chantant au son de la lyre tout en ayant des intentions érotiques à l'égard du héros décédé.
— Maints auteurs anciens les ont citées: Aristote, Pline, Ovide; les bestiaires médiévaux les décrivent « femmes depuis la tête jusqu'aux cuisses », poissons « de là jusqu'en bas... avec des ailes et des griffes ». Elles ont laissé à la postérité leur image gravée dans la pierre des stèles, des tombeaux ou des églises romanes où elles personnifient ***l'âme*** des morts, comme dans l'Egypte ancienne. On les invoquait au moment de la mort.
— Elles revivent dans le folklore nordique et breton et dans le langage courant qui les fait revivre constamment: les expressions *finir en queue de poisson*, ou *écouter le chant des sirènes,* c'est-à-dire suivre des conseils attrayants mais dangereux... Les femmes séduisantes qui savent jouer de leurs charmes sont des sirènes...

◆ Sur le plan *symbolique:* filles de l'Eau (les *abysses de l'inconscient*) ou de l'Air *(le rêve)*, les Sirènes personnifiant autrefois les séductions et les dangers de la navigation. De nos jours on les considère comme le symbole de **la *fascination* mortelle du désir,** de l'attrait exercé par la femme fatale, la séductrice perfide et cruelle qui apporte la mort physique ou spirituelle.

Leur souvenir hante l'inconscient de l'homme qui, jusqu'à la fin des temps, gardera la nostalgie de la femme idéale. Cette « projection de désirs nostalgiques » symbolise donc l'illusion fatale, l'***Anima négative,*** les forces féminines pouvant provoquer la destruction ou l'auto-destruction, la folie amoureuse ou une ***sexualité délirante*** et coupable, capable de faire sombrer les êtres les mieux trempés.

Elles symbolisent également l'***illusion,*** car, en dépit de la volupté émanant de leurs formes sensuelles, de la douceur de leur chant, ces nymphomanes qui poursuivaient sans répit les hommes qui pour leur malheur passaient à leur portée, sont des figures paradoxales en raison de leur corps anormal, par conséquent incapables de satisfaire le désir et la passion.

◆ Si l'on considère la mer comme l'inconscient et ses profondeurs, et la navigation comme le voyage qu'est la vie humaine, les Sirènes sont l'image des tentations issues des forces inconscientes, rencontrées sur la route de l'évolution individuelle ou de l'***initiation.***

◆ Mais en dehors de ces considérations, ne peut-on également voir en elles l'image de la femme captivante par son mystère, capable de charmer et d'enchanter l'homme dont elle sait faire vibrer la corde sensible ?

SISYPHE
l'homme très sage

Fils d'Eole et d'Enarètè, roi de Corinthe et époux de la Pléiade Méropé (fille d'Atlas) qui lui donna plusieurs fils : Glaucos (père de Bellérophon), Porphyrion, Halmos, Thersandre. Certaines traditions affirment qu'il fut aussi le père d'Odysseus, dont il séduisit la mère Anticléia lorsqu'elle était fiancée à Laërte. Son nom pourrait dériver de « Tesup », le dieu-soleil hittite auquel était consacré un taureau. Il est présenté dans l'*Iliade* comme un roi très sage.

Il fonda Ephyra qui devint Corinthe, la peupla d'hommes nés de champignons et éleva un grand mur de défense protégeant l'isthme du même nom, à l'abri duquel il rançonnait sans pitié tous les voyageurs. Aussi ses contemporains, tout en admettant qu'il avait contribué au développement du commerce et de la navigation à Corinthe, le considéraient-ils comme un coquin, rusé et hypocrite. Il institua également les *jeux Isthmiques* célébrés tous les deux ans au grand sanctuaire de l'isthme en l'honneur de Poséidon. Cependant, il est mieux connu pour ses méfaits et ses aventures.

A la mort d'Eole, son frère Salmonée s'empara du trône dont il était l'héritier légitime. Conseillé par l'oracle de Delphes, Sisyphe devint l'amant de sa nièce Tyro, fille de l'usurpateur. Lorsqu'elle découvrit que Sisyphe s'était servi d'elle pour assouvir sa vengeance, Tyro tua les fils qu'elle lui avait donnés. Sisyphe exposa les cadavres sur la place publique, accusa son frère de meurtre et d'inceste et le fit chasser de Thessalie.

Lorsque Zeus enleva Egine, fille du dieu-fleuve Asopos, celui-ci vint à Corinthe dans le but de la retrouver. Sisyphe osa dénoncer le ravisseur. En échange, Asopos fit jaillir la source de Piréné, fontaine perpétuelle située derrière le temple d'Aphrodite, où Bellérophon fit boire Pégase. En divulguant un secret divin, Sisyphe avait commis une grossière erreur ! Irrité, Zeus chargea Hadès, le dieu de la mort (Thanatos selon d'autres mythographes) de lui infliger un châtiment éternel. Mais le rusé roi de Corinthe, qui avait plus d'un tour dans son sac, convainquit le maître du Tartare de tester le fonctionnement des menottes qui lui étaient destinées en se les passant au poignet. Sisyphe s'empressa de les fermer, emprisonnant celui qui devait le conduire au Royaume des Morts. En conséquence, le Tartare se dépeupla, puisqu'en l'absence du dieu de la mort, personne ne pouvait plus mourir, même ceux qui avaient été décapités. Zeus dut envoyer le dieu guerrier Arès délivrer Hadès et conduire le condamné à sa prison. Sisyphe fit mine de se soumettre, mais avant de descendre aux Enfers, il demanda à sa femme de ne pas l'enterrer.

Arrivé au royaume des Morts, il obtint de Perséphone, l'épouse d'Hadès, l'autorisation de retourner sur la terre pour trois jours, le temps de châtier l'épouse qui avait failli à son devoir en ne lui rendant pas les honneurs mortuaires. Une fois à Corinthe, il refusa de regagner le séjour des morts. Cette fois, il fallut faire appel à Hermès pour l'y ramener de force. C'est alors que les juges des enfers le condamnèrent au supplice qui l'a rendu célèbre : rouler un énorme rocher jusqu'au sommet d'une colline, tâche impossible et éternelle, car à chaque fois qu'il touche le but, le rocher retombe. En outre, dès qu'il veut reprendre haleine, une Erinnye lui assène de furieux coups de fouet.

◆ Le rocher de Sisyphe était, à l'origine, le « rocher de l'impiété » (1-179), un disque solaire, et la colline figurait la voûte céleste, éléments en rapport avec le culte du Soleil autrefois pratiqué à Corinthe, L'épreuve qu'il subit symbolise un ***travail écrasant et interminable***, puisqu'il faut toujours le recommencer. Elle est l'expression du ***complexe d'échec*** affligeant les personnes qui semblent être poursuivies par le sort et se retrouvent toujours dans les mêmes situations pénibles. Leurs relations amicales ou amoureuses se terminent de la même façon : trahison, déception… Ils ne parviennent pas à réaliser leurs aspirations ni à conserver un emploi. Cette situation est attribuée par Freud à la répétition *des mêmes réactions nuisibles* liées à des événements affectifs vécus au cours de la première enfance, rendant ces personnes *les propres auteurs inconscients de leur malheur* (5-60).

Les causes extérieures de cette attitude sont diverses : un manque de connaissance de soi et de ses limites, menant à la surestimation de sa valeur ou de ses capacités, une ambition démesurée, l'incapacité de tirer leçon de ses erreurs, et par conséquent de se perfectionner par manque de sens critique, de jugement, de prudence ou de réflexion… Le complexe d'échec s'accompagne généralement d'un sentiment d'impuissance, de faiblesse, d'insécurité, d'humiliation.

SITA

Déesse du panthéon hindou, épouse de Râma et héroïne de l'épopée Râmâyana, qui naquit d'un sillon formé par la charrue du roi Djanaka (ou fille de ce roi). Râma l'épousa après avoir remporté un tournoi.

SKANDA

Dieu hindou, fils de Shiva, chef des armées des dieux, vénéré par les hommes, qui avait pour épouses *Valli* la chasseresse et *Devasana*.

SOL

Déesse du Soleil dans la mythologie scandinave.

SOMA

Breuvage divin, dans la tradition brahmanique, obtenu par la fermentation d'une plante *(asclepias acida)*, broyée dans un mortier sacré. Le soma était divinisé et formait, avec *Agni* et *Indra,* une triade des grandes divinités védiques.

SOMMEIL

Dieu du sommeil né de l'union de la Nuit et de l'Erèbe, appelé Somnus par les Romains.

Songes

Génies romains qui présidaient aux rêves.

Sparte ou Lacédémone

Ville du Péloponnèse, capitale de la Laconie, située sur la rive occidentale de l'Eurotas, qui fut peuplée par une dynastie éolienne descendant de Tyndare et une dynastie achéenne descendant de Ménélas.

SPERCHÉIOS

Dieu-fleuve de Thessalie, fils d'Océanos et de Téthys, époux de Polydora (fille de Pélée et Thétis) et beau-frère d'Achille.

SPHINX
l'étrangleuse (1-662)

Monstre féminin, fille d'Echidna et de Typhon (ou de son fils Orthros et de la Chimère), sœur du lion de Némée, à tête de femme, corps de lion, queue de serpent et ailes d'aigles. Héra l'envoya sur le mont Cithéron, près de Thèbes, en représailles, après l'enlèvement du jeune Chrysippos par Laïos. Installée sur le mont Phicion, elle posait aux passants la devinette qu'elle tenait des trois Muses : *Quel est l'être qui marche tantôt à deux pattes, tantôt à trois, tantôt à quatre et qui est le plus faible quand il n'a plus de pattes?*, dévorant ceux qui n'avaient pas la réponse. Œdipe, revenant à Thèbes, après avoir tué Laïos, rencontra le monstre et répondit qu'il s'agissait de l'homme : « Enfant, il marche à quatre pattes; homme, sur deux; devenu vieux il s'appuie sur une canne. »

De dépit, le monstre se jeta dans la vallée du haut de la montagne. Cette énigme a été *inventée pour expliquer une scène représentant un enfant, un guerrier et un vieil homme, adorant tous trois la Triple-déesse* figurée par les Muses (1-297). Œdipe épousa Jocaste, prix offert au vainqueur du monstre.

◆ Le sphinx, qui gardait l'entrée des temples égyptiens, est le ***gardien du seuil*** au-delà duquel disparaissent les interdits, les tabous (celui de l'inceste).

STAPHYLOS
l'homme à la grappe de raisin

Fils de Dionysos et d'Ariane, frère d'Œnopion, Thoas, Latromis, Euanthès et Tauropolos, *ancêtres éponymes de tribus helléniques vivant à Chios, Lemnos, Chersonèse de Thrace et au-delà.* Il épousa Chrysothémis et reçut de Rhadamanthe l'île de Péparéthos.

STENTOR

Héros argien célèbre pour la puissance de sa voix, qui participa à la guerre de Troie.

STHÉNÉLOS
celui qui repousse fortement

Fils de Persée et d'Andromède, roi de Mycènes, époux de Nicippé dont il eut Alcinoé, Méduse, Eurysthée et Iphis.
• Fils d'Androgée qui, avec son frère Alcée, assista Héraklès dans sa lutte contre les Amazones, et obtint en récompense la souveraineté sur l'île de Thasos.
• Fils de Capanée et d'Evadné, Epigone qui prit part au siège de Thèbes, puis à celui de Troie.

STROPHIOS
celui qui porte un bandeau plié

Fils de Crisos et d'Antipathia, roi de Crisa en Phocide, époux d'Anaxibia (ou Astyochéa ou Cyndragora), sœur d'Agamemnon. Il reçut Oreste sauvé par sa nourrice de la rage meurtrière de Clytemnestre, et l'éleva avec son fils Pylade dont il devint l'ami inséparable.

STYMPHALOS ou STYMPHALUS
l'homme au membre priapique (1-662)

Fils d'Elatos et de Laodicé, roi de la ville de Stymphalos en Arcadie, près du lac du même nom. Pélops, ayant essayé vainement de le vaincre par les armes, l'invita à un festin, le tua et coupa son corps en morceaux qu'il éparpilla dans toutes les directions, provoquant une famine dans toute la Grèce.

Styx
la détestée

Fleuve des enfers que les défunts devaient traverser dans la barque de Charon, en payant leur passage. Le Styx véritable

est un torrent d'Arcadie aux eaux glacées et aux reflets noirâtres.
• Nymphe à laquelle Zeus s'unit, qui devint la mère de Perséphone. Les mythographes la placent dans le Tartare.

Succubes

Démons qui se métamorphosent en femmes pour s'unir à des hommes.

SVANTOVIT ou SVENTOVIT

Dieu de la guerre slave, dont le sanctuaire principal se trouvait dans l'île de Rugen.

SVARGA

Paradis d'Indra dans la mythologie hindoue, à l'origine lieu de délices sensuelles situé au sommet du mont Mérou, devenu la demeure des dieux inférieurs.

SVAROG

Divinité slave, homologue du dieu grec Héphaïstos.

Sycomancie

Divination par l'interprétation du bruit des feuilles de figuier agitées par le vent pendant la nuit.

SYLVAIN

Dieu latin des bois et des champs, fils de Saturne (ou de Faunus), homologue du Pan grec, symbole de la fécondité de la nature, qui effrayait les femmes en couches et les enfants. Seuls les hommes rendaient un culte à cette divinité représentée par un vieillard jovial cornu, avec des pieds et des oreilles de bouc.

Il régnait sur un troupeau de *sylvains,* génies identiques aux satyres et silènes.

Symplégades ou Cyanées

Iles rocheuses flottantes du Pont-Euxin, à l'entrée de Bosphore, qui s'entrechoquaient lorsque les navires passaient entre elles. Elles furent fixées par les dieux lors du passage de l'Argo.

SYRINX
le roseau

Nymphe d'Arcadie, fille du dieu-fleuve Ladon, qui, pour échapper au dieu Pan qui la poursuivait, se jeta dans le fleuve et fut changée en roseaux, utilisés par le dieu pour fabriquer une flûte champêtre, la *flûte de Pan.*

T

TAGÈS

Divinité étrusque issu d'un sillon labouré sous la forme d'un enfant, qui enseigna aux Etrusques l'art de la divination et de l'interprétation des présages.

TALOS
celui qui souffre (1-254)

Géant de bronze fabriqué par Héphaïstos, chargé de garder les côtes de l'île de Crète. Il repoussait les voyageurs en les étreignant contre son corps préalablement rendu incandescent, mais c'est avec des blocs de pierre qu'il repoussa les Argonautes. La magicienne Médée lui fit perdre la raison et il se lacéra le talon portant son unique veine, seul endroit vulnérable de son corps (certains disent qu'il fut atteint au talon par une flèche de Philoctète, ou de Paean).
• Fils de Perdix (ou Polycasté), la sœur de Dédale, l'architecte du roi de Crète Minos, dont il était l'élève. On lui attribue l'invention de la tour, de la scie et du compas... Son oncle, jaloux de ses talents, le lança du haut de la citadelle d'Athènes. Selon une autre tradition, il le soupçonnait

d'avoir des relations incestueuses avec sa mère Perdix. L'âme de Talos s'envola sous la forme d'une perdrix et sa mère, en apprenant sa mort, se pendit.

◆ L'unique veine du géant tend à expliquer la technique de la « cire perdue », utilisée pour couler le bronze : on exécutait une statue en cire qui était recouverte de plâtre et mise dans un four. Une fois le plâtre cuit, le forgeron pratiquait un trou entre la cheville et le talon pour faire écouler la cire. Le moule ainsi obtenu était alors utilisé pour couler le bronze qui, une fois refroidi, était dépouillé de sa carapace de plâtre (1-255).

TAMMUZ ou DOUMOUZI

Dieu du panthéon assyro-babylonien, associé à la légende de la déesse Ishtar, symbolisant le cycle annuel de la végétation, qui fut tué par un sanglier (comme Adonis, Osiris et de nombreux personnages similaires).

TANTALE
l'homme titubant

Fils de Zeus et d'une nymphe, roi de Corinthe (ou d'Argos), époux d'Eurynassa (fille du dieu-fleuve Pactole) ou Eurythémisté (fille du dieu-fleuve Xanthos), qui lui donna Pélops, Niobé et Brotéas. Ami de Zeus qui l'invitait aux festins de l'Olympe, il trahit un jour les secrets du dieu et déroba le nectar et l'ambroisie pour le faire goûter aux mortels, puis il invita les dieux à un banquet et leur servit son fils Pélops. Horrifiés, les dieux refusèrent la nourriture, à l'exception de Déméter, qui mangea un morceau d'épaule gauche.

En conséquence, Tantale perdit son royaume et fut condamné par Zeus à être éternellement dévoré par la soif et la faim, suspendu à un arbre fruitier chargé de fruits, dont les branches surplombent une rivière. S'il se penche pour prendre un peu d'eau dans sa main, elle s'écoule immédiatement entre ses doigts, chaque fois qu'il essaie d'attraper une figue ou une poire, le fruit « défendu » est emporté par un coup de vent. En outre, au-dessus de lui, un énorme rocher, le mont Sipyle, menace de l'écraser.

— Tantale *est à la fois un Titan du Soleil et un roi d'un pays boisé, dont le culte, originaire de Grèce, parvint en Asie Mineure par la Crète vers le milieu du second millénaire avant J.C., et fut réintroduit en Grèce vers la fin du premier millénaire, au moment où la chute de l'Empire hittite contraignit les riches colons de langue grecque d'Asie Mineure à abandonner leurs villes* (1-311).

◆ P. Diel voit dans ce mythe la symbolisation de ***l'élévation*** et de ***la chute*** provoquée par la vanité (44-58).

TARA

Déesse hindoue, épouse du dieu Briharpati, gouverneur de la planète Jupiter, mère de Bouddha (gérant de la planète Mercure), qui fut enlevée par le dieu Soma. Dans le tantrisme, elle est l'épouse *(Shakti)* de Shiva.

TARANIS

Divinité gauloise, maître du ciel et du feu céleste, dont on apaisait la soif de vies humaines *en brûlant les victimes dans une cuve de bois,* représenté par un monstre barbu, les bras levés, cachant à demi une roue tenue par un soldat casqué (65-29).

TARPÉIA

Vestale romaine, fille de Tarpeius, commandant de la forteresse du Capitole, qui, tentée par les bracelets d'or des guerriers sabins qui assiégeaient la ville, leur livra la place. Mais après le sac de la ville, les Sabins l'écrasèrent sous leurs boucliers.

Une autre tradition raconte qu'elle trahit sa patrie par amour pour le chef des guerriers sabins, Tatius.

Tartare

Enfer de la mythologie grecque, où régnaient Hadès et son épouse Perséphone. Il était conçu comme une immense maison d'airain ceinte de murailles et protégée par d'énormes portes de fer fabriquées par Poséidon (ou Héphaïstos). Zeus y envoyait ceux qui avaient offensé les dieux : Tantale, Sisyphe, Salmonée, Ixion... Sous l'influence des orphistes, on l'imagina comme le lieu où les coupables subissaient le châtiment mérité.

TAURT

Déesse égyptienne de la maternité, à forme d'hippopotame, qui fut identifiée à Hathor (50).

TAYGÈTE
celle qui a été longtemps réprimée

Troisième fille d'Atlas, qui se laissa aimer par Zeus et donna le jour à Lacédémon, ancêtre du peuple de Sparte, les Lacédémoniens. Elle se réfugia en Laconie, sur le mont Amyclas appelé depuis Taygète. Selon d'autres sources, protégée par Artémis qui la changea en biche, elle put échapper aux désirs lubriques de Zeus.

TEFNUT

Déesse égyptienne formant avec son jumeau Shu le premier couple de l'Ennéade. Ils engendrèrent la déesse du ciel Nut, le dieu de la terre Geb, Osiris, Isis, Nephtys et Seth (qui constituent l'Ennéade). Elle était représentée avec une tête de lionne surmontée de l'uraeus ou du disque solaire (50).

TÉLAMON
celui qui endure

Fils d'Eaque et d'Endéis (fille de Sciron), frère de Pélée et demi-frère de Phocos (fils de la Néréide Psamathé). Jaloux de l'affection de son père pour Phocos, il tua ce dernier, en lui lançant un disque de pierre à la tête, fut banni d'Egine, se rendit dans l'île de Salamine, y fut purifié par le roi Cychrée qui lui accorda la main de sa fille Glaucé. Plus tard, il succéda à son beau-père sur le trône, et à la mort de Glaucé, épousa Périboea d'Athènes (petite-fille de Pélops), qui donna le jour au Grand Ajax.

Après avoir participé à la chasse au sanglier de Calydon, à l'expédition des Argonautes et assisté Héraklès au siège de Troie, il reçut en mariage la fille de Laomédon, Hésioné (selon une autre tradition, il enleva Hésioné, la sœur de Priam). De cette union naquit Teucer, qui accompagna Ajax à Troie; mais lorsqu'il revint seul, Télamon le chassa parce qu'il n'avait pas rapporté les ossements d'Ajax.

TELCHINES
les enchantés

Les neuf fils d'Oceanos à tête de chien, qui naquirent à Rhodes, y fondèrent les villes de Camiros, Ialysos et Lindos, puis se rendirent en Crète, dont ils furent les premiers habitants. Ils fabriquèrent la faucille dentée avec laquelle Cronos émascula Ouranos, forgèrent le premier trident de Poséidon confié à leurs soins par Rhéa, et sculptèrent la forme des dieux.

Mais outrepassant leurs prérogatives, ils se mêlèrent du temps, provoquant des brumes magiques, empoisonnant les récoltes avec des vapeurs de soufre et l'eau du Styx. Zeus décida de les anéantir, mais, avertis par Artémis, ils s'enfuirent, certains en Lycie, où Apollon les anéantit, ou à Orchomène (où ils déchirèrent Actéon), d'autres en Béotie, où ils furent détruits par le déluge de Zeus.

Les brumes magiques étaient produites par *des charmes tirés du saule. Les eaux du Styx étaient censées être à ce point sacrées que la moindre de leurs gouttes causait la mort, à moins qu'elle ne fût bue dans une coupe taillée dans un sabot de cheval. L'usage magique qu'en faisaient les Telchines indique que leurs fidèles se groupaient près du mont Nônacris qui fut, à une certaine époque, le principal centre religieux de la Grèce; même les dieux faisaient leurs serments les plus solennels en jurant par le Styx* (1-156).

TÉLÉGONOS ou TÉLÉDAMOS
le benjamin

Fils d'Odysseus et de Circé, frère d'Agrios et de Latinos, élevé dans l'île d'Ea. Devenu grand, il partit à la recherche de son père, attaqua Ithaque qu'il prit pour Corcyre, tua Odysseus qui tentait de le repousser avec une lance terminée par un aiguillon de raie. Après un an d'exil, Télégonos épousa Pénélope (1-569).

TÉLÉMAQUE
celui qui mène la bataille décisive

Fils d'Odysseus et de Pénélope, époux de Circé (ou de Cassiphoné), qui resta avec sa mère lors du départ de son père pour Troie. Devant l'arrogance des prétendants à la main de Pénélope, conseillé par Athéna et par Mentor, il partit à la recherche de son père, fut accueilli par Nestor dont le fils le conduisit à Sparte où Ménélas le reçut, et reprit le chemin d'Ithaque sans avoir retrouvé Odysseus. Mais il le revit à Ithaque chez le berger Eumée et l'aida à préparer le massacre des prétendants.
— Fénelon conta ses aventures dans un ouvrage qui fut souvent imité au XVIIIe siècle.

TELLUS

Dieu romain de la fécondité, favorable au développement des hommes et aux récoltes, qui fut associé aux divinités infernales, et assimilé plus tard à Gaïa.

TEMAZCALTOCI
la grand-mère des bains

Déesse qui présidait aux bains de vapeur, chez les Aztèques (67).

TÉMÉNOS
celui qui est dans l'enceinte

Fils de Pélasgos qui éleva Rhéa en Arcadie et érigea à Stymphale, en son honneur, trois autels, l'un où l'on adorait Rhéa enfant, le second parce qu'il l'avait élevée. Dans le troisième, on vénérait la veuve, parce qu'elle avait quitté Zeus pour se retirer à Stymphale (1-379).

• Héraclide qui, avec le concours de ses frères Cresphontès et Aristodème, puis de ses neveux, partit à la conquête du Péloponnèse. Ils y seraient parvenus plus tôt, si l'un d'eux n'avait tué le poète Carnos par erreur, le prenant pour un magicien ennemi. En punition, leur flotte fut coulée et leur armée disséminée par la famine.

Puis, avec Oxylos (l'homme aux trois yeux) pour guide, il débarqua sur la côte d'Elide avec les Héraclides et divisa le Péloponnèse en lots. Temenos reçut le lot marqué par un crapaud désignant Argos, les jumeaux celui marqué par un serpent symbolisant Sparte, et Cresphontès le lot marqué par un renard indiquant Messène. On appelait « Temenos » l'enceinte sacrée entourant un temple ou un autel.

Temple

grec : *temenos* et latin : *templum, « espace réservé »*

Lieu sanctifié évoquant les quatre directions de l'espace et le centre du monde, le sanctuaire où se renouvelle la vie spirituelle, symbole du Soi, centre de la personnalité de l'individu.

Les primitifs ne construisaient pas de sanctuaires, ils se contentaient de consacrer des forêts ou des bosquets aux dieux, auxquels ils fixaient une demeure dans un arbre particulier (Zeus dans le chêne de Dodone) ou dans une pierre.

Lorsqu'ils commencèrent à édifier des sanctuaires, ils sacrifiaient des enfants dont les cadavres, sanctifiés, étaient placés dans les fondations. Ce fut le cas pour la plupart des édifices de l'Antiquité : palais, cathédrales, ponts, voire maisons d'habitation.

Les Médo-Perses (Médie et Perse) avaient des *pyrées,* simples abris où brûlait la flamme sacrée alimentée par des prêtres appelés *mages.* Ceux-ci rendaient les oracles, prédisaient l'avenir, étaient responsables des sacrifices au cours desquels la boisson enivrante *haôma* était offerte aux assistants, avant l'immolation de la victime, le plus souvent un cheval dont la chair était consommée lors d'un banquet à la fin de la cérémonie.

Les temples phéniciens et assyriens

A l'origine, les Phéniciens dressaient des autels au sommet des montagnes. Plus tard, ils construisirent des monuments composés d'une cour dont le centre était occupé par un autel, un piédestal portant la statue du dieu, un tabernacle et parfois une sorte de four adjacent probablement destiné à une cérémonie rituelle. Les sanctuaires phéniciens les plus connus sont les temples d'Astarté à Sidon et à Eryx, de Tanit, d'Eschmoun et de Baal-Hammon à Carthage; ceux d'Amrèth, de Paphos, de Golgos, d'Idalion et de Courion, les temples de Gaulos et de Malte.

Les temples des Assyriens étaient des bâtiments en briques appelés *ziggourats* (ou ziqqurats), pyramide à sept (nombre rituel) étages couronnés du sanctuaire, demeure de la divinité, *Tour bénéfique* qui ne contenait aucune statue, accessible par un escalier extérieur en spirale. Parfois, on y voyait des tables d'offrande, des statues d'animaux en pierre, des vases d'albâtre ou des statuettes d'hommes (14-88).

Chaque étage était peint d'une couleur rituelle particulière, symbolisant les sept cieux planétaires et dédiés aux dieux de ces planètes : à Saturne était consacrée la première assise peinte en noir. La seconde, orange, à Jupiter; la troisième, rouge, à Mars; la quatrième était dorée et dédiée au Soleil; la cinquième, jaune, à Vénus; la sixième, bleue, à Mercure, et la septième, argentée, à la Lune (11-438). On y pratiquait l'observation des astres et le culte du Ciel : chaque matin, au lever du Soleil, on récitait l'*Hymne du Feu* au sommet du sanctuaire (10-98). Les ziggourats remplissaient également une fonction magique. La plus connue est le *temple de Mardouk* (certaines traditions l'identifient à la *Tour de Babel*), probablement érigé au VIe millénaire avant J.C., situé au centre de Babylone, construction monumentale reproduisant des animaux symboliques, taureaux et dragons.

On a retrouvé les ruines d'un temple *ovale,* comportant une enceinte extérieure ovalisée et une enceinte intérieure circulaire contenant la ziggourat et les dépendances.

Le temple égyptien

« La maison ou le château de Dieu » fut d'abord un simple édicule entouré d'une palissade et précédé de deux mâts, qui devint, sous les pharaons de la Ve dynastie, un bâtiment conçu à l'image de la maison humaine, comprenant un sanctuaire qui abritait la statue du dieu, auquel n'avaient accès que les prêtres et le pharaon, ministre suprême du culte rendu à la divinité; des appartements privés et des salles destinées au culte public, où se déroulaient les solennités : fêtes, processions...

Lorsque le culte exigeait l'immolation de victimes, on prévoyait un autel des sacrifices, dominé par un immense obélisque symbolisant la divinité, situé au centre d'une plate-forme surélevée bordée de magasins et de chambres.

Les monarques de la XVIIIe, de la XIXe et de la XXe dynastie édifièrent des temples majestueux : à Louxor, à Médinet-Habou (temple de Ramsès III), à Karnak (temple de Khons)... Ces monuments rectangulaires s'entouraient d'un mur de défense ne comportant qu'une porte. Ils étaient bâtis au centre d'un emplacement sacré composé de diverses dépendances, d'un lac sacré sur lequel on faisait voguer la barque solaire symbolique, lors de certaines cérémonies. Une longue avenue bordée de sphinx imposants menait à la porte d'entrée entourée de deux pylônes, gardée par deux obélisques et parfois de colossales statues de rois.

La porte donnait accès à une *cour bordée de portiques,* puis à un *vestibule* ouvrant sur la *« salle de l'assemblée* ou de l'apparition » soutenue par des colonnes *(hypostyle).* C'est dans cette salle faiblement éclairée par des baies latérales à claire-voie qu'étaient célébrées les fêtes solennelles en présence des fidèles. Au-delà s'étendaient les *salles « occultes »* servant d'appartements privés à la divinité, notamment le sanctuaire, le *« saint des saints »,* séparé de la salle de l'assemblée par une porte toujours fermée. C'était une cellule étroite et obscure située dans l'axe du temple, où la lumière pénétrait chichement par d'étroites ouvertures ménagées dans le plafond. Là, sur un socle de pierre, reposait la statue du dieu portée par la barque solaire. Le sanctuaire proprement dit était entouré de diverses pièces : sacristie, magasins, trésors... Ce plan général demeura en dépit des dominations étrangères (perse, grecque, romaine), avec quelques variantes, notamment dans le domaine de la décoration, sous l'influence grecque.

Les Egyptiens ont également construit des temples souterrains, ou sur le flanc des montagnes en terrasses, ou creusés dans la falaise du Nil.

Le temple de Jérusalem

Unique sanctuaire des Juifs construit par le roi Salomon, le temple de Jérusalem, à la décoration luxueuse, se dressait sur le plateau du mont Moria, au centre de cours excentriques : la *Cour des Gentils,* grand parvis extérieur entouré par un portique sur trois côtés et une basilique sur le quatrième côté; la *Cour des femmes, la Cour des hommes ou d'Israël et la Cour des Prêtres,* bordées de portiques, magasins et salles diverses. Le sanctuaire se trouvait dans la Cour des prêtres avec l'autel des holocaustes et le Saint des saints.

Le temple grec

Sous l'influence des populations mycéniennes, les Grecs édifièrent des *hiérons* pour célébrer des jeux, sacrifices, processions et cérémonies publiques diverses en l'honneur des dieux. Le temple était construit ordinairement sur une colline, une falaise, un rocher ou au bord de la mer, clos par un mur épais *(peribolos)* dans un immense espace sacré *(temenos)* boisé, entouré d'un *péristyle* (portique sur colonnes).

Dans le temenos, le *naos* (ou *cella*), éclairé par une ouverture quadrangulaire au plafond *(hypèthre)*, abritait la statue du dieu.

C'était une pièce rectangulaire richement décorée, orientée d'est en ouest, avec une porte sur la façade tournée vers l'est. A l'ouest, un *opisthotome* protégeait le trésor du dieu. A l'est, un *pronaos* (vestibule) où les fidèles déposaient leurs offrandes *(ex-voto)*. Le culte était centré sur l'autel qui atteignait des proportions considérables. Certains temples comportaient un *télesteurion,* lieu de réunion des initiés aux mystères. Les grands sanctuaires étaient de véritables cités disposées en plusieurs enceintes, abritant des temples et des autels consacrés à des dieux différents, des salles de réunion, cours, portiques, trésors (chapelles votives), un théâtre et un stade. On y accédait par des portes monumentales appelées *propylées* et les processions suivaient un itinéraire précis le long de la *voie sacrée.*

On érigeait plus rarement des *tholos* (temples ronds) : chambre ronde entourée d'un portique tel le « tholos » (temple rond) d'Epidaure. Là résidait la statue de la divinité, posée sur une plate-forme entourée de gradins. On y voyait un autel et une table d'offrandes portant les instruments de sacrifice et les dons précieux des fidèles.

La mosquée

Lieu de prières et de recueillement des musulmans, la mosquée comprend une cour dallée avec un bassin rectangulaire servant aux ablutions, souvent une fontaine; une salle de prière rectangulaire divisée en nefs par des colonnes parallèles ou surmontée de coupoles. Les petites fenêtres à grillage maintiennent une ombre reposante — une tour placée à un angle varie suivant les pays (cylindrique en Orient, carrée en Afrique du Nord, Espagne), où le muezzin appelle les fidèles à la prière, qui doit comporter un *minbar* ou chaire en pierre ou en bois, et, dans les mosquées importantes, un *dekkeh,* tribune où se récitent les grandes prières, et obligatoirement un *mirhab,* niche ou fausse porte indiquant aux croyants la direction de la Mecque, centre spirituel vers lequel ils se tournent en se prosternant trois fois par jour, de tous les coins du monde.

Image de la Kaaba, elle symbolise la soumission des adeptes aux préceptes de Mahomet et à la volonté d'Allah.

La pagode

Hindoustani *dagoba : châsse bouddhique.* Temple oriental : Chine, Japon, Inde, ceint par plusieurs enceintes, dédié à un seul dieu.

— La pagode ***hindoue,*** qui s'élève généralement au milieu d'un jardin et se distingue souvent par un grand nombre de clochers et de flèches, est composée d'une pyramide élancée à base carrée dont le sommet se termine par une flèche portant une série de couronnes métalliques ornées de clochettes. Le toit *(gopura)* comporte cinq étages superposés.

Le sanctuaire ou *vimana,* étroite loge éclairée par une seule porte, abritant l'effigie en métal du dieu, s'entoure d'une triple enceinte de murs parallèles à chacune de ses faces et ornés de moulures, entre lesquels sont construits un grand nombre de petits temples dédiés à des divinités subalternes ou servant de tombeaux. Chaque enceinte s'ouvre par des portes à clochetons orientées vers les quatre points cardinaux.

Les grands temples comportent des bâtiments, vestibules, cours à colonnades, étangs sacrés et bâtiments servant de demeure aux brahmanes et aux danseuses sacrées...

— La pagode ***chinoise*** est une tour polygonale à plusieurs étages, treize ou quinze, représentant les cieux surmontant la terre où les futurs bouddhas *(boddhisatva)* attendent le moment de reparaître sur terre.

La cité, image de la demeure divine

Le plan du temple a servi de modèle à la construction des cités antiques qui s'ouvraient aux quatre directions spatiales et comportaient en leur milieu le sanctuaire principal généralement dédié au fondateur de la cité. C'est dans cette enceinte protectrice que vivaient et œuvraient les habitants de la cité.

TEPAN

Serpent monstrueux qui gardait la cinquième section du monde inférieur, dans la mythologie égyptienne (50). **Tepi,** figuré par un serpent à quatre têtes, quatre paires de bras et de jambes, en gardait la neuvième partie et **Tepui** la onzième partie.

Teraphim

Idole automatique animée qui rendait les oracles, représentée par des figures humaines ou animales. Selon certains, on les obtenait en assassinant l'aîné de ses enfants dont on ouvrait le crâne. Celui-ci, frotté de sels d'ammoniaque et d'huile et entouré de cierges, répondait aux questions posées si l'on avait eu soin de placer sous sa langue une lame d'or vierge portant des inscriptions magiques (Belzébuth, Asmodée...) (19).

TÉRÉE
celui de la vigie

Fils d'Arès, roi de Thrace, époux de Procné qui s'éprit de sa belle-sœur Philomèle et enferma Procné avec ses esclaves après lui avoir coupé la langue : il fit croire à Pandion, son père, qu'elle était morte. Généreux, le roi lui offrit Philomèle.

Mais Procné parvint à communiquer un message secret à sa sœur qui la délivra. Incapable de s'exprimer, elle s'empara de son fils Itys, le tua, le fit bouillir et le servit à Térée à son retour, puis lui fit savoir ce qu'il avait mangé. Saisi d'horreur, Térée poursuivit les deux sœurs avec une hache et les aurait rejointes si les dieux ne les avaient changées en oiseaux : Procné en hirondelle et Philomèle en rossignol. Quant à Térée, il devint un faucon.

TERMINUS ou TERME

Dieu adoré par les Etrusques, les Sabins, les Ligures et les Romains, personnifiant les limites des champs et les frontières de l'Etat. Il divisait les territoires et les propriétés et avait pour attribut une pierre de foudre pyramidale qui était posée sous une ouverture pratiquée dans le toit du temple de Jupiter. On le représentait par une borne à laquelle fut ajoutée plus tard une tête humaine.

TERPSICHORE
celle qui charme par la danse

Une des neuf Muses, qui personnifiait la *Danse* et le *Chant choral,* figurée par une jeune fille souriante couronnée d'un diadème, tenant à la main une harpe ou une lyre en écaille de tortue surmontée de deux cornes de chèvre.

Terre

Les fleuves souterrains de l'Arcadie, les cavernes qui abondaient en montagne, les tremblements de terre fréquents dans les îles de la mer Egée ont très tôt incité les Grecs à pratiquer le culte des forces mystérieuses de la Terre qui était à la fois redoutée et vénérée. Divinité bienfaisante de la fécondité, elle était représentée par des déesses-mères : Gaïa, Déméter...

TETEOINNAN
La mère des dieux

Déesse du sol, des moissons, du maïs mûr, des médecins, des sages-femmes, chez les Aztèques.

TÉTHYS
celle qui dispose de...

Fille d'Ouranos et de Gaïa, grand-mère de Thétis, qui régnait sur la mer, habitant les profondeurs marines, dans le palais de son époux Océanos auquel elle donna Nérée, les Océanides et une multitude de sources et fontaines. Elle symbolisait la force fécondante de l'eau.

TEUCER
l'artisan

Fils de Télamon et d'Hésioné, petit-fils d'Eaque et neveu de Priam, demi-frère du Grand Ajax qu'il accompagna au siège de Troie; il prit place dans le cheval de bois. Après la mort d'Ajax, il fut banni de Salamine par son père.

Après de longs voyages, celui qui passait pour le meilleur archer de Grèce s'installa dans l'île de Chypre, épousa Eunée, fille de Cypros, y bâtit une nouvelle Salamine et un temple dédié à Zeus où l'on pratiquait des sacrifices humains.

• Phrygien, fils du dieu-fleuve Scamandre et de la nymphe Idaea, qui quitta sa Crète natale pour se rendre en Asie Mineure et devint le premier roi de Troie.

TEUTATÈS

Dieu de la guerre gaulois, chef de la tribu, protecteur des hommes en période de guerre, associé au dieu latin Mars sur les inscriptions gallo-romaines. Pour obtenir la santé et la fertilité qui lui étaient demandées, on lui immolait des victimes humaines en leur plongeant la tête dans une cuve « jusqu'à ce que mort s'ensuive ». Il avait pour homologue le dieu irlandais *Mider (le violent)* (65-30).

TEZCATLIPOCA
le miroir fumant

Dieu guerrier du panthéon aztèque, protéiforme; omniprésent et omnipotent, associé au ciel nocturne et à la destruction, patron des brigands, des sorciers, symbolisé par un jaguar à la peau tachetée comme le ciel nocturne (67).

THALIE

L'une des neuf Muses, qui fut d'abord une divinité champêtre et pastorale, protectrice des plantes, semences et des troupeaux, qui apprit aux hommes à cultiver la terre. Plus tard, on lui attribua la *Comédie* et la *Poésie joyeuse* issue des dionysiaques champêtres. Aimée d'Apollon, elle lui donna les Corybantes qui chantaient aux fêtes du solstice d'hiver (1-71) et bercèrent Zeus enfant de leurs hymnes pour couvrir ses cris et empêcher son père Cronos de le dévorer.

THAMRYS
celui qui a de la consistance

Poète et musicien de la Thrace, auquel on attribuait l'invention de la quatrième corde de la cithare, fils de Philammon et de la nymphe Argiopé, qui tomba amoureux de Hyacinthos, l'amant d'Apollon, et osa se comparer aux Muses. Celles-ci lui ôtèrent la vue, la voix et le souvenir de la musique.

THANATOS

Dieu de la mort des Grecs, fils de l'Erèbe et de la Nuit, jumeau d'Hypnos.

THAUMAS
le magnifique

Fils de Pontos et de Gaïa, qui épousa l'Océanide Electre et devint père d'Iris et des Harpyes.

THÉANO
la déesse

Fille du roi de Thrace Cissée, épouse de Métapontos, roi d'Icarie (ou d'Anténor), qui recueillit et éleva Eole et Bœotos, les fils d'Orno et de Poséidon. Plus tard, elle eut des enfants et, les trouvant moins beaux que ses fils adoptifs, conseilla à ses enfants de les tuer; mais protégés par Poséidon, ils tuèrent leurs agresseurs. Théano se poignarda avec un couteau de chasse (1-133).

THÈBES

Capitale de la Béotie fondée par Cadmos, comportant une citadelle appelée *Cadmée,* construite sur une colline, rendue célèbre par la Guerre des Sept Chefs, la légende d'Œdipe et de Jocaste...

• Ville de la Haute-Egypte située sur les deux rives du Nil, fondée au quatrième millénaire avant J.C., appelée *Ouasit* ou *No-Ammon* par les Egyptiens, *Diospolis* par les Grecs, *la Ville aux cent portes.*

THÉMIS
l'ordre

Née d'Ouranos et Gaïa, Titanide qui bénéficiait du respect des dieux de l'Olympe et première femme de Zeus qui la rendit mère des Moires, des Heures et, selon certains auteurs, des Hespérides. Lorsqu'elle fut supplantée par Héra, elle offrit à sa remplaçante la coupe de nectar rituelle et devint la confidente de Zeus. Celui-ci lui confia le maintien de la ***justice*** et de l'***ordre*** dans l'Olympe (c'est elle qui veillait à la préparation des fêtes et cérémonies des dieux).

Elle présida à la naissance d'Artémis et Apollon.

– Sous l'appellation de Thémis *Soteira (la protectrice),* elle exerçait une influence importante sur les mortels, accordant sa protection aux justes et punissant sévèrement ceux qui se rendaient coupables de délits. Thémis *Euboulos,* déesse de la ***sagesse,*** prodiguait ses conseils à ceux qui faisaient appel à elle.

Elle utilisa son don de prophétie (qu'elle transmit plus tard à Apollon) et donna à Deucalion le moyen de repeupler la terre après le déluge.

– On la représentait avec ses attributs, devenus ceux de la justice : une épée et une balance.

THÉOPHANE
celle qui a une apparence divine

Fille de Bisaltès, réputée pour sa beauté, que Poséidon, amoureux, transporta dans l'île de Crinissa pour la soustraire à ses prétendants. Ceux-ci les poursuivirent et il transforma sa bien-aimée en brebis, les habitants de l'île en moutons et se fit bélier. Leur union produisit le fameux *bélier à la toison d'Or* (selon certaines sources).

Théosophie
theosophia, de *theos : Dieu; sophia : sagesse*

Doctrine religieuse professée en Inde, en Egypte et en Grèce, qui enseigne que l'union avec la divinité peut s'obtenir par la connaissance de Dieu à travers la nature (ils parlent de l'*âme du monde*) et l'évolution spirituelle (les théosophes les plus connus sont : Paracelse, J. Boehme, Madame Blavatsky...). Cette doctrine avait pour principes essentiels : la suprématie de l'esprit sur la matière; l'éternité de la création; l'identité entre l'homme-microcosme et le macrocosme-univers; la possibilité de trouver Dieu en soi par le développement des facultés latentes de la conscience; l'immortalité de l'âme et la réincarnation en vue de l'évolution jusqu'à la perfection. Cette doctrine est divisée en quatre catégories.

— La **Théogonie** *(theos : dieu; gonos : génération),* ensemble des divinités vénérées par un peuple polythéiste (ex. : la Théogonie d'Hésiode). A cette science correspondait l'art de se mettre en rapport avec les divinités ou *Théurgie (theos : dieu; ergon : ouvrage).*

— La **Cosmogonie** *(kosmos : monde; gonos : génération)* ou théorie de la création du monde. Les périodes ou âges du monde. L'art correspondant était la *Géniathlique céleste* ou *astrologie,* permettant d'établir un rapport entre le mouvement de l'univers et le destin des peuples et de l'individu.

— La **Psychologie** *(psukhé : âme; logos : discours),* ou science de l'âme humaine reliée aux *Arts psychurgiques* correspondant aux forces de l'âme.

— La **Physique** *(phusikô, phusis : nature)* ou science des règnes et des propriétés de la nature en rapport avec une *médecine spéciale* basée sur les propriétés occultes des animaux, minéraux et plantes, et l'**Alchimie,** art de la transmutation des métaux appelé encore *chrysopée* ou *argyropée (fabrication de l'or et de l'argent).*

THERSANDROS ou THERSANDRE
celui qui encourage les hommes

Fils de Polynice et d'Argie, petit-fils d'Œdipe, époux de Démonae qui lui donna un fils, Tisamène. Il prit part à l'expédition des Epigones contre Thèbes, au siège de Troie avec les Thébains, entra dans le cheval de bois et fut tué par Télèphe.

THÉSÉE
celui qui s'étend par terre

Conçu par la double union d'Aethra avec le roi d'Athènes Egée et le dieu Poséidon qui le dota d'une force prodigieuse.

Peu après la naissance de son fils, Egée retourna à Athènes, après avoir placé sous un rocher les sandales et l'épée destinées à l'enfant qui ne pourrait en prendre possession qu'au moment où il serait capable de soulever ce rocher.

Thésée grandit sans savoir qu'il était le fils d'un dieu. Lorsqu'il eut seize ans, sa mère le conduisit devant le fameux rocher qu'il souleva sans difficulté, découvrant les trophées laissés par Egée. Il se mit alors en route pour rejoindre son père, en empruntant la voie de terre au lieu de la route maritime, suivant les conseils de prudence de sa mère, la région étant en effet infestée de pirates.

Près d'Epidaure, il affronta et tua le bandit Périphétès, fils d'Héphaïstos, et s'empara de sa terrible massue cerclée de cuivre, semblable à celle d'Héraklès; puis il tua Sinis, fils de Poséidon, dont il séduisit la fille Périgouné qui donna naissance à un fils, Mélanippos; il abattit Phaea, la truie sauvage de Cromyon, née d'Echidna et de Typhon, qui dévastait la région. Sur les pentes du Mégaris, il jeta à la mer le bandit Sciron, un Corinthien, fils de Pélops, qui, assis sur un rocher, obligeait les voyageurs à lui laver les pieds, subterfuge lui permettant de les précipiter par-dessus la falaise dans la mer où ils étaient dévorés par une tortue géante... A Eleusis, il vainquit Cercyon l'Arcadien, qui défiait à la lutte les passants pour les étouffer dans ses puissants bras... A Corydallos, il tua le père de Sinis, le cruel géant Polypémon ou Procuste, qui forçait ses victimes à s'étendre sur un lit trop petit (il tranchait tout ce qui dépassait) ou trop grand (il les étirait à la dimension de la couche). Thésée, le justicier, traita ces brigands de la manière dont ils avaient traité leurs victimes.

Après ces exploits, il se purifia de ces meurtres dans les eaux du Céphise, pénétra à Athènes et se rendit au palais de son père. Médée, la magicienne qu'Egée avait épousée, jalouse, tenta de l'empoisonner. Démasquée par Thésée, elle fut répudiée par Egée. Après avoir exterminé les Pallantides, fils du frère d'Egée, Pallas, qui voulaient renverser son père, Thésée partit à la recherche d'un taureau sauvage qui dévastait l'Attique, le captura près de Marathon et le ramena à Athènes où il fut sacrifié à Apollon.

Le roi de Crète, Minos, imposait aux Athéniens un tribut annuel de sept jeunes gens et sept jeunes filles qui servaient de nourriture au Minotaure, monstre mi-taureau, mi-homme né des amours de Pasiphaé, épouse de Minos, avec un taureau blanc envoyé par Poséidon. Ce monstre était enfermé dans un labyrinthe construit par Dédale.

Thésée se rendit en Crète, séduisit Ariane, la fille du roi, qui lui remit une pelote de fil qui, attaché à l'entrée du labyrinthe, lui permit d'en sortir sans encombre après avoir tué le Minotaure endormi à coups de poing, affranchissant Athènes de ce lourd tribut. Une légende dit que l'animal fut transformé en constellation. Cet épisode se rapporte à une révolte des Athéniens contre un noble crétois qui, vers l'an 400 avant J.C., *avait pris des otages en garantie de leur soumission... Thésée, qui réussit à tuer le taureau de Minos ou à vaincre son commandant en chef dans une épreuve de lutte, délivre Athènes* du tribut, *épouse Ariane, l'héritière royale, et conclut la paix avec Minos* (1-276).

Après ses aventures crétoises, Thésée enleva Ariane, mais l'abandonna sur l'île de Naxos où elle fut consolée par Dionysos. En arrivant devant Athènes, il omit de hisser la voile blanche qui, suivant une convention avec son père, devait annoncer sa victoire. Son père, voyant une voile noire, le crut mort et, désespéré, se jeta à la mer.

Thésée devint roi d'Attique et entreprit d'unifier son pays en rassemblant les différentes bourgades, établit trois classes de citoyens, éleva des temples, créa une monnaie et instaura les fêtes appelées *panathénées.*

Puis, en compagnie de son ami Pirithoos, roi des Lapithes, il se joignit à Héraklès pour lutter contre les cruelles Amazones, dont il séduisit la reine Antiopé qui lui donna un fils, Hippolyte. Après la mort d'Antiopé, il épousa Phèdre dont il eut deux fils, Acamas et Démophon. Selon certaines traditions, il participa au combat des Lapithes contre les Centaures, à la chasse au sanglier de Calydon, à la quête de la Toison d'or.

Toujours accompagné de Pirithoos, Thésée descendit au Tartare dans le but d'enlever Perséphone. L'expédition ne fut pas un succès : Pirithoos fut dévoré par le chien Cerbère, et Thésée, enchaîné par Hadès sur la *chaise de l'Oubli,* y demeura quatre ans, jusqu'à l'arrivée d'Héraklès. Cette période de quatre ans *constitue la période habituelle après laquelle le roi sacré cédait sa place...*

A son retour, il trouva la ville troublée par les intrigues des nobles, qui avaient fait appel aux Dioscures pour placer Ménesthée sur le trône et délivrer leur sœur Hélène enlevée par Thésée. En outre, Phèdre s'était éprise d'Hippolyte, son beau-fils; mais devant son dédain, elle l'accusa d'avoir essayé de la séduire, entraînant la mort d'Hippolyte et la sienne par contrecoup, car elle se pendit.

Incapable de rétablir l'ordre dans son royaume et dans sa maison, Thésée s'exila à Scyros chez le roi Lycomède qui, après l'avoir accueilli, le précipita du haut d'un rocher.

Il devint un héros national, le grand législateur qui avait réalisé l'unité politique des douze cantons de l'Attique, divisé la population en quatre tribus et douze phratries. Il avait aussi inauguré les fêtes des *synoekia.* Le cinquième jour du mois pyanepsion, on célébrait en son honneur les *théséies* comprenant des sacrifices, des jeux et des festins.

— Dans l'Antiquité, les hommes se coiffaient *à la Thésée* lorsqu'ils se tondaient uniquement le devant de la tête, parce que, selon la légende, le héros s'était fait couper les cheveux de devant et les avait consacrés à Apollon. Au Ve siècle avant notre ère, les Athéniens érigèrent le *Théséion* ou temple de Thésée, orné de fresques décrivant les exploits d'Héraklès et de Thésée.

— Des sculpteurs ont traité les épisodes de sa vie, notamment l'histoire d'Ariane, son combat contre le Minotaure (Canova, Ramey...). Une tragédie lyrique, *Thésée* (paroles de Quinault, musique de Lulli), fut représentée en 1675 à l'Académie de musique de Saint-Germain-en-Laye.

◆ Au point de vue symbolique, le labyrinthe symbolise le voyage intérieur vers le ***centre de la personnalité,*** où l'être humain parvient avec difficulté, après de nombreux détours et tâtonnements.

◆ Le mythe du ***labyrinthe,*** d'où seul un héros exceptionnel revenait vivant, dérive peut-être de la disposition du palais de Cnossos qui *était un dédale de chambres et de corridors où les assaillants athéniens avaient eu quelques difficultés à découvrir et à tuer le roi après la prise du palais...* D'autre part, les Crétois ont pratiqué le culte de la perdrix avant celui du taureau céleste : en face du palais se trouvait un théâtre où, chaque printemps, on exécutait la danse rituelle du labyrinthe consistant à imiter le boitillement propre à la parade amoureuse des perdrix mâles. Ces dernières, devant être assommées par les chasseurs, étaient entraînées dans un fourré en forme de labyrinthe pour y être tuées. De même, le roi pénétrait dans un labyrinthe, y était mis à mort et son successeur le remplaçait sur le trône. Par ailleurs, à Délos, on pratiquait la danse de *la grue* assimilée à la danse du labyrinthe dans laquelle les danseurs tenaient une corde. Ajoutons qu'on rencontre des labyrinthes en pierres brutes en Scandinavie, en Russie, en Angleterre... datant du IIIe millénaire avant J.C. qui ont servi de modèles aux labyrinthes en gazon appelés des « villes de Troie ».

THESPIOS ou THESTIOS
celui qui produit des sonorités divines

Fils d'Erechthée, roi de Thespies, époux de Mégmédé qui lui donna cinquante filles. Ayant décidé qu'Héraklès serait le père de ses petits-enfants, il l'accueillit à Thespies après la capture du lion de Némée et lui livra ses filles (à l'exception de l'une d'elles qui demeura chaste toute sa vie). Chacune d'elles eut un fils, et ces *Thespiades,* conduits par Ioalaos, s'établirent en Sardaigne.

THÉTIS

Fille de Nérée et de Doris, qui accueillit avec bienveillance Héphaïstos précipité du ciel par Zeus. Elle refusa d'épouser Zeus et Poséidon, fut désirée par Pélée, roi de Phtie, dont elle eut beau repousser les avances en se changeant en lion, serpent, eau, feu, il persévéra et, avec l'aide de Chiron, parvint à l'atteindre. A leurs noces, dans la caverne de Chiron, sur le mont Pélion, eut lieu la célèbre querelle des déesses Aphrodite, Héra et Artémis, provoquée par la pomme d'or lancée par Eris, réglée par le jugement de Pâris. Elle devint la mère d'Achille qu'elle plongea dans les eaux du Styx pour le rendre immortel; mais comme elle le tenait par le talon, cette partie de son corps

demeura vulnérable. Au moment de la guerre de Troie, elle envoya Achille à la cour du roi de Scyros, déguisé en femme.
— Les épisodes de sa vie ont été traités par de nombreux artistes : Le Brun *(le Triomphe de Neptune et de Thétis)*, Henri Regnault, Desjardins... Une planète télescopique découverte en 1852 porte son nom.

THIA

Fille d'Ouranos et de Gaïa, qui épousa son frère le Titan Hypérion et donna le jour à Eôs, Séléné et Hélios.

THISBÉ

Jeune Babylonienne, aimée de Pyrame, qui se tua à la mort de son amant.

THOAS
l'impétueux

Roi de Calydon qui, lors du siège de Troie, pénétra dans la ville dans le cheval de bois.
• Géant qui lutta contre les dieux et eut le crâne brisé par les Parques.
• Fils de Dionysos et d'Ariane, frère d'Œnopion, Staphylos, Latromis, Euanthès et Tauropolos, roi de Lemnos et époux de Mirina. Au moment de la révolte des femmes, il échappa au massacre grâce à sa fille et s'enfuit dans les Cyclades (ou à Chio, ou en Tauride).

THOT

Dieu égyptien de l'intelligence, magicien et conseiller d'Osiris. Lorsque celui-ci fut tué par Seth, il aida Isis à protéger Horus et, par ses incantations magiques, joua un rôle important dans le processus de résurrection d'Osiris. Hermès est son homologue grec.

THYESTE
l'homme au pilon

Fils de Pélops et d'Hippodamie, demi-frère de Chrysippos, frère d'Alcathoos et d'Atrée. Il épousa une Naïade dont il eut trois fils : Aglaos, Orchomenos et Callileón. Avec le concours d'Atrée, il assassina Chrysippos. Bannis par leur père, les deux frères se réfugièrent chez le roi de Mycènes Sthénolos, et se disputèrent le pouvoir.

Ayant conçu une vive passion pour Aéropé, la femme d'Atrée, il la séduisit et fut chassé par ce dernier lorsqu'il devint roi. Puis Atrée fit massacrer les enfants de Thyeste, invita celui-ci à un festin, lui servit leurs membres, et lui montra leurs têtes ensanglantées. Fou de rage, il maudit Atrée et ses descendants, s'enfuit à Sicyone chez le roi Thesprotos, dont il séduisit la fille Pélopia. Par la suite, celle-ci enfanta Egisthe, qui fut élevé par Atrée. Quelques années plus tard, Egisthe, sur l'ordre d'Atrée, tenta de tuer Thyeste. Celui-ci se fit reconnaître de Pélopia qui, horrifiée, se poignarda, puis il envoya Egisthe tuer Atrée et régna sur Mycènes.

THYONÉ
la reine déchaînée

Nom qui fut donné à Sémélé lorsque son fils Dionysos l'emmena dans l'Olympe.

TIAMAT
le serpent marin

Divinité babylonienne associée au mythe de la création, qui fut vaincue par le dieu Marduk.

TIRÉSIAS

Devin thébain, un des guerriers nés des dents de dragon semées par Cadmos, père de la prophétesse Marno. Ayant un jour tué deux serpents qui s'accouplaient, il fut changé en femme. Il revit ces reptiles sept ans plus tard et retrouva sa forme première. Lors d'une querelle l'opposant à Héra, Zeus le prit pour arbitre, mais sa réponse déplut à la déesse qui le frappa de cécité. En compensation, il reçut de Zeus le privilège de vivre plusieurs existences et le don de prophétie. On dit que c'est lui qui conseilla de donner le trône de Thèbes et la main de Jocaste au vainqueur du Sphinx, et qui prédit la mort des Sept Chefs devant Thèbes. Il mourut après avoir bu l'eau de la source de Tilphuse.

TISAMENOS
le vengeur

Fils d'Oreste et d'Hermione, qui succéda à Oreste sur le trône de Sparte, fut chassé de Mycènes, Sparte et Argos par les Héraclides et dut se réfugier avec son armée en Achaïe, où il fut tué au cours d'un combat contre les Ioniens.

TITANS et TITANIDES
les seigneurs

Groupe de divinités qui ont précédé les Olympiens auxquels ils disputèrent la souveraineté de l'univers. Ce sont les douze descendants de Titan, fils d'Ouranos et de Gaïa : Cronos, Oceanos, Coos, Creios, Hyperion, Iapetos, et les six Titanides : Rhéa, Téthys, Phœbé, Mnémosyne, Thémis, Théa.

◆ Ces figures symbolisent l'***orgueil outrancier,*** la ***brutalité*** menant à une chute spectaculaire.

TITHONOS
celui qui accompagne la reine du jour

Fils de Laomédon et de Strymo (fille du dieu-fleuve Scamandre), frère de Priam, prince troyen qu'Eôs enleva dans son char. Ils eurent deux fils : Memnon et Emathion. Zeus lui accorda l'immortalité à la demande d'Eôs, qui omit d'ajouter la jeunesse éternelle. Il se mit à vieillir, fut changé en cigale par les dieux et devint le symbole de la ***décrépitude.***

TLALOC

Dieu de la pluie et du tonnerre des Aztèques, l'homologue des Chacs mayas, qui demeurait au sommet des montagnes à l'endroit où se formaient les nuages. Il régnait sur les inondations, la grêle, la sécheresse et les éclairs, et provoquait les rhumatismes, la goutte et l'hydropisie. On le représentait avec des yeux de hibou entourés de cercles noirs, de longs crocs de jaguar et des spirales sur le nez (67-154).

TLALTECUHTLI
le Seigneur de la terre

Divinité du sol du panthéon aztèque, considérée comme un monstre mâle qui dévorait le soleil chaque soir. Il était à moitié crapaud, à moitié crocodile (67).

TLAZOLTEOTL
la déesse des immondices

Déesse aztèque de la terre, de la procréation, des péchés charnels et de la confession, « mangeuse de péchés », qui recevait les confessions.

TLÉPOLÈME
celui qui supporte le combat (1-664)

Fils d'Héraklès et d'Astyoché, qui assista les Héraclides dans le combat qui leur permit de conquérir le Péloponnèse et reçut Argos en partage. Ayant tué involontairement son oncle Lycimnios, il fut exilé dans l'île de Rhodes, devint roi, épousa Polyxo, puis participa à la guerre de Troie où il fut tué par Sarpédon.

TLOQUE NAHUAQUE
le Seigneur du Voisinage immédiat

Dieu suprême du panthéon aztèque également appelé *Ipalnemohuani,* qui n'était représenté par aucune image (67-158).

TMOLOS

Dieu-fleuve, fils d'Arès qui, devant arbitrer le concours entre Apollon et Pan, se prononça en faveur d'Apollon. Séduit par Arrhiphé, une nymphe d'Artémis, il la poursuivit dans le temple de la déesse, la violenta et fut attaqué et tué par un taureau furieux envoyé par Artémis. On l'ensevelit sur la montagne de Lydie qui devint le mont Tmolos.

TOCI
notre grand-mère

Déesse lunaire des moissons et du sol des Aztèques, liée aux naissances, à la médecine. Dans le Codex Borgia, elle est représentée un balai à la main.

Toison d'Or

Toison du bélier volant, doté de la parole, qui transporta en Colchide Hellé et Phrixos, les enfants d'Athamas, roi béotien, menacés par la haine de leur belle-mère Ino. En survolant l'Hellespont, Hellé fut prise de vertige et tomba dans le détroit (qui prit son nom). Phrixos atterrit en Colchide, sacrifia le bélier à Zeus et fit don de sa toison au roi du pays, qui la suspendit à un arbre et la fit protéger par un féroce dragon. L'expédition des Argonautes dirigée par Jason eut pour but de conquérir cette toison.

◆ Cette toison (en réalité, trésors imaginaires ou réels attribués à la Colchide, qui avaient tenté la cupidité des chefs grecs), représente, en littérature, un ***trésor lointain et précieux,*** conquis au prix de redoutables dangers. Jung y voit le symbole de la ***conquête de l'impossible,*** d'un trésor matériel ou spirituel, un rêve irréalisable comme la quête du Saint Graal... (33-953). Le dragon qui garde le trésor *est l'image des énergies les plus primitives. Il représente l'inconscient... où les passions, les complexes, les désirs refoulés mènent une vie archaïque* (11-111). La lutte avec le dragon permet de récupérer ces énergies qui dorment, pouvant être utilisées dans la conduite de la vie.

TONATIUH
celui qui éclaire

Dieu du soleil, de la lumière et de la chaleur des Aztèques, dont la vigueur était renouvelée par des sacrifices humains. Les âmes des victimes et des guerriers morts au combat l'accompagnaient de son lever à son coucher (67).

Triades
trias, triados = groupe de trois

Représentation des trois aspects ou attributs d'un même dieu ou animal à trois têtes, groupe de divinités : Varuna-Mitra-Indra en Inde; Sin-Shamash-Ramman chez les Sémites; la triple Hékaté (à trois têtes); Néréus-Tritôn-Glaukos...

TRIPTOLÈME
l'homme trois fois audacieux

Fils de Celeus et de Métanire, roi d'Eleusis. Lorsque son père accueillit Déméter après l'enlèvement de sa fille Perséphone, la déesse lui donna de la semence de blé, lui fit don d'un char ailé, lui confia la mission d'enseigner l'agriculture à l'humanité et l'initia à ses mystères. Triptolème parcourut le monde, puis rentra en Attique où il bâtit la ville d'Eleusis dont il devint roi, y institua le culte et les mystères de Déméter. Certains lui attribuaient l'invention de la charrue, du chariot et du pain.

TRISTAN de LÉONOIS

Fils de Riwallwan, héros de légende celtique qui éprouva un amour passionné pour la reine Iseult. Cet orphelin élevé par son oncle Mark, roi de Cornouailles, se fit remarquer par de nombreux exploits : il tua le géant Morholt (sorte de Minotaure) venu réclamer le tribut annuel de jeunes gens et jeunes filles dû par son pays à l'Irlande (le héros celtique Cuchulainn délivra aussi son pays du géant Fomoré qui exigeait un tribut, sauvant la fille du roi qu'il épousa). Mais le monstre l'ayant blessé avant de mourir, Tristan, déclaré inguérissable, fut abandonné dans une barque qui dériva jusqu'aux côtes d'Irlande. Recueilli et guéri par la reine et sa fille Iseult la Blonde, Tristan éveilla chez cette dernière une violente passion, mais dut rentrer en Cournouailles. Là, le roi Mark, sommé par les barons de choisir une épouse, le renvoya en Irlande demander en son nom la main d'Iseult.

A peine arrivé, le jeune homme se battit contre un serpent monstrueux et destructeur, qui, avant de mourir, l'empoisonna de son haleine pestilentielle. Pendant qu'il était évanoui, un chevalier peu scrupuleux coupa aussitôt la tête du serpent et l'emporta au palais pour réclamer sa récompense : la main d'Iseult. Méfiante, celle-ci se rendit sur le lieu du combat, trouva Tristan sans connaissance, le ramèna au château et le guérit pour la seconde fois.

Malgré son manque d'enthousiasme, la princesse s'embarqua en compagnie de Tristan pour aller épouser Mark. Mais en chemin, sa femme de chambre Brengwain leur fit boire par mégarde un philtre d'amour qui alluma un amour irrésistible et éternel dans le cœur du jeune homme. Néanmoins, la raison d'Etat faisant force de loi, Iseult épousa Mark; mais les amants continuèrent à se voir en secret, furent dénoncés et se réfugièrent dans la forêt de Morois où ils menèrent une vie sauvage et heureuse.

Selon une autre version, le soir des noces, Brengwain prit la place d'Iseult qui alla retrouver Tristan. Ils ne tardèrent pas à être découverts et dénoncés par les barons. Mark chassa du palais son neveu, qui s'installa dans la région, et les amants se retrouvèrent chaque nuit en secret. A nouveau trahis, ils furent condamnés au bûcher, mais parvinrent à s'échapper jusqu'à une forêt où ils menèrent une vie misérable mais chaste. Un soir, Mark parti à leur recherche, les découvrit endormis côte à côte, leurs corps séparés par une épée nue. Pris de pitié, il mit un anneau au doigt de son épouse, remplaça l'épée de Tristan par la sienne et s'en alla. Touché par la générosité de son oncle, Tristan décida de lui rendre Iseult. Il partit pour la Bretagne où il épousa Iseult-aux-blanches-mains, fille du duc de Hoël. Mais fidèle à son premier amour, il ne put s'unir à son épouse. Au cours d'un combat, il fut blessé par une lance empoisonnée, et personne ne pouvant guérir sa blessure, Tristan souhaita revoir sa bien-aimée avant de mourir et demanda à son compagnon Kaherdin d'aller la chercher : « Si elle t'accompagne, hisse la voile blanche, sinon hisse la voile noire. » Mais l'épouse négligée avait entendu la conversation, et lorsque le navire fut annoncé, elle mentit : « La voile est noire », dit-elle à Tristan qui, désespéré, rendit l'âme au moment où Iseult pénétrait dans la chambre. La vie n'ayant plus de sens, Iseult s'étendit contre le corps de son amant et mourut elle aussi.

– Cette légende, qui a fait couler beaucoup d'encre, fut le thème d'un drame lyrique (poème et musique de Richard Wagner), représenté à Munich en 1865 et du film de Jean Cocteau l'*Eternel Retour*.

TRITON
celui qui est à son troisième jour (1-665)

Fils de Poséidon et d'Amphitrite, frère de Rhodé et de Penthésicymé. Il apparaît comme un dieu bienveillant qui accueillit les Argonautes jetés par la tempête sur les rives du lac Tritonis et du fleuve Triton. Mais d'autres légendes le présentent comme un dieu redoutable, faisant partie du cortège de Poséidon et d'Amphitrite. Il avait pour attribut une conque marine, coquille merveilleuse dont le son s'entendait aux extrémités de la terre, qui lui assurait la maîtrise des vents et lui servait de gobelet. Comme il aimait trop le vin et l'hydromel, un jour, on le trouva ivre-mort sur le rivage et on lui trancha la tête.

A l'origine, Triton et ses sœurs figuraient les trois phases lunaires; il était une divinité féminine représentant la nouvelle lune, signe de chance, Rhodé symbolisait la pleine lune de la moisson et Benthésicymé la vieille lune. Puis il devint une divinité masculine (1-56). Il est également une des trois formes du *halios gerôn* Néréus-Triton-Glaukos.

Troie

Troie ou Ilion, appelée Pergame dans les temps primitifs, était la capitale de la Troade, région de l'Asie Mineure située près du Bosphore (anciennement l'Hellespont), fondée par les Pélasges vers l'an 1500 avant J.C., par Tros ou Dardanos. Son histoire se confond avec celle des époques mythologiques de la Grèce (des fouilles ont révélé l'emplacement de la ville de Troie, en Turquie, dans la région d'Hissarlick, où fut mis au jour le *Trésor de Priam* composé de coupes et bijoux en or, objets de cuivre etc.). On attribuait la construction des hauts remparts de cette ville forte à Poséidon et Apollon, ce qui n'empêcha pas Héraklès de s'en emparer sous le règne de Laomédon qui fut tué ainsi que ses enfants, à l'exception de Priam, par le héros grec.

— **La guerre de Troie,** qui eut réellement lieu (Troie fut prise en 1209 ou en 1184 par les Grecs), éclata vers l'an 1200, les

Grecs voulant se venger d'un peuple asiatique soutenu par toutes les nations thraces. Elle fut chantée par Homère et Virgile, les deux plus grands poètes de l'Antiquité, dans l'*Iliade* et l'*Odyssée* d'Homère et l'épopée de Virgile, l'*Enéide.*

L'enlèvement d'Hélène, princesse grecque, par un prince troyen, Pâris, déclencha les hostilités qui couvaient depuis longtemps, comme l'attestent d'anciens récits légendaires non sans fondement. Presque toutes les tribus helléniques se liguèrent contre les « Barbares » asiatiques et, après avoir prêté serment de fidélité, décidèrent d'organiser l'expédition de Troie. L'armée grecque se composait de cent mille hommes dirigés par Agamemnon, roi d'Argos, et son frère Ménélas, roi de Sparte; Nestor, roi de Pylos; Achille, roi de Phtie; Odysseus, roi d'Ithaque; les deux Ajax, Diomède, Idoménée, Philoctète.

La ville fut prise après un siège de dix ans et incendiée, et les survivants exterminés ou emmenés en esclavage à l'exception d'Enée qui erra longtemps sur les mers, avant de se fixer en Italie où il fonda une cité qui fut le berceau de Rome. Le début de la guerre aurait marqué celui d'une malédiction qui dura mille ans et prit fin en 264 avant J.C.

TROILOS
le Troyen d'Ilion

Fils de Priam et d'Hécube. Un oracle avait prédit que la ville de Troie ne tomberait pas s'il atteignait l'âge de vingt ans. Lors du siège de Troie, Achille s'éprit de lui; se refusant à ses caresses, il s'enfuit dans le temple d'Apollon où le héros grec le tua.

TROPHONIOS
celui qui accroît les ventes (1-665)

Béotien, fils de l'Argonaute Erginos, frère d'Agamède, architecte habile qui construisit un trépied en pierre pour le temple d'Apollon à Delphes. L'oracle lui dit, ainsi qu'à son frère, que s'ils goûtaient joyeusement à tous les plaisirs pendant six jours, le septième jour, leur vœu le plus cher serait accompli. Le septième jour, on les trouva morts dans leur lit.

TROS
le Troyen

Petit-fils de Dardanos, fils d'Erichthonios et d'Astyoché qui succéda à son père sur le trône de Troie, acquérant toute la Troade qui prit son nom. Il épousa Callirhoé, fille du dieu-fleuve Scamandre qui lui donna Cléopâtre la Jeune, Ilos le Jeune, Assaracos et Ganymède et, à la mort de ce dernier, reçut d'Hermès un cep de vigne en or forgé par Héphaïstos et deux magnifiques coursiers.

TURNUS

Fils de Daunus et de la nymphe Vénilla, roi des Rutules, qui combattit Enée auquel il disputa l'amour de Lavinia, fille du roi Latinus, et fut tué par son rival.

TYDÉE
l'énorme

Etolien, fils d'Œnée (roi de Calydon) et de Périboea, demi-frère de Méléagre, qui, après avoir commis un meurtre, dut s'expatrier à Argos où il fut purifié par le roi Adraste dont il épousa la fille Déipylé. De cette union naquit Diomède. Tydée fut l'un des Sept Chefs qui assiégèrent Thèbes (avec Polynice et cinq Argiens). Blessé par le Thébain Mélanippos, il fendit le crâne de son ennemi, lui dévora la cervelle et mourut peu après.

TYNDARE
l'homme qui broie

Fils d'Œbalos et de Gorgophoné qui succéda à son père sur le trône de Sparte. Chassé par son frère Hippocoon, il se réfugia en Etolie chez le roi Thestios, dont il épousa la fille Léda. Celle-ci donna le jour aux Dioscures, à Hélène, à Clytemnestre, engendrés par Zeus métamorphosé en cygne. Il fit promettre aux nombreux prétendants d'Hélène de jurer qu'ils la défendraient ainsi que son mari, s'ils venaient à être outragés. Et lorsqu'elle fut enlevée par Pâris, les prétendants assiégèrent Troie.

TYPHON
la fumée qui engourdit

Fils de Gaïa et du Tartare, monstre gigantesque au corps recouvert d'écailles, possédant cent gueules vomissant des flammes, créé par la déesse afin de venger les Titans emprisonnés en enfer par Zeus. Lorsqu'il se rua vers l'Olympe, il fut blessé par la foudre de Zeus, mais ayant réussi à désarmer ce dernier, il lui coupa les tendons, les enferma dans une peau d'ours qu'il confia à un monstre serpent femelle, Delphyné. Mais Hermès parvint à charmer cette dernière et à s'emparer des tendons qui furent replacés dans les membres de Zeus, qui poursuivit Typhon jusqu'au mont Nysa. Zeus, avec les traits de sa foudre, blessa affreusement le monstre qui s'enfuit en Sicile où le dieu l'ensevelit sous le mont Etna qui, depuis, crache des flammes.

◆ Cette légende évoque un cataclysme qui ravagea les Cyclades.

• Typhon est le nom grec du dieu égyptien *Seth* ou *Toubhon,* primitivement dieu de la terre et du désert, qui prit un caractère funeste lorsqu'il fut associé à la légende d'Osiris. Il y était représenté comme le frère de ce dernier, l'incarnation du principe du mal et de la stérilité. Il fomenta la révolte pendant l'absence de son frère qu'il tua à son retour, et fut tué par Horus, le fils d'Osiris et d'Isis.

Tyrinthe

Ville de l'Argolide, située au nord-est de Nauplie, fondée par Praetos, frère d'Acrisios, avec l'aide des Cyclopes, qui fut gouvernée par le fils d'Argus, Tiryns; le fils de Nestor, Persée; Amphitryon, le père d'Héraklès.

TYRO
celle qui est originaire de Tyr

Fille d'Alcidicé et de Salmonée, élevée par son oncle Créthée, qui, à la mort de son père, fut maltraitée par sa belle-mère Sidéro. Elle s'éprit du dieu-fleuve Enipée dont Poséidon emprunta la forme pour la séduire. De leur union naquirent les jumeaux Pélias (qui devint roi d'Iolcos) et Nélée (futur roi de Pylos), qu'elle abandonna et qui, recueillis par des bergers, revinrent plus tard délivrer leur mère et tuer la cruelle Sidéro. Tyro épousa alors son oncle Crétée d'Eolide et engendra Aeson (père de Jason), Amythaon et Phérès; on dit aussi que Tyro fut violée par son oncle Sisyphe auquel elle donna deux fils qu'elle tua aussitôt.

Tyromancie

Méthode divinatoire à partir du fromage, utilisée dans la Grèce ancienne.

U

UDAEOS
l'homme qui vient de la terre

L'un des *Hommes ensemencés* appartenant au mythe de Cadmos, avec *Echion (la vipère), Chthonios (le sol), Hypérénor (celui qui surgit) et Péloros (le serpent).*

ULYSSE

Héros de l'Odyssée, le plus habile des hommes, à l'origine, un dieu du feu qui fut assimilé à Odysseus.

UNIAL

Déesse étrusque, homologue de l'Héra grecque et de la Junon des Romains.

URANIE
celle qui vient du ciel

L'une des neuf muses, elle présidait à l'*Astronomie* et à la *Géométrie* et fut aimée d'Apollon qui la rendit mère de Linus et d'Hyménée. On la représentait couronnée d'étoiles et tenant un compas à la main. Les anciens ont associé son nom à Vénus pour représenter la déesse de l'amour idéal et céleste qui n'éveille pas le désir charnel.
— Planète télescopique découverte en 1854.

URANIES

Nymphes célestes qui gouvernaient les différentes sphères du ciel.

V-W

VARUNA

Dieu berger des Aryens, l'un des membres de la trinité mâle (Mitra-Varuna-Indra), auquel fut identifié Ouranos.

VÉIOVIS

Divinité infernale des Latins, qui présidait aux séismes.

Vents

Phénomènes atmosphériques divinisés, imaginés en Orient comme des génies fantastiques. Chez les Grecs, ils sont les fils d'Ouranos et de Gaïa, ou d'Eôs et de Typhon (ou d'Astrée), soumis à Eole qui les retenait emprisonnés dans les îles Eoliennes et les déchaînait sur l'ordre de Zeus ou de Poséidon. Ils distinguaient Borée, le Vent du Nord; Euros, le vent d'Est; Notos, le vent du Sud, et Zéphyros, le Vent d'Ouest. Plus tard, on en compta huit ou douze : Euros, Borée, Aparctias, Kaekias, Apéliote, Euronotos, Notos, Libonotos, Lips, Zephyros, Iapyx et Thracios.

Zeus, dont le temple de Dodone était entouré de chênes, transmettait ses oracles par le truchement du vent : on interprétait le bruit des vases de bronze accrochés aux branches de ces arbres qui s'entrechoquaient.

Vedas
la connaissance

Livres sacrés de la mythologie hindoue. Ce sont le *Rig-Veda* ou Livre des Stances, le *Sama-Veda* ou Livre des Chants, le *Yajur-Veda* ou Livre des Formules sacrificatoires, et l'*Atharva-Veda* ou Livre de l'Atharvan (19).

VÉNUS

Divinité latine qui symbolisait à l'origine la fécondité de la nature, assimilée à la déesse grecque Aphrodite. Mais on continua à l'adorer sous les noms de *Murcia (le toucher), Libentina (déesse du plaisir), Genitrix (la mère).*

Les anciens avaient choisi une pierre nommée *Hystérolithe,* de couleur noire, sur laquelle on voyait une bouche, qu'on croyait tombée du ciel, pour représenter une déesse mère des dieux et des hommes, la Vénus noire ou Mélénis ou la Nocturne (19).

VERTU

Divinité allégorique des Romains symbolisant le courage viril.

VERTUMNE

Dieu romain d'origine étrusque qui présidait aux saisons, notamment à l'automne, veillant aux vendanges et à la récolte des fruits. Comme il possédait la faculté de changer de forme à volonté, il prit la forme des différentes saisons pour séduire la nymphe Pomone. Il était vénéré par les jardiniers qui lui offraient leurs premières fleurs et leurs premiers fruits.

VESTA

Personnification latine du foyer domestique ou public, où brûlait continuellement le feu, symbolisant l'âme des ancêtres. Homologue de la déesse grecque Hestia, elle était vénérée lors des *vestalies,* célébrée en grande pompe le 15 juin dans le but d'assurer la prospérité des Romains. Numa institua le collège des Vestales (elles étaient dix-huit), chargées d'entretenir le feu sacré de la déesse, au service de laquelle elles entraient à l'âge de six ou dix ans et demeuraient jusqu'à trente ans. Elles jouissaient de privilèges considérables; mais elles encouraient des peines sévères si elles manquaient à leur vœu de chasteté ou laissaient s'éteindre le feu (elles étaient enterrées vives dans le *Campus sceleratus).*

VICTOIRE

Divinité allégorique personnifiant la victoire, assimilée à la Nikê des Grecs. Dans l'Antiquité romaine, elle avait un sanctuaire sur le Palatin; plus tard, on lui éleva un temple au Capitole.

VIEILLESSE

Divinité allégorique, fille de l'Erèbe et de la Nuit, représentée avec un vêtement noir et appuyée sur un bâton.

Vigne

Jeune plante découverte par Dionysos qui la cacha dans un os d'oiseau, puis, lorsqu'elle devint trop grande, dans un os de lion, et enfin dans un os d'âne. Selon une autre légende, ce fut un don d'Œnée au dieu, en échange de sa femme. La plupart des légendes anciennes attribuent à Dionysos la découverte de la vigne et de la fabrication du vin.

VIRBIUS

Dieu romain en relation avec la déesse Diane, dont le nom fut donné à Hippolyte après sa mort, lorsqu'il fut transporté dans le bois sacré d'Aricie, en Italie, par Artémis.

VISHNOU

Dieu protéiforme du panthéon hindou qui apparaît sous vingt-quatre formes différentes ou avatars : *poisson, tortue, sanglier, géant-héros, nain,* pour organiser le monde, lutter contre les Kshatryas, contre le démon Ravana, détruire Kamsa et mettre fin aux sacrifices sanglants. Son dernier avatar sera Kalkin, qui surviendra à la fin de l'âge actuel pour récompenser les hommes méritants et punir les méchants.

VIVIANE ou Niniane
de Nianis, roi des Assyriens

Fée des légendes celtes, magicienne dotée de pouvoirs merveilleux, dont l'enchanteur Merlin tomba amoureux. Il lui apprit l'art de tracer le cercle magique qui protégeait leur amour et les unit pour toujours. Ils parcoururent l'Europe sur un cheval plus rapide que le vent; mais un jour que Merlin avait oublié son épée, ils furent poursuivis par un ennemi. De sa baguette magique, Viviane toucha un immense chêne qui se transforma aussitôt en un palais de cristal dans lequel ils pénétrèrent pour y disparaître à jamais en même temps que le château.

VOLTURNUS ou VULTURNUS

Divinité des Sabins adoptée par les Romains. Vulturnus était aussi le nom du Vent du Sud-Est.

VOLUPTÉ

Divinité allégorique personnifiant le plaisir sensuel, qui comptait parmi les *Indigitamenta* des Romains qui l'appelaient également *Voluptas* ou *Volupta,* dont on fit plus tard la fille de Psyché et d'Eros. On la représentait sous les traits d'une belle jeune femme sensuelle à l'attitude lascive.

VULCAIN

Dieu forgeron de la mythologie gallo-romaine, homologue du dieu grec Héphaïstos qui devint le dieu latin du feu, de la guerre et du métal, fils de Jupiter et de Junon, époux de Vénus ou de Maïa *(Maia Volcani)*, qui protégeait les Romains contre les incendies. Il résidait dans l'une des îles Lipari appelée l'île de Vulcain, ou selon une autre tradition, au tréfonds du Vésuve dans une région nommée *Terre de Feu, champs phlégiens ou campi phlegroei* (légende due peut-être au cratère du Vésuve à demi-éteint, le *Fucina Volcani,* situé au pied du mont Solfatare, émettant des vapeurs soufrées. On y voyait la *grotte du chien,* caverne où un air méphitique se dégageait du sol). Une place de l'ancienne Rome lui était consacrée : le *Vulcanal* ou *Area Vulcani,* qui comportait un autel consacré par Romulus après la guerre entre Romains et Sabins.

WAKAN TANKA

Esprit omnipotent des Indiens d'Amérique du Nord, la grande force cosmique, non personnifiée, qui règne sur tout ce qui existe.

WALKYRIES

Messagères d'Odin dans la mythologie scandinave, femmes-soldats qui précédaient les guerriers dans les batailles, décidaient de leur sort et les conduisaient au Walhalla. Elles étaient représentées par des cavalières d'une beauté éblouissante, portant des armes étincelantes, entourées de nuages, qui éveillaient chez les soldats des passions ardentes vouées à une fin malheureuse.

– *La Walkyrie,* le célèbre drame musical de Richard Wagner, représenté en 1870 à Munich et en 1893 à l'Opéra de Paris, est basée sur cette légende : Brunhilde, l'aînée des neuf Walkyries, filles du dieu Wotan, a voulu sauver le héros Siegmund, enfreignant l'ordre de son père qui, pour la punir, la rabaisse au rang de simple mortelle. Mais afin qu'elle ne devienne pas la femme de Siegmund, il l'endort sur un rocher environné d'un rideau de flammes que seul un héros traversera pour la délivrer. Ce sera Siegfried, le fils posthume de Siegmund et de Sieglinde.

X

XAMAN EK
le guide des marchands

Dieu maya de l'étoile polaire associé à l'abondance et à la paix.

XANTHOS
l'homme jaune

Dieu-fleuve de Troade figurant dans l'*Iliade,* père d'Eurythémisté.
• L'un des chevaux immortels d'Achille, nés du Vent d'Ouest et de la Harpye Podargé, Xanthos avait reçu de Héra le don de la parole. Après la mort de Patrocle, lorsque le héros reprocha à son coursier d'avoir abandonné son ami sur le champ de bataille, Xanthos lui annonça sa fin prochaine.
• Nom du cheval d'Hector, et nom d'un étalon donné par Poséidon à Pélée (1-208).
• Roi de Thèbes qui tenta de régler la querelle opposant les Athéniens aux Béotiens, au sujet de la possession d'un bourg d'Œné, par un combat singulier entre les chefs des deux parties. La proposition fut rejetée par le roi d'Athènes Thymoétès.

XENOCLÉA
l'hôte illustre (1-665)

Prophétesse du temple de Delphes qu'Héraklès, tourmenté par des cauchemars, consulta, après avoir tué Iphotos. La pythie ayant refusé de lui répondre, le héros s'empara de son trépied et ne le lui rendit qu'après avoir entendu l'oracle qui lui annonça qu'il serait l'esclave d'Omphale, la reine de Lydie. Cet épisode évoque la *prise du temple par les Doriens, qui avaient conquis le Péloponnèse, se disaient « fils d'Héraklès » et ne lui témoignaient pas le même respect que leurs prédécesseurs achéens, éoliens et ioniens...* (1).

XILONEN
la poupée aux cheveux blonds

Déesse des Aztèques qui veillait sur les jeunes épis de maïs, représentée avec une robe jaune et rouge.

XIPE TOLTEC
Notre Seigneur l'Ecorché

Dieu des plantations printanières et de la pulque (boisson enivrante), patron des orfèvres et des joailliers, représenté revêtu de la peau prise à une victime sacrificielle humaine. On célébrait une fête annuelle en son honneur, au cours de laquelle des victimes humaines étaient sacrifiées et écorchées. Les prêtres dansaient pendant plusieurs jours, revêtus de cette peau (67).

XIUHTECUHTLI
le Seigneur de l'année et du feu

Dieu du feu du panthéon aztèque, représenté avec un visage à moitié rouge, à moitié noir, coiffé de deux roseaux et d'un papillon symbolisant la flamme vacillante (67).

XISOUTHROS

Forme grecque de *Kasisatra,* nom du dernier des rois antérieurs au déluge, auquel la légende de Gilgamesh attribue un rôle identique à celui de Noé dans la Bible.

Xoanon

Statue grecque en bois ou en pierre, représentant une figure aux bras collés le long du corps et paraissant enveloppée d'une gaine.

XOCHIPILLI
le Prince-fleur

Dieu de la danse, de l'amour, des chants et des plaisirs du panthéon aztèque.

XOCHIQUETZAL
la Fleur Précieuse

Déesse des fleurs, de l'amour, de la fertilité, de la grossesse, des arts domestiques, épouse de Tlaloc et mère des jumeaux Quetzalcoatl et Xolotl, qui fut enlevée par Tezcatlipoca. On la représentait coiffée de deux plumes de quetzal et portant une jupe à carreaux (67).

XOUTHOS
le moineau

Fils d'Hellen et d'Orséis, petit-fils de Deucalion, qui, accusé de vol par ses frères, s'enfuit de Thessalie et se fixa à Athènes où il épousa Créüse (fille d'Erechthée). Celle-ci fut séduite par

Apollon dans une caverne située sous les Propylées, et eut un fils que le dieu appela Ion et transporta dans son temple à Delphes, où il devint prêtre.

Inquiet de ne pas avoir d'héritier, Xouthos alla consulter l'oracle qui lui répondit qu'il rencontrerait son fils en sortant du sanctuaire. Ce fut Ion, qu'il crut avoir eu d'une Ménade au cours d'une orgie dionysiaque. Il l'adopta, mais Créüse, jalouse, essaya de se débarrasser d'Ion en lui offrant une coupe de vin empoisonné. Une colombe descendit du ciel, goûta au vin et mourut. Créüse se réfugia dans le temple d'Apollon d'où Ion allait la faire sortir afin de se venger, lorsque la prêtresse lui apprit la vérité sur sa naissance. Plus tard, Créüse donna à Xouthos Doros et Acheos, ce qui fit de lui l'ancêtre commun des Ioniens et des Achéens.

SPHINX en basalte du Louvre.

Y-Z

YACATECUHTLI
le Seigneur du Nez

Dieu aztèque du commerce, des marchands, des voyageurs, représenté avec un chasse-mouches et un sceptre (67).

YAMA

Dieu hindou de la mort et des enfers, gardien de la loi, défenseur de la religion. Il est représenté avec des cornes de buffle effilées et un muffle animal, le front orné du troisième œil (permettant la perception de la réalité derrière l'illusion), tenant le *khatvânga,* sceptre magique terminé par un squelette et un lacet.

YAM

Déesse de la mythologie hindoue, jumelle de Yama, pour qui elle éprouva une violente passion à sens unique.

YU

Dieu créateur de la mythologie chinoise, qui organisa le monde, fit creuser les premiers canaux et dresser des piliers porteurs aux quatre coins de l'univers, et mesura le ciel.

YUM KAAX

Dieu des moissons et du maïs du panthéon maya, patron de l'économie domestique, figuré avec un épi de maïs sur la tête.

ZEUS
le ciel lumineux

Avant d'être le dieu suprême des Hellènes, « père des dieux et des hommes », Zeus avait été une divinité de la nature, du ciel, qui, du sommet des montagnes, présidait à tous les phénomènes atmosphériques : succession du jour et de la nuit, des saisons, des années... production des nuages, de la pluie, de la foudre, roulement du tonnerre, apparition de l'arc-en-ciel... Il était par conséquent le protecteur de l'agriculture, des moissons et des fruits. Il acquit progressivement un statut plus important jusqu'à devenir le dieu omnipotent des mortels et de tous les autres dieux.

On lui fabriqua alors une généalogie, une histoire et des aventures. Il fut considéré comme le troisième fils de Rhéa, né sur le mont Lycée en Arcadie qui, dès sa naissance, fut confié à la Terre-Mère, pour le soustraire à la gloutonnerie de son père Cronos qui avalait ses enfants de crainte d'être détrôné. Rhéa avait donné une pierre emmaillotée à Cronos, qui l'avait avalée à la place du nouveau-né. Transporté en Crète, il fut élevé par les nymphes Adrastée et Io, filles de Mélissée, protégé par les Curètes, nourri du lait de la nymphe-chèvre Amalthée dont il partageait le lait avec le dieu-bouc Pan. Aussi, lorsqu'il devint maître de l'univers, Zeus plaça sa nourrice parmi les étoiles où elle brille sous l'aspect de la *constellation du Capricorne;* une des cornes d'Amalthée devint la *corne d'abondance* qui se remplit au fur et à mesure qu'on utilise son contenu. Devenu adulte, Zeus, avec l'aide de Rhéa, détrôna Cronos, l'obligea à vomir ses frères et sœurs aînés : Poséidon, Hadès, Hestia, Déméter, Héra et la fameuse pierre, ersatz de Zeus. Celle-ci fut placée en souvenir à Delphes où, ointe d'huile régulièrement, elle recevait les offrandes des fidèles.

Puis il fit la guerre aux Titans conduits par le géant Atlas, en s'assurant le concours des Cyclopes, fabricants de foudre, et des Hécatonchires. Ceux-ci donnèrent à Poséidon un trident, à Hadès un casque qui rend invisible et à Zeus la foudre, armes qui leur permirent de remporter la victoire et d'expédier leurs ennemis au fond du Tartare. Certains Titans se rallièrent à la cause de Zeus, tandis que d'autres menaçaient encore les dieux, lorsque Pan poussa un cri terrible qui les mit en fuite. Atlas fut condamné à porter l'univers sur ses épaules. (Le combat contre les Titans, qui dura dix ans, évoque les tremblements de terre qui secouaient la Thessalie à une époque très reculée et qui provoquèrent des bouleversements géologiques.)

Zeus succéda à son père et partagea l'univers avec ses frères : Poséidon reçut les océans, Hadès le monde souterrain et Zeus se réserva la souveraineté sur les dieux et les hommes.

Le maître de l'Olympe fut doté d'un tempérament ardent qui se manifesta très tôt. Sa mère lui ayant interdit de se marier, il entra dans une violente colère et menaça de la violer. Rhéa se changea en serpent pour lui échapper; il en fit autant et s'unit à elle ! Ce fut le début d'une longue carrière amoureuse, au cours de laquelle il se rendit coupable de nombreux viols (qui tendent à expliquer la conquête des anciens temples de la Grande Déesse par les Hellènes et *ses mariages réfèrent à une ancienne coutume consistant à donner le nom de Zeus aux rois sacrés du culte du chêne*) (1-52). Ses conquêtes amoureuses firent de lui le père d'un grand nombre de dieux, demi-dieux, déesses, nymphes, héros et rois.

Sa première compagne fut *Métis, la Raison,* fille d'Océan et de Thétys, qui prépara le breuvage grâce auquel Cronos rendit les dieux qu'il avait dévorés. Elle eut une fille, puis annonça à son époux qu'elle attendait un fils qui détrônerait son père et deviendrait le maître du ciel. Aussitôt, Zeus avala sa femme et, peu après, fut pris d'une violente migraine. Pour le soulager, Prométhée (ou Héphaïstos) fit une brèche dans son crâne et Athéna en jaillit tout armée et casquée (cette légende marque la fin des lois matriarcales et *souligne que la sagesse est une prérogative masculine. Jusqu'alors, seule la déesse possédait la sagesse*) (1-44).

Ensuite ce fut *Thémis,* fille d'Ouranos et de Gaïa, qui lui donna les Heures, les Moires, les Nymphes de l'Eridan et les Hespérides. Thémis assistait aux délibérations des dieux olympiens, veillant au respect de la loi, prédisait l'avenir à Delphes avant d'être supplantée par Apollon.

Métamorphosé en berger, Zeus fut reçu dans le lit de *Mnémosyne,* Titanide, sœur de Rhéa et de Cronos, neuf nuits de suite, union qui donna naissance aux neuf Muses. Il s'éprit de sa sœur *Déméter* qui repoussa ses avances, la poursuivit, se changea en taureau et la viola. De cette union forcée naquit Coré (ou Perséphoné).

Zeus courtisa sans succès Héra (également fille de Cronos et de Rhéa). Mauvais perdant, il se transforma en coucou. Recueilli par la jeune femme, il la viola. Héra l'épousa et ils eurent de nombreux enfants-dieux : Arès, Eris, Héphaïstos, Hébé. (Ce viol de la déesse de la Terre *implique que les Hellènes, adorateurs de Zeus, transformèrent toutes les cérémonies funéraires et agricoles...* L'interdiction de se marier signifie *que jusqu'alors, la monogamie était tout à fait inconnue; les femmes prenaient autant d'amants qu'il leur plaisait)* (1-50). Cette union ne marqua pas la fin des entreprises galantes, malgré la jalousie de son épouse qui l'épiait constamment et se vengeait comme elle pouvait de ses infidélités.

Léto, fille du Titan Cœus et de la Titanide Phœbé, ne résista pas au charme du plus grand séducteur de l'Olympe. Ayant découvert l'infidélité de son époux, Héra condamna Léto à errer de par le monde et l'infortunée jeune femme finit par arriver à l'île flottante d'Ortygie, où elle souffrit pendant neuf jours et neuf nuits avant de mettre au monde les jumeaux Apollon et Artémis.

Zeus aima **Maïa,** la fille du géant Atlas et de Pléione; il eut d'elle un fils, Hermès. Maïa devint plus tard une Pléiade.

Il s'unit à **Electre,** la sœur de Maïa, dans le temple d'Athéna auprès du Palladion. De leur union naquirent Dardanos, qui devint le premier roi de Troie, et Iasion, qui aima Déméter et fut le père de Ploutos.

Taygète, une troisième fille d'Atlas, se laissa aimer du dieu et donna le jour à Lacédomon, ancêtre du peuple de Sparte, les Lacédomoniens. Selon certaines sources, Artémis la changea en biche pour lui permettre d'échapper aux désirs lubriques de Zeus.

Zeus séduisit aussi les nymphes **Aegine** et **Antiopé,** filles du dieu-fleuve Asopos. Il prit la forme d'un aigle pour emporter Egine dans les airs jusqu'à l'île d'Oinoné, où elle donna naissance à Eaque. Asopos, parti à la recherche de sa fille, les aperçut et fut frappé par la foudre de Zeus qui l'obligea à retourner dans son «lit». Puis, sous l'aspect d'un Satyre, il posséda Antiope. Craignant la colère de son père, la jeune fille se réfugia chez Epopée, roi de Sicyone, qui l'épousa. En chemin, elle accoucha des jumeaux Amphion et Zéthos qu'elle dut abandonner et qui furent recueillis par des bergers.

Il prit l'apparence d'Apollon pour séduire **Callisto,** la fille de Lycaon, et la rendre mère d'Arcas. La mère et le fils furent transportés au ciel où ils forment les constellations de la Grande Ourse et de la Petite Ourse. **Maera,** une nymphe du cortège d'Artémis, fille de Protos et de la nymphe Ausia, devint mère de Locre par Zeus et fut changée en chienne par Artémis. Sous la forme d'un nuage, Zeus s'unit à **Io,** prêtresse d'Héra, la fille du roi d'Argos, Inachos ou Iasos. Puis il dut la métamorphoser en génisse pour la protéger de la furie de son épouse. Mais Héra déjoua la supercherie et persécuta la malheureuse Io qui erra pendant des mois à travers le pays, traversa le Bosphore (qui fut appelé le *gué de la vache*), rencontra Prométhée lié à son rocher sur le mont Caucase, rentra en Europe par la Colchide et le Bosphore, traversa l'Asie Mineure, la Médie, se rendit aux Indes et entra en Egypte. Zeus lui redonna sa forme initiale et la rendit mère d'Ephapos (*l'enfant de l'attouchement*) en la «touchant» . (Ce fils régna sur l'Egypte et sa fille Libye devint mère, par

Poséidon, d'Agénor, de Bélos, d'Aegyptos et de Danaos.) Io institua le culte de Déméter et, après sa mort, fut identifiée avec Isis. (Ce mythe tend à expliquer *les similitudes entre le culte d'Io en Grèce, d'Isis en Egypte, d'Astarté en Syrie et de Kâli aux Indes.* D'autre part, *les prêtresses argiennes d'Io semblent avoir accompli une danse de la génisse tous les ans, au cours de laquelle elles simulaient d'avoir été rendues folles par des taons...* au cours d'un rituel exécuté pour faire venir la pluie nécessaire aux troupeaux à la fin de l'été au moment où ils étaient attaqués par les taons qui les rendaient furieux. On fit de Zeus le père d'Ephapos, l'ancêtre de Libye, d'Agénor, de Bélops, d'Aegyptos et de Danaos, parce que les Achéens, adorateurs de Zeus, *revendiquaient la souveraineté sur toutes les populations maritimes de la Méditerranée orientale* (1-159).

— *Niobé,* la fille de Tantale, épouse d'Amphion, roi de Thèbes, la première mortelle aimée de Zeus, avait déjà sept fils et sept filles, les Niobides. De Zeus, elle eut Argos qui fonda la cité qui porte son nom. Mais s'étant vantée de sa fécondité supérieure à celle de Léto, Niobé vit périr tous ses enfants sous les flèches d'Apollon et Artémis. Pour mettre fin à son chagrin, Zeus la changea en un rocher situé sur le mont Sipyle, en Phrygie. Lorsque Héra apprit sa liaison avec *Sémélé,* la fille de Cadmus, le fondateur de Thèbes, elle se présenta à sa rivale sous les traits de la nourrice de la jeune fille, Béroé, et lui suggéra de demander à son divin amant de lui apparaître dans toute sa splendeur. La naïve Sémélé fut foudroyée par l'éclair et la foudre de Zeus qui eut le temps d'arracher de son sein Dionysos. Plus tard, ce fils semi-divin descendit au Tartare et transporta l'âme de sa mère dans l'Olympe où elle prit le nom de Thyoné. *Séléné,* la sœur du Soleil Hélios, au visage d'une blancheur éclatante, fut séduite elle aussi et eut de lui trois filles : Pandia, Ersé et Néméa. La fille du roi d'Argos Acrisios, *Danaé,* enfermée par son père dans un donjon, ne put résister aux assauts du plus grand séducteur de l'Olympe. En effet, Zeus pénétra dans sa prison sous la forme d'une pluie d'or et la séduisit, union qui donna naissance au héros Persée.

Pour séduire *Europe,* la fille d'Agénor, roi de Phénicie, il prit l'apparence d'un magnifique taureau blanc aux cornes d'or. La jeune fille, qui s'amusait avec ses compagnes au bord de la mer, aperçut et enfourcha le bel animal qui aussitôt l'emporta près de Gortyne, en Crète. Europe eut trois enfants : Minos, Rhadamanthe et Sarpédon. Reconnaissant, Zeus fit trois présents à leur mère : le *Talos,* homme en bronze forgé par Héphaïstos, gardien de la Crète, un chien de chasse et un épieu, puis il la quitta. Il s'éprit de *Némésis,* fille de la Nuit (de l'Erèbe ou de l'Océan), déesse de la vengeance et de la justice distributive, gardienne de l'ordre universel. Voulant lui échapper, elle se jeta dans l'eau et se transforma en poisson. Zeus se fit castor pour la rattraper. Elle se mua en animal sauvage, il devint un animal encore plus féroce. Némésis s'envola sous la forme d'une oie sauvage. Zeus se fit cygne et étreignit en plein vol la déesse qui se réfugia ensuite à Sparte. Ce même jour, Léda, la femme du roi de Tyndare, trouva dans un étang un œuf rouge orangé qu'elle rapporta chez elle et qui, en s'ouvrant, donna naissance à Hélène. En souvenir, Zeus plaça au ciel la constellation du Cygne. (Il existe d'autres versions de ce mythe : l'œuf pondu par Némésis aurait été jeté entre les cuisses de Léda assise sur un tabouret... Zeus, transformé en cygne, s'unit à la femme du roi de Tyndare alors qu'elle se baignait dans un étang et la nuit de leur union, Léda pondit le fameux œuf rouge... Ou encore, Léda s'unit à lui auprès de l'Eurotas et, de l'œuf qu'elle pondit, naquirent Hélène, Castor et Pollux. Puis elle fut divinisée sous le nom de Némésis... Pollux et Hélène furent conçus par Zeus, mais Castor et Clytemnestre par le roi de Tyndare... Il employa un autre stratagème pour posséder *Alcmène,* l'épouse d'Amphitryon, roi de Thèbes, célèbre pour sa fidélité : Il adopta les traits de son époux en son absence, tout simplement ! A son retour, le roi allait brûler l'épouse parjure sur un bûcher lorsque l'amant, coupable mais tout-puissant, éteignit le feu par une averse. De cet adultère naquit Héraklès, frère jumeau d'Iphiclès. *Dioné,* l'Océanide, fille d'Oceanos et de Téthys, l'épouse de Tantale, eut de Zeus la belle Aphrodite.

On cite encore parmi ses conquêtes : la nymphe *Plouto* qui lui donna Tantale... *Anaxithea,* la Danaïde dont il eut Olenos, le fondateur d'Olenus en Achaïe... *Hésioné,* l'Océanide, épouse de Prométhée, qui donna le jour à Orchomenos... la fille d'Hésioné, *Elara,* qu'il dut cacher dans un refuge souterrain pour la soustraire à la vengeance d'Héra et dont il eut le géant Tityos… et bien d'autres nymphes et muses.

Mais déesses, muses et nymphettes ne lui suffisaient pas toujours… Il conçut une folle passion pour *Ganymède,* le fils du roi Tros, le plus bel adolescent que la terre eût jamais porté, son échanson. Zeus se transforma en aigle, l'emporta dans les cieux et le plaça parmi les étoiles : où, souriant éternellement, il verse au Roi du Ciel le nectar et l'ambroisie : car il est devenu la constellation du Verseau et se fait parfois aider par Hébé. (Ce récit était très populaire dans la Grèce ancienne et, à Rome, *constituait une justification religieuse de l'amour passionnel d'un homme mûr pour un jeune garçon… Cette nouvelle passion, dont l'inauguration a été attribuée à Thamrys par Apollodore, souligne la victoire du système patriarcal sur le système matriarcal… les hommes avaient découvert un nouveau champ d'expériences : l'homosexualité…)* (1-100).

Il courtisa vainement *Thétys,* la fille de Nérée et de Doris… la nymphe *Astéria,* fille de Phœbé et de Cœus qui se transforma en caille et se jeta à la mer devant l'île d'Ortygie (plus tard appelée Delos).

• Honoré dans toute la Grèce, Zeus avait des sanctuaires au sommet des montagnes; les principaux centres de son culte se situaient sur le mont Lycée en Arcadie, l'Ida de Crète et de Troade, à Dodone, Olympie, Némée, dans l'oasis de Zeus Hammon en Libye.

• Il était représenté à l'origine par une pyramide, un obélisque, une stèle carrée ou un chêne puis par le *xoanon,* statue en bois ou en pierre aux bras collés le long du corps, comme si elle était enveloppée dans une gaine. Au milieu du Ve siècle, Phidias montrait le Zeus d'Olympie assis sur un trône, tenant dans la main droite une Victoire et dans la main gauche un sceptre surmonté d'un aigle (ses attributs avec la foudre). Ce *sceptre,* emblème de la souveraineté et du pouvoir, se rapproche de la baguette magique de Circé et du Caducée de Hermès, ancêtre de celle des fées et des verges utilisées par les enchanteurs et magiciens des Pharaons contre les maléfices. Sa valeur magique a résisté au temps : la canne des magiciens est creuse et peut contenir un parchemin portant les formules et accessoires nécessaires aux cérémonies rituelles.

◆ Son équivalent latin est **Jupiter,** dieu du ciel et de l'univers, personnification de la lumière, des phénomènes célestes et dieu de l'agriculture, adoré avant même la fondation de Rome sur quelques-unes des sept collines. Jupiter finit par supplanter tous les autres dieux du Panthéon romain.

ZOTZILHA CHIMALMAN
la chauve-souris

Dieu de la lumière et de l'obscurité chez les Mayas, habitant les cavernes, qui combat continuellement Kinich Ahau, le dieu-soleil, lutte symbolisant le conflit entre le jour et la nuit. Il était représenté par une chauve-souris.

Index
des mythes et symboles

BIBLIOGRAPHIE

1. *Les Mythes grecs* – Robert Graves – Fayard.
2. *Dictionnaire de la Mythologie grecque et romaine* – J. Schmidt – Larousse.
3. *Mythe et Epopée* – G. Dumézil – Gallimard.
4. *Bestiaires du Moyen Age* – Stock Plus.
5. *Psychanalyse* – Freud – P.U.F.
6. *Les animaux magiques dans notre univers* – Gourgaud – Solar.
7. *Les Symboles* – Pr. Ph. Seringe – Helios.
8. *Les Indo-Européens* – A. Carnoy – Vromant & Co.
9. *Histoire de l'Art* – Ch. Terrasse et Laurens – Paris.
10. *Amulettes, talismans et pantacles* – J. Marquès-Rivière – Payot.
11. *Dictionnaire Marabout des Symboles* – N. Julien.
12. *Histoire comparée des civilisations* – Cercle européen du Livre.
13. *La Symbologie des rêves* – J. de la Rocheterie – Imago.
14. *La Résurrection des villes mortes* – M. Brion – Payot.
15. *Le Héros aux mille et un visages* – J. Campbell – R. Laffont.
16. *Les Grands Initiés* – E. Schuré.
17. *Les peuples anciens de l'Orient* – Casterman.
18. *Sanctuaires d'Orient* – E. Schuré – Lib. académique Perrin.
19. *Dictionnaire pratique des Sciences occultes* – M. Verneuil – Les Documents d'Art, Monaco.

20. *Préhistoire et histoire de la lumière* – Déribéré – Ed. France Empire.
21. *La Nostalgie des origines* – M. Eliade – Gallimard.
22. *L'Histoire commence à Sumer* – S.N. Kramer – Arthaud.
23. *Les Religions de l'Inde* – J. Gonda – Payothèque.
24. *Kadath : Chroniques des civilisations disparues.*
25. *Le Popol-Vuh* – R. Girard – Payot.
26. *Grandeur et Décadence de la Civilisation Maya* – Thomson – Payot.
27. *The Aztecs of Mexico* – C.G. Vaillant – Pelican Books.
28. *La Civilisation des Aztèques* – J. Marcilly – Ed. Famot.
29. *La Pensée de l'Asie et l'Astrobiologie* – R. Berthelot – Payot.
30. *New Larousse Encyclopedia of Mythology* – Paul Hamlyn – Londres.
31. *Aux sources du Japon* – J. Herbert – Albin Michel.
32. *Le Culte de Priape* – R. Payne Knight – Eric Losfeld, Paris.
33. *Le Dictionnaire des Symboles* – J. Chevallier & A. Gheerbrant – Laffont.
34. *Les religions de l'Océanie* – J. Guiart – P.U.F.
35. *A dictionary of Symbols* – Cirlot – Routledge, London.
36. *La Pensée chinoise* – M. Granet – Albin Michel.
37. *La Médecine chinoise par les Plantes* – Ming Wong – R. Laffont.
38. *La Civilisation chinoise* – M. Granet – Ed. Famot.
39. *Le Livre des Morts maya* – P. Arnold – R. Laffont.
40. *Les Prophéties du Chilam Balam* – J.M.G. Le Clézio – Gallimard.
41. *Le Livre des Morts des Egyptiens* – G. Kolpaktchy – Dervy Livres.
42. *Le Tarot* – O. Wirth – Tchou.
43. *Traité d'Histoire des Religions* – M. Eliade – Payot.
44. *Le Symbolisme dans la Mythologie grecque* – P. Diel – Payot.
45. *Poisons sacrés, Ivresses divines* – P. de Félice – Albin Michel.
46. *Terre Wakan* – S. Bramly – R. Laffont.
47. *La Maison de Dionysos* – G.S. Eliades – Paphos, Chypre, 1986.

48. *Drakkars sur l'Amazone* – J. de Mahieu – Copernic.
49. *Le monde d'Ulysse* – Moses I. Finlay – Points La Découverte.
50. *Who's Who in Egyptian Mythology* – A.S. Mercatante – Clarkson N. Potter.
51. *Hephaïstos ou la Légende du Magicien* – M. Delcourt – Les Belles Lettres.
52. *Dictionnaire Marabout des Sciences occultes* – J. Tondriau.
53. *Zarathoustra et la Tradition Mazdéenne* – Jean Varenne – Seuil.
54. *La Déesse Blanche* – R. Graves – Ed. du Rocher, Paris.
55. *L'Epopée celtique en Bretagne* – J. Markale – Payot.
56. *L'Interprétation psychologique du Véda selon Shri Aurobindo* – J. Herbert – Dervy livres.
57. *Le Culte de la Déesse-Mère dans l'Histoire des Religions* – E.O. James – Le Mail.
58. *L'Inde Secrète et sa Magie* – J. Marquès-Rivière – Les Œuvres Françaises.
59. *Mythologie grecque et romaine* – Commelin – Garnier Bordas.
60. *Le Cercle, un symbole* – Loeffler-Delachaux – Ed. Mont-Blanc.
61. *Les Appeleurs d'Ames* – S. Hargous – R. Laffont.
62. *A Dictionary of Sacred Myths* – Tom Chetwynd – Unwin Paperbacks.
63. *Le Masque en Inde et en Asie* – Musée international du carnaval et du masque à Binche.
64. *Arts Maya du Guatemala* – Palais des Beaux-Arts, Bruxelles.
65. *Les Dieux de la Gaule* – P.M. Duval – Payot.
66. *Les Présocratiques* – Jean Brun – P.U.F., Que sais-je?
67. *Le Mexique Précolombien* – F. Peterson – Payot.
68. *Peinture islamique et indienne* – Ed. Rencontre, Lausanne.

IMPRIMÉ EN FRANCE PAR BRODARD ET TAUPIN
1599G-5 - Usine de La Flèche (Sarthe), le 28-09-1992.

pour le compte des
Nouvelles Editions Marabout
D.L. septembre 1992/0099/283
ISBN 2-501-01693-9